学ぶ人は、
変えて
ゆく人だ。

目の前にある問題はもちろん、

人生の問いや、

社会の課題を自ら見つけ、

挑み続けるために、人は学ぶ。

「学び」で、

少しずつ世界は変えてゆける。

いつでも、どこでも、誰でも、

学ぶことができる世の中へ。

旺文社

JN046947

壁越え シリーズ ⑤

TOEIC® L&Rテスト 壁越え模試 リーディング

著 濵﨑潤之輔
大里秀介

問題監修 メディアビーコン

TOEIC is a registered trademark of ETS.
This publication is not endorsed or approved by ETS.
L&R means LISTENING AND READING.

旺文社

このたびは『TOEIC® L&Rテスト壁越え模試　リーディング』を手に取っていただき，本当にありがとうございます。感謝の気持ちで一杯です。

この『壁越え模試』に収録されている全ての問題は，本物のTOEIC® L&Rテストにできる限り近い問題を作成するために，僕たち著者が公開テストを可能な限り受験し続け，最新の公開テストの出題傾向を反映させたものです。問題自体だけでなく解説の内容から細部に至るまで，推敲を重ねたうえで完成させた自信作となっています。書店の語学書コーナーなどに行くと，さまざまな種類のTOEIC® L&Rテスト対策用の模試が存在します。それらの中にある評判のよいものと比較しても，全く遜色がないものに仕上がっていると自負しています。

本書の制作にあたり，多くの英語関連書籍を制作されているメディアビーコンさんには，問題作成と編集の面において大変ご尽力をいただきました。それに加えて旺文社の優秀な編集スタッフによる一切妥協のない原稿チェック，校正が，本書の質を極限まで高めてくれる結果となりました。

本書を使って学習してくださる皆さまが，必ずや目標とするスコアを達成し，今以上に豊かで素晴らしい人生を送られることを，心より願っています。TOEIC® L&Rテストは「努力を裏切らない」テストです。やった分だけダイレクトに結果に反映される素晴らしいテストです。

最後にお伝えしたい大切なこと。
それは，「考えるな，やれ」ということです。
あれこれ考えることも大切ですが，それよりもさらに大切なのは「やる」ということ，行動に移すということなのです。頭で考えていても道は開けませんが，手を動かすことにより道は開けるのです。

頑張っていきましょう，応援しています。

濵﨑潤之輔

時をさかのぼること11年前。私と濵﨑さんは，毎週新宿の居酒屋で打ち合わせを行い，「次こそ990点満点を取りたいね，いや取るんだ」とお互いを鼓舞していました。翌週会うまでの間に必ず新しい本をやり込んでは，情報交換をして切磋琢磨していました。そんな中，こんな話をしていたのを覚えています。

― いつかお互い満点を取って，他の学習者の役に立つ模試を作りたいですね。

今回，そんな本を作る機会をいただきました。収録問題数500問の，真に実力が付く模試に仕上がりました。前作の『壁越えトレーニング』が基礎編という位置づけであるとすれば，この『壁越え模試』は実践編です。それも，我々が1問ずつ厳選し，レベル感や，出題のされ方などのリアリティを受験経験にもとづいて再現し，我々の知識の全てを注ぎ込みました。

問題監修は，SNSやYouTubeなどでのTOEIC® L&Rテストの情報発信でも活躍しているメディアビーコンさんです。メディアビーコンさんには，英語検定試験全般に造詣の深いスタッフがそろっており，「マニアックなほどにTOEICに詳しすぎる」議論を重ねながら，問題を一緒に作り込みました。ですので，本番と同じような雰囲気を体感すること間違いなしです。

自分を信じて努力すれば必ず夢は叶います。
我々が全力を注いだこの『壁越え模試』であなたの夢が叶うことを願っております。
It's now or never!（やるなら今だ！）

大里秀介

TOEIC® L&R テストの問題は，近年難化傾向にあります。中上級者の方がつまずく問題も多く出題され，学習者のスコアアップをはばむ「壁」となっています。

本書は，これまで多くのTOEIC®テスト対策書の制作に関わり，TOEIC® L&Rテストを毎回受験し研究を重ねている私たちが，カリスマ著者である濵﨑先生・大里先生と力を合わせて制作した模試です。1問1問，最新の傾向に合うよう精査して作りましたので，自信を持ってお届けします。ぜひ，繰り返し問題を解き，解説を読んで，この模試を使い倒してください。必ずあなたの力になるはずです。

この模試があなたの目標スコアの壁を越える一助となることを，心から願っています。

メディアビーコン

もくじ

【別冊】問題冊子

編集協力:株式会社 メディアビーコン, 鹿島由紀子, 久島智津子, 渡邉真理子, Michael Joyce

問題作成協力:株式会社 メディアビーコン, コスモピア株式会社, 株式会社 シー・レップス

装丁デザイン:ごぼうデザイン事務所　装丁写真:荒川潤, 平賀正明

組版:株式会社 明昌堂　本文デザイン:伊藤幸恵, 尾引美代　本文イラスト:矢戸優人

録音:ユニバ合同会社　ナレーション:Howard Colefield, Ann Slater(以上, 米), Emma Howard(英)

TOEIC® L&Rテストについて

TOEIC® L&R テストとは?

TOEICとは，英語によるコミュニケーション能力を測定する世界共通のテストです。このテストは，アメリカにある非営利のテスト開発機関であるETSによって開発・制作されています。TOEIC® L&R テスト（TOEIC Listening and Reading Test）では「聞く」「読む」という2つの英語力を測定します。受験者の能力は合格・不合格ではなく，10〜990点の5点刻みのスコアで評価されるのが特徴です。解答方法は，正解だと思う選択肢番号を塗りつぶすマークシート方式で，解答を記述させる問題はありません。

＊申し込み方法・受験に関する詳細は公式サイトをご覧ください。 https://www.iibc-global.org

TOEIC® L&R テストの構成

TOEIC® L&R テストは以下のように，ListeningとReadingの2つのセクションで構成されています。2時間で200問に解答し，途中休憩はありません。

LISTENING（約45分・100問）			READING（75分・100問）			
Part 1	写真描写問題	6問	Part 5	短文穴埋め問題		30問
Part 2	応答問題	25問	Part 6	長文穴埋め問題		16問
Part 3	会話問題	39問	Part 7	読解問題	1つの文書	29問
Part 4	説明文問題	30問			複数の文書	25問

問い合わせ先

一般財団法人 国際ビジネスコミュニケーション協会

●IIBC試験運営センター	〒100-0014　東京都千代田区永田町2-14-2 山王グランドビル
	電話：03-5521-6033 ／ FAX：03-3581-4783
	（土・日・祝日・年末年始を除く10：00〜17：00）
●名古屋事業所	電話：052-220-0286 （土・日・祝日・年末年始を除く10：00〜17：00）
●大阪事業所	電話：06-6258-0224 （土・日・祝日・年末年始を除く10：00〜17：00）

※このページの情報は2021年8月現在のものです。詳細や変更は実施団体のホームページなどでご確認ください。

本書の構成と使い方

本書は5回分のリーディング模試とその解答解説で構成されています。

本 冊	… 解答解説
別 冊	… 問題冊子
付属音声	… 旺文社リスニングアプリ「英語の友」, 音声ダウンロード

本書の使い方

① 模試を解く

別冊の問題冊子と解答用紙を使って, 制限時間通りに模試を解きましょう。

＊解答用紙は別冊巻末にあります。また, 音声ダウンロードサイトからもダウンロードいただけます。詳しくはp. 7をご覧ください。

自動採点サービスのオンラインマークシートを使って解答すると, 簡単に採点することができます。

●自動採点サービスについて

本書は自動採点サービスに対応しています。パソコンやスマートフォン, タブレット等からオンラインマークシートで解答すると, 結果が自動で採点されます。結果はチャートでも表示されるので, 苦手な（または得意な）パートが一目で把握できます。

以下のサイトにアクセスしてご利用ください。

> **https://toeic.obunsha.co.jp/** （右のQRコードからもアクセスできます）

※本サービスは無料でご利用いただけますが, 通信料金はお客さまのご負担となります。
※本サービスは予告なく終了することがあります。

---

② 答え合わせをし, 復習する

間違えた問題, 自信がなかった問題を中心に, 本冊の解答解説をしっかり読んで復習しましょう。

本書の効果的な使い方はp. 10「濵﨑潤之輔＆大里秀介が教える!『壁越え模試』の活用法」をご覧ください。

付属音声について

本書の音声の利用方法は以下の通りです。

旺文社リスニングアプリ「英語の友」(iOS/Android)

① 「英語の友」公式サイトより, アプリをインストール

> **https://eigonotomo.com/**　　（右のQRコードからも読み込めます）

② ライブラリより「TOEIC® L&Rテスト 壁越え模試 リーディング」を選び,
「追加」ボタンをタップ

※本アプリの機能の一部は有料ですが, 本書の音声は無料でお聞きいただけます。詳しいご利用方法は「英語の友」公式サイトまたはアプリ内のヘルプをご参照ください。なお, 本サービスは予告なく終了することがあります。

パソコンで音声ファイル(MP3)をダウンロード

① パソコンから以下のサイトにアクセスし, 書籍を選択

> **https://www.obunsha.co.jp/service/kabegoemoshi/**

② パスワードを入力

> **b5hwi**

③ ファイルを選択してダウンロード

音声ファイル(MP3)はZIP形式にまとめられた形でダウンロードされます。展開後, デジタルオーディオプレーヤーなどでご活用ください。

※解答用紙もこちらのサイトからダウンロードいただけます。
※本サービスは予告なく終了することがあります。

● **MP3のファイル名について**

ファイル名は「通し番号_テスト番号_パート_問題番号」で構成されています。

　例　001_TEST1_Part5_101　➡　TEST 1, Part 5, No. 101の音声です。

『壁越えシリーズ』設問タイプ一覧

本シリーズでは，リーディングセクションで出題される設問［文書］タイプを以下のように分類しています。解答解説ページの最下部で「🔑 101. 品詞問題 基礎編」のように問題番号ごとの設問タイプを表示しています。学習の参考にしてください。

Part 5　短文の空所補充問題です。全部で30問出題されます。

設問タイプ	内容
品詞問題	空所に入る品詞を特定して解く問題。
動詞問題	空所に適切な動詞の形を選ぶ問題。
前置詞 vs 接続詞 vs 副詞問題	空所に前置詞・接続詞・副詞のどれが適切かを選ぶ問題。
代名詞問題	空所に適切な代名詞を選ぶ問題。
関係詞問題	空所に適切な関係詞を選ぶ問題。
ペア表現・数・比較問題	ペア表現（either A or B など），数（all/every など），比較（比較級・最上級など）の観点から正解を選ぶ問題。
語彙問題	文脈や語法から正解を選ぶ問題。

Part 6　長文の空所補充問題です。4問ずつの文書が4セット（16問）出題されます。

設問タイプ	内容
動詞問題	空所に適切な動詞の形を選ぶ問題。
語彙問題	文脈や語法から正解を選ぶ問題。
代名詞・接続詞（接続副詞）問題	空所に適切な代名詞や接続詞・接続副詞を選ぶ問題。
文挿入問題	空所に適切な文を選ぶ問題。選択肢が文になっている。

※『壁越えトレーニング Part 5-6』では Part 6 特有の設問タイプとして，この4つに絞り解説していますが，Part 5 で取り上げている「品詞問題」なども Part 6 では出題されます。適宜，Part 5 の設問タイプも参照してください。

Part 7　長文読解問題です。1つの文書を読んで解答する問題が10セット（29問），2つ〜3つの文書を読んで解答する問題が5セット（25問），合計54問出題されます。

文書タイプ	内容
簡単な案内・お知らせ	絵的な要素の多い広告，お知らせなど
メモ	MEMO
フォーム	アンケート，応募・申込用紙，調査記入用紙など
リスト	請求書，予算，スケジュール，旅程表など

テキストメッセージ・チャット	テキストメッセージ,オンラインチャット
広告・宣伝／プレスリリース	文章中心の広告,プレスリリース
ウェブページ	企業や団体のウェブページ
Eメール・手紙	Eメール,手紙
レビュー	商品やサービスに対するレビュー
記事	新聞・雑誌などの記事

設問タイプ	内容
詳細を問う問題	「誰が〜したか」など具体的な情報が問われる問題。
情報をもとに推測する問題	most likelyを伴うことが多く, 正解の根拠がはっきりとは書かれていない問題。 【例】• Where does Mr. Tomas most likely work?
目的・テーマを問う問題	文書の目的やテーマを問う問題。 【例】• What is the purpose of the notice? • Why was the e-mail sent?
選択肢照合型問題	各選択肢と文書とを照合して解く必要がある問題。 【例】• What is indicated [mentioned/stated] about 〜? • What is suggested [implied] about 〜? • What is true about 〜?
NOT問題	文書中に書かれていないものを正解として選ぶ問題。選択肢照合型問題の一種と言える。 【例】• What is NOT mentioned about 〜?
文挿入位置問題	設問に示された文が文書のどこに入るかを問う問題。1つの文書問題で出題される。 【例】• In which of the positions marked [1], [2], [3], and [4] does the following sentence best belong? "In addition, Mr. Osato loves TOEIC L&R Test very much." (A) [1]　(B) [2]　(C) [3]　(D) [4]
同義語問題	文書中のある語(句)と同じ意味の語(句)を選ぶ問題。 【例】• In the e-mail, the word "equal" in paragraph 1, line 2, is closest in meaning to (A) calculate　(B) divide　(C) match　(D) excel
意図問題	テキストメッセージ・チャット問題で出題され, ある発言について書き手の意図を問う問題。 【例】• At 11:25 A.M., what does Mr. Smith mean when he writes, "I have no words"?
情報分散型問題	正解の根拠が複数箇所に分散している問題。
クロスリファレンス問題	正解の根拠が複数の文書にまたがっている問題。複数の文書問題で出題される。

『壁越えトレーニング Part 5-6』『壁越えトレーニング Part 7』には各設問[文書]タイプの詳細な解説が掲載されています。併せてご利用ください(シリーズ一覧は別冊p. 160参照)。

『壁越え模試』の活用法

「模試」は繰り返し解いて力を付ける！

「模試を繰り返し解こうと言うけれど，正解が分かってしまっているので2回も3回も同じ問題を解く気がしません」という相談を受けることがよくあります。まずは，その考えを捨ててください。模試を一度解いて答え合わせし，復習して終わりというのは，間違いなく「正しくない」模試の使い方です。もし，その考えを捨てられないという場合は1セット分の模試を制限時間通りに解き，採点と復習を終えた後，もう一度その模試を解いてみてください。果たして全問正解できたでしょうか？　なかなか難しいのが現実です。私たちですら，今でも同じ模試を10回以上当たり前のように解き直しますし，20回解いても言い換えや語法など，新たな気づきが多々あります。

「間違えた問題の復習をして正解を覚えてしまったから，この模試はもう解かない」というのはもったいないことです。「本番の公開テストで初めて出合う問題に正解できるような知見を得る」ことがテスト対策の本質であり，それは，模試活用においても同じです。大切なのは，「一度解いた問題を全て解説することができる」ようになること，そして「全ての英文を完璧に理解できる」ことです。解説できる問題の数や，読んだり聞いたりして理解できる英文の数が多くなることにより，皆さん自身の中に「理解できる問題や英文のストック」が蓄積されていきます。この蓄積の量と，公開テストで初めて出合った英文を読める，そして解ける量は比例します。また，良質な模試に収録されている問題は，公開テストで似たものが出題されることも多く，模試を完璧に仕上げておくことで公開テストでの解答スピードを上げることもできます。

- 全ての問題を解説できる
- 全ての英文を日本語に置き替えることなく完璧に理解ができる

これが模試1セットに取り組む際のゴールです。頑張っていきましょう。

「壁越え模試」の活用例

本書では模試1セットにつき最低3回，取り組むことをお勧めします。解答用紙は別冊巻末のほか，Webサイトからもダウンロードできます。

1回目

75分，時間を計って本番と同じように解きます。本書の解答用紙には「?」ボックスがありますので，解答中に自信のない問題があった場合はチェックしておきましょう。解答を終えても，ここではまだ正解と解説は確認しないようにしてください。

2回目

時間無制限で解答します。「これが正解だ」と確信が持てるまで，とことん時間をかけて取り組んでください。1回目で「?」ボックスにチェックが入った問題は特に時間をかけ，なぜ自信を持って解答を選べなかったのか，理由も考えながら取り組みましょう。

採点と復習

2回目の解答が終わったら，1回目と2回目のテストを採点します。「自動採点サービス」を使えばオンラインマークシートに解答を入力し送信するだけで採点＆分析ができます（p. 6参照）。

ここで初めて正解を確認し，解説を読みます。不正解の問題は，間違った理由を分析してください。各パートで明らかに苦手な設問タイプがある場合には，『壁越えトレーニング』で補強してもよいでしょう。

また，1回目と2回目の結果を比較してみましょう。例えば，1回目は正解だったのに2回目は不正解になっている問題があったとしたら，本質的な理解はできていない問題なのかもしれません。また，1回目と2回目の正答数の違いを比較してみましょう。1回目に比べ2回目のスコアが飛躍的に高い場合，「自分の問題は英語力ではなく情報処理能力にあるのではないか」などの気づきが得られます。一通り分析が終わったら，間違った問題，自信がなかった問題の解説を確認し，復習します。分からなかった語句・言い換え表現は辞書を確認しましょう。

3回目

1回目と同様に75分，時間を計って本番と同じように解きます。3回目は全問正解を目指しましょう。ここまでのステップで，自分の得意分野・苦手分野が見えてきていると思います。1つの模試で相当力が付くことを実感できていることでしょう。間違えた問題がある場合は，4回目，5回目とチャレンジを続けて全問正解を達成してください。それが自信につながります。

『壁越えシリーズ』究極の使い方に迫る

目的によって使い分けたい「模試」と「トレーニング」

編集部（以下，編）：濱﨑先生・大里先生による『壁越えシリーズ』ですが，前作『壁越えトレーニング』に，このたび『壁越え模試』が加わりました。このシリーズは，どのように使っていくのがお勧めでしょうか。

大里（以下，大）：トレーニング・模試のどちらから始めるかによるのですが，『壁越え模試』からスタートする場合は，とにかく解いて自分の実力を知り，間違った問題を復習して自分のトレーニングターゲットを決めて，それから『壁越えトレーニング』に移るという方法があります。もちろん，模試だけ解くというシンプルな方法もあります。一方，『壁越えトレーニング』からスタートした人は，トレーニング後に『壁越え模試』で成果を確認するという流れがよいかと思います。模試を解いて，弱点を改めて認識して再度，『壁越えトレーニング』に戻ることもできますね。

編：今700点レベルの学習者の場合，『壁越え模試』と『壁越えトレーニング』，どちらから使うのがお勧めですか。

濱﨑（以下，濱）：どちらからやってもいいと思いますが，これから800点，900点を目指すレベルの方はより本番に近い形で勉強をすることも大事なんじゃないかなと。要は本番での時間配分，リスニングは45分間集中して全ての問題に取り組めるのか，リーディングは75分で100問を解くことができるのか，とかね。そういったところも仕上げて勉強していく必要があると思うので，中級から上級の方には個人的にはまず『壁越え模試』の方をお勧めしますね。で，『壁越えトレーニング』でパート別に弱点を補強し，また確認のために『壁越え模試』をやるっていう風に行ったり来たりするのがいいんじゃないかなと思います。

大：「このパートが苦手だ」とか，「とにかく意図問題が解けない」という問題意識がすでにある人の場合は『壁越えトレーニング』からスタートすることを私はお勧めします。トレーニングをする場合，目的が明確だと成果が出やすい傾向にあるのでは，と考えています。TOEICについても同じで，苦手分野を分析することで，よりトレーニングの効果が出やすくなると思います。常に自分の課題を明確にしておきたいですね。

「問題集」としても使える模試

編：『壁越え模試』には5セットのリスニング模試，またはリーディング模試が収録されています。先生ならどのように使いますか。

大：ユニークな使い方としては，単に1回分の模試として時間を計って解くのではなくて，あるパートだけ抜き出して5セット分やってみる方法もアリだと思います。例えばPart 2だったら5セットで125問あるので，そこだけに絞った学習をするとか。自分の苦手な国のナレーターやトピックを抽出して練習したいときにも，1回分のテストの5倍の問題量が入っているのでやりがいがあると思います。

編：500問ありますからね，トータルで。

著者紹介：イラスト左から

濱﨑潤之輔…『壁越え模試リスニング』Part 1・2,『壁越え模試リーディング』Part 5・6 著者

大里秀介……『壁越え模試リスニング』Part 3・4,『壁越え模試リーディング』Part 7 著者

大：あとは，例えば「月〜金チャレンジ」。模試5セットを月曜日から金曜日までで解くとかね。平日5日間は1セットずつ解いて，土日で復習とか。

学習している期間，特に試験前は問題に飢えていると思うんですよね。『壁越え模試』はそんな人のための良質なお得用のバラエティパックだと思ってください。TOEICに出題されるさまざまな問題が詰まっています。TEST 1からじっくり始めてもいいし，今日はどれを解こうかなと選んでもいい。5セットあれば簡単に答えを覚えられないので，漬物みたいに少し寝かせて3カ月後くらいにもう一度解いてみるということもやりやすいです。深く長く付き合っていけると思います。

編：なるほど，必ずしも「模試」として使わなくてもいいですよね。

大：1セット2セットレベルじゃないくらいの問題があることで，パート別に学習をしようっていう選択肢が生まれて，学習法の幅が広がると思うんですね。

濱：その通りですね。「月〜金チャレンジ」っていう言い方，いいですね。月曜日から金曜日までの5日間で500問やるんですよね？

大：そうそう。例えば，濱﨑さんがサラリーマン時代，昼休みにリスニング模試1つ解いていたように，チャレンジ中の月曜日は細切れでもいいからリスニング模試1セットをやり切る，とかね。月〜金で5セットやって，理解が不確かな問題は土日に集中的に反復。例えば音読をそこだけたくさんやるとか。そしてある程度やったら今度はリーディングに移るとか，いろいろやり方は考えられますね。

ほどよいレベル感の『壁越え模試』

編：『壁越え模試』の特長を具体的に教えていただけますか。

大：本番の「リアル感」をディテールまでこだわりました。また，前作『壁越えトレーニング』の読者がどれだけ力が付いたかを確認できるよう，少し難易度の高い問題もちりばめました。公式問題集より気持ち難しめ，でも難しすぎるのは入れてない，っていう感じですね。例えばPart 3, 4では「むむ？これだけ見ても分からんぞ」という表現の意図問題，Part 7では正解を選ぶのに推測が必要で悩んでしまう問題がそれぞれ入ったと思いますね。解説を書いていて，やりがいがありました。初中級者から満点を目指す上級者まで楽しめる1冊になっていると思います。

濱：問題は中級者から上級者向けをコンセプトに作ったのですが，初級〜中級の人が読んでも分かるような丁寧な解説になっていると思います。誰でもちゃんと取り組めるものになっていますね。

編：今回の模試には，お2人のコラムが入っているんですよね。掛け合いのコラムで面白いと思いました。

濱：そうですね。1つのテーマについて2人で「自分はこうしています，こう考えています」っていうのを言い合うスタイルで書きました。スコアは同じく990点満点の私たちでも試験や問題への取り組み方は違ってきますし，学習者の皆さんもそれぞれ自分のスタイルがあると思うので，「自分はこっちの大里さ

んのやり方で」とか「これ参考になるからやってみる」とか，1つのテーマに対して複数の視点を持つことができるコラムになっているので，役に立つと思いますね。

大：今までの長い付き合いの中でお互いに分かり合っているところがうまくはまって書けたコラムなので，読み物としても面白いんじゃないかな，と思います。解説でも，自分の担当パート以外にもお互いのコメントをコラムという形で入れ込んだので，補完し合えましたね。共著でこういうスタイル，なかなかないと思うんですよ。そういう部分もよかったかなって思いますね。

「最強」の問題監修

編：今回，この模試を作るにあたっては，問題監修のメディアビーコンさんのお力も欠かせなかったですね。

濱：メディアビーコンさんって英語とTOEICに関して，非常にプロフェッショナルな方ばかりなんですよね。英検1級とかTOEIC満点とか，もしくはそれに準ずるレベルの人しかいないので，僕の方が頼っているくらいです。僕はTOEICを毎回受けていますが，1回の受験で複数種類のフォームが出題されるので，僕が出合えるのはそのうちの1つでしかありません。メディアビーコンさんは複数のメンバーでテストを受けて，そこで得た知見をアドバイスとしていただけるので，本当にありがたいです。僕の知る限りでは，TOEICに関してメディアビーコンさん以上に信頼できる人たちはなかなかいないと思っています。

大：問題や解説について，同じ目線で作り込みができますね。お互いTOEICを知りつくしているので，こちらの提案にすっと入り込んでくれます。過

去の受験経験から収録問題や解説の方向性に指摘をくれるところも，すごくありがたいですよね。YouTubeチャンネルで的確な解説や学習についてのアドバイスができるくらい非常に優秀なメンバーです。メディアビーコンさんが手がけたほかの書籍もぜひ機会があればご覧いただければと思います。

『壁越え模試』に挑戦する皆さんへ

編：最後に，これから『壁越え模試』に挑まれる皆さんにエールをお願いします。

濱：本書をお手に取っていただき，ありがとうございます。どのレベルの方にとっても一切無駄なく，やった分だけ必ず皆さんの力になる本だと自負しておりますので，ぜひ頑張ってやり終えてほしいと思います。取り組むたびに何回でも発見があると思います。皆さんにとって「この本をしっかりやり込んだから，力が付いた！」と思える本になることを願っております。

大：本書は濱﨑さんと私が共著で書いた初めての「模試」です。だから，濱﨑さんと私，本気出しましたよっていうのと，編集者さんも含めてヒーヒー言いながら作りましたよっていうことを，解いて感じてほしいです。模試を解いた本人が感じたポジティブなこと・ネガティブなことから，スコアアップへの学びが生まれるので，模試を解くことから皆さん1人1人の物語が始まるんですよね。皆さん自身が模試を解いて感じたことを，大事にしてほしいなと思います。

TEST 1

解答解説

正解一覧

設問番号	正解	設問番号	正解	設問番号	正解	設問番号	正解
□□□ 101	B	□□□ 126	C	□□□ 151	C	□□□ 176	B
□□□ 102	A	□□□ 127	D	□□□ 152	D	□□□ 177	C
□□□ 103	D	□□□ 128	B	□□□ 153	C	□□□ 178	B
□□□ 104	C	□□□ 129	D	□□□ 154	B	□□□ 179	C
□□□ 105	B	□□□ 130	A	□□□ 155	C	□□□ 180	A
□□□ 106	A	□□□ 131	B	□□□ 156	B	□□□ 181	A
□□□ 107	B	□□□ 132	A	□□□ 157	A	□□□ 182	D
□□□ 108	C	□□□ 133	B	□□□ 158	B	□□□ 183	A
□□□ 109	A	□□□ 134	B	□□□ 159	A	□□□ 184	A
□□□ 110	B	□□□ 135	B	□□□ 160	C	□□□ 185	B
□□□ 111	A	□□□ 136	D	□□□ 161	A	□□□ 186	A
□□□ 112	B	□□□ 137	A	□□□ 162	A	□□□ 187	D
□□□ 113	D	□□□ 138	C	□□□ 163	C	□□□ 188	B
□□□ 114	C	□□□ 139	A	□□□ 164	C	□□□ 189	B
□□□ 115	A	□□□ 140	B	□□□ 165	D	□□□ 190	C
□□□ 116	C	□□□ 141	B	□□□ 166	B	□□□ 191	B
□□□ 117	A	□□□ 142	C	□□□ 167	B	□□□ 192	D
□□□ 118	D	□□□ 143	B	□□□ 168	A	□□□ 193	C
□□□ 119	A	□□□ 144	D	□□□ 169	D	□□□ 194	A
□□□ 120	D	□□□ 145	C	□□□ 170	B	□□□ 195	C
□□□ 121	B	□□□ 146	D	□□□ 171	B	□□□ 196	B
□□□ 122	A	□□□ 147	C	□□□ 172	A	□□□ 197	A
□□□ 123	A	□□□ 148	D	□□□ 173	C	□□□ 198	B
□□□ 124	D	□□□ 149	D	□□□ 174	A	□□□ 199	C
□□□ 125	A	□□□ 150	C	□□□ 175	D	□□□ 200	D

Part 5

101. ♪ 001 ▇

Professor Rosario received widespread acclaim for ------- work in the field of physics.

(A) he
(B) his
(C) him
(D) himself

Rosario教授は，物理学の分野における研究で幅広い称賛を受けました。

(A) 主格「彼は」
(B) 所有格「彼の」
(C) 目的格「彼を [に]」
(D) 再帰代名詞「彼自身」

正解 (B)

解説 選択肢には代名詞が並んでいます。空所の前には前置詞のfor，後ろにはworkがあります。前置詞の後ろには名詞（句）が来るため，------- workは名詞句になります。workを名詞と考えると，名詞の前に置くことができるのは代名詞の所有格です。よって，正解は(B)です。

語句 □acclaim 称賛　□in the field of ～ ～の分野において

102. ♪ 002 ▇

Nutritional supplements from Alever Foods provide broad health ------- to consumers.

(A) benefits
(B) beneficial
(C) beneficially
(D) beneficiaries

Alever Foods社の栄養補助剤は，幅広い健康上の利益を消費者に提供しています。

(A) 名詞benefit「利益」の複数形
(B) 形容詞「有益な」
(C) 副詞「有益に」
(D) 名詞beneficiary「利益を受ける人」の複数形

正解 (A)

解説 選択肢には名詞benefitの派生語が並んでいます。空所の前にはprovide broad healthが，後ろには前置詞のtoとconsumersが続いています。provide A to Bで「AをBに提供する」という意味になります。broad health -------をA，つまり名詞句と考えると，空所にはbroad healthに修飾される名詞が入ります。名詞は(A)と(D)ですが，文意が通るのは(A)です。health benefitsで「健康上の利益」を意味します。

語句 □nutritional supplement 栄養補助剤

103. ♪ 003 ▇

The latest market research proved to be the key ------- in Cookerp's decision to launch a new line of stainless steel cookware.

(A) linkage　　(C) effect
(B) target　　(D) factor

Cookerp社の新しいステンレス製調理器具の発売の決定において，最新の市場調査が重要な要因であると判明しました。

(A) 結合　　　(C) 効果
(B) 標的，目標　(D) 要因

正解 (D)

解説 選択肢には名詞が並んでいます。空所の前のprove to be ～ は「～であると判明する」という意味です。主語のThe latest market researchが新製品の発売を決定する要因になった，という内容にすれば文意が通るため，正解は(D)です。key factorで「重要な要因」という意味です。問題文中のdecision to do「～する決定」と，関連表現のdecide to do「～することを決定する」は頻出です。

語句 □prove to be ～ ～であると判明する　□a line of ～ ～の製品

104. ♪ 004 ▇

The Daily Inquirer is committed to reporting news and information ------- interest to its readers.

(A) on　　(C) of
(B) for　　(D) with

『The Daily Inquirer』は，読者にとって興味深いニュースや情報を報道することに専心しています。

(A) ～の上に　　(C) ～の
(B) ～のために　(D) ～と

正解 (C)

解説 選択肢には前置詞が並んでいます。空所の後ろにあるinterestと句になって「興味深いニュースや情報」という意味を成す(C)が正解です。of interest「興味深い」のように，〈of＋名詞〉は形容詞のように訳されます。(B)はinformation for its readers「読者への情報」という形であれば正解でした。

語句 □be committed to ～ ～に専心する　□report ～を報道する
□interest 興味，関心

105. ♪ 005 ▇

Goodsons is a family-run company that ------- in business for four generations.

(A) is being
(B) has been
(C) was being
(D) will be being

Goodsons社は，4世代にわたり商売をしている家族経営の会社です。

(A) be動詞の現在進行形
(B) 現在完了形
(C) 過去進行形
(D) 助動詞＋進行形

正解 (B)

解説 be動詞のさまざまな形から適切なものを選ぶ問題です。文末のfor four generationsは，「4世代にわたって」という「期間」を表しています。よって，〈has＋過去分詞〉を使った現在完了形の(B)が正解です。ほかの選択肢は全て「ある一時点を表す進行形」なので，「期間」を示す表現とは相性がよくありません。

語句 □family-run company 家族経営の会社

106. 🎵 006 🇬🇧

Thanks to the timely help of Mr. Howell, the Home Renovation team ------- managed to meet its deadline.

(A) narrowly　(C) slightly
(B) closely　(D) highly

Howellさんの折よい手助けのおかげで，Home Renovationチームはかろうじてなんとかその締め切りに間に合わせることができました。

(A) かろうじて　(C) わずかに
(B) 綿密に　(D) 非常に

正解 (A)

解説 選択肢には副詞が並んでいます。空所の前には主語のthe Home Renovation team，後ろにはmanaged to meet its deadline「なんとか締め切りに間に合わせた」が続いています。空所に入る副詞はmanagedを修飾するので，文意が通るのは(A)です。

語句 □timely タイミングのよい　□manage to *do* なんとか～する

---

107. 🎵 007 🇬🇧

Kowood National Museum, ------- newly opened in the center of Midnay City, has attracted more than 3,000 visitors so far.

(A) what　(C) that
(B) which　(D) where

Kowood国立博物館は，Midnay市の中心に新しくオープンし，これまでに3,000人以上もの来館者を引き付けています。

(A)（関係代名詞）　(C)（関係代名詞）
(B)（関係代名詞）　(D)（関係副詞）

正解 (B)

解説 選択肢には関係詞が並んでいます。空所の前にはKowood National Museumとカンマが，後ろには（副詞と）動詞から始まるnewly opened in the center of Midnay Cityが続いています。関係詞を選ぶ問題で空所の後ろに動詞が続く場合，空所に入るのは主格の関係代名詞なので，正解は(B)です。(C)も主格の関係代名詞ですが，〈カンマ＋that〉の形は取れません。

語句 □attract ～を引き付ける

---

108. 🎵 008 🇬🇧

Pia Na's résumé was ------- enough to earn her a job offer without being interviewed.

(A) potential　(C) impressive
(B) measurable　(D) apparent

面接を受けなくても内定をもらえるほどに，Pia Naの履歴書は十分印象的でした。

(A) 潜在的な　(C) 印象的な
(B) 測定できる　(D) 明白な

正解 (C)

解説 選択肢には形容詞が並んでいます。*A* enough to *do*「（主語が）～するには十分Aだ」という表現を使い，文意が通るのは(C)です。impressive enough to earn her a job offer で，「彼女が内定をもらうには十分印象的だ」という意味を表します。

語句 □résumé 履歴書　□earn *A B* AにBをもたらす

---

109. 🎵 009 🇬🇧

All branches of Playbig Sportswear aside ------- the Kenner Valley location were profitable last quarter.

(A) from　(C) at
(B) to　(D) in

Kenner Valley店を除くPlaybig Sportswear社の全ての支店は，前四半期に利益をもたらしました。

(A) ～から　(C) ～で
(B) ～へ　(D) ～の中に

正解 (A)

解説 選択肢には前置詞が並んでいます。空所の前にあるasideとセットになって文意が通るのは(A)です。aside from ～ は「～を除く」という意味で，同義表現にはapart from ～ やbesides ～，except for ～ やother than ～ などがあります。

語句 □branch 支店　□profitable もうかる　□quarter 四半期

---

110. 🎵 010 🇬🇧

At Carong Groceries, we ------- our customer needs by always providing fresh fruits and vegetables from local farms.

(A) are met
(B) meet
(C) to meet
(D) meeting

私たちCarong食料品店では，地元の農園の新鮮な果物や野菜を常に提供することで，顧客の要求を満たしています。

(A) 動詞meet「～を満たす」の受動態の現在形
(B) 動詞の原形
(C) to不定詞
(D) 動詞の現在分詞・動名詞

正解 (B)

解説 動詞meetのさまざまな形から適切なものを選ぶ問題です。空所の前には主語のwe，後ろには空所の目的語となるour customer needsという名詞句が続き，問題文には述語動詞が欠けています。選択肢のうち述語動詞になるのは(A)か(B)ですが，基本的に受動態の後ろに目的語は続きません。よって，正解は(B)です。

語句 □customer needs 顧客の要求，顧客ニーズ

111.

♪ 011 🇺🇸

Thousands of investors across the country ------- on Gellard & Associates for sound financial advice.

(A) depend
(B) depends
(C) dependently
(D) dependent

国中の何千もの投資家は，理にかなった金融面の助言をGellard & Associatesに頼っています。

(A) 動詞depend「頼る」の原形
(B) 動詞の3人称単数現在形
(C) 副詞「依存して」
(D) 形容詞「頼っている」

正解 (A)

解説 選択肢には動詞dependの変化形や派生語が並んでいます。問題文には述語動詞が欠けているので，空所に補います。正解候補は(A)と(B)ですが，主語は文頭にあるThousands「何千」なので，複数形の主語に対応する(A)が正解です。

語句 □investor 投資家　□sound 理にかなった　□financial 金融面の

112.

♪ 012 🇺🇸

The team leaders have come up with a solution to the budget shortfall, ------- it is a temporary one.

(A) regardless
(B) although
(C) which
(D) as if

それは一時的なものでしたが，そのチームリーダーたちは予算不足に対する解決策を思いつきました。

(A) 副詞「それでも」
(B) 接続詞「～だけれども」
(C) （関係代名詞）
(D) 群接続詞「まるで～のように」

正解 (B)

解説 選択肢には副詞や（群）接続詞，関係代名詞が並んでいます。問題文は節を2つ含むため，空所には節と節をつなぐ機能を持つ接続詞が入ります。（群）接続詞は(B)か(D)ですが，文意が通るのは(B)です。「～だけれども」を表す（群）接続詞は，ほかにthoughやeven thoughがあります。

✤ ✤ ✤

 thoughは副詞としても使われ，節の最後にカンマと共に用い「～だけれども」という意味を表します。

語句 □come up with ～ ～を思いつく　□budget shortfall 予算不足

113.

♪ 013 🇺🇸

In celebration of Fluffs Aroma's opening, ------- will distribute fruit scented lip balms on the street.

(A) whom　　(C) which
(B) there　　(D) it

Fluffs Aroma店の開店を祝って，その店は果物の香り付きのリップクリームを道で配る予定です。

(A) （関係代名詞）　(C) （関係代名詞）
(B) そこで　　　　(D) それは

正解 (D)

解説 選択肢には関係代名詞や副詞，代名詞が並んでいます。空所より前は群前置詞で始まる語句で，空所以降は主語が欠けた節が続いています。よって，空所にはこの文の主語となる代名詞(D)が入ります。これは直前にあるFluffs Aroma「Fluffs Aroma店」を指します。問題文は節が1つのみで，空所に関係代名詞は入らないので(A)，(C)は不正解です。

語句 □in celebration of ～ ～を祝って　□scented 香り付きの

114.

♪ 014 🇺🇸

Next year Paxiton Consolidated will ------- new strategies for broadening its customer base.

(A) remain　　(C) employ
(B) emit　　　(D) compete

来年，Paxiton Consolidated社は顧客基盤を広げるために，新しい戦略を用いるつもりです。

(A) ～のままである　(C) ～を用いる
(B) ～を放射する　　(D) 競争する

正解 (C)

解説 選択肢には動詞が並んでいます。空所の後ろにあるnew strategies「新しい戦略」を目的語に取って文意が通るのは(C)です。employにはこのように「～を雇用する」以外の意味もあるので覚えておきましょう。(A)のremainは不完全自動詞で，後ろには主語の状態を表す補語が続きます。(B)は他動詞ですが文意に合いません。(D)は自動詞で，後ろに目的語を取ることはできません。

語句 □broad ～を広げる　□customer base 顧客基盤

115.

♪ 015 🇺🇸

Loan applicants were asked to provide a telephone number ------- any issues may be resolved quickly.

(A) so that
(B) in case
(C) therefore
(D) meanwhile

どんな問題もただちに解決できるように，ローンの申込者は電話番号を伝えるように求められました。

(A) 群接続詞　「～するように」
(B) 群接続詞　「～に備えて」
(C) 副詞　　　「それゆえに」
(D) 副詞　　　「その間に」

正解 (A)

解説 選択肢には（群）接続詞や副詞が並んでいます。問題文は2つの節が空所を挟んで並んでおり，文全体には接続詞がないため空所には節と節をつなぐ役割の接続詞が入ります。正解候補は(A)か(B)になりますが，文意が通るのは(A)です。so thatは節と節の間で使われる場合が多く，that節内ではcanやwill, mayがよく用いられます。

---

116. ♪016 🇬🇧

The drop in revenue forced Nackmeg International to implement ------- on spending during business travel.

(A) reduced
(B) reduces
(C) reductions
(D) reductively

収益の減少によって，Nackmeg International社は出張中の支出を削減するよう強いられました。

(A) 動詞reduce「減る」の過去形・過去分詞
(B) 動詞の3人称単数現在形
(C) 名詞reduction「削減」の複数形
(D) 副詞「還元的に」

正解 (C)

解説 選択肢には動詞reduceの変化形や派生語が並んでいます。空所の前には不定詞のto implementがあり，implementは他動詞なので，空所には目的語となる名詞が入ります。よって，正解は(C)です。reductions on spendingは「支出の削減」という意味で，このspendingは動名詞ではなく「支出」という意味の名詞です。

語句 □force A to do Aに〜することを強いる
□implement 〜を実行する

---

117. ♪017 🇬🇧

Low-cost airline Arriva Airways ------- checked luggage to a single piece.

(A) restricts
(B) restricting
(C) restriction
(D) restrictive

格安航空会社のArriva航空は，預け荷物を1つに制限しています。

(A) 動詞restrict「〜を制限する」の3人称単数現在形
(B) 動詞の現在分詞・動名詞
(C) 名詞「制限」
(D) 形容詞「制限的な」

正解 (A)

解説 選択肢には動詞restrictの変化形や派生語が並んでいます。空所の前には主語となるLow-cost airline Arriva Airwaysが，後ろには名詞句のchecked luggage「預け荷物」があり，空所には問題文に欠けている述語動詞が入ります。よって，正解は(A)です。checkedはluggageを修飾する過去分詞です。語尾のedを見て動詞の過去形だと決めつけないようにしましょう。

語句 □low-cost 格安の □restrict A to B AをBに制限する

---

118. ♪018 🇬🇧

For the sake of employee safety, inspections are conducted at the assembly facility -------.

(A) expectantly   (C) carelessly
(B) recently   (D) frequently

従業員の安全のために，点検は組立施設で頻繁に行われます。

(A) 期待して   (C) 不注意に
(B) 最近   (D) 頻繁に

正解 (D)

解説 選択肢には副詞が並んでいます。空所に入る副詞が述語動詞のare conductedを修飾すると考えると，文意が通るのは(D)です。(B)は過去形や現在完了形の文で用いられます。

✦ ✦ ✦

 問題文後半のassembly「組み立て」は語尾が-lyですが，副詞ではなく名詞です。

語句 □for the sake of 〜 〜のために □inspection 点検
□conduct 〜を行う □assembly facility 組立施設

---

119. ♪019 🇬🇧

The Guillford Group's annual company-wide conference will take place ------- a period of five days.

(A) over   (C) along
(B) about   (D) between

The Guillford Group社の年に1度の全社会議は，5日間にわたって開催されます。

(A) 〜にわたって (C) 〜に沿って
(B) 〜について   (D) 〜の間で

正解 (A)

解説 選択肢には前置詞が並んでいます。空所の後ろには期間を表すa period of five days「5日間」が続いています。空所の前は「会議が開催される」という内容で，「5日間にわたって開催される」とすれば文意が通るため，正解は(A)です。over a period of 〜で「〜（期間）にわたって」を意味します。

語句 □company-wide 全社の □take place 行われる

---

120. ♪020 🇬🇧

While a few board members voiced opposition, ------- were in favor of the marketing proposal.

(A) the most   (C) almost all of
(B) almost   (D) most

役員の数人が異議を唱えた一方で，大多数がそのマーケティングの企画案に賛成しました。

(A) 最も   (C) ほとんど全ての
(B) ほとんど   (D) 大多数

正解 (D)

解説 選択肢には程度を表す語句が並んでいます。空所の前までが最初の節で，空所を主語とした2つ目の節がそれに続いています。選択肢の中で主語となるのは(D)のみです。このmostはmost of the board membersを表しています。almost は後ろに〈all (the)＋名詞の複数形〉，または〈all of the＋名詞の複数形〉を続ける必要があります。

語句 □voice 〜を唱える □opposition 異議
□in favor of 〜 〜に賛成して

---

121. 🎵 021 🇺🇸

Traffic in the downtown area was slow earlier today ------- malfunctioning traffic signals.

(A) instead of
(B) due to
(C) since
(D) while

今日，繁華街の交通は信号機の機能異常が原因で遅れていました。

(A) 群前置詞「〜の代わりに」
(B) 群前置詞「〜が原因で」
(C) 前置詞「〜以来」，接続詞「〜なので」
(D) 接続詞「〜である一方で，〜する間に」

語句 □malfunctioning 正常に動作していない

正解 (B)

解説 選択肢には（群）前置詞と接続詞が並んでいます。空所の後ろはmalfunctioning traffic signalsという名詞句なので，空所に接続詞は入りません。「繁華街の交通は遅れていた」という空所前の内容の「原因」を空所以下が表していると考えると，正解は(B)です。

✤ ✤ ✤

「原因」を意味する表現には，正解のdue to 〜のほかにbecause of 〜やowing to 〜などがあります。

---

122. 🎵 022 🇺🇸

Many companies have headquarters in Montealbon or La Cruz, ------- districts on the west side of the city.

(A) commercial
(B) commercials
(C) commercialize
(D) commercially

多くの会社は，その市の西側の商業地区であるMontealbonまたはLa Cruzに本社があります。

(A) 形容詞「商業の」，名詞「広告放送」
(B) 名詞の複数形
(C) 動詞commercialize「〜を商業化する」の原形
(D) 副詞「商業的に」

語句 □headquarters 本社 □district 地区

正解 (A)

解説 選択肢にはcommercialの派生語が並んでいます。空所の後ろには名詞のdistrictsがあるため，これを前から修飾する形容詞の(A)が正解です。空所の前にあるMontealbon or La Cruzを，commercial districts以下が後ろから説明しています。

✤ ✤ ✤

問題中のheadquartersは語尾にsが付きますが，単数形としても複数形としても使われます。

---

123. 🎵 023 🇺🇸

Registration forms are posted on the bulletin board for ------- wishing to take part in the cleanup at Timothy Lake.

(A) those   (C) which
(B) who   (D) themselves

Timothy湖での清掃活動への参加を望む人に向けて，申込用紙が掲示板に張り出されています。

(A) 人々   (C)（関係代名詞）
(B)（関係代名詞）(D) 彼ら自身

正解 (A)

解説 選択肢には代名詞と関係代名詞が並んでいます。空所に入れて文意が通るのは(A)です。those *doing*で「〜する人々」という意味になります。(B)と(C)は直前に先行詞が必要で，(D)は同じ節の中ですでに出てきた人（もの）たちを表す場合に使うのが基本です。

---

124. 🎵 024 🇺🇸

Candidates for the position will be asked to demonstrate their ------- in computer graphics.

(A) clarity   (C) application
(B) resource   (D) competence

その職の候補者は，コンピューターグラフィックスの能力を示すように求められるでしょう。

(A) 明瞭さ   (C) 適用
(B) 資源   (D) 能力

正解 (D)

解説 選択肢には名詞が並んでいます。空所にはdemonstrateの目的語に当たるもの，つまり「候補者が示すよう求められるもの」が入ることが分かります。competence「能力」を入れると文意が通るため，正解は(D)です。competence in 〜で「〜の能力」という意味を表します。

---

125. 🎵 025 🇺🇸

The financial consultant Mr. Lamirez found that Finer Beverage's business model needed to be ------- changed.

(A) fundamentally
(B) unanimously
(C) simultaneously
(D) fruitfully

財政コンサルタントのLamirezさんは，Finer Beverage社のビジネスモデルを根本的に変える必要があると気付きました。

(A) 根本的に
(B) 満場一致で
(C) 同時に
(D) 実り多く

正解 (A)

解説 選択肢には副詞が並んでいます。空所の前後にはneeded to beとchangedがあり，that節内の主語はFiner Beverage's business modelです。be changedの間に置き文意が通るのは(A)です。(B)は会議などで満場一致で何かが決まるような場合に使います。(C)は「何と同時なのか」が問題文では述べられていません。(D)はbe changedを修飾する副詞として不適切です。

126. ♪ 026 🏴

Ms. Owen is staying late at the office tomorrow to make sure she ------- for her presentation to the executives.

(A) preparing
(B) prepare
(C) is prepared
(D) to prepare

Owenさんは役員へのプレゼンテーションに備えられるよう，明日職場に遅くまで残るつもりです。

(A) 動詞prepare「〜を準備する」の現在分詞・動名詞
(B) 動詞の原形
(C) 受動態の現在形
(D) to不定詞

正解 (C)

解説 選択肢には動詞prepareのさまざまな形が並んでいます。空所の前にはthat節内の主語のshe，後ろには前置詞のforが続いています。be prepared for 〜で「〜に備える」という意味になるため，正解は(C)です。be prepared to do「〜する準備をする」と共に押さえておいてください。

語句 □make sure (that) S V 確実にSがVする

127. ♪ 027 🏴

According to online sources, the Terio4 will be ------- of recording videos using a high-definition rear-facing camera.

(A) able　　　(C) proud
(B) afraid　　(D) capable

オンライン情報源によると，Terio4は高解像度の背面カメラを使い，動画を録画できるようです。

(A) できる　　(C) 誇らしげな
(B) 恐れて　　(D) できる

正解 (D)

解説 選択肢には形容詞が並んでいます。空所前後のbeとofと共に使い，文意が通るのは(D)です。be capable of doingで「〜することができる」という意味です。(A)はbe able to do「〜することができる」の形であれば正解でした。(B)はbe afraid of 〜「〜を恐れる」，(C)はbe proud of 〜「〜を誇りに思う」という表現を作ります。

語句 □high-definition 高解像度の　□rear-facing camera 背面カメラ

128. ♪ 028 🏴

In general, the management at Brentwell is ------- to ideas put forth by company employees.

(A) essential　　(C) authentic
(B) receptive　　(D) noteworthy

大抵，Brentwell社の経営陣は，社員によって提案されたアイデアを受け入れます。

(A) 必要不可欠な　(C) 本物の
(B) 受け入れる　　(D) 注目すべき

正解 (B)

解説 選択肢には形容詞が並んでいます。空所の前後にあるbe動詞とtoと共に使い，なおかつ文意が通るのは(B)です。be receptive to 〜 で「〜を受け入れる」という意味になります。問題文のputは過去分詞で，ideasを後ろから説明しています。

語句 □put forth 〜（考え・アイデアなど）を出す

129. ♪ 029 🏴

The low prices of some of Fulton Fashions' offerings initially led to ------- that their clothing was not durable.

(A) perceive
(B) perceiving
(C) perceptive
(D) perceptions

当初，Fulton Fashions社のいくつかの製品の価格の低さによって，その会社の衣服は丈夫でないと認識されました。

(A) 動詞perceive「〜を知覚する」の原形
(B) 動詞の現在分詞・動名詞
(C) 形容詞「知覚力のある」
(D) 名詞perception「認識」の複数形

正解 (D)

解説 選択肢には動詞perceiveの変化形や派生語が並んでいます。空所の前にあるled to 〜「〜につながった」のtoは前置詞なので，後ろには名詞が続きます。よって，正解は(D)です。空所直後のthatは「〜という」を意味する接続詞で，that以下でperceptionsの内容を説明しています。

語句 □offering 売り物　□durable 丈夫な

130. ♪ 030 🏴

Ms. Everton was greatly thanked, for she pointed out some mistakes that her coworker -------.

(A) overlooked　(C) consented
(B) included　　(D) discarded

同僚が見落としていた誤りを指摘したので，Evertonさんは大いに感謝されました。

(A) 〜を見落とした　(C) 同意した
(B) 〜を含んだ　　(D) 〜を捨てた

正解 (A)

解説 選択肢には動詞が並んでいます。空所には「彼女は同僚が〜した誤りを指摘したので感謝された」の「〜」にふさわしい動詞が入ります。overlookedを空所に入れると文意が通るので，正解は(A)です。問題文中のforは「〜なので」を表す接続詞です。

＊ ＊ ＊

正解のoverlookは「〜を見落とす」以外に「〜を監督する」という意味を持ち，類義語にはoverseeがあります。

語句 □thank 〜に感謝する　□point out 〜 〜を指摘する

Part 6

♪ 031 🇺🇸

Questions 131-134 refer to the following e-mail.

To: Amy Marshall
From: Gems Galorise
Subject: Return Policy
Date: July 8

Dear Ms. Marshall,

We ------- your request for return for the order you placed with our online store on July 2.
    131.
However, ------- sanitary reasons neither returns nor exchanges can be made on our silver
     132.
earrings. -------. We apologize, but we cannot comply with your wishes.
    133.

As a token of our goodwill, we would like to offer you a 10% discount on your next purchase.

After selecting your items in our online store, simply enter promo code EARRING18 at the

checkout page. -------, the discount will be applied to the item you selected.
     134.

Yours sincerely,

Anna Wise

Gems Galorise –Customer Services

設問131-134は次のEメールに関するものです。

宛先：Amy Marshall
送信者：Gems Galorise
件名：返品規約
日付：7月8日

Marshall様

7月2日にオンラインストアでご注文いただいた商品の返品依頼について検討いたしました。しかし，衛生上の理由のためシルバーイヤリングの返品および交換は受け付けられません。こちらはウェブページにも明記されております。申し訳ございませんが，ご要望に応じることはできません。

私たちの心ばかりの贈り物として，次回購入の際に10パーセント割引をご提供したいと思います。当社のオンラインストアで商品を選んだ後，購入ページで割引コードEARRING18をただご入力ください。そうすれば，あなたが選んだ商品に割引が適用されます。

敬具

Anna Wise
Gems Galorise －顧客サービス

- -

語句 □return policy 返品規約 □return 返品 □sanitary 衛生上の □neither A nor B AもBも〜ない □exchange 交換
□earring イヤリング □apologize 謝る □comply with 〜 〜に応じる □as a token of 〜 〜のしるしに
□goodwill 善意 □purchase 購入 □promo code 割引コード □checkout 精算 □apply A to B AをBに適用する

131.

(A) consider
(B) have considered
(C) are considered
(D) will be considering

(A) 動詞 consider「〜を検討する」の原形
(B) 現在完了形
(C) 受動態の現在形
(D) 助動詞＋進行形

正解 (B)

解説 選択肢には動詞 consider のさまざまな形が並んでいます。空所の前には主語の We，後ろには空所に入る動詞の目的語となりそうな your request が続いています。E メールの日付は7月8日で，顧客が返品依頼をした商品を購入したのは7月2日です。また，次の文では「顧客の依頼を却下する」旨を伝えているので，「顧客の依頼を（過去の時点から現在まで）検討してきたが，結果として却下することにした」ということが分かります。よって，正解は (B) です。

132.

(A) for
(B) of
(C) from
(D) by

(A) 〜のために
(B) 〜の
(C) 〜から
(D) 〜によって

正解 (A)

解説 選択肢には前置詞が並んでいます。空所の後ろには sanitary reasons「衛生上の理由」があり，for 〜 reason(s) で「〜の理由で」という意味になる (A) が正解です。

133.

(A) We hope you enjoy this beautiful jewelry.
(B) This is clearly stated on our Web page.
(C) Only online purchases can be refunded.
(D) The products may differ from the photos.

(A) こちらの美しい宝飾品をお楽しみいただけることを願っています。
(B) こちらはウェブページにも明記されております。
(C) オンラインでの購入品のみ払い戻しが可能です。
(D) 商品は写真と異なる場合があります。

正解 (B)

解説 文挿入問題です。空所の前の内容は「しかし，衛生上の理由のためシルバーイヤリングの返品および交換は受け付けられません」，後ろの内容は「申し訳ございませんが，ご要望に応じることはできません」となっています。空所の前後とも「（顧客の）依頼を断る」内容になっており，この流れに沿うのは (B) です。This が直前にある「返品および交換は受け付けられない」ことを表していると考えましょう。

語句 □jewelry 宝飾品，ジュエリー　□clearly はっきりと　□state 〜を述べる　□differ from 〜 〜と異なる

134.

(A) Instead
(B) Then
(C) Regardless
(D) On the contrary

(A) 代わりに
(B) そうすれば
(C) それでも
(D) それどころか

正解 (B)

解説 選択肢には副詞（句）が並んでいます。空所の前には「当社のオンラインストアで商品を選んだ後，購入ページで割引コード EARRING18 をただご入力ください」とあり，後ろには「あなたが選んだ商品に割引が適用されます」とあります。空所前の内容に続いて空所後の内容が起きるので，順序を示す語が適切です。よって，正解は (B) です。

文挿入問題を正解するコツ

（濵：濵﨑先生／大：大里先生）

濵： 文挿入問題は前後の文脈から正解を選ぶのが基本です。正解の選択肢は前後の文とリンクする内容の場合が多いです。

大： Additionally「加えて」や However「しかしながら」といった接続表現は文脈を把握するヒントになりますね。

濵： 日本語の指示語に当たる代名詞にも注意したいです。

大： that や them などが選択肢にある場合は，それらが指す内容が文書に出てきているかを確認するとよいですね。

Questions 135-138 refer to the following notice.

The Arkenton Park Initiative is a local ------- that ensures our city parks and green spaces
135.

remain clean and green. In addition to regular maintenance, we ------- monitor the health of
136.

plants and trees in these areas. This allows us to discover any pests or diseases quickly before

serious damage can be done. -------.
137.

------- a nonprofit organization, we rely on volunteers and donations to carry out our work. We
138.

therefore need your help in protecting Arkenton City's environment. To learn how you can make

a contribution, please visit arkentonparkinitiative.org.

設問135-138は次のお知らせに関するものです。

Arkenton Park Initiativeは，都市公園と緑地を清潔で自然豊かなままに保つための地域団体です。定期的なメンテナンスに加え，地域の植物と木の健康を継続的に監視しています。これにより，深刻な被害が発生しうる前に，あらゆる害虫や病気を素早く発見することができます。さらに，地域の池や川の生態系保全にも貢献しています。

私たちは非営利団体として，ボランティアや寄付に頼って活動しています。従って，Arkenton市の環境を保護するために皆様の手助けが必要です。貢献方法については，arkentonparkinitiative.orgをご参照ください。

語句 □ensure 〜を保証する　□remain 〜のままである　□in addition to 〜 〜に加えて　□regular 定期的な
□monitor 〜を監視する　□allow *A* to *do* Aが〜できるようにする　□discover 〜を発見する　□pest 害虫
□disease 病気　□nonprofit organization 非営利団体　□rely on 〜 〜に頼る　□volunteer ボランティア
□donation 寄付　□carry out 〜 〜を実行する　□therefore 従って　□make a contribution 貢献する

135.

(A) merchandise
(B) group
(C) competitor
(D) clinic

(A) 商品
(B) 団体
(C) 競争相手
(D) 医院

正解 (B)

解説 選択肢には名詞が並んでいます。空所を含む節の主語The Arkenton Park Initiativeはa local ------- 「地元の〜」であり，それは ensures our city parks and green spaces remain clean and green「都市公園と緑地を清潔で自然豊かなままに保つ」と述べられています。また，その次の文からArkenton Park Initiativeは都市公園と緑地の植物の健康を監視していることが分かります。以上から，Arkenton Park Initiativeは自然を保全するためのlocal group「地元の団体」である，とすると文意が通ります。よって，(B)が正解です。

136.

(A) previously
(B) originally
(C) noticeably
(D) continuously

(A) 以前に
(B) もともとは
(C) 目立って
(D) 継続的に

正解 (D)

解説 選択肢には副詞が並んでいます。空所の前にはIn addition to regular maintenance「定期的なメンテナンスに加え」とあります。そしてweの後ろに ------- monitor the health of plants and trees in these areas「地域の植物と木の健康を〜監視しています」と続いていることから，空所の直後にあるmonitorを修飾して文意が通る，(D)の continuously「継続的に」が正解です。

137.

(A) Furthermore, we help to preserve the ecosystems of local ponds and rivers.
(B) Whether or not that is the case, residents should always be careful.
(C) However, flowers will soon be planted in the floral gardens along East Street.
(D) As a result, more facilities should be made available for public use.

(A) さらに，地域の池や川の生態系保全にも貢献しています。
(B) そうであろうとなかろうと，住民は常に気を付けるべきです。
(C) しかし，East通り沿いの花壇にもうすぐ花が植えられるでしょう。
(D) 結果として，より多くの施設が公共で利用可能になるべきです。

正解 (A)

解説 文挿入問題です。空所までの第1段落ではArkenton Park Initiativeが「都市公園と緑地を清潔で自然豊かなままに保つ」ために行っている活動が書かれており，これと関連する内容は(A)です。Furthermore「さらに」を使って，Arkenton Park Initiativeの活動内容に「地域の池や川の生態系保全への貢献」を追加しています。

- -

語句 □ecosystem 生態系　□resident 住民　□floral garden 花壇　□facility 施設　□make ～ available ～を利用可能にする
□public use 公共利用

138.

(A) Even
(B) To
(C) As
(D) Such

(A) 副詞「〜でさえ」
(B) 前置詞「〜の方へ」
(C) 前置詞「〜として」
(D) 形容詞「そんな」

正解 (C)

解説 選択肢には副詞や前置詞，形容詞が並んでいます。空所の後ろにはa nonprofit organization「非営利団体」という名詞句があるため，空所には(B) ～ (D)のいずれかが入ります。Asを空所に入れると文意が通るので，正解は(C)です。asは「〜なので」という理由を表す接続詞としても非常によく使われ，同義語にはbecauseやsinceなどがあります。

Questions 139-142 refer to the following e-mail.

To: Harris Chen
From: Stephen White
Date: 20 February
Subject: Consulting opportunity

Dear Harris,

I just contacted you about a consulting opportunity. In brief, our marketing team is having difficulty ------- an effective way to advertise our refreshing new beverage. Therefore, we need
139.
------- to help us build a powerful marketing strategy to make our product more appealing to
140.
customers.

Much of the information is ------- since we have not launched the product yet. Thus, I cannot
141.
write more at the present time. If you are interested, please let me know by e-mail when you are free for a teleconference. -------.
142.

I hope you will consider this offer positively.

Best regards,

Stephen White

Bizdey AP – Hong Kong

設問139-142は次のEメールに関するものです。

宛先：Harris Chen
送信者：Stephen White
日付：2月20日
件名：コンサルティングの機会

Harris 様

コンサルティングの機会についてご連絡いたしました。手短に申し上げますと，当社のマーケティングチームは新しい清涼飲料を宣伝する効果的な方法を見つけることに困難を抱えています。従って，私たちは誰か当社の製品を顧客にとってより魅力的にするための強力なマーケティング戦略の構築を手伝ってくれる人物を必要としています。

まだその製品を発売していないので，情報の多くは機密です。ですから，現時点ではこれ以上は書くことができません。もしご興味があれば，いつ電話会議のためのお時間があるかEメールでお知らせください。詳しい説明には1時間ほど必要です。

この提案を前向きにご検討いただけるよう，お願い申し上げます。

よろしくお願いいたします。

Stephen White
Bizdey AP – 香港

語句　□in brief 手短に言うと　□advertise ～を宣伝する　□refreshing 気分をすっきりさせる
□help A do Aが～することを助ける　□strategy 戦略　□make A B AをBにする　□appealing to ～ ～にとって魅力的な
□launch ～を発売する　□teleconference 電話会議

139.

(A) finding
(B) found
(C) has been found
(D) to find

(A) 動詞find「〜を見つける」の現在分詞・動名詞
(B) 動詞の過去形・過去分詞
(C) 現在完了形の受動態
(D) to不定詞

正解 (A)

解説 動詞findのさまざまな形から適切なものを選ぶ問題です。空所の前にあるhaving difficultyとセットになってhave difficulty doing「〜することに困難を抱えている」というフレーズを作る(A)が正解です。findは他動詞なので，-ing形になった場合でも後ろには目的語が続きます。本問では，an effective way「効果的な方法」がfindingの目的語です。

✧ ✧ ✧

findingは「調査結果」という意味の名詞にもなり，その場合は複数形のfindingsという形で使われることが多いです。

140.

(A) whomever
(B) someone
(C) them
(D) both

(A) 誰でも
(B) 誰か
(C) 彼らを [に]
(D) 両方

正解 (B)

解説 選択肢には関係代名詞や代名詞が並んでいます。空所の前にあるneed「〜を必要とする」の目的語となり，後ろに続くto help us build a powerful marketing strategy「私たちが強力なマーケティング戦略の構築をするのを手伝う」の意味上の主語となるものが空所に入ります。空所に入れて文意が通るのは，(B)のsomeone「誰か」です。(A)は直後にto不定詞を続けることができず，(C)はthemが誰を指しているかが不明なので不適です。(C)と同様の理由で，(D)も不適です。

141.

(A) distinctive
(B) confidential
(C) useful
(D) expected

(A) 独特の
(B) 機密の
(C) 便利な
(D) 予期された

正解 (B)

解説 選択肢には形容詞が並んでいます。空所を含む文の後半に，since we have not launched the product yet「まだその製品を発売していないので」とあります。また，空所を含む文の次の文にはThus, I cannot write more at the present time.「ですから，現時点ではこれ以上は書くことができません」とあります。これらの内容から，空所には「これ以上は現時点で教えることができない」こと，つまり「機密の」を意味する(B)を入れると文意が通ります。(D)はbe expected to do「〜するはずだ」の形で非常によく用いられます。

142.

(A) Unfortunately, I am not available at that time.
(B) We wish you the best of luck in your endeavors.
(C) We need about an hour for detailed explanations.
(D) Otherwise, you may continue to use it at no charge.

(A) 残念ながら，その時間は空いておりません。
(B) あなたの努力が実を結びますようお祈り申し上げます。
(C) 詳しい説明には1時間ほど必要です。
(D) そうでなければ，無料でそれを使い続けることができます。

正解 (C)

解説 文挿入問題です。空所の直前には「もしご興味があれば，いつ電話会議のためのお時間があるかEメールでお知らせください」とあります。これを受けた内容（＝電話会議に関すること）が書かれており，なおかつ空所に入れて文意が通るのは(C)です。コンサルティングに関するdetailed explanations「詳細な説明」を行う時間が1時間ほど必要だ，という内容となっています。

語句 □available 空いている，都合がいい □wish A B AにBを祈る □endeavor 努力 □detailed 詳細な □explanation 説明 □continue to do 〜し続ける □at no charge 無料で

Questions 143-146 refer to the following advertisement.

Livura's ProVent Range Hood for Commercial Kitchens

Our ventilation hood is perfect for the needs of commercial kitchens in places such as restaurants or cafeterias. ------- with a state-of-the-art exhaust system and an integrated
143.
turbine fan, it's easy to control and maintain. The ProVent exhaust system uses our patented technology to efficiently eliminate smoke, steam, and grease generated by -------.
144.

------- other hood can match our combination of safety, convenience, and performance. If you
145.
want to know about prices, visit our Web site www.livurasproventranges.com. -------.
146.

設問143-146は次の広告に関するものです。

業務用キッチンのためのLivuraのProVentレンジフード

当社の換気フードは，レストランやカフェテリアといった場所にある業務用キッチンの需要に最適です。最新の排気システムと一体型のタービンファンが搭載されているので，制御とメンテナンスが簡単です。ProVentの排気システムは調理時に発生する煙や蒸気，油を効率的に除去する当社の特許技術を使用しております。

当社の安全性，利便性，性能の組み合わせに匹敵するフードはほかにありません。価格について知りたい場合は，当社のウェブサイトwww.livurasproventranges.comにアクセスください。そこで見つかるお買い得商品に驚くでしょう。

語句 □commercial 業務用の，商業用の □ventilation 換気 □hood（排気口の）フード □perfect for ～ ～に最適な
□state-of-the-art 最新の □exhaust system 排気システム □integrated 一体化した □turbine fan タービンファン
□maintain ～のメンテナンスをする □patented 特許を取った □efficiently 効率的に □eliminate ～を除去する
□smoke 煙 □steam 蒸気 □grease 油 □generate ～を発生させる □match ～に匹敵する
□combination 組み合わせ □performance 性能

143.

(A) Equip
(B) Equipped
(C) Equipping
(D) Equipment

(A) 動詞equip「〜を備え付ける」の原形
(B) 動詞の過去形・過去分詞
(C) 動詞の現在分詞・動名詞
(D) 名詞「備品」

正解 (B)

解説 選択肢には動詞equipの変化形や派生語が並んでいます。空所を含む文には節と節をつなぐ接続詞がないこと，また選択肢に分詞が含まれていることから，この文は後半の節と共通の主語と接続詞などが前半の節から省略された分詞構文ではないかと考えます。後半の節の主語itは第1段落冒頭のOur ventilation hood「当社の換気フード」を指し，これが前半の節の主語でもあると考えられます。空所の後ろにあるa state-of-the-art exhaust system and an integrated turbine fan「最新の排気システムと一体型のタービンファン」は換気フードに「備え付けられている」とすると文意が通るので，正解は(B)です。この文は省略せずに書くとBecause our ventilation hood is equipped with...となることも押さえておきましょう。

144.

(A) experiments
(B) productions
(C) installation
(D) cooking

(A) 実験
(B) 制作物
(C) 設置
(D) 調理

正解 (D)

解説 選択肢には名詞が並んでいます。空所の前にはsmoke, steam, and grease generated by -------「〜によって発生する煙や蒸気，油」とあります。煙や蒸気，油を発生させるもので，なおかつここまでの文脈に沿う名詞は(D)です。

145.

(A) Any
(B) Never
(C) No
(D) Each

(A) どの
(B) これまで一度も〜ない
(C) 1つの〜もない
(D) それぞれの

正解 (C)

解説 選択肢には形容詞や副詞が並んでいます。Noを空所に入れるとNo other hood can match...「…に匹敵するフードはほかにはない」となり，文意が通ります。よって，正解は(C)です。(A)を入れるとAny other hood can match...「ほかのどのフードも (ProVentレンジフード) に匹敵する」という意味になりますが，ProVentレンジフードを宣伝している広告にそぐわないので不適です。

146.

(A) A three-year-warranty is provided with all cooking appliances.
(B) Make sure you take notes during online meetings.
(C) The banquet hall accommodates more than 100 people.
(D) You will be surprised by some of the great deals you'll find there.

(A) 全ての調理器具に3年間保証が付きます。
(B) オンラインミーティング中は必ずメモを取るようにしてください。
(C) その宴会場は100人以上収容します。
(D) そこで見つかるお買い得商品に驚くでしょう。

正解 (D)

解説 文挿入問題です。空所の前にはIf you want to know about prices, visit our Web site www.livurasproventranges.com.「価格について知りたい場合は，当社のウェブサイトwww.livurasproventranges.comにアクセスください」とあります。これより，空所には「価格」や「ウェブサイトにアクセスすること」に関連する内容が続くと分かります。この話題を引き継ぎ文脈に合うのは(D)です。

✳ ✳ ✳

ここではgreat dealsは「お買い得商品」という意味で使われていますが，a great deal of 〜「大量の〜」という関連表現も押さえておくとよいでしょう。

語句 □warranty 保証　□*A be* provided with *B* BにAが提供される　□cooking appliance 調理器具　□take notes メモを取る　□banquet hall 宴会場　□accommodate 〜を収容する

Questions 147-148 refer to the following invoice.

INVOICE for SERVICES

▶Claymore Asphalt, 654 Brand Street, Louisville, KY 40255

Client: Lodger's Antiques
89 Industry Lane
Louisville, KY 40018

Invoice number: H348783
Date of invoice: July 3

For the following services:

June 17	Removal of broken parking lot surface	$1,145.00
June 23	Installation of new asphalt	$1,564.00
June 30	❶Marking of additional parking spaces	$220.00
	Total	$2,929.00

❷**Due by:** August 2

設問147-148は次の請求書に関するものです。

サービスの請求書
Claymore Asphalt社，Brand通り654番地，Louisville, KY 40255

貴社: Lodger's Antiques社
Industry通り89番地
Louisville, KY 40018

請求書番号: H348783
請求日: 7月3日

以下のサービスに関して:

6月17日	壊れた駐車場の路面の取り外し	1,145.00 ドル
6月23日	新しいアスファルトの施工	1,564.00 ドル
6月30日	追加駐車スペースのマーキング	220.00 ドル
	合計	2,929.00 ドル

支払期限:8月2日

語句 □removal 除去 □parking lot 駐車場 □surface 路面，表面 □mark 印を付ける □due 支払期日の

147.

What is suggested about Lodger's Antiques?

(A) It has moved to a new address.
(B) It acquired Claymore Asphalt.
(C) It has extended its parking lot.
(D) It hired multiple companies for a project.

Lodger's Antiques社について何が示されていますか。

(A) 新しい住所に移った。
(B) Claymore Asphalt社を買収した。
(C) 駐車場を拡大した。
(D) あるプロジェクトに複数の企業を雇った。

正解 (C)

解説 Lodger's Antiques社について示されていることを問う問題です。この文書はLodger's Antiques社宛ての請求書となっており，❶に「追加駐車スペースのマーキング」とあることから，駐車スペースの数を増やしたことが分かります。このことをextend「〜を拡張する」を使って表現している(C)が正解です。(A)新住所への移転，(B)会社の買収，(D)プロジェクト向けの複数の企業の雇用はいずれも問題文中に記載がありません。

言い換え parking spaces → parking lot

語句 □acquire 〜を買収する　□extend 〜を拡張する　□multiple 複数の

✧ ✧ ✧

 設問にあるWhat is suggested about...? は頻出です。意味は「…について何が示されていますか」ですが，簡単に言い換えると「…について何が分かりますか」ということです。suggestedの部分はimplied, indicated, stated, trueなどになる場合がありますが，ほぼ同じ意味であると考えて解答には差し支えありません。

148.

When is the payment deadline?

(A) June 17
(B) June 30
(C) July 3
(D) August 2

支払期限はいつですか。

(A) 6月17日
(B) 6月30日
(C) 7月3日
(D) 8月2日

正解 (D)

解説 支払期限が問われています。❷に支払期限は8月2日と書かれているので，(D)が正解です。dueは「支払期限となっている」という意味の形容詞です。dueは支払いに関連する意味を持つ語で，ほかにも名詞で「会費」を意味します。また，*be* due to *do* で「〜することになっている」(=*be* supposed to *do*)，due to 〜 で「〜が原因で」(=because of 〜)という意味になります。いずれもTOEIC L&Rテストによく出題されるので，用法と共に押さえておきましょう。

言い換え due → payment deadline

Questions 149-150 refer to the following text-message chain.

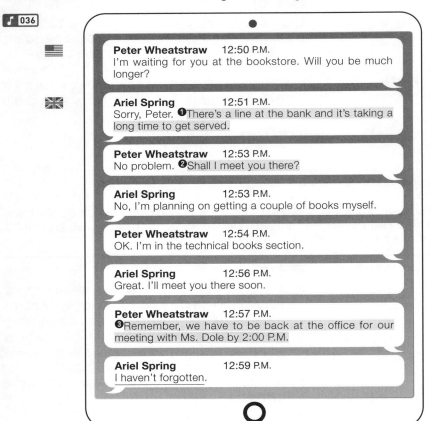

Peter Wheatstraw 12:50 P.M.
I'm waiting for you at the bookstore. Will you be much longer?

Ariel Spring 12:51 P.M.
Sorry, Peter. ❶There's a line at the bank and it's taking a long time to get served.

Peter Wheatstraw 12:53 P.M.
No problem. ❷Shall I meet you there?

Ariel Spring 12:53 P.M.
No, I'm planning on getting a couple of books myself.

Peter Wheatstraw 12:54 P.M.
OK. I'm in the technical books section.

Ariel Spring 12:56 P.M.
Great. I'll meet you there soon.

Peter Wheatstraw 12:57 P.M.
❸Remember, we have to be back at the office for our meeting with Ms. Dole by 2:00 P.M.

Ariel Spring 12:59 P.M.
I haven't forgotten.

設問149-150は次のテキストメッセージのやり取りに関するものです。

Peter Wheatstraw 午後12時50分
本屋で待っているよ。長くかかりそう？
Ariel Spring 午後12時51分
ごめん，Peter。銀行に列ができていて，対応してもらうのに時間がかかっているの。
Peter Wheatstraw 午後12時53分
問題ないよ。僕がそっちに行こうか？
Ariel Spring 午後12時53分
いいえ，自分も何冊か本を買おうと思っているの。
Peter Wheatstraw 午後12時54分
分かった。専門書売り場にいるよ。
Ariel Spring 午後12時56分
ありがとう。すぐにそこに向かうね。
Peter Wheatstraw 午後12時57分
念のために言うけど，Doleさんと会うために午後2時までにオフィスに戻らないといけないからね。
Ariel Spring 午後12時59分
ちゃんと覚えているわよ。

語句 □line 列　□section 売り場，区画

149.

What does Mr. Wheatstraw offer to do?

(A) Buy a book
(B) Call a client
(C) Reschedule a meeting
(D) Go to the bank

Wheatstrawさんは何をすることを申し出ていますか。

(A) 本を買う
(B) 顧客に電話する
(C) 会議の予定を変更する
(D) 銀行に行く

正解 (D)

解説 Wheatstrawさんが申し出ていることは何かが問われています。Springさんが❶で「銀行に列ができていて，対応してもらうのに時間がかかっている」と述べているのに対し，Wheatstrawさんは❷で「僕がそっちに行こうか？」と申し出ています。ここから，銀行に行くことを申し出ているという意味の(D)が正解です。❷のthereがどこのことを指しているか，2人のテキストメッセージのやり取りから読み解くことが求められます。

150.

At 12:59 P.M., what does Ms. Spring mean when she writes, "I haven't forgotten"?

(A) She remembers how to get to the bookstore.
(B) She knows what books Mr. Wheatstraw needs.
(C) She will be in time for a meeting.
(D) She is familiar with some technical topics.

午後12時59分にSpringさんが"I haven't forgotten"と書く際，何を意図していますか。

(A) 書店への行き方を覚えている。
(B) Wheatstrawさんがどんな本を必要としているか知っている。
(C) 会議に間に合うつもりである。
(D) 一部の技術的な話題に精通している。

正解 (C)

解説 意図問題です。問われている表現は，テキストメッセージの一番最後の部分です。「忘れていなかった」，つまり「覚えているよ」というニュアンスの言葉です。この直前の❸を見ると，Wheatstrawさんが「Doleさんと会うために午後2時までにオフィスに戻らないといけない」と念押ししています。ここから，Springさんは「打ち合わせに間に合うようにオフィスに戻る」ことを意図していると分かるため，(C)が正解です。

語句 □be in time for 〜 〜に間に合って　□be familiar with 〜 〜に精通している

Part 7，文書から読む？　設問から読む？

（濱：濱﨑先生／大：大里先生）

大： 文書を先に読みますね。それから順番に設問を見ていきます。

濱： 僕は文書を読む前に1問目の設問を読んで記憶し，それから文書を読み始めるタイプです。読んでいる途中で正解が分かった場合には選択肢に進んで照合，分からない場合には最後まで読み終えてから解答しています。

大： 設問を先に読むタイプですね。私も以前はそうでした。ですが，正解が見つかった時点で解答し，また文書に戻るというプロセスで注意力が散漫になり，ミスが増えてしまいました。

濱： なるほど。それで今の方法になったわけですね。

大： はい。順番に関しては，どちらが正解というのはないですよね。

濱： その通りです。

大： いろいろな方法を試してみて，自分にしっくりくるものを見つけられるとよいですね。

Questions 151-152 refer to the following notice.

 🎵 037 🇺🇸

Notice to Barnaby City Residents

This year, the city has had less rainfall than usual. ❶As a result, we will be placing restrictions on the amount of water each household may use. Starting this week, homes using more than 50 cubic feet per week will be charged at higher than normal rates. ❷Detailed information about the rates and ways to cut down on water usage are available on the municipal Web site at www.barnabycity.gov. ❸There, you will also find contact information for the head of our Sustainable Living Department.

設問151-152は次のお知らせに関するものです。

Barnaby市の住民へのお知らせ

今年，Barnaby市はいつもより降水量が少なくなっています。その結果，各世帯で使うことのできる水の量に制限を設けることにしました。今週から，1週間に50立方フィート以上使った家庭には通常より高い料金が課せられます。料金に関する詳しい情報や水の使用を削減する方法は，市のウェブサイトであるwww.barnabycity.govで閲覧可能です。そこでは，持続可能な暮らし推進担当課の課長の連絡先も見ることができます。

語句 □notice to ～ ～へのお知らせ □rainfall 雨量 □than usual いつもより □place restrictions on ～ ～に制限を設ける □the amount of ～ ～の量 □household 世帯 □normal rate 通常料金 □detailed 詳細な □cut down on ～ ～を削減する □usage 使用（量） □municipal 市の，地方自治体の

151.

What is the purpose of the notice?

(A) To notify residents of changed operating hours
(B) To provide information about construction plans
(C) To announce a new policy
(D) To introduce a service

このお知らせの目的は何ですか。

(A) 住民に変更された営業時間を知らせること
(B) 建設計画についての情報を提供すること
(C) 新しい方針を発表すること
(D) あるサービスを導入すること

正解 (C)

解説 このお知らせの目的が問われています。表題から，市の住民に向けられた文書だということが分かります。今年の市の降水量の少なさを受け，❶で「各世帯で使うことのできる水の量に制限を設けることにした」と新しい方針を発表しています。以降，方針の具体的な内容について述べているため，(C)が正解です。文書の目的は冒頭に書かれていることが多いので，きちんと把握して読み進めましょう。

語句 □notify A of B AにBを知らせる　□operating hours 営業時間　□construction plan 建設計画

152.

What is NOT available on the municipal Web site?

(A) Advice on conserving water
(B) Updated information about rates
(C) Contact details for a city office worker
(D) Employment application forms

市のウェブサイトで手に入らないものは何ですか。

(A) 水の節約に関する助言
(B) 料金に関する最新情報
(C) 市役所職員の連絡先の詳細
(D) 雇用申請書

正解 (D)

解説 NOT問題で，市のウェブサイトで手に入らないものは何かが問われています。❷の「料金に関する詳しい情報」，「水の使用を削減する方法」がそれぞれ(B)と(A)に，そして❸の「持続可能な暮らし推進担当課の課長の連絡先」が(C)にそれぞれ該当するので，残った(D)が正解です。

言い換え cut down on water usage → conserving water
contact information → contact details

語句 □conserve ～を節約・保全する　□updated 最新の　□contact detail 連絡先の詳細　□city office 市役所
□employment application form 雇用申請書

❖ ❖ ❖

 NOT問題は，4つの選択肢のうち3つは本文中に書かれています。書かれている内容がどの選択肢と合致しているかをひとつひとつ見て，残ったものを選ぶのが鉄則です。鉄則に沿って解答を導けるようにしましょう。

🎵 038 🇺🇸

Thank you for subscribing to OpensCoder, the most comprehensive online source for computer coding instruction available for working professionals. ❶As part of your subscription, you have access to our smartphone application where you can view live streaming lectures, as well as all the contents on our Web site, www.openscoder.com. Our lessons are concise—designed to keep you on track and making steady progress day by day. ❷Subscribers also have access to our global online community of graduates and mentors who are ready to answer your questions. The OpensCoder program comes with a guarantee—if you don't love learning with us, simply cancel your order within the first month for a full refund.

設問153-154は次の案内に関するものです。

専門職に就いている方が利用できるコンピューターコーディング教育のための最も総合的なオンラインソース・OpensCoder をご購読いただきありがとうございます。購読の一環として，当社のスマートフォンアプリを利用してライブストリーミング講義を見られるほか，当社のウェブサイトwww.openscoder.comの全てのコンテンツにアクセスすることができます。私たちのレッスンは簡潔で，あなたが軌道に乗って毎日着実に進歩することができるように設計されています。また，購読者は卒業生やメンターの全世界的なオンラインコミュニティにアクセスすることができ，彼らがあなたの質問にいつでも答えてくれます。OpensCoderプログラムには保証が付いています。もし私たちとの学習が気に入らなかった場合は，最初の1カ月以内にキャンセルしていただくだけで，全額返金いたします。

語句 □subscribe to ～ ～を定期購読する　□comprehensive 総合的な　□coding コーディング
□access to ～ ～へのアクセス，～を利用する権利　□live streaming ライブ配信　□content 内容　□concise 簡潔な
□on track 軌道に乗って，順調に　□make steady progress 着実に進歩する　□graduate 卒業生
□mentor メンター，指導者　□come with ～ ～が付いてくる　□guarantee 保証　□simply ただ～のみで
□full refund 全額払い戻し

153.

What is included with the subscription?

(A) A monthly magazine
(B) A free textbook
(C) Live video lessons
(D) A referral program

定期購読には何が含まれますか。

(A) 月刊誌
(B) 無料の教科書
(C) ライブビデオ授業
(D) 紹介制度

正解 (C)

解説 定期購読に含まれるものは何かが問われています。❶に「購読の一環として，ライブストリーミング講義を見られる」とあるので，(C)が正解です。

言い換え live streaming lectures → live video lessons

語句 □referral 紹介

154.

What is suggested about OpensCoder?

(A) It is free of charge.
(B) It has users around the world.
(C) It is targeted at beginners.
(D) It recently added new courses.

OpensCoderについて何が示されていますか。

(A) 無料である。
(B) 世界中に利用者がいる。
(C) 初心者が対象である。
(D) 最近新しい講座が加わった。

正解 (B)

解説 OpensCoderについて示されていることを問う問題です。❷に「(OpensCoderの) 購読者は卒業生やメンターの全世界的なオンラインコミュニティにアクセスすることができる」とあるので，世界中に利用者がいることが分かります。よって，これを言い換えた(B)が正解です。

言い換え global → around the world

語句 □free of charge 無料の　□*be* targeted at ～ ～を対象とする

Questions 155-157 refer to the following survey.

Hollister Vehicle Rental
39 Jones Street, Cartersville, IA 50469

We provide all kinds of vehicles for use in the Cartersville area.

Thank you for renting an automobile from Hollister Vehicle Rental. ❶We rent everything from compact cars to 24-seater shuttle buses. We even have 10-ton trucks with a 350 cubic feet carrying capacity. No matter what size vehicle you rent, you can take comfort from knowing that Hollister Vehicle Rental is Cartersville's highest-rated vehicle rental company.

Please take a moment to help us improve the rental experience for you and other customers. You can indicate your opinion by placing a "√" in the appropriate box below. ❷If you provide your name and reservation number, you will get 20% off on your next rental.

❸Name: Louise Jeffries   Reservation Number: 7347838

	Unsatisfactory	Reasonable	Excellent
Value for money		✓	
Helpfulness of rental staff	❹✓		
Cleanliness of the vehicle			✓
Availability of vehicles		✓	

Have you rented a Hollister vehicle before?   Yes ☑ No ☐
How did you learn about Hollister Vehicle Rental?   Through an online search.

Additional comments: The rental process took far longer than I had expected. I was in line at the rental desk for almost an hour. The vehicle itself was very new and clean. ❺It was the model I was hoping for, which was an executive class sedan. ❻My traveling companions and I got to our corporate engagements quickly and comfortably thanks to the satellite navigation system that was included.

設問 155-157 は次のアンケートに関するものです。

Hollister Vehicle Rental社
Jones通り 39 番地, Cartersville, IA 50469

当社はCartersville地域で利用できるあらゆる種類の乗り物をご提供します。

Hollister Vehicle Rental社で自動車をお借りいただきありがとうございます。当社は小型自動車から24人乗りのシャトルバスまであらゆる乗り物を貸し出しており，350立方フィートの積載量を持つ10トンのトラックもございます。どの大きさの乗り物を借りるとしても，Hollister Vehicle Rental社がCartersville地域で最高評価のレンタカー会社であることを知れば，安心されることでしょう。

あなたとほかのお客様のために，当社でのレンタル経験の改善を助けるお時間を少しください。以下の該当するボックスに「✓」を記入してご意見を示すことができます。氏名と予約番号をご提供いただきますと，次回のレンタルの際に20パーセント割引を受けられます。

名前：Louise Jeffries   予約番号：7347838

	不満足	普通	満足
金額に見合う価値		✓	
レンタルスタッフの対応	✓		
乗り物の清潔さ			✓
乗り物の空き具合		✓	

Hollisterの乗り物を以前に借りたことがありますか。はい ☑ いいえ ☐
Hollister Vehicle Rental社をどのようにして知りましたか。   オンライン検索を通して。
追加コメント：レンタルの手続きが思っていたよりもずっと長くかかりました。1時間近くレンタルデスクの列に並んでいました。乗り物自体はとても新しくてきれいで，希望していたモデルであるエグゼクティブクラスのセダンでした。搭載されている衛星ナビゲーションシステムのおかげで，出張仲間たちと仕事の約束にも素早くかつ快適に行くことができました。

155.

What is mentioned about Hollister Vehicle Rental?

(A) It will be closed for renovation.
(B) It has recently changed ownership.
(C) It has a wide variety of automobiles.
(D) It shares information with other businesses.

Hollister Vehicle Rental社について何が述べられていますか。

(A) 改装のため店を閉める予定である。
(B) 最近, 所有権を変更した。
(C) 幅広い種類の自動車がある。
(D) ほかの企業と情報を共有している。

正解 (C)

解説 Hollister Vehicle Rental社について述べられていることを問う問題です。❶で「当社は小型自動車から24人乗りのシャトルバスまであらゆる乗り物を貸し出しており, 10トンのトラックもある」と, 具体的に貸し出している車の種類が述べられています。ここから, Hollister Vehicle Rental社が幅広い自動車の品揃えを持つ, ということが分かります。これをa wide variety of 〜 を使って表した(C)が正解です。

語句 □renovation 改装 □ownership 所有権 □a wide variety of 〜 幅広い〜

156.

What will be offered to Ms. Jeffries?

(A) A vehicle upgrade
(B) A future discount
(C) A satellite navigation system
(D) A fuel allowance

Jeffriesさんに何が提供されますか。

(A) 乗り物のアップグレード
(B) 次回以降の割引
(C) 衛星ナビゲーションシステム
(D) 燃料手当

正解 (B)

解説 Jeffriesさんに何が提供されるかが問われています。第2段落でアンケート回答のお願いが述べられており, ❷に「氏名と予約番号を提供すると, 次回のレンタルの際に20パーセント割引を受けられる」とあります。ここで❸を見ると, Jeffriesさんの名前と予約番号が記入されています。ここから, Jeffriesさんは次回以降の割引を受け取ると分かります。よって, (B)が正解です。

言い換え 20% off → discount
next → future

語句 □upgrade アップグレード □fuel 燃料 □allowance 手当

157.

What is NOT indicated about Ms. Jeffries?

(A) She introduced Hollister Vehicle Rental's service to her friends.
(B) She was displeased with customer service.
(C) She reserved a luxury vehicle.
(D) She took part in a business trip.

Jeffriesさんについて示されていないことは何ですか。

(A) Hollister Vehicle Rental社のサービスを友人に紹介した。
(B) カスタマーサービスに不満を持った。
(C) 高級車を予約した。
(D) 出張に参加した。

正解 (A)

解説 Jeffriesさんについて示されていないことは何かが問われているNOT問題です。アンケート欄の「レンタルスタッフの対応」の項目でUnsatisfactory「不満足」の欄❹に印が付けられており, これが(B)に該当すると分かります。❺の「希望していたモデルのエグゼクティブクラスのセダンだった」は(C)に当てはまり, ❻の「出張仲間たちと仕事の約束に行けた」よりJeffriesさんが出張に行ったことが分かるので, (D)も本文内容と一致します。残った(A)に関しては述べられていないため, これが正解です。

言い換え unsatisfactory → displeased with
executive class sedan → luxury vehicle

語句 □be displeased with 〜 〜に嫌気がさす □luxury 高級な

Questions 158-160 refer to the following article.

The Gregory Art Gallery is Moreton Bay's oldest and most successful art gallery. It first opened its doors almost 80 years ago. Since it was founded, it has hosted exhibitions from many ❶outstanding painters. Its permanent collection has continued to grow and now attracts almost a million visitors a year. ❷To accommodate its ever-increasing inventory of artwork and the art enthusiasts who come to see it, the gallery owners have decided to move to a larger building on Radford Road in Brisbane. The gallery will be closed for two weeks from 13 June to 27 June so that employees can make the transition to the new location. When it reopens, the gallery will have an additional 5,000 square feet of floor space, a new restaurant, and much easier access to the bus and train lines. ❸The grand reopening will be held on 28 June and will be attended by the mayor, Mr. Grimsby.

設問158-160は次の記事に関するものです。

Gregory画廊は，Moreton Bayで最も古く最も成功した画廊です。オープンしたのは約80年前で，設立以来，多くの素晴らしい画家たちの展示会を催してきました。常設展は成長し続け，今では1年に百万人もの来館者を引き付けています。増え続ける芸術作品の所蔵とそれを見に来る芸術の熱狂的なファンたちを収容するために，画廊のオーナーたちは，BrisbaneのRadford通りにあるもっと大きな建物に移転することに決めました。職員たちが新しい場所へ移転できるように，画廊は6月13日から6月27日までの2週間閉まることになっています。再開の際には，画廊には床面積5,000平方フィートが加わり，新しいレストランができ，バスや電車の路線へのアクセスもはるかによくなるでしょう。再グランドオープンは6月28日に行われ，市長であるGrimsby氏の出席も予定されています。

- -

語句　□found ～を設立する　□permanent collection 常設展　□attract ～を引き付ける　□ever-increasing 増え続ける　□inventory 所蔵（品）　□artwork 芸術作品　□enthusiast 愛好家　□square feet 平方フィート　□floor space 床面積　□access to ～ ～へのアクセス・行き方　□train line 電車の路線　□mayor 市長

158.

What is the purpose of the article?

(A) To comment on a publicity campaign
(B) To explain an upcoming relocation
(C) To introduce a successful local artist
(D) To recommend a little-known holiday destination

記事の目的は何ですか。

(A) 広報活動に対して意見を述べること
(B) 来たるべき移転を説明すること
(C) 成功した地元のアーティストを紹介すること
(D) あまり知られていない休暇の行き先を勧めること

正解 (B)

解説 記事の目的が問われています。❷に「増え続ける芸術作品の所蔵とそれを見に来るファンたちを収容するため，画廊を移転することに決めた」とあるので，記事は将来行われる移転について書かれていることが分かります。よって，正解は(B)です。

言い換え move to ～ → relocation

語句 □comment on ～ ～について意見を述べる　□publicity campaign 広報活動　□upcoming 来たるべき　□relocation 移転，引っ越し　□little-known あまり知られていない　□destination 行き先，目的地

159.

The word "outstanding" in paragraph 1, line 6, is closest in meaning to

(A) exceptional
(B) overdue
(C) explicit
(D) unsolved

第1段落・6行目にある"outstanding"に最も意味が近いのは

(A) 非常に優れた
(B) 未払いの
(C) 明確な
(D) 未解決の

正解 (A)

解説 同義語問題です。問われている❶は文脈より，「素晴らしい画家たち」と画家を称賛するような意味合いになっています。これと最も意味が近いのは(A)です。outstandingは(B)と同様，「未払いの」という意味でもよく使われますが，文中で修飾しているのは人物を表すpaintersなので不正解です。また，outstandingには(C)「明確な」や(D)「未解決の」という意味もありますが，本文では異なる意味で使われているため，ここでは不正解です。

＊ ＊ ＊

 同義語問題では「問われている単語の問題文中での意味」を理解し，それと同じ意味を持つものを選択肢の中から選びます。問われている単語と選択肢のみを見比べて解答することのないように気を付けてください。

160.

According to the article, who will visit Gregory Art Gallery on June 28?

(A) An architect
(B) An art critic
(C) A city official
(D) A police officer

記事によると，6月28日に誰がGregory画廊を訪れますか。

(A) 建築家
(B) 芸術批評家
(C) 市の職員
(D) 警官

正解 (C)

解説 記事によると，6月28日に誰がGregory画廊を訪れるかが問われています。❸に「再グランドオープンは6月28日に行われ，市長であるGrimsby氏も出席予定」とあるので，「市長」を「市の職員（＝city official）」と言い換えた(C)が正解です。

言い換え mayor → city official

Questions 161-163 refer to the following memo.

 ♪ 041 🇺🇸

MEMO

To: Design Staff
From: Randolph Lane
Date: August 11
Subject: New department head

Dear Design Staff,

❶I am writing to inform you all that I have selected a new person to lead the design department. It is important that we have someone with a lot of experience, and also that we bring in someone with new ideas. Marie Valdez satisfies both of these requirements. —[1]—. ❷She has been on the design teams at several leading companies. Most recently she worked at Mycroft Toys, and Comsware Entertainment Company before that. I plan on introducing her to the design team on Friday afternoon. —[2]—. ❸We will mark the occasion with a special lunch. Of course, the lunch will be provided, so you need not bring your own on that day. If you have any special dietary requirements, please let me know today. —[3]—.

I know that you will all do your best to make Ms. Valdez feel welcome on her first day. —[4]—. She is moving to Scranton from Chicago, and I imagine this is a very stressful time for her.

設問161-163は次のメモに関するものです。

メモ

宛先：デザインスタッフ
差出人：Randolph Lane
日付：8月11日
件名：新しい部長

デザインスタッフ各位

デザイン部を率いる新しい人物を選んだことを皆さんにお伝えするため，メモを書いております。重要なのは，経験豊富であり，かつ新しい考えを持つ人を迎え入れるということです。Marie Valdezさんはこれらの条件をどちらも満たしています。彼女はいくつかのトップ企業でデザインチームに所属していました。直近ではMycroft Toys社で，その前はComsware Entertainment社で働いていました。金曜日の午後に彼女をデザインチームに紹介する予定です。特別なランチでその日を記念しましょう。もちろんランチは提供されるので，その日は持参する必要はありません。もし食事に関して特別な要求があれば，今日教えてください。今晩，注文の件でケータリング業者に電話する予定です。

初日から歓迎されているとValdezさんに思ってもらうために，皆さんは最善を尽くしてくれると思います。彼女はChicagoからScrantonに引っ越してくるので，精神的にとてもストレスのかかる時期だと思うのです。

- -

語句 □bring in ～ ～を仲間に引き入れる　□satisfy ～を満たす　□requirement 条件，要求事項　□leading company トップ企業
□plan on doing ～するつもりである　□mark A with B AをBで祝う　□dietary 食事の　□stressful ストレスのかかる

161.

What is the purpose of the memo?

(A) To announce the appointment of a new manager
(B) To outline the requirements of a client
(C) To explain an application procedure
(D) To suggest holding an event

メモの目的は何ですか。

(A) 新しい部長の任命を発表すること
(B) 顧客の要求の概要を説明すること
(C) 申込手続きについて説明すること
(D) イベントの開催を提案すること

【正解】(A)

【解説】 メモの目的が問われています。❶で「デザイン部を率いる新しい人物を選んだことを皆さんに伝えるため，メモを書いている」とあるので，ここから「デザイン部を率いる新しい人物」を new managerと言い換えた(A)が正解です。I am writing to inform you (all) that...以下には，文書の目的が来ることがほとんどです。この表現を見たら，目的が来るかもしれない，と待ち伏せしながら読み進めましょう。

【言い換え】 person to lead ~ department → manager

【語句】 □outline ~の概要を説明する　□application procedure 申込手続き，申込手順

162.

What is implied about Comsware Entertainment Company?

(A) It has been very successful.
(B) It is based in Scranton.
(C) It is a popular catering firm.
(D) It has advertised a position online.

Comsware Entertainment社について何が示唆されていますか。

(A) とても成功している。
(B) Scrantonに本社がある。
(C) 人気のケータリング業者である。
(D) オンラインで求人広告を出している。

【正解】(A)

【解説】 Comsware Entertainment社について示唆されていることを問う問題です。❷に「彼女はいくつかのトップ企業でデザインチームに所属し，直近ではMycroft Toys社で，その前はComsware Entertainment社で働いていた」とあります。つまり，Comsware Entertainment社はトップ企業の1つであり，会社として成功していると推測できます。以上から，正解は(A)です。

【言い換え】 leading → successful

 leading companyとは「業界を牽引していけるような企業」を意味するので，successful, successといった単語が言い換えで使われます。

【語句】 □be based in ~ ~に本社を置く　□catering firm ケータリング業者

163.

In which of the positions marked [1], [2], [3], and [4] does the following sentence best belong?

"I will be calling the caterer with our order this evening."

(A) [1]
(B) [2]
(C) [3]
(D) [4]

[1]，[2]，[3]，[4]と記載された箇所のうち，次の文が入るのに最もふさわしいのはどれですか。

「今晩，注文の件でケータリング業者に電話する予定です」

(A) [1]
(B) [2]
(C) [3]
(D) [4]

【正解】(C)

【解説】 文挿入位置問題です。挿入文は「今晩，注文の件でケータリング業者に電話する予定だ」という意味です。ここから，ケータリング業者に注文をする文脈が本文中にあると考えます。❸に会社が提供する特別ランチに関する内容が書かれており，最後の文で「食事に関して特別な要求があれば今日教えてほしい」と述べられています。これに着目し，直後の[3]に文を入れ「要求をまとめ，それをもとに今晩ケータリング業者に注文の電話をする」という流れにすると文意が通ることが分かります。以上から，正解は(C)です。

【語句】 □caterer ケータリング業者

Questions 164-167 refer to the following online chat discussion.

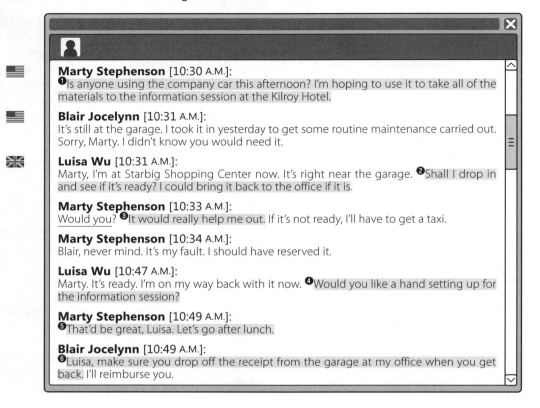

Marty Stephenson [10:30 A.M.]:
❶Is anyone using the company car this afternoon? I'm hoping to use it to take all of the materials to the information session at the Kilroy Hotel.

Blair Jocelynn [10:31 A.M.]:
It's still at the garage. I took it in yesterday to get some routine maintenance carried out. Sorry, Marty. I didn't know you would need it.

Luisa Wu [10:31 A.M.]:
Marty, I'm at Starbig Shopping Center now. It's right near the garage. ❷Shall I drop in and see if it's ready? I could bring it back to the office if it is.

Marty Stephenson [10:33 A.M.]:
Would you? ❸It would really help me out. If it's not ready, I'll have to get a taxi.

Marty Stephenson [10:34 A.M.]:
Blair, never mind. It's my fault. I should have reserved it.

Luisa Wu [10:47 A.M.]:
Marty. It's ready. I'm on my way back with it now. ❹Would you like a hand setting up for the information session?

Marty Stephenson [10:49 A.M.]:
❺That'd be great, Luisa. Let's go after lunch.

Blair Jocelynn [10:49 A.M.]:
❻Luisa, make sure you drop off the receipt from the garage at my office when you get back. I'll reimburse you.

設問164-167は次のオンラインチャットの話し合いに関するものです。

Marty Stephenson [午前10時30分]:
今日の午後，会社の車を誰か使う？　全ての資料をKilroyホテルでの説明会に持って行くために車を使いたいと思っているのだけど。

Blair Jocelynn [午前10時31分]:
車はまだ修理工場にあるわ。定期整備をするために昨日持って行ったの。ごめんね，Marty。あなたが車を必要とするなんて知らなかったの。

Luisa Wu [午前10時31分]:
Marty，私は今Starbigショッピングセンターにいるの。修理工場のすぐ近くよ。工場に寄って準備できているか見てこようか？準備ができているようなら，会社に持って帰ってこられるわ。

Marty Stephenson [午前10時33分]:
お願いできる？　すごく助かるよ。もし準備ができてなければ，タクシーを拾わないといけないんだ。

Marty Stephenson [午前10時34分]:
Blair，気にしないでね。僕のせいだから。僕が車を予約しておくべきだったんだ。

Luisa Wu [午前10時47分]:
Marty。準備はできているよ。車で今会社に向かっている途中よ。説明会の準備の手伝いをしようか？

Marty Stephenson [午前10時49分]:
ありがとう，Luisa。昼食後に行こう。

Blair Jocelynn [午前10時49分]:
Luisa，戻ったら，修理工場でもらった領収書を私の執務室に忘れずに置いておいて。払い戻しするから。

語句 □company car 社用車　□material 資料　□garage 修理工場　□routine maintenance 定期整備
□carry out ～ ～を実行する　□drop in 立ち寄る　□bring ～ back ～を持ち帰る
□one's fault ～のせい　□on one's way back 帰り道で　□hand 手助け
□set up (道具など)を準備する　□drop off ～ ～を置いていく　□reimburse ～に払い戻す

164.

What is the purpose of the online chat discussion?

(A) To remind employees of a schedule change
(B) To request assistance with a report
(C) To confirm the availability of a car
(D) To suggest that people use a reservation system

オンラインチャットの話し合いの目的は何ですか。

(A) 社員にスケジュールの変更を思い出させること
(B) 報告書の手伝いをお願いすること
(C) 車が利用可能かを確認すること
(D) 人々に予約システムの利用を提案すること

正解 (C)

解説 このオンラインチャットの目的が何かが問われています。冒頭❶でStephensonさんが「今日の午後，会社の車を誰か使う？」と車の空き状況を尋ね，「資料を説明会に持って行くために車を使いたいと思っている」と続けていることから，(C)が正解です。

語句 □confirm ～を確認する　□availability 利用可能であること　□reservation system 予約システム

165.

At 10:33 A.M., what does Mr. Stephenson mean when he writes, "Would you"?

(A) He hopes Ms. Wu will return from a shopping trip soon.
(B) He expects Ms. Wu to go on a business trip.
(C) He would like Ms. Wu to take another employee's place.
(D) He wants Ms. Wu to check if some work is finished.

午前10時33分にStephensonさんが"Would you"と書く際，何を意図していますか。

(A) Wuさんが買い物から早く戻ってくることを願っている。
(B) Wuさんが出張に行くことを期待している。
(C) Wuさんにほかの社員の代わりを務めてほしいと思っている。
(D) Wuさんに作業が終わったか確認してほしいと思っている。

正解 (D)

解説 意図問題です。問われている文は「あなたが～をするんですか」もしくは「あなたが～してくれるんですか」というニュアンスを持ちます。前後を見ると，❷でWuさんが「工場に寄って（車が）準備できているか見てこようか？　準備ができているようなら会社に持って帰る」と述べており，❸でStephensonさんが「すごく助かる」と返しています。つまり，Wuさんに作業の進捗を見てきてほしい，という意図でこの文を送ったと分かるので，正解は(D)です。

語句 □shopping trip 買い物に出かけること　□take one's place ～の代わりを務める

166.

Where will Ms. Wu go after lunch?

(A) To a repair garage
(B) To an accommodation facility
(C) To a client's office
(D) To a shopping center

Wuさんは昼食後どこに行きますか。

(A) 修理工場
(B) 宿泊施設
(C) 顧客の会社
(D) ショッピングセンター

正解 (B)

解説 Wuさんが昼食後どこに行くかが問われています。Wuさんは❹でStephensonさんに「説明会の準備の手伝いをしようか？」と申し出ており，それに対してStephensonさんが❺で「ありがとう，昼食後に行こう」と応じています。もともとStephensonさんはチャット冒頭❶の2文目で「Kilroyホテルでの説明会に行く」と述べており，ここからWuさんは昼食後にホテルに行くと分かります。よって，ホテルをaccommodation facilityと言い換えた(B)が正解です。

言い換え hotel → accommodation facility

167.

What does Ms. Jocelynn invite Ms. Wu to do?

(A) Reimburse some expenses
(B) Submit a receipt
(C) Complete a report
(D) Purchase some office supplies

JocelynnさんはWuさんに何をするよう促していますか。

(A) 経費の払い戻しをする
(B) 領収書を提出する
(C) 報告書を完成させる
(D) 事務用品を購入する

正解 (B)

解説 JocelynnさんはWuさんに何をするよう促しているかが問われています。❻でJocelynnさんはWuさんに「（会社に）戻ったら修理工場でもらった領収書を私の執務室へ」と述べているので，領収書の提出を促していることが分かります。よって，(B)が正解です。(A)の経費の払い戻しについては，Jocelynnさんがその後行うことなので不正解です。

言い換え drop off → submit

語句 □expense 経費　□office supply 事務用品

Questions 168-171 refer to the following Web page.

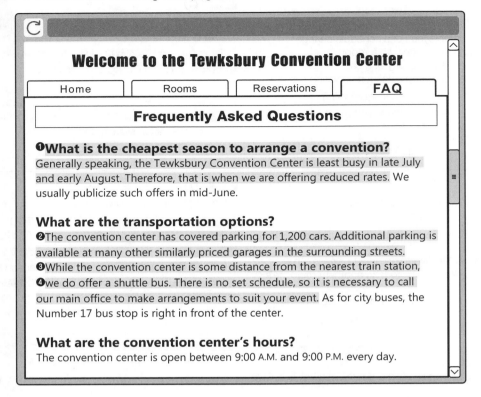

Welcome to the Tewksbury Convention Center

| Home | Rooms | Reservations | **FAQ** |

Frequently Asked Questions

❶What is the cheapest season to arrange a convention?
Generally speaking, the Tewksbury Convention Center is least busy in late July and early August. Therefore, that is when we are offering reduced rates. We usually publicize such offers in mid-June.

What are the transportation options?
❷The convention center has covered parking for 1,200 cars. Additional parking is available at many other similarly priced garages in the surrounding streets. **❸**While the convention center is some distance from the nearest train station, **❹**we do offer a shuttle bus. There is no set schedule, so it is necessary to call our main office to make arrangements to suit your event. As for city buses, the Number 17 bus stop is right in front of the center.

What are the convention center's hours?
The convention center is open between 9:00 A.M. and 9:00 P.M. every day.

設問168-171は次のウェブページに関するものです。

Tewksbury コンベンションセンターへようこそ

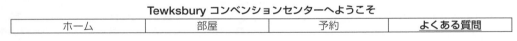

| ホーム | 部屋 | 予約 | **よくある質問** |

よくある質問

会議を手配するのに最も安い時期はいつですか。
一般的に言って，Tewksbury コンベンションセンターは7月下旬と8月上旬が最も混み合わない時期です。よって，その時期に割引料金を提供しています。そのような割引は，普段は6月半ばに公表しています。

どんな交通手段がありますか。
当コンベンションセンターには1,200台分の屋根付き駐車場があります。追加の駐車は，周辺の通りにある多くの同価格帯の駐車場をご利用いただけます。当コンベンションセンターは最寄駅から少し離れていますが，シャトルバスを運行しています。スケジュールは決まっていないので，イベントに合わせて本社に電話をして手配する必要があります。市営バスについては，17番のバス停が当コンベンションセンターの目の前にあります。

コンベンションセンターの営業時間を教えてください。
当コンベンションセンターは毎日午前9時から午後9時まで営業しています。

語句 □FAQ (Frequently Asked Questions) よくある質問　□arrange ～を手配する　□generally speaking 一般的に言うと
□reduced rate 割引料金　□publicize ～を公表する　□covered 屋根のある　□surrounding 周囲の
□shuttle bus シャトルバス　□main office 本社

168.

According to the Web page, how can people get a discount?

(A) By holding events at certain times of the year
(B) By subscribing to a newsletter
(C) By introducing other clients
(D) By making a group booking

ウェブページによると、人々はどのようにして割引を受けることができますか。

(A) 1年のうちの特定の時期にイベントを開くことによって
(B) 会報を定期購読することによって
(C) ほかの顧客を紹介することによって
(D) 団体予約をすることによって

正解 (A)

解説 ウェブページから割引を受けられる方法を探す問題です。文書冒頭❶「会議を手配するのに最も安い時期はいつか」という質問に対し、「Tewksburyコンベンションセンターは7月下旬と8月上旬が閑散期で、その時期に割引料金を提供している」と続いています。ここから、閑散期というある特定の時期に会議を開催すると割引を受けられることが分かります。以上から、(A)が正解です。

言い換え reduced rates → a discount

語句 □certain time 特定の時期
□subscribe to ～ ～を定期購読する
□newsletter 会報　□group booking 団体予約

169.

What is mentioned about vehicle parking?

(A) The location is inconvenient.
(B) Only outdoor parking is provided.
(C) Bus parking is in a separate location.
(D) There are extra parking facilities near the center.

駐車場に関して何が述べられていますか。

(A) 場所が不便である。
(B) 屋外の駐車場だけが提供されている。
(C) バスの駐車場は別の場所にある。
(D) センターの近くに追加の駐車施設がある。

正解 (D)

解説 駐車場に関して述べられていることを問う問題です。❷に「当コンベンションセンターには1,200台分の屋根付き駐車場があり、追加の駐車は周辺の通りにある同価格帯の駐車場を利用できる」とあるので、コンベンションセンター近くに追加の駐車場があることが分かります。これを言い換えた(D)が正解です。

言い換え additional → extra
garages → parking facilities
surrounding → near

170.

What is implied about the Tewksbury Convention Center?

(A) It is open 24 hours a day.
(B) It is far from the nearest station.
(C) It will have its grand opening in the near future.
(D) It has been relocated.

Tewksburyコンベンションセンターについて何が示唆されていますか。

(A) 24時間営業している。
(B) 最寄駅から遠いところにある。
(C) 近い将来にグランドオープンする。
(D) 移転した。

正解 (B)

解説 コンベンションセンターについて示唆されていることを問う問題です。❸で「当コンベンションセンターは最寄駅から少し離れている」と述べられているので、これを言い換えた(B)が正解です。some distanceは「それなりに離れた距離」というニュアンスで、farと同義になります。

言い換え some distance → far

語句 □grand opening グランドオープン
□relocate ～を移転させる

171.

Why should people contact the main office?

(A) To ask about lost items
(B) To arrange transportation
(C) To cancel an order
(D) To donate money

人々はなぜ本社に連絡すべきですか。

(A) 紛失したものについて尋ねるため
(B) 交通手段の手配をするため
(C) 注文をキャンセルするため
(D) お金を寄付するため

正解 (B)

解説 本社に連絡する理由が問われています。❹で「シャトルバスを運行しているが、スケジュールは決まっていないのでイベントに合わせて本社に電話をして手配する必要がある」と述べられています。シャトルバスをtransportation「交通手段」と少し抽象的な表現に変えた(B)が正解です。

言い換え shuttle bus → transportation
make arrangements → arrange

語句 □transportation 交通手段
□donate ～を寄付する

FOR IMMEDIATE RELEASE

September 28

www.columbineproductions.com

NEW YORK, NY—Columbine Productions is happy to announce that it has completed the second season of its popular television drama *Wild Boys*. ❶Production of the drama was halted for a year after the popular online streaming service Linevid decided not to fund a second season. —[1]—. ❷This year, we were able to sign an agreement with Firetubes. The increased budget has enabled us to film *Wild Boys* in more locations and improve the special effects. —[2]—. The show's writers used the downtime to create a really amazing script with plenty of surprises for fans.

❸All of the actors from the original series have returned. This year, they have been joined by some very talented people including none other than Keith Renson. —[3]—. His role in the drama is being kept a secret until the season debut on October 10.

❹A third season has already been ordered by Firetubes, and filming should start in early November. —[4]—.

設問172-175は次のプレスリリースに関するものです。

即日発表用

9月28日

www.columbineproductions.com

NEW YORK, NY — Columbine Productions 社は，人気テレビドラマである『Wild Boys』のシーズン2の制作が完了したことを喜んでお知らせいたします。人気のオンライン動画配信サービスであるLinevid社がシーズン2に資金を出さないと決めた後，ドラマの制作は1年間止まりました。今年，当社はFiretubes社との契約を結ぶことができました。予算が増えたことによって，『Wild Boys』をより多くの場所で撮影することができ，特殊効果を向上させることができました。番組の脚本家は休止期間を使って，ファンにたくさんの驚きを与える実に見事な脚本を作りました。

オリジナルシリーズの俳優たちが全員戻ってきました。今年は彼らにとても才能のある人たちが加わり，その中にはほかならぬKeith Renson もいます。彼のドラマでの役は，10月10日のシーズン2初公開まで秘密にされています。

シーズン3はすでにFiretubes社によって制作が依頼されており，撮影は11月初めに始まる予定です。その前に，俳優と制作チームの人たちは数週間の休暇を満喫する予定です。

語句 □for immediate release 即日発表用の　□*be* happy to announce that ～ 喜んで～ということをお知らせする
□halt ～を停止させる　□online streaming service オンラインストリーミングサービス　□fund ～に資金を出す
□sign an agreement with ～ ～と契約を結ぶ　□special effect 特殊効果　□downtime 休止期間　□talented 才能ある
□none other than ～ ほかならない～

172.

What is indicated about *Wild Boys*?

(A) It was temporarily canceled.
(B) It received some awards.
(C) It had a famous director.
(D) It is based on a true story.

『Wild Boys』について何が示されていますか。

(A) 一時的に中止された。
(B) いくつかの賞を受賞した。
(C) 有名な監督を起用した。
(D) 実話に基づいている。

正解 (A)

解説 『Wild Boys』について何が示されているかを問う問題です。❶の前半に「ドラマの制作が1年間止まった」とあるので、制作が一時的に停止されたことをtemporarily canceledと言い換えた(A)が正解です。haltは「進行しているものを（一時的に）止める」という意味で用いられ、TOEIC L&RテストのPart 5にも出題される、少し難易度が高い語彙です。

言い換え halted for a year → temporarily canceled

語句 □temporarily 一時的に
　　　 □*be* based on ～ ～に基づいている

173.

What is probably true about Firetubes?

(A) It has relocated its headquarters to New York.
(B) It has a larger library of programs than Linevid does.
(C) It offered Columbine Productions more money than Linevid did.
(D) It demanded that Keith Renson be involved with the production.

Firetubes社についておそらく何が正しいですか。

(A) 本社をNew Yorkに移転した。
(B) Linevid社よりも番組の数が多い。
(C) Columbine Productions社にLinevid社よりもたくさんのお金を提供した。
(D) Keith Rensonが制作に関わることを要求した。

正解 (C)

解説 Firetubes社について何が正しいかが問われています。❶で「Linevid社がシーズン2に資金を出さないと決めた後、ドラマ制作が1年間止まった」と述べられ、❷で「今年（Columbine Productions社が）Firetubes社と契約を結び、予算が増えた」とあり、ここからFiretubes社がLinevid社より多く資金提供したということが推測できます。よって、(C)が正解です。(A)本社移転、(B)番組数、(D)特定の人への制作関与要求は根拠となる記載がなく、いずれも不正解です。

語句 □relocate *A* to *B* AをBに移転する
　　　 □demand that S (should) V SがVであることを要求する

174.

What is suggested about Mr. Renson?

(A) He is one of the new cast members.
(B) He will play a main character.
(C) He debuted as an actor a year ago.
(D) He used to work for a film production company.

Rensonさんについて何が示されていますか。

(A) 新しい出演者の1人である。
(B) 主役を演じる。
(C) 1年前に俳優としてデビューした。
(D) 以前映画の制作会社に勤めていた。

正解 (A)

解説 Rensonさんについて何が示されているかを問う問題です。第2段落では、『Wild Boys』のシーズン2のキャストについて述べられています。❸で「（シーズン2では）オリジナルシリーズの俳優たちが全員戻った」「今年は彼らにKeith Rensonといった才能のある人たちが加わる」とあり、ここからRensonさんは前作に参加しておらず、今回新しく出演する役者の1人であると判断できます。よって、(A)が正解です。

語句 □debut デビューする

175.

In which of the positions marked [1], [2], [3], and [4] does the following sentence best belong?
"Before that, the cast and crew will enjoy a couple of weeks off."

(A) [1]　　(B) [2]　　(C) [3]　　(D) [4]

[1]、[2]、[3]、[4]と記載された箇所のうち、次の文が入るのに最もふさわしいのはどれですか。
「その前に、俳優と制作チームの人たちは数週間の休暇を満喫する予定です」

(A) [1]　　(B) [2]　　(C) [3]　　(D) [4]

正解 (D)

解説 文挿入位置問題です。挿入文は、「その前に、俳優と制作チームの人たちは数週間の休暇を満喫する予定だ」という意味です。❹の「11月初めにシーズン3の撮影が始まる」という文を見ると、9月28日即日リリースから撮影が始まるまでに1カ月程度（＝数週間）の期間が空いていることが分かります。俳優らはこの撮影前に休暇を満喫すると考えられるため、直後の[4]に文を当てはめると自然です。よって、(D)が正解です。

語句 □cast 出演する俳優たち

Questions 176-180 refer to the following article and brochure.

Avalon Back in Fashion

Avalon was once known as a tourist destination, and people from around the country would travel there for their holidays. Over time, people stopped coming. ❶One of the most obvious reasons is that there were no amusement parks, heritage sites, or cultural events to draw visitors. Of course, ❷there were other causes, such as the area's seclusion.

❸Recently, the Avalon Town Council, led by Mayor Tina Rigby, launched a tourism campaign called Real Experiences. The campaign's goal is to attract visitors back to the area to enjoy more traditional holiday activities. I was invited to come to Avalon and review some of their experiences. ❹One that I particularly enjoyed was a river rafting experience that involved camping on the beach and catching our own dinner.

Avalon — Real Experiences

Come and see what Avalon has to offer!
Avalon now has four new tour companies ready to offer *real experiences* for real people.

Avalon Nature Discoveries
Avalon Nature Discoveries' expert guides provide educational tours where people can learn about the local flora and fauna. Stay in a log cabin in our 12-hectare wilderness retreat.

Web site: www.avalonnaturediscoveries.com

Angler Adventure
❺We offer a fishing adventure with a night on the Avalon shoreline. Have the fish you caught cooked by our qualified chef or you can cook it yourself over an open fire.

Web site: www.angleradventure.com

Dreamstays
Dreamstays offers glamping experiences in some of the region's most beautiful locations. Stay in a huge tent with luxury amenities and enjoy views of the picturesque Avalon Valley.

Web site: www.dreamstays.com

Coast the Coast
Coast the Coast offers the perfect vacation for cycling enthusiasts of all ages. Choose from one of five amazing cycling courses with a variety of difficulty levels. In the evening, rest your tired legs with a massage from one of our excellent masseuses.

Web site: www.coastthecoast.com

Contact the individual companies directly or ❻call in at our helpful visitor's information bureau for information about other things to do in beautiful Avalon. ❼**Published by the Avalon Town Council**

設問 176-180 は次の記事とパンフレットに関するものです。

Avalon の再流行

Avalon はかつて観光地として知られており，国中の人々が休日に旅行に来ていました。時が経つにつれて，人々は来なくなりました。最も明らかな理由のうちの1つは，訪問者を引き付けるような遊園地や遺産登録地，文化イベントなどがなかったからです。もちろん，その地域が人里離れた場所にあるなどのほかの原因もありました。

最近，Tina Rigby 町長率いる Avalon 町議会が Real Experiences と呼ばれる観光促進キャンペーンを打ち出しました。そのキャンペーンの目的は，訪問者を地域に再度引き付け，もっと多くの伝統的な休暇活動を楽しんでもらうことです。私は Avalon に来て，そこでの経験をいくつかレビューするよう依頼されました。特に楽しかったのは川下り体験で，それにはビーチでキャンプをし，夕食を自分たちで手に入れるという体験も含まれていました。

Avalon — Real Experiences
Avalon が提供しているものを見に来てください！
Avalon には，本物志向の人々へ向けた，本物の体験を提供する4つの新しいツアー会社があります。

Avalon Nature Discoveries社	Angler Adventure社
Avalon Nature Discoveries 社の専門家ガイドが，地域の動植物について学べる教育ツアーを提供いたします。12ヘクタールの自然の保養所で丸太小屋に泊まることができます。 ウェブサイト：www.avalonnaturediscoveries.com	Avalon の海岸線で一晩を過ごす魚釣りの冒険を提供いたします。釣った魚は資格のあるシェフに調理してもらうか，たき火の上で自分自身で調理することもできます。 ウェブサイト：www.angleradventure.com
Dreamstays社	Coast the Coast社
Dreamstays 社は，その地域で最も美しい場所のいくつかでのグランピング体験を提供いたします。贅沢な設備のある大きなテントに泊まり，絵のように美しい Avalon 谷の眺めを楽しむことができます。 ウェブサイト：www.dreamstays.com	Coast the Coast 社はあらゆる年齢のサイクリング愛好家にとって最高の休暇を提供いたします。さまざまな難易度の5つの素晴らしいサイクリングコースから1つを選ぶことができます。夕方には，最高のマッサージ師によるマッサージで，疲れた足を休めることができます。 ウェブサイト：www.coastthecoast.com

それぞれの会社に直接連絡をするか，美しい Avalon で行うそのほかの事柄に関する情報については，手助けとなる観光案内所にお立ち寄りください。

Avalon 町議会発行

語句 【記事】　□tourist destination 観光目的地　□obvious 明確な　□amusement park 遊園地
□heritage site 遺産登録地　□draw 〜を引き付ける　□cause 理由
□seclusion 隔離された場所，隔離　□town council 町議会　□launch 〜を始める　□tourism 観光促進
□river rafting 川下り

【パンフレット】□flora and fauna 動植物　□log cabin 丸太小屋　□hectare ヘクタール（面積単位）
□wilderness retreat 自然のある保養施設　□shoreline 海岸線　□qualified 資格のある
□open fire たき火　□glamping グランピング　□region 地域　□huge 巨大な　□luxury 贅沢な
□amenity 設備，アメニティ　□picturesque 絵のように美しい　□cycling enthusiast サイクリング愛好家
□a variety of 〜 さまざまな〜　□difficulty level 難易度　□masseuse マッサージ師　□individual 個々の
□call in at 〜 〜に立ち寄る　□information bureau 情報案内所

176.

What is suggested about Avalon?

(A) It has a fashion industry.
(B) It lacked tourist attractions.
(C) It was featured on a TV show.
(D) It is visited by many international guests.

Avalonについて何が示されていますか。

(A) ファッション産業がある。
(B) 観光名所が不足していた。
(C) テレビ番組で特集された。
(D) 多くの海外客によって訪問される。

正解 (B)

解説 Avalonについて何が示されているかを問う問題です。記事の❶で人が来なくなった理由について、「1つは、訪問者を引き付けるような遊園地や遺産登録地、文化イベントなどがなかったからだ」と述べられています。ここから、観光名所が不足していた、と言い換えている(B)が正解です。国内客については触れられているものの、海外客についての言及はないため、(D)は不正解です。ほかの選択肢も根拠となる記載がありません。

語句 □lack ～を欠いている □tourist attraction 観光名所 □feature ～を特集する

177.

In the article, the word "causes" in paragraph 1, line 7, is closest in meaning to

(A) ideals
(B) desires
(C) explanations
(D) results

記事の第1段落・7行目にある"causes"に最も意味が近いのは

(A) 理想
(B) 願望
(C) 原因
(D) 結果

正解 (C)

解説 同義語問題です。問われている❷は「その地域が人里離れた場所にあるなどのほかの『原因』もあった」という文脈から、ここではcausesがAvalonに人が来なくなったことに対する「原因」という意味で使われています。この原因と同義語になるのは(C)です。explanationは、「説明」という意味で覚えている方が多いと思いますが、この語は第一語義に『(出来事に対する)説明』という意味があり、そのほかに『(出来事のもととなる)原因』という意味もあります。(D)は「結果」という意味の真逆の語になるため、不正解です。

178.

Which company operates the tour mentioned in the article?

(A) Avalon Nature Discoveries
(B) Angler Adventure
(C) Dreamstays
(D) Coast the Coast

記事の中で述べられているツアーを運営しているのはどの会社ですか。

(A) Avalon Nature Discoveries社
(B) Angler Adventure社
(C) Dreamstays社
(D) Coast the Coast社

正解 (B)

解説 記事の中で述べられているツアーを運営しているのはどの会社かが問われています。パンフレットに4つの会社それぞれのツアー内容が記載されているので、記事に合致する内容を探すと、❺に「海岸線で一晩を過ごす魚釣りの冒険、シェフまたは自分自身による魚の調理」とあります。これが記事の❹にある「ビーチでキャンプをし、夕食を自分たちで手に入れる」という部分に相当するので、(B)が正解です。「釣った魚を料理する」＝「夕食を自分たちで手に入れる」という言い換えをしっかり理解する必要があります。

 この問題では、まずは質問文にあるin the articleという語句を見て1文書目の内容が問われると理解します。次に、選択肢にツアー会社の名前が並んでいることを把握し、2文書目の情報も必要となるクロスリファレンス問題だ！ と判断することが重要です。

179.

According to the brochure, how can people learn more about Avalon?

(A) By accessing the Avalon Town Council Web site
(B) By watching an online video
(C) By reporting to an information office
(D) By speaking with a travel agent

パンフレットによると，人々はどのようにしてAvalonについてより詳しく知ることができますか。

(A) Avalon町議会のウェブサイトにアクセスすることによって
(B) インターネットで動画を見ることによって
(C) 情報案内所に立ち寄ることによって
(D) 旅行案内業者と話すことによって

正解 (C)

解説 パンフレットによると，人々はどのようにしてAvalonについてより詳しく知ることができるかが問われています。パンフレットの❻に「Avalonで行うそのほかの事柄に関する情報は，観光案内所に立ち寄るように」と述べられています。ここから，「情報案内をする事務所へ赴く」という意味の(C)が正解です。report to ～ は「～へ（直接）行く」という意味になります。reportは通常他動詞で「～を報告する」の意味になりますが，今回のように自動詞で使うと意味が異なります。TOEIC L&Rテストでよく出題されるので，しっかりと押さえておきましょう。(D)はtravel agent「旅行案内業者」の部分が不適切です。これはパンフレット3行目のtour companies「ツアー会社」の言い換えにはなりませんので注意しましょう。

言い換え call in at → reporting to
information bureau → information office

語句 □access（ウェブサイトなど）にアクセスする □report to ～ ～へ直接行く □travel agent 旅行案内業者

180.

What is implied about the brochure?

(A) It was authorized by Ms. Rigby.
(B) It was distributed in a newspaper.
(C) It has been used for many years.
(D) It is handed to tour participants.

パンフレットについて何が示唆されていますか。

(A) Rigbyさんによって承認された。
(B) 新聞で配布された。
(C) 何年も使われてきた。
(D) ツアーの参加者たちに手渡されている。

正解 (A)

解説 パンフレットについて何が示唆されているかを問う問題です。パンフレット自体は，❼からAvalon町議会が発行したものであると分かります。次に記事の❸を見ると，「Tina Rigby町長率いるAvalon町議会」とあります。つまり，町議会はTina Rigbyさんが代表の組織であることが分かります。パンフレットが町議会で発行されたということは，パンフレット発行に関してもRigbyさんが承認に関わっていると判断できるので，(A)が正解です。この問題は，町議会がパンフレットを発行していること，また記事から町議会を率いているのはRigbyさんであることを理解し，Rigbyさんがパンフレットの承認権限を持つのだな，と複数文書にまたがる情報を整理して解く必要があります。

語句 □authorize ～を承認する □distribute ～を配布する □be handed to ～ ～に手渡される

Afraid you'll miss out on an issue?
❶Get a subscription to *Tiny Boats*

❷*Tiny Boats* is a magazine for small boat enthusiasts. We cover the latest boats and motors from manufacturers here and abroad. ❸The magazine features regular articles by Jaidon McDonald, who is an invaluable source of information on collectible and classic small boats. There are ❹articles about great rivers and lakes to enjoy around the world and ❺excellent tips and advice for people looking to buy a new or secondhand small boat. ❻Our reviews of boating gear such as outboard motors, trailers, and canopies will ensure you get the most value for your money when buying gear.

❼From now until February 6 next year, a six-month subscription costs only $58, which means a single issue will be delivered to your door for under $10. ❽This offer is only available for new subscriptions. If you miss this opportunity, you will still be able to subscribe at ❾our regular rate of $70 for six months.

You can subscribe by calling 544-555-8782 or by visiting our Web site at www.stallardspublishing.com/tinyboatssub.

Stallards Publishing Online Store

❿**Customer name:** Reg Buxton
Account number: 546546
⓫**Date:** February 4

Quantity	Description	Price
⓬1	Six-month subscription to *Tiny Boats* magazine	$70.00
1	Six-month subscription to *Garden Green* magazine	$62.00
	Total	$132.00

You will receive a hard copy of this receipt with your order. Stallards Publishing will provide a partial refund if you cancel this subscription before it expires. ⓭Please call our customer service section at 544-555-8432 if there are any problems with your order. These may include late delivery, incorrect items, or damaged items.

雑紙の1号を手に入れる機会を逃すのが心配ですか。
『Tiny Boats』の定期購読を申し込みましょう。

『Tiny Boats』は,小型ボート愛好家のための雑誌です。我々は国内外のメーカーの最新のボートやモーターを取り上げています。雑誌では,収集価値のある伝統的な小型ボートに関する貴重な情報源であるJaidon McDonaldによる記事を定期的に特集しています。世界中にある満喫できる素晴らしい川や湖についての記事や,新品や中古の小型ボートの購入を検討している人のための優れたヒントやアドバイスがあります。船外機,トレーラー,キャノピーなどのボート用品のレビューを掲載しているので,用品購入の際には金額に最も見合う価値が得られることを保証します。

今から来年の2月6日まで,6カ月間の購読料はたったの58ドル,つまり1号が10ドル以下でご自宅まで届けられることになります。このオファーは新規購読の方のみご利用いただけます。たとえこの機会を逃しても,通常料金の6カ月70ドルで購読することができます。

定期購読をする際は,544-555-8782までお電話いただくか,ウェブサイトwww.stallardspublishing.com/tinyboatssubにアクセスしてください。

\u3000 Stallards出版\u3000オンラインストア		顧客氏名: Reg Buxton\u3000アカウント番号: 546546\u3000日付: 2月4日	
数量	**説明**	**金額**
1	雑誌『Tiny Boats』の6カ月の定期購読	70.00 ドル
1	雑誌『Garden Green』の6カ月の定期購読	62.00 ドル
	合計	132.00 ドル

ご注文品と合わせて,このレシートの原本をお受け取りいただきます。有効期限が切れる前に本購読をキャンセルされた場合,Stallards出版は一部を返金いたします。ご注文品に問題がある場合は,カスタマーサービス部門544-555-8432までお電話ください。これらには配送の遅れ,間違った商品,破損した商品なども含みます。

語句 【広告】　□issue（雑誌などの）号　□subscription 定期購読　□cover ～を扱う・取り上げる
□manufacturer 製造業者　□abroad 海外に　□feature ～を特集する　□invaluable 貴重な
□source 情報源　□collectible 収集価値のある　□tip ヒント,助言　□look to do ～することを期待する
□secondhand 中古の　□review レビュー,批評　□gear 用具　□outboard 船外の
□canopy（ボートを覆う）天蓋　□ensure ～を確実にする　□opportunity 機会　□rate 料金
【オンラインレシート】　□account number（サービス登録している）アカウント番号　□partial 部分的な　□refund 払い戻し
□expire 期限が切れる　□section 部門　□late delivery 配送の遅れ　□incorrect 間違った

181.

What is the purpose of the advertisement?

(A) To encourage people to buy a magazine on a routine basis
(B) To sell advertising space to corporate sponsors
(C) To notify subscribers of a change in format
(D) To recruit writers for a publishing company

広告の目的は何ですか。

(A) 人々に定期的に雑誌を購入するよう促すこと
(B) 企業スポンサーに広告枠を販売すること
(C) フォーマットの変更を購読者に通知すること
(D) 出版社のライターを募集すること

正解 (A)

解説 広告の目的が問われています。広告の❶で「『Tiny Boats』の定期購読を申し込みましょう」と，定期購読が呼び掛けられています。また❷で「『Tiny Boats』は，小型ボート愛好家のための雑誌」と述べられているので，(A)が正解と分かります。冒頭に目的が来ている場合はつい読み過ごしてしまう可能性があります。タイトルからもメッセージを汲み取り読み進めていきましょう。

言い換え get a subscription to ～ → buy ～ on a routine basis

語句 □on a routine basis 定期的に　□advertising space 広告枠　□corporate sponsor 企業スポンサー

182.

Who most likely is Mr. McDonald?

(A) An athlete
(B) A spokesperson for the publisher
(C) A client representative
(D) An expert on boats

McDonaldさんとはおそらく誰ですか。

(A) スポーツ選手
(B) 出版社の広報担当者
(C) クライアントの担当者
(D) ボートの専門家

正解 (D)

解説 McDonaldさんとはおそらく誰かが問われています。広告❸でMcDonaldさんが書く記事について述べられており，「収集価値のある伝統的な小型ボートに関する貴重な情報源」と書かれています。ここからMcDonaldさんがボートの専門家であると推測できるため，(D)が正解です。

語句 □spokesperson 広報担当者

183.

What is NOT featured in *Tiny Boats*?

(A) Sports commentary
(B) Product reviews
(C) Travel suggestions
(D) Shopping tips

『Tiny Boats』で特集されていないものは何ですか。

(A) スポーツ解説
(B) 商品レビュー
(C) 旅行の提案
(D) ショッピングのヒント

正解 (A)

解説 NOT問題で，『Tiny Boats』で特集されていないものが問われています。広告に『Tiny Boats』で取り上げられていることが書かれており，❹の「世界中にある川や湖についての記事」が(C)に，❺「小型ボートの購入を検討している人へのヒントやアドバイス」が(D)に，❻「ボート用品のレビュー」が(B)にそれぞれ対応しているので，残った(A)が正解です。

語句 □sports commentary スポーツ解説

184.

What is implied about Mr. Buxton?

(A) He has previously purchased a subscription to *Tiny Boats*.
(B) He qualified for a discount subscription to *Tiny Boats*.
(C) He subscribed to *Garden Green* over the telephone.
(D) He contributed an article to *Garden Green*.

Buxtonさんについて何が示唆されていますか。

(A) 以前『Tiny Boats』の定期購読をしたことがある。
(B) 『Tiny Boats』の割引価格での定期購読の資格があった。
(C) 電話で『Garden Green』を定期購読した。
(D) 『Garden Green』に記事を寄稿した。

正解 (A)

解説 Buxtonさんについて示唆されていることを問う問題です。オンラインレシートの❿〜⓬より，Buxtonさんは2月4日付けで『Tiny Boats』の6カ月の定期購読を70ドルで購入していることが分かります。次に広告❼〜❾に「2月6日まで，新規購読の方のみ6カ月間の購読料が58ドル，通常料金は70ドル」という記載があります。Buxtonさんが新規購読者向けの割引オファー期間内に通常料金の70ドルでこの雑誌の定期購読を購入した，という事実から，彼は以前『Tiny Boats』の定期購読をしたことがあると判断できます。よって，(A)が正解です。この問題は，レシートの情報と広告の新規購読者向けの割引オファー条件を見比べて解く必要のある，少し難しいクロスリファレンス問題でした。

語句 □qualify for 〜 〜の資格がある　□over the telephone 電話で　□contribute A to B AをBに寄稿する

185.

According to the receipt, what should customers do if they receive the wrong magazine?

(A) Send it back
(B) Call the helpline
(C) Access a Web site
(D) Fill out a form

レシートによると，間違った雑誌を受け取った場合，客は何をすべきですか。

(A) 送り返す
(B) 電話相談サービスに連絡する
(C) ウェブサイトにアクセスする
(D) 用紙を記入する

正解 (B)

解説 レシートによると，間違った雑誌を受け取った場合，客は何をすべきかが問われています。レシートの⓭で「配送遅延，間違った商品，破損などの問題がある場合は，カスタマーサービス部門に電話を」とあるので，間違った雑誌を受け取った場合はこれに沿った対応が求められることが分かります。以上より，カスタマーサービスをhelplineと言い換えた(B)が正解です。

言い換え incorrect items → wrong magazine
customer service section → helpline

語句 □wrong 間違った，異なる　□helpline 電話相談サービス

毎日の学習時間の確保と取り組み方

（濱：濱﨑先生／大：大里先生）

濱： 基本は「ノルマ主義」ですね。勉強時間は意識せず，毎日のノルマを決定し，それをこなせたかどうかだけを意識して学習を進めていくというスタイルです。

大： ノルマですか。私も似ています。私は週単位で，今週各曜日でまずこれくらいの時間学習できる，という見込みを立てます。毎日必ずやるもの，時間をかけてやるものに分け計画を立てることを心がけていました。

濱： 計画を立てるのは大切ですよね。例えば800点〜990点を目指すような学習者であれば，毎日1模試は解くべきだと思います。

大： なるほど。それ以外の学習者は，時間のかかる模試を休日に行い，忙しい日にはその復習に時間をかけてやるのもいいですね。模試を解く時間を確保できない場合はPartごとに分けて，集中できる環境で少しずつやる工夫をするとよいでしょう。

濱： 昼休みが60分あったら食事は15分！　残りの時間はリスニングを解くなど，自宅の机以外の場所でいかに学習する時間を確保できるかが成功のカギだと思います。

Questions 186-190 refer to the following advertisement and e-mails.

Green Spot Mobile Network

Choose one of our prepaid monthly data plans.

Entry Data Plan Get 2 gigabytes of data each month! **$12**	❶**Budget Data Plan** Get 4 gigabytes of data each month! **$20**
Standard Data Plan Get 8 gigabytes of data each month! **$30**	**Premium Data Plan** Get 16 gigabytes of data each month! **$45**

Note: ❷Customers are welcome to use mobile phones they have purchased from sources other than Green Spot Mobile Network. ❸If you have been on our network for longer than four years, we will provide you with a free upgrade to one of the latest phones from our catalog.

═══ E-Mail Message ═══

To: Customer Support
From: Ingrid Humphries
Subject: Please help
Date: June 6

To whom it may concern,

I have recently been required to move to a new city for work. ❹My mobile phone Internet usage has been much higher than usual in the past month as I have not yet had the Internet connected at my apartment. ❺I have already used up my allocation of four gigabytes for this month. ❻I would like to increase my data quota for the month, but I am unsure of how to do so.

Sincerely,

Ingrid Humphries

To:	Ingrid Humphries
From:	Customer Support
Subject:	Re: Please help
Date:	June 7

Dear Ms. Humphries,

Thank you for choosing Green Spot Mobile Network. You can put in a request for additional data through our application. ❼Last month we sent you a free upgrade in accordance with our policy for loyal customers. You will find that the Green Spot Me application has been preinstalled. The options as well as the associated costs are clearly explained in the app. Let me know if I can be of any further assistance.

Best regards,

Glen Cho
Green Spot Mobile Network — Customer Support

【簡単な案内・お知らせ，Eメール・手紙，Eメール・手紙】

設問186-190は次の広告と2通のEメールに関するものです。

Green Spot Mobile Network社
前払いの月額データプランからお選びください。

エントリーデータプラン 毎月2ギガのデータを入手しよう！ **12ドル**	バジェットデータプラン 毎月4ギガのデータを入手しよう！ **20ドル**
スタンダードデータプラン 毎月8ギガのデータを入手しよう！ **30ドル**	プレミアムデータプラン 毎月16ギガのデータを入手しよう！ **45ドル**

注記：Green Spot Mobile Network社以外の販売元でご購入された携帯電話をご利用のお客様も歓迎いたします。当社のネットワークを4年以上ご利用いただいているお客様には，カタログに掲載されている最新の携帯電話への無料アップグレードをご提供します。

宛先：カスタマーサポート
送信者：Ingrid Humphries
件名：助けてください
日付：6月6日

ご担当者様

最近，仕事で新しい町に引っ越しをする必要がありました。アパートではまだインターネットが接続されていないので，携帯電話のインターネット使用量がここ1カ月，通常量よりもかなり多くなっています。今月の割り当て分である4ギガはすでに使い切っています。今月のデータ容量を増やしたいのですが，どうすればいいのか分かりません。

敬具

Ingrid Humphries

宛先：Ingrid Humphries
送信者：カスタマーサポート
件名：Re: 助けてください
日付：6月7日

Humphries様

Green Spot Mobile Network社をご利用いただきありがとうございます。弊社のアプリを通じて，追加データのリクエストが可能です。先月，私たちはお得意様のための方針に従って，無料アップグレードをお送りしました。Green Spot Meアプリはプリインストールされています。オプションだけでなく，関連する費用もアプリ内で明確に説明されています。ほかにもお役に立てることがあればご連絡ください。

よろしくお願いします。

Glen Cho
Green Spot Mobile Network社 — カスタマーサポート

語句 **【広告】** □prepaid 事前支払いの □gigabyte ギガバイト（データ容量単位） □ welcome to *do* ～するのを歓迎する
□source（物・事の）源 □upgrade アップグレード □latest 最新の
【Eメール①】 □require ～を要求する □usage 使用量 □than usual 普段より □not yet ～ まだ～ない
□use up ～ ～を使い切る □allocation 割り当て量 □quota 割り当て量 □*be unsure of* ～ ～が定かではない
【Eメール②】 □put in a request for ～ ～をリクエストする □application(＝app) スマートフォンなどのアプリ
□in accordance with ～ ～に従って □loyal customer お得意様，常連客
□preinstall ～を事前にインストールする □further さらなる

186.

What is true about Green Spot Mobile Network's data plans?

(A) Customers can use another carrier's mobile phone.
(B) Customers can receive a free screen protector.
(C) The monthly rates change regularly.
(D) There is a special deal for new customers.

Green Spot Mobile Network社のデータプランについて何が正しいですか。

(A) 客はほかの携帯電話会社の携帯電話を使用できる。
(B) 客は無料のスクリーン保護シートをもらえる。
(C) 月額料金は定期的に変化する。
(D) 新規の客にはお得な特典がある。

正解 (A)

解説 Green Spot Mobile Network社のデータプランについて正しいものを選ぶ問題です。広告の❷に「Green Spot Mobile Network社以外の販売元で購入した携帯電話を利用している客も歓迎」とあります。ここから、客は他社で購入した携帯電話に対してGreen Spot Mobile Network社のデータプランを適用できることが分かります。よって、(A)が正解です。携帯電話の無料アップグレードの特典があるのは長期契約の客なので、(D)は不正解です。

語句 □carrier 携帯電話会社　□screen protector スクリーン保護シート　□monthly rate 月額料金
　　　 □special deal 特別な取引，お買い得な契約

187.

Why has Ms. Humphries' Internet usage increased?

(A) She is using her mobile phone for work.
(B) She has traveled overseas many times.
(C) She has installed a video streaming application.
(D) She does not have Internet access at home.

Humphriesさんのインターネット使用量はなぜ増えましたか。

(A) 仕事で携帯電話を使っているから。
(B) 何度も海外旅行に行ったから。
(C) ビデオストリーミングアプリをインストールしたから。
(D) 自宅でインターネットが利用できないから。

正解 (D)

解説 Humphriesさんのインターネット使用量が増えたのはなぜかが問われています。Humphriesさんは1通目のEメールの送信者で、❹でインターネット使用量が増えたことに触れ、その理由を「アパートではまだインターネットが接続されていないので」と述べています。よって、これを言い換えた(D)が正解です。❹の文後半のasは理由を示す接続詞になっており、これ以降の内容が正解を導くカギとなります。

言い換え apartment → home

語句 □video streaming ビデオストリーミング

188.

How much did Ms. Humphries pay for her mobile network connection?

(A) $12
(B) $20
(C) $30
(D) $45

Humphriesさんは携帯電話のネットワーク接続料をいくら払いましたか。

(A) 12ドル
(B) 20ドル
(C) 30ドル
(D) 45ドル

正解 (B)

解説 Humphriesさんは携帯電話のネットワーク接続料をいくら支払ったのかが問われています。Humphriesさんは1通目のEメールの❺で、「今月の割り当て分である容量の4ギガはすでに使い切ってしまった」と述べています。ここで広告❶を見ると、Budget Data Planが4ギガのプランで、20ドル支払う必要があることが書かれています。広告の冒頭部分よりデータプランは前払いなので、Humphriesさんはネットワーク接続料を20ドル支払ったことが分かります。以上より正解は(B)です。1通目のEメールから、契約していた容量は4ギガであると判断し、広告よりネットワーク接続料を参照するというクロスリファレンス問題でした。

189.

What is the purpose of the first e-mail?

(A) To complain about a poor connection
(B) To inquire about obtaining additional data
(C) To suggest a way to improve a service
(D) To express gratitude to a technician

1通目のEメールの目的は何ですか。

(A) 接続不良についての不満を述べること
(B) 追加データの取得について問い合わせること
(C) サービスの改善方法を提案すること
(D) 技術者に感謝を伝えること

正解 (B)

解説 最初のEメールの目的は何かが問われています。1通目のEメール❻を見ると，送信者のHumphriesさんが「今月のデータ容量を増やしたいが，どうすればよいか分からない」と述べています。ここから，(B)が正解と分かります。通常，目的・テーマを示す根拠は文書の最初の方にありますが，今回は最後に要件を述べているパターンでした。

言い換え increase *one*'s data quota
→ obtaining additional data

＊ ＊ ＊

 このEメールの件名には「助けてください」と書いてあります。ここから，助けが必要な内容は何かな？　と思って読むと正解を導きやすくなります。

語句 □complain about ～ ～について不満を言う　□poor connection 接続不良　□inquire about ～ ～について尋ねる

190.

What is implied about Ms. Humphries?

(A) She has been hired by a new employer.
(B) She removed a piece of software from her mobile phone.
(C) She has used Green Spot Mobile Network for over four years.
(D) She has read the Green Spot Mobile Network instruction manual.

Humphriesさんについて何が示唆されていますか。

(A) 新しい雇用主に雇われた。
(B) 携帯電話からソフトウェアを削除した。
(C) 4年以上Green Spot Mobile Network社を利用している。
(D) Green Spot Mobile Network社の取扱説明書を読んだことがある。

正解 (C)

解説 Humphriesさんについて何が示唆されているかを問う問題です。2通目のEメールでは，携帯電話会社からHumphriesさんに回答があり，❼で「先月得意客向けの方針に従って(Humphriesさんに)無料アップグレードを送った」と述べられています。これは広告❸にある特典「4年以上の利用で最新機種への無料アップグレード」だと推測できます。以上より，Humphriesさんがこの携帯電話会社を4年以上利用していると判断できるので，(C)が正解です。今回は，携帯電話会社の特典提供という情報から正解を導くクロスリファレンス問題でした。少し間接的ですが，文書の補足情報部分に書かれた特典や割引などの条件が文書の登場人物に当てはまることは多くあります。出題されやすいポイントなので，注意して読みましょう。

語句 □instruction manual 取扱説明書

＊ ＊ ＊

 3つの文書問題（トリプルパッセージ）を解答する際は，1問目の問題を解答する際に1つ目の文書，2つ目の問題を解答する際に2つ目の文書，そして3つ目の問題を解答する際に3つ目の文書を読み終えることを目安に問題文を読み進めていくとよいでしょう。

Questions 191-195 refer to the following article, Web site, and book review.

Real Estate for Beginners

❶Lara Looijengoed previously wrote about making a profit by selling secondhand goods online. It received excellent reviews, and has been credited with the huge increase in the number of secondhand stores operating online. This time, she writes about the ways people can get started buying and selling real estate to make money. In her most recent book, *Real Estate for Beginners*, she explains some innovative ways in which young people with limited funds can get into real estate. She explains ways to finance projects, where to buy property, and strategies for minimizing risk. ❷The book goes on sale on November 21. ❸Ms. Looijengoed will be in Philadelphia for an event to celebrate the release. She will be discussing *Real Estate for Beginners* with visitors, and if you buy a copy of the book, she will sign it for you.

www.llooijengoedappearances.com   ✕

Lara Looijengoed Upcoming Appearances

My appearances for the fourth quarter of this year are outlined below. The organizers of the respective events are responsible for admission and ticketing. ❹Please contact the venues directly for inquiries about seat availability or cost of entry.

October 11	Manhattan Enterprise Hall (New York, NY)	Topic: Saving Money
November 17	Sycamore Conference Rooms (Seattle, WA)	❺Presenting Award at the National Business Writer's Awards
November 21	❻McRae Books and Magazines (Philadelphia, PA)	❼Book Launch — Introducing *Real Estate for Beginners* / Question and Answer Session / Book Signing
December 7	Gettysburg School of Business (Boston, MA)	Topic: The Future of Small Business

Please note:
❽Kerry Natividad at Natividad Celebrity Management handles all negotiations with event organizers wishing to hire me for appearances and speaking engagements. She can be contacted at (873)555-6464.

Reviews of *Real Estate for Beginners*
Reviewer: Fred Rautanen — November 29

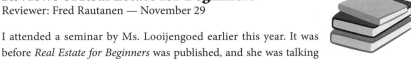

I attended a seminar by Ms. Looijengoed earlier this year. It was before *Real Estate for Beginners* was published, and she was talking about the topics covered in her second book. During the seminar, she mentioned a few of the topics that she was researching for *Real Estate for Beginners*. I was intrigued and ordered a copy online. ❾It arrived the day after the official release. I was not disappointed. I think this book will inspire many people to get into real estate in the future.

Rating: 5 out of 5 stars. ★★★★★

【記事，ウェブページ，レビュー】

設問191-195は次の記事，ウェブサイト，書評に関するものです。

『**Real Estate for Beginners**』Lara Looijengoedは以前，中古品をオンラインで販売し利益を上げることについての本を書きました。それは優れたレビューを受けました。また，オンラインで運営されている中古品店の数の大幅な増加という功績を残しました。今回彼女は，人々がお金を稼ぐために不動産の売買を始めることができる方法について書いています。彼女は，最新の本である『Real Estate for Beginners』の中で，資金が限られている若者が不動産売買を始められるようになるいくつかの革新的な方法を説明しています。プロジェクトに資金を供給する方法，不動産を購入する場所，リスクを最小限に抑えるための戦略を説明しています。この本は11月21日に発売されます。Philadelphiaでの本の発売を記念したイベントにはLooijengoedさんが参加します。彼女は『Real Estate for Beginners』についてイベント参加者と話し合う予定で，本を1冊購入した方には彼女がサインをします。

---

www.llooijengoedappearances.com

Lara Looijengoed　今後の出演予定

今年の第4四半期の私の出演の概要は以下の通りです。入場許可と発券業務は，各イベントの主催者が担当します。空席や入場料に関するご質問は，会場に直接ご連絡ください。

10月11日	Manhattan Enterprise Hall (New York, NY)	トピック：お金の節約
11月17日	Sycamore Conference Rooms (Seattle, WA)	全米ビジネスライターアワードでの賞の授与
11月21日	McRae Books and Magazines (Philadelphia, PA)	本の発売 — 『Real Estate for Beginners』の紹介 / 質疑応答 / 本のサイン会
12月7日	Gettysburg School of Business (Boston, MA)	トピック：中小企業の将来

注記：

Natividad Celebrity Management社のKerry Natividadが，出演や講演の仕事で私を雇いたいと望むイベント主催者との全ての交渉を担当しています。彼女の連絡先は，(873)555-6464です。

『Real Estate for Beginners』のレビュー
レビューした人：Fred Rautanen — 11月29日

今年の初めに，Looijengoedさんのセミナーに参加しました。それは『Real Estate for Beginners』が出版される前のことで，彼女は彼女の2冊目の本で扱われているトピックについて話していました。セミナーの中で，彼女は『Real Estate for Beginners』のために研究しているトピックのいくつかに言及しました。私は興味をそそられ，オンラインで本を注文しました。本は正式な発売日の翌日に到着しました。ガッカリすることはありませんでした。私はこの本が，多くの人が将来的に不動産の売買を始める動機となるのではないかと思います。

評価：星5つのうち5つ ★★★★★

語句 【記事】 □real estate 不動産　□make a profit 利益を上げる　□secondhand 中古の
　　　　　　　□*be* credited with ～ ～の功績がある　□huge 莫大な，巨大な　□innovative 革新的な
　　　　　　　□limited 限られた　□fund 資金　□get into ～ ～を始める　□finance ～に融資する
　　　　　　　□property 不動産　□strategy 戦略　□minimize ～を最小化する　□copy（本などの）部，冊
　　【ウェブサイト】□upcoming 来たる　□appearance 出演　□outline ～の概略を説明する　□respective それぞれの
　　　　　　　□admission 入場許可　□ticketing 発券　□seat availability 空席情報　□cost of entry 入場料
　　　　　　　□book signing 本のサイン会　□handle ～を扱う　□negotiation 交渉
　　　　　　　□speaking engagement 講演の仕事
　　【書評】　□cover ～を取り扱う　□*be* intrigued 興味を引かれる　□inspire ～に動機づける・影響を与える
　　　　　　　□rating 評価　□*A* out of *B*（数量などが）*B*のうち*A*

191.

What is Ms. Looijengoed's previous book about?

(A) Motivating salespeople
(B) Starting an online business
(C) Investing in property
(D) Obtaining useful qualifications

Looijengoedさんの過去の本は何について書かれていますか。

(A) 営業担当者のモチベーションを上げること
(B) オンラインビジネスを始めること
(C) 不動産に投資すること
(D) 役立つ資格を取得すること

正解 (B)

解説 Looijengoedさんの過去の本は何について書かれているかが問われています。記事❶に「Lara Looijengoedは以前，中古品をオンラインで販売し利益を上げることについての本を書いた」とあります。ここから，Looijengoedさんは過去にオンライン上でビジネスを始める方法について本を書いていたことが分かります。よって，これを表した(B)が正解です。(C)はLooijengoedさんの最新の本『Real Estate for Beginners』で説明されている内容なので不正解です。

言い換え selling 〜 online → online business

語句 □motivate 〜の意欲を喚起する　□invest in 〜 〜に投資する　□obtain 〜を入手する　□qualification 資格

192.

Why will people contact the venues mentioned on the Web site?

(A) To learn about access routes
(B) To confirm eligibility for discount offers
(C) To register as a frequent visitor
(D) To see if seats are available

人々はなぜウェブサイトに記載されている会場に連絡しますか。

(A) アクセス経路を知るため
(B) 割引特典の資格を確認するため
(C) 常客として登録するため
(D) 席が空いているかどうかを確認するため

正解 (D)

解説 人々がなぜウェブサイトに記載されている会場に連絡するかが問われています。ウェブサイトにLooijengoedさんの出演予定が書かれており，❹に「空席や入場料に関するご質問は，会場に直接ご連絡ください」とあります。つまり，ウェブサイトを見た人たちは，Looijengoedさんが出演するイベントの席が空いているかどうかを確認するために会場に連絡することが分かります。以上より，(D)が正解です。

言い換え seat availability → if seats are available

語句 □access route アクセス経路　□confirm 〜を確認する　□eligibility for 〜 〜の資格　□discount offer 割引特典

193.

Where will the event mentioned in the article be held?

(A) At Manhattan Enterprise Hall
(B) At Sycamore Conference Rooms
(C) At McRae Books and Magazines
(D) At Gettysburg School of Business

記事に記載されているイベントはどこで開催されますか。

(A) Manhattan Enterprise Hall
(B) Sycamore Conference Rooms
(C) McRae Books and Magazines
(D) Gettysburg School of Business

正解 (C)

解説 記事に記載されているイベントの開催場所が問われています。❸で「Philadelphiaでの発売を記念したイベントにLooijengoedさんが参加する」「イベント参加者との話し合いや，購入者へのサイン会がある」とイベントの内容が述べられています。次にウェブサイトを読むと，Looijengoedさんの出演予定表が掲載されています。❻にPhiladelphiaのMcRae Books and Magazinesという場所でイベントが行われること，❼に新刊の紹介や質疑応答，サイン会があることが書かれています。これは記事の内容と一致しているため，(C)が正解です。記事のイベント内容を確認し，ウェブサイトにあるLooijengoedさんの予定表から対応する部分を探すクロスリファレンス問題でした。

194.

What is implied about Ms. Looijengoed's appearance at the National Business Writer's Awards?

(A) It was negotiated by Ms. Natividad.
(B) It was held at Manhattan Enterprise Hall.
(C) It was sponsored by her publishing company.
(D) It was postponed due to a scheduling conflict.

Looijengoedさんの全米ビジネスライターアワードの出演について何が示唆されていますか。

(A) Natividadさんによって交渉された。
(B) Manhattan Enterprise Hallで開催された。
(C) 彼女の出版社によって主催された。
(D) スケジュールが合わず延期された。

正解 (A)

解説 Looijengoedさんの全米ビジネスライターアワードの出演について示唆されていることを問う問題です。問われている全米ビジネスライターアワードはウェブサイトの予定表❺に，出演予定の1つとしてすでに組み込まれています。予定表の補足部分❽を見ると，「Kerry Natividadが，イベント主催者との全ての出演交渉を担当している」とあります。ここから，出演予定表に組み込まれているものはNatividadさんと主催者がすでに出演交渉を終えているものだ，と判断できます。よって，(A)が正解です。(B)のManhattan Enterprise Hallは，別の日程の会場なので不正解です。

語句 □negotiate 〜を交渉する □postpone 〜を延期する □scheduling conflict スケジュールが重なり都合がつかないこと

195.

When did Mr. Rautanen's copy of *Real Estate for Beginners* arrive?

(A) On November 17
(B) On November 21
(C) On November 22
(D) On November 28

Rautanenさんの『Real Estate for Beginners』の本はいつ届きましたか。

(A) 11月17日
(B) 11月21日
(C) 11月22日
(D) 11月28日

正解 (C)

解説 レビューを書いたRautanenさんのところに『Real Estate for Beginners』がいつ届いたのかが問われています。Rautanenさんはレビューの❾で「本は発売日の翌日に届いた」と述べています。ここで記事に戻ると，❷より11月21日がこの本の発売日だと分かります。以上から，11月22日にRautanenさんのもとに本が到着したことが分かるので，(C)が正解です。この問題はRautanenさんのレビューにある「発売日の翌日」というヒントから発売日の記載がある箇所に戻る，1文書目と3文書目のクロスリファレンス問題でした。

クロスリファレンス問題が出題されるポイント

(濱：濱﨑先生／大：大里先生)

濱：僕自身はクロスリファレンス問題のパターンに関しては全く意識していません。複数文書が登場する問題の2文書目〜3文書目を読む際は，常に「前の文書で書かれていることに留意する」ということだけ意識しています。

大：その通りですね。例を挙げるとするならば，晴れの場合は屋外，雨の場合は屋内でイベントを行うという告知があり，後の文書で「屋内でのイベントだったのでよかった」という感想があれば，当日は天気が悪かったのだなと理解したいですね。

濱：2文書目に1文書目で話題になっていることが登場した瞬間に，「これは最初の文書で書かれていたことだな」と意識することですね。

大：はい。ほかにも，日程打診が複数あり，その日程の条件となるものが別の文書に書かれている場合には「日程が問われるかもしれない」と予測するなどがありますね。

濱：意識をすれば各文書をつなぐ「リンク」があると分かり，問題として問われるんだなと気付くことができますね。

Questions 196-200 refer to the following e-mail, job advertisement, and memo.

To:	Glen Dunn
From:	Iwona Love
Date:	September 23
Subject:	Staff shortage

Dear Mr. Dunn,

We need some more people to work on the assembly line. At the moment, we are barely managing, and if anyone leaves, it will affect our production capacity. ❶This is our only factory, so Amstutz Baths retailers throughout the country will be affected.

❷If it is possible, could you prepare an advertisement to put in the newspaper and start the hiring process? I would appreciate it if you could handle this as soon as possible.

Sincerely,

❸Iwona Love
Factory Manager — Amstutz Baths

||||||||||||||||||||||||||||||||||||||||||||||||||||||||||||||||||||

JOIN OUR TEAM

Amstutz Baths has a position available on its assembly line. If you have experience in plastic molding and fiberglass fabrication, you are welcome to apply. Applicants with a state-recognized certification in power tool safety and a dangerous chemical handler's license will be given preference. ❹The factory is in Bahama. Applicants must live within a sixty-minute drive of the plant. ❺We offer a very attractive benefits package, including 20 days' paid leave each year and private health insurance. The application deadline is October 27. Please send an e-mail with your résumé and cover letter to hr@amstutzbaths.com.

||||||||||||||||||||||||||||||||||||||||||||||||||||||||||||||||||||

MEMO

To: All staff
From: Iwona Love
Date: November 20
Subject: New Hire

Dear All,

We have hired a new factory hand. His name is Dean McAnthony, and he will be starting work on November 25. While he has factory experience, he has not worked in bathtub manufacturing. ❻It is important that he gets experience in each section of the factory so that he can fill in when another employee is away. Please consider how you will train him when he comes to your section. ❼He will spend his first week in Material Preparation, and then a week in each of the other sections; Forming, Finishing, and Cleaning.

Sincerely,

Iwona Love
Factory Manager— Amstutz Baths

設問196-200は次のEメール，求人広告，メモに関するものです。

宛先：Glen Dunn
送信者：Iwona Love
日付：9月23日
件名：スタッフ不足

Dunn様

組立ラインで働く人があと数人必要です。今のところかろうじてこなしている状態で，もし誰かが退職したら，製造能力に影響を及ぼします。ここが唯一の工場なので，全国のAmstutz Baths社の小売店が影響を受けます。

可能であれば，新聞に載せる広告を用意していただき，採用活動を開始していただけますか。できるだけ早くご対応いただけると幸いです。

敬具

Iwona Love
工場長 — Amstutz Baths社

チームの一員になってください

Amstutz Baths社では，組立ラインでのポジションを募集しています。プラスチック成形やグラスファイバー製造の経験がある方は，ぜひご応募ください。電動工具の安全性に関する州公認の証明書と危険化学物質取扱者免許をお持ちの応募者は優遇されます。工場はBahamaにあります。応募者は工場から車で60分以内の場所に住んでいる必要があります。毎年20日の有給休暇や民間健康保険など，非常に魅力的な福利厚生を提供しています。応募の締め切りは10月27日です。履歴書とカバーレターを添付してEメールで hr@amstutzbaths.com までお送りください。

メモ

宛先：スタッフ各位
差出人：Iwona Love
日付：11月20日
件名：新入社員

皆様へ

新しい工場作業員を雇いました。彼の名前はDean McAnthonyで，11月25日から仕事を始めます。彼は工場での経験はありますが，浴槽の製造業では働いたことがありません。彼がほかの従業員が不在のときに代わりを務めることができるように，工場の各セクションで経験を積むことが重要です。彼が皆さんのセクションに来たときに，どのように彼を訓練するかを考えておいてください。最初の1週間は材料準備，その後は成形，仕上げ，クリーニングの各セクションで1週間ずつ過ごします。

敬具

Iwona Love
工場長 — Amstutz Baths社

語句　【Eメール】　□assembly line 組立ライン　□at the moment 現在　□barely なんとか　□manage なんとかやっている
□leave 退職する　□affect ～に影響する　□production capacity 製造能力　□retailer 小売業者
□hiring process 採用過程　□S would appreciate it if S′ could V′ S′がV′してくれるとSはありがたく思う
□handle ～を取り扱う　□factory manager 工場長

【求人広告】　□position ポジション，職　□molding 成形　□fiberglass グラスファイバー（断熱材などに使用する部品）
□fabrication 製造，製作　□apply 応募する　□applicant 応募者
□state-recognized certification 州公認の証明書　□power tool safety 電動工具の安全性
□dangerous chemical handler 危険化学物質取扱者　□preference 優遇　□benefits package 福利厚生
□deadline 締め切り　□résumé 履歴書　□cover letter カバーレター，添え状

【メモ】　□hand 労働者　□bathtub バスタブ，浴槽　□section 部署　□fill in 代わりを務める　□train ～を教育する
□forming 成形　□finishing （製品などの）仕上げ

196.

What kind of company is Amstutz Baths?

(A) A film production company
(B) A manufacturer
(C) A real estate agency
(D) A construction firm

Amstutz Baths社とはどんな種類の会社ですか。

(A) 映画制作会社
(B) 製造会社
(C) 不動産会社
(D) 建設会社

正解 (B)

解説 Amstutz Baths社がどんな会社なのかが問われています。Eメール❶に「ここが唯一の工場なので，(何かあると)全国の小売店が影響を受ける」とあるので，Amstutz Baths社が「小売店へ出荷する，物を作っている会社」であると分かります。ここから，製造会社を意味する(B)が正解です。

語句 □film production 映画制作　□real estate agency 不動産会社

197.

Which department does Mr. Dunn most likely work in?

(A) The personnel department
(B) The IT department
(C) The accounting department
(D) The purchasing department

Dunnさんはおそらくどの部署で働いていますか。

(A) 人事部
(B) IT部
(C) 経理部
(D) 購買部

正解 (A)

解説 Dunnさんがおそらくどの部署で働いているかが問われています。DunnさんはEメールの宛先です。❷で「新聞に載せる広告を用意し，採用活動を開始してほしい」「できるだけ早く対応してほしい」と頼まれているので，Dunnさんがhiring process「人材を採用する活動」を行う部署，すなわち人事部で働いていることが推測できます。よって，正解は(A)です。

語句 □personnel department 人事部　□purchasing department 購買部

198.

What is implied about Ms. Love?

(A) She introduced Mr. McAnthony to the company.
(B) She is employed in Bahama.
(C) She will be transferred to a new section.
(D) She is planning on retiring soon.

Loveさんについて何が示唆されていますか。

(A) McAnthonyさんを会社に紹介した。
(B) Bahamaで働いている。
(C) 新しいセクションに異動する。
(D) もうすぐ引退する予定である。

正解 (B)

解説 Loveさんについて示唆されていることが問われています。LoveさんはEメール❸より，工場長を務めていることが分かります。次に求人広告の❹を見ると，「工場はBahamaにある」とあります。Eメール❶でLoveさんは「ここが唯一の工場」と述べているので，ここからLoveさんはBahamaにある工場で働いていることが判断できます。以上から，(B)が正解です。ほかの選択肢はいずれも記載がないので不正解です。

語句 □introduce A to B AをBに紹介する　□be employed in ～ ～で働いている・雇用されている
□be transferred to ～ ～へ異動する

199.

What is indicated about the advertised position?

(A) It is for temporary employment.
(B) It requires a lot of business trips.
(C) It provides great employee benefits.
(D) Its applicants must live in Bahama.

広告で掲載されたポジションについて何が示されていますか。

(A) 臨時雇用のためのものである。
(B) たくさんの出張を要する。
(C) 素晴らしい福利厚生を提供する。
(D) 応募者はBahamaに住まなければならない。

正解 (C)

解説 広告で掲載されたポジションについて示されていることが問われています。求人広告❺に「毎年20日の有給休暇や民間健康保険などの魅力的な福利厚生を提供する」とあるので，これを言い換えた(C)が正解です。Bahamaの工場から車で60分以内の場所に住んでいればよいと述べられているため(D)は不正解，(A)，(B)はいずれも根拠となる記載がありません。

言い換え offer a very attractive benefits package
→ provide great employee benefits

語句 □temporary employment 臨時雇用　□require 〜を要求する　□business trip 出張　□employee benefits 福利厚生

200.

What is true about Mr. McAnthony?

(A) He attended a job fair.
(B) He applied for Amstutz Baths in the past.
(C) He will lead a training program.
(D) He will be involved in various work processes.

McAnthonyさんについて何が正しいですか。

(A) 就職説明会に参加した。
(B) 過去にAmstutz Baths社に応募した。
(C) 研修を指導する。
(D) さまざまな作業工程に関わる。

正解 (D)

解説 McAnthonyさんについて何が正しいかを問う問題です。工場長のLoveさんが，新しく雇ったMcAnthonyさんの今後の仕事の流れをメモで述べています。Loveさんはメモの❻前半で「(McAnthonyさんは)工場の各セクションで経験を積むことが重要」と述べており，❼で「最初の1週間は材料準備，その後は成形，仕上げ，クリーニングの各セクションで1週間ずつ過ごす」と続けていることから，McAnthonyさんはさまざまな作業工程に関わる予定だ，ということが分かります。よって，(D)が正解です。McAnthonyさんは研修を受ける立場なので，(C)は不正解です。ほかの選択肢はいずれも記載がありません。

言い換え get experience in each section of the factory
→ be involved in various work processes

語句 □job fair 就職説明会　□lead 〜を導く　□training program 研修

* * *

設問198のWhat is implied about...?，設問199のWhat is indicated about...?，そして設問200のWhat is true about...?のいずれの質問も，「〜について何が分かりますか」という意味の問いかけです。このタイプの問題はある程度文書を読み進めたうえで選択肢に進み，問題文の内容と一致するものを解答する必要があるため，一定の記憶力が試されます。

TEST 2

解答解説

正解一覧

設問番号	正解	設問番号	正解	設問番号	正解	設問番号	正解
□□□ 101	C	□□□ 126	C	□□□ 151	D	□□□ 176	C
□□□ 102	B	□□□ 127	C	□□□ 152	B	□□□ 177	A
□□□ 103	C	□□□ 128	C	□□□ 153	D	□□□ 178	D
□□□ 104	B	□□□ 129	A	□□□ 154	C	□□□ 179	A
□□□ 105	A	□□□ 130	D	□□□ 155	A	□□□ 180	B
□□□ 106	D	□□□ 131	C	□□□ 156	D	□□□ 181	D
□□□ 107	B	□□□ 132	D	□□□ 157	B	□□□ 182	B
□□□ 108	A	□□□ 133	A	□□□ 158	D	□□□ 183	C
□□□ 109	D	□□□ 134	C	□□□ 159	B	□□□ 184	C
□□□ 110	C	□□□ 135	D	□□□ 160	A	□□□ 185	A
□□□ 111	A	□□□ 136	B	□□□ 161	C	□□□ 186	C
□□□ 112	B	□□□ 137	C	□□□ 162	A	□□□ 187	A
□□□ 113	D	□□□ 138	A	□□□ 163	B	□□□ 188	D
□□□ 114	D	□□□ 139	B	□□□ 164	C	□□□ 189	C
□□□ 115	A	□□□ 140	D	□□□ 165	B	□□□ 190	A
□□□ 116	D	□□□ 141	B	□□□ 166	C	□□□ 191	C
□□□ 117	C	□□□ 142	C	□□□ 167	C	□□□ 192	D
□□□ 118	B	□□□ 143	B	□□□ 168	D	□□□ 193	B
□□□ 119	B	□□□ 144	B	□□□ 169	D	□□□ 194	A
□□□ 120	D	□□□ 145	C	□□□ 170	A	□□□ 195	B
□□□ 121	B	□□□ 146	A	□□□ 171	D	□□□ 196	A
□□□ 122	B	□□□ 147	A	□□□ 172	C	□□□ 197	A
□□□ 123	D	□□□ 148	C	□□□ 173	B	□□□ 198	B
□□□ 124	A	□□□ 149	D	□□□ 174	A	□□□ 199	D
□□□ 125	B	□□□ 150	A	□□□ 175	D	□□□ 200	C

Part 5

101. 🎵 058 🇺🇸

Ms. Luzon ------- to the Seoul branch's accounting department last year.

(A) transfers
(B) transferring
(C) transferred
(D) will transfer

Luzonさんは，昨年Seoul支店の経理部に異動しました。

(A) 動詞transfer「異動する」の3人称単数現在形
(B) 動詞の現在分詞・動名詞
(C) 動詞の過去形・過去分詞
(D) 助動詞＋動詞の原形

正解 (C)

解説 選択肢には動詞transferのさまざまな形が並んでいます。空所の前には主語のMs. Luzon，後ろには前置詞のtoがあります。文には述語動詞が欠けているので，空所で補います。(B)以外は述語動詞になりますが，文末のlast year「昨年」から時制は「過去」なので正解は(C)です。transfer to ～で「～に異動[移動]する」という意味になります。relocate to ～，move to ～もあわせて覚えておきましょう。

102. 🎵 059 🇺🇸

Ms. Spink is on a three-day business trip in Taiwan and will return to ------- office tomorrow.

(A) she
(B) her
(C) hers
(D) herself

Spinkさんは3日間の台湾出張へ行っており，明日職場に戻る予定です。

(A) 主格「彼女は」
(B) 所有格「彼女の」，目的格「彼女を[に]」
(C) 所有代名詞「彼女のもの」
(D) 再帰代名詞「彼女自身」

正解 (B)

解説 選択肢にはさまざまな格の代名詞が並んでいます。空所の後ろには名詞のofficeがあり，これを前から修飾するのは所有格です。よって，正解は(B)です。herは所有格または目的格で，目的格の場合は他動詞や前置詞の目的語になります。空所前にあるreturnは「戻る」の意味では自動詞です。return to ～「～に戻る」の形で覚えておきましょう。

103. 🎵 060 🇺🇸

The tour group will proceed to the airport by bus ------- checking out of the hotel.

(A) because of   (C) after
(B) during   (D) from

ホテルをチェックアウトした後，ツアー団体はバスで空港へ向かいます。

(A) ～のため   (C) ～の後
(B) ～の間   (D) ～から

正解 (C)

解説 選択肢には(群)前置詞が並んでいます。空所の後ろにはchecking out of the hotelが続いており，after doing「～した後で」の形にすると文意が通ります。よって，正解は(C)です。後ろにdoingが続く表現で頻出のものには，ほかにもbefore doing「～する前に」，when doing「～するとき」，while doing「～している間に」などがあります。

語句 □ proceed to ～ ～へ向かう

104. 🎵 061 🇺🇸

The concepts introduced in the management seminar will be reinforced by ------- instruction in individual weekly sessions with a personal coach.

(A) supplement
(B) supplemental
(C) supplements
(D) supplementally

経営セミナーで紹介された概念は，パーソナルコーチによる毎週の個人セッションでの補足指導によって強化されます。

(A) 動詞supplement「～を補う」の原形，名詞「補足物」
(B) 形容詞「補足的な」
(C) 動詞の3人称単数現在形，名詞の複数形
(D) 副詞「補助的に」

正解 (B)

解説 選択肢には動詞supplementの派生語が並んでいます。空所の前には前置詞のby，後ろには名詞のinstructionが続いています。空所の候補は名詞を前から修飾する形容詞，あるいは複合名詞を作る名詞です。文意より，ここでは形容詞の(B)が適切です。

✦ ✦ ✦

weekly「毎週の」は語尾に-lyがつきますが，副詞ではなく形容詞なので注意が必要です。

語句 □ reinforce ～を強化する

105. 🎵 062 🇺🇸

Before the personnel director began promoting Cason Industries' investment program, ------- of the employees had enrolled in it.

(A) few   (C) little
(B) every   (D) other

人事部長がCason工業の投資プログラムを推進し始める以前は，ほとんどの従業員がそれに登録していませんでした。

(A) ほとんど～ない (C) ほとんど～ない
(B) 全ての   (D) ほかの

正解 (A)

解説 選択肢には形容詞や代名詞が並んでいます。空所の前で最初の節が終わり，空所からof the employeesまでが2つ目の節の主部になります。後ろに〈of＋複数形〉を続けることができ，主語の役割を果たすのは(A)です。〈few of＋複数形〉で「ほとんどの～は…ない」という意味になります。(C)も「ほとんど～ない」を意味しますが，littleは不可算名詞と共に用いるため不正解です。

語句 □ enroll in ～ ～に登録する

106. ♪063 🇬🇧

Visit nepshen.com for an updated list of suppliers that carry ------- cartridges for the Nepshen N1000 color copier.

(A) replace
(B) replaced
(C) replacing
(D) replacement

Nepshen N1000カラーコピー機の交換用カートリッジを販売する供給会社の最新のリストを見るには，nepshen.comにアクセスしてください。

(A) 動詞replace「〜を取り替える」の原形
(B) 動詞の過去形・過去分詞
(C) 動詞の現在分詞・動名詞
(D) 名詞「交換」

正解 (D)

解説 選択肢には動詞replaceの変化形や派生語が並んでいます。空所の前には動詞のcarryがあり，後ろには名詞のcartridgesが続いています。名詞のcartridgesを前から修飾するのは形容詞か名詞です。(B)，(C)の分詞は形容詞的に扱うことができますが，「取り換えられた [取り換えている] カートリッジ」では意味が通りません。従って，名詞の(D)が正解です。replacement cartridgeは「交換用カートリッジ」という意味の複合名詞です。

107. ♪064 🇬🇧

The Barington Times ------- letters and e-mails to the editor about important issues affecting our community.

(A) pictures　　(C) expresses
(B) welcomes　(D) visits

『The Barington Times』は，我々の地域社会に影響を及ぼす重要な問題について，編集者への手紙やEメールを歓迎いたします。

(A) 〜を心に描く　(C) 〜を表現する
(B) 〜を歓迎する　(D) 〜を訪問する

語句 □issue 問題　□affect 〜に影響を及ぼす

正解 (B)

解説 選択肢には動詞が並んでいます。空所の前には主語となる *The Barington Times*（新聞の名前）が，後ろには空所に入る述語動詞の目的語のletters and e-mailsが続いています。新聞社が問題についての手紙やEメールをどうするのかを考えると，適切なのは「歓迎する」です。よって，正解は(B)です。

issueは「〜を発行する」という動詞や，「（定期刊行物の）号」という名詞としても使われます。

108. ♪065 🇬🇧

The elevator will be out of ------- from 10:00 to 11:00 A.M. tomorrow for a routine safety inspection.

(A) service　　(C) schedule
(B) expectation　(D) place

定期安全点検のため，エレベーターは明日の午前10時から11時まで休止します。

(A) 運転, サービス　(C) 予定
(B) 期待　　　　　(D) 場所

正解 (A)

解説 選択肢には名詞が並んでいます。主語はThe elevatorで，その後ろにはwill be out ofと空所が続いています。文末にはfor a routine safety inspection「定期安全点検のため」とあるので，空所に(A)を入れると文意が通ります。be out of serviceで「（運転・サービスを）休止する」という意味です。

109. ♪066 🇬🇧

List the ------- of your package in detail and fill out the address label before bringing it to the postal counter.

(A) explanations　(C) ingredients
(B) members　　　(D) contents

郵便カウンターに持ち込む前に，小包の中身を詳細に記載し，宛名ラベルを記入してください。

(A) 説明　　(C) 材料
(B) 会員　　(D) 中身

語句 □address label 宛名ラベル　□postal 郵便の

正解 (D)

解説 選択肢には名詞の複数形が並んでいます。問題文は動詞の原形で始まる命令文で，List the ------- of your packageで「小包の〜を記載してください」という意味です。記載する内容として適切なのは(D)の「中身」です。

110. ♪067 🇬🇧

Passengers may park only in ------- areas at the Mobile Bay Ferry Landing.

(A) designate
(B) designating
(C) designated
(D) designator

乗客は，Mobile Bay Ferry Landingの指定された場所にのみ駐車することができます。

(A) 動詞designate「〜を指定する」の原形
(B) 動詞の現在分詞・動名詞
(C) 動詞の過去形・過去分詞
(D) 名詞「指名者」

正解 (C)

解説 選択肢には動詞designateの変化形や派生語が並んでいます。空所の前には前置詞のinがあり，後ろには名詞のareasが続いています。名詞のareasを前から修飾して文意が通るのは(C)です。designated areasは「指定された場所」という意味です。designating areasにすると「場所を指定すること」を意味するため，(B)は不正解です。

111. 🎵 068 🇺🇸

Ms. Blake made arrangements for the annual meeting to be held at the Country Lodge, ------- it was conducted a year ago.

(A) where
(B) when
(C) which
(D) that

Blakeさんは，年次会議を1年前に開催されたCountry Lodgeにて行うように手配しました。

(A)（関係副詞）
(B)（関係副詞）
(C)（関係代名詞）
(D)（関係代名詞）

正解（A）

解説 選択肢には関係詞が並んでいます。空所の前には先行詞となるthe Country Lodgeが，後ろにはitから始まる文が続いています。先行詞が「場所を表す名詞」で後ろが文として成り立つ場合，適切な関係詞はwhereです。よって，(A)が正解です。(C)のwhichは空所の前かconductedの後にatが必要です。また，問題文のitはthe annual meetingを指しています。

語句 □make arrangements for ～ ～の手配をする

112. 🎵 069 🇺🇸

Undercover.com does not share its users' contact information with any third party ------- their consent.

(A) along
(B) without
(C) even
(D) unless

Undercover.comは，ユーザーの連絡先情報を同意なしに第三者に共有しません。

(A) 前置詞「～に沿って」
(B) 前置詞「～なしで」
(C) 副詞「～でさえも」
(D) 接続詞「～でない限り」

正解（B）

解説 選択肢には前置詞や副詞，接続詞が並んでいます。空所の後ろにはtheir consentという名詞句が続いているため，空所には前置詞が入る可能性が高いと考えられます。空所の前は「Undercover.comはユーザーの連絡先情報を第三者に共有しない」という内容なので，「同意なしに共有しない」という意味になる(B)が正解です。問題文のshare A with B「AをBと共有する」は頻出表現です。

語句 □third party 第三者 □consent 同意

113. 🎵 070 🇺🇸

Project leaders must hold ------- meetings with their supervisors to update them on developments and problems with their projects.

(A) notable
(B) prompt
(C) recent
(D) regular

プロジェクトの進捗と問題を報告するために，プロジェクトリーダーは上司と定例会議を行わなければなりません。

(A) 注目に値する
(B) 迅速な
(C) 最近の
(D) 定期的な

正解（D）

解説 選択肢には形容詞が並んでいます。空所の前には述語動詞のmust hold，後ろには名詞のmeetingsが続いています。meetingsを前から修飾して文意が通るのは(D)です。「会議を行う」はhold a meetingで表します。日本語の意味から(B)を選んでしまいそうですが，「緊急の会議」を表すときには形容詞のurgentを使います。

語句 □supervisor 上司，監督者

114. 🎵 071 🇺🇸

At least 100 additional employees ------- in Riztech Industries' assembly plant to fulfill orders from clients.

(A) will need
(B) to be needed
(C) to need
(D) will be needed

Riztech工業の組立工場では，顧客からの注文を遂行できるように，少なくとも100人の追加の従業員が必要となります。

(A) 助動詞＋動詞need「～を必要とする」の原形
(B) to不定詞の受動態
(C) to不定詞
(D) 助動詞＋受動態

正解（D）

解説 選択肢には動詞needのさまざまな形が並んでいます。空所の前には主部となるAt least 100 additional employeesがあり，空所以降にこの文の述語動詞にあたるものがありません。よって，空所には述語動詞になる(A)か(D)が入ります。空所の後ろに動詞needの目的語がないことから，空所には受動態の(D)が入ります。

115. 🎵 072 🇺🇸

SK Lost and Found asks people to describe ------- of lost items in detail on an online form.

(A) characteristics
(B) facilities
(C) workshops
(D) instructions

SK遺失物取扱所は，遺失物の特徴をオンラインフォームに詳細に記述するよう，人々に求めます。

(A) 特徴
(B) 施設
(C) ワークショップ
(D) 説明書

正解（A）

解説 選択肢には名詞の複数形が並んでいます。空所の前にはdescribe「～を記述する」，後ろにはof lost items「遺失物の～」が続いています。空所に(A)のcharacteristics「特徴」を入れると文意が通ります。characteristicsは可算名詞の複数形で，通常このように複数形で使われます。

語句 □lost and found 遺失物取扱所 □in detail 詳細に

116. 🎵 073 🏴󠁧󠁢󠁥󠁮󠁧󠁿

The personnel department is developing a new payroll system, which it plans to ------- next quarter.

(A) depart　　(C) reimburse
(B) invest　　 (D) implement

人事部は新しい給与体系を整備しており，次の四半期に実行する予定です。

(A) ～を出発する　(C) ～を払い戻す
(B) ～を投資する　(D) ～を実行する

語句 □payroll system 給与体系　□plan to *do* ～する予定である

正解 (D)

解説 選択肢には動詞の原形が並んでいます。空所の前にはit plans to，後ろには時を表すnext quarterが続いています。itは主語のThe personnel departmentのことであり，itの前にある関係代名詞のwhichは直前のa new payroll systemを修飾します。空所にimplementを入れるとa new payroll systemを目的語に取ることができ文意が通るため，正解は(D)です。

117. 🎵 074 🏴󠁧󠁢󠁥󠁮󠁧󠁿

Special discounts are applied ------- to Gold members of the Lazone Department Store.

(A) exclude
(B) exclusion
(C) exclusively
(D) exclusive

特別割引は，Lazone百貨店のゴールド会員にのみ適用されます。

(A) 動詞exclude「～を除外する」の原形
(B) 名詞「除外」
(C) 副詞「独占的に」
(D) 形容詞「排他的な」

正解 (C)

解説 選択肢には動詞excludeの派生語が並んでいます。空所の前には主語と受動態のare appliedが，後ろにはto Gold membersが続いています。be applied to ～で「～に適用される」という意味になり，この動詞applyを修飾するのにふさわしいのは副詞のみです。よって，正解は(C)です。applied exclusively to ～で「～にのみ適用される」という意味になります。

118. 🎵 075 🏴󠁧󠁢󠁥󠁮󠁧󠁿

These sharp tools and materials used for the repairs should be ------- with care.

(A) planned　　(C) completed
(B) handled　　(D) scheduled

修理に使用されるこれらの鋭利な工具や資材は，注意して取り扱われるべきです。

(A) 計画される　　(C) 完成される
(B) 扱われる　　　(D) 予定される

語句 □tool 工具　□materials 資材

正解 (B)

解説 選択肢には動詞の-ed形が並んでいます。空所の前後にあるbeとwith care「注意して」と一緒に使い，なおかつ主語のThese sharp tools and materials「これらの鋭利な工具や資材」と組み合わせて文意が通るのは(B)です。handle ～ with careは「～を注意して扱う」という意味で，これが問題文では受動態の形になっています。with care「注意して」はcarefully「注意深く」に言い換えられます。

119. 🎵 076 🏴󠁧󠁢󠁥󠁮󠁧󠁿

All the computer devices in the office ------- get locked after being idle for a certain amount of time.

(A) objectively　　(C) partially
(B) automatically (D) exceptionally

職場の全てのコンピューター機器は，ある一定の時間使用されずにいると，自動的にロックがかかります。

(A) 客観的に　　(C) 部分的に
(B) 自動的に　　(D) 並外れて

語句 □get locked ロックがかかる　□idle 使用されていない

正解 (B)

解説 選択肢には副詞が並んでいます。空所の後ろにあるget lockedを修飾して文意が通るのは(B)です。after being idle for a certain amount of time「ある一定の時間使用されずにいると」も正解を選ぶヒントとなります。

❖ ❖ ❖

問題文の主部にあるdevice「機器」は可算名詞ですが，類義語のequipment「機器」は不可算名詞です。

120. 🎵 077 🏴󠁧󠁢󠁥󠁮󠁧󠁿

The peak tourist season in Nobaiz city lasts ------- early April to late September.

(A) until　　(C) to
(B) within　　(D) from

Nobaiz市のピークの観光シーズンは，4月上旬から9月下旬まで続きます。

(A) ～までずっと　(C) ～へ
(B) ～以内で　　　(D) ～から

語句 □last 続く

正解 (D)

解説 選択肢には前置詞が並んでいます。文末には，to late Septemberがあります。このtoとペアになる(D)のfromを空所に入れfrom A to B「AからBまで」を成立させると，文意が通ります。

121. 🎵 078 🇺🇸

Houton-Rogg Consulting employees who demonstrate strong leadership ------- may be selected for special management training.

(A) qualify
(B) qualities
(C) qualitative
(D) qualifier

強力な指導者の資質を示すHouton-Rogg Consulting社の従業員は、特別な管理者訓練に選出されるかもしれません。

(A) 動詞qualify「〜に資格を与える、資格を得る」の原形
(B) 名詞quality「資質」の複数形
(C) 形容詞「質的な」
(D) 名詞「有資格者」

正解 (B)

解説 選択肢には動詞qualifyの派生語が並んでいます。文頭から空所までが主格の関係代名詞whoを含む主部、may be selectedが述語動詞です。よって、demonstrateの目的語はstrong leadershipから空所までのカタマリです。空所にqualitiesを入れるとstrong leadership qualities「強力な指導者の資質」となり文意が通るので、正解は(B)です。leadership qualities「指導者資質」は複合名詞です。

122. 🎵 079 🇺🇸

Mr. Tanaka won't be ------- the post-seminar party as he will be out of town for an international conference.

(A) discussing
(B) joining
(C) negotiating
(D) lending

Tanakaさんは国際会議で町を出るため、セミナー後のパーティーに参加しません。

(A) 〜を議論している
(B) 〜に参加している
(C) 〜を交渉している
(D) 〜を貸している

正解 (B)

解説 選択肢には動詞の-ing形が並んでいます。空所の前にMr. Tanaka won't be -------「Tanakaさんは〜しません」があり、後ろには目的語のthe post-seminar party「セミナー後のパーティー」が続いています。これを目的語とし文意が通るのは(B)です。問題文中ほどのasは、「〜なので」という理由を表す接続詞です。

123. 🎵 080 🇺🇸

------- at the World Electronics Expo in Seattle costs $95 per day for a basic package.

(A) Attendees
(B) Attended
(C) Attend
(D) Attendance

SeattleのWorld Electronics Expoへの出席は、基本パッケージで1日につき95ドルかかります。

(A) 名詞attendee「出席者」の複数形
(B) 動詞attend「〜に出席する」の過去形・過去分詞
(C) 動詞の原形
(D) 名詞「出席」

正解 (D)

解説 選択肢には動詞attendの変化形や派生語が並んでいます。空所からSeattleまでが主部なので、空所には主語となる名詞が入ります。名詞は(A)と(D)ですが、動詞costsの主語となり文意が通るのは(D)です。動詞が3人称単数現在形であることからも、単数形の(D)が正解と分かります。

124. 🎵 081 🇺🇸

Dietrich Data will analyze the information ------- from the employee work-flow surveys to help determine whether reorganization should be done or not.

(A) gathered
(B) is gathered
(C) was gathered
(D) gathering

Dietrich Data社は、再組織化が必要かどうかを決定するために、従業員のワークフロー調査によって集められた情報を分析します。

(A) 動詞gather「〜を集める」の過去形・過去分詞
(B) 受動態の現在形
(C) 受動態の過去形
(D) 動詞の現在分詞・動名詞

正解 (A)

解説 動詞gatherのさまざまな形から、適切なものを選ぶ問題です。Dietrich Dataが主語、will analyzeが述語動詞、the informationが目的語で、空所からsurveysまでが直前のinformationを後ろから修飾していると考えます。informationを後ろから修飾することができるのは分詞の(A)か(D)です。情報が「集められた」とすると文意が通るので、正解は(A)です。to以下は「〜するために」を表す不定詞句です。また、help determineはhelp to determineからtoが省略されたものです（原形不定詞）。

語句 □analyze 〜を分析する　□reorganization 再組織化

125. 🎵 082 🇺🇸

------- the fast pace of technological advancement, the continued popularity of the old TR450 tablet is remarkable.

(A) Whereas
(B) Given
(C) In that
(D) Because

科学技術の迅速な進歩を考慮すると、古いTR450タブレットの持続的な人気は注目に値します。

(A) 接続詞「〜である一方」
(B) 前置詞「〜を考慮すると」
(C) 群接続詞「〜という点において」
(D) 接続詞「なぜなら」

正解 (B)

解説 選択肢には（群）接続詞や前置詞が並んでいます。the fastからadvancementまでは名詞句なので、空所には前置詞が入ります。よって、正解は(B)です。前置詞のgivenは後ろに名詞句が続きますが、given thatの形にすると後ろには節が続きます。問題文のadvancement「進歩」は不可算名詞であることも覚えておきましょう。

126. 🎵 083 🇬🇧

Kevin Marchon's training courses teach business professionals how ------- their time effectively can help increase their productivity.

(A) manage
(B) manages
(C) managing
(D) managed

Kevin Marchonの訓練コースは，ビジネス専門家に，時間を効果的に管理することがどのように生産性を高めることに役立つかについて教えています。

(A) 動詞manage「〜を管理する」の原形
(B) 動詞の3人称単数現在形
(C) 動詞の現在分詞・動名詞
(D) 動詞の過去形・過去分詞

正解 (C)

解説 選択肢には動詞manageのさまざまな形が並んでいます。空所に動名詞を入れると，managing their time「時間を管理すること」がhowから始まる名詞節中の主部となり文意が通ります。よって，正解は(C)です。teach *A B*で「AにBを教える」を意味します。問題文ではbusiness professionalsが*A*，how以下が*B*にあたります。

127. 🎵 084 🇬🇧

Gerbell Foods' decision to raise its prices by 5% led to a ------- decrease in sales.

(A) detached
(B) responsive
(C) comparable
(D) confidential

Gerbell食品の5パーセントの値上げの決断は，同等の売上減少につながりました。

(A) 分離した
(B) 感応しやすい
(C) 同等の
(D) 機密の

正解 (C)

解説 選択肢には形容詞が並んでいます。空所には，直後の名詞decreaseを修飾して文意の通る(C)が入ります。「価格を上げるのと同じくらい売り上げが減少した」という意味になります。

❖ ❖ ❖

文中にあるby 5%のbyは，増減の程度を表す前置詞です。increaseやdecreaseといった増減を表す語と使われることが多いです。

128. 🎵 085 🇬🇧

Yeung Electronics has once again exceeded ------- with its latest innovative smartphone technology.

(A) expected
(B) expecting
(C) expectations
(D) expectedly

Yeung Electronics社は，同社の最新の革新的なスマートフォン技術によって再び期待を大きく上回りました。

(A) 動詞expect「〜を期待する」の過去形・過去分詞
(B) 動詞の現在分詞・動名詞
(C) 名詞expectation「期待」の複数形
(D) 副詞「予期されて」

正解 (C)

解説 選択肢には動詞expectの変化形や派生語が並んでいます。空所の前には他動詞のhas (once again) exceeded「〜を (再び) 上回った」という現在完了形が，後ろには前置詞のwithがあります。空所にはhas exceededの目的語となる名詞が入るため，正解は(C)です。expectはexpect *A* to *do*「Aが〜することを期待する」の形でよく使われます。

129. 🎵 086 🇬🇧

------- Ms. Kemala or her assistant will meet the visitors at the station and accompany them to their headquarters.

(A) Either   (C) While
(B) Whether   (D) Although

Kemalaさんあるいは彼女のアシスタントどちらかが，駅で訪問者に会い本社に連れて行く予定です。

(A) どちらか   (C) 〜である一方
(B) 〜かどうか   (D) 〜だけれども

正解 (A)

解説 選択肢には副詞や接続詞が並んでいます。空所の後ろに続くMs. Kemala or her assistantにあるorとペアになり文意が通るのは(A)です。either *A* or *B*で「AかBのどちらか」という意味になります。(B)はwhether *A* or *B*「Aであろうと Bであろうと」という意味で使われます。

語句 □accompany *A* to *B* AをBに連れて行く
□headquarters 本社

❖ ❖ ❖

*accompany*の関連表現には, *be accompanied by* 〜「〜が同伴する」や*accompanying*「添付の」があります。

130. 🎵 087 🇬🇧

As a ------- to other Regall Gym members, please bring a small towel to wipe down equipment after use.

(A) respect   (C) warning
(B) standard   (D) courtesy

ほかのRegallジム会員への礼儀として，使用後に備品を拭くための小さなタオルをご持参ください。

(A) 尊敬   (C) 警告
(B) 標準   (D) 礼儀

正解 (D)

解説 選択肢には名詞が並んでいます。courtesyを空所に入れると，As a courtesy to 〜「〜への礼儀として」という意味になり，カンマ以降の節の内容と話がつながります。よって，正解は(D)です。

語句 □wipe down 〜 〜を拭く

Part 6

♪ 088 🇺🇸

Questions 131-134 refer to the following article.

SEATTLE (October 19) —The Galsworth Art Museum has announced that its remodeled 28,000-square-foot building will open on March 2. The institution has been closed for the past two years while ------- extensive renovations. -------.
      131.   **132.**

The revamped space will allow the museum to exhibit more artworks and offer users a wider range of facilities. -------, the fourth floor has been converted into an event space for activities
             133.
such as lectures, workshops, and social functions. The museum will mark its reopening with a group exhibition ------- "New Directions", featuring a number of prominent local artists.
            134.

設問131-134は次の記事に関するものです。

SEATTLE（10月19日）— Galsworth 美術館は，建て替えられた28,000平方フィートの建物が3月2日にオープンすることを発表しました。大規模な改装中，施設は2年間閉鎖されてきました。運営陣はプロジェクトが成功し，お披露目の準備ができていると確信しています。

改良されたスペースにより，美術館はより多くの芸術作品を展示し，利用者により幅広い施設を提供できるようになります。例えば，4階は講演会やワークショップ，親睦会などの活動のためのイベントスペースに改装されました。美術館は，地元の著名な芸術家たちを多数取り上げた，「新しい方向」と題されたグループ展示で再開を記念するつもりです。

語句 □announce 〜を発表する　□remodel 〜を建て替える　□institution 施設　□extensive 大規模な　□renovation 改装
□revamp 〜を改良する　□exhibit 〜を展示する　□artwork 芸術作品　□a wider range of 〜 より幅広い〜
□facility 施設　□be converted into 〜 〜に改装される　□social function 親睦会　□mark 〜を記念する
□reopening 再開　□exhibition 展示　□feature 〜を特集する　□a number of 〜 多数の〜　□prominent 著名な

131.

(A) planning
(B) decorating
(C) undergoing
(D) postponing

(A) ～を計画している
(B) ～を装飾している
(C) ～を経験している
(D) ～を延期している

正解 (C)

解説 選択肢には動詞の-ing形が並んでいます。空所の前にあるwhileは，〈while（主語＋be動詞）doing〉で「（主語が）～している間」を表すので，空所を含む文は「施設は大規模な改装を～している間，2年間閉鎖されてきました」という意味になります。空所にundergoing「～を経験している」を入れると文意が通るので，(C)が正解です。この文ではwhileの後ろにit（＝The institution）isが省略されていると考えてください。

132.

(A) Visitors have been impressed with the carefully restored artworks.
(B) Finding a new location took longer than expected.
(C) We are going to release the latest model in early September.
(D) Management now believes the project has been a success and is ready for its debut.

(A) 来館者は慎重に修復された芸術作品に感銘を受けています。
(B) 新しい場所を見つけるのに想定以上の時間がかかりました。
(C) 9月上旬に最新モデルを発売する予定です。
(D) 運営陣はプロジェクトが成功し，お披露目の準備ができていると確信しています。

正解 (D)

解説 文挿入問題です。第1段落では「Galsworth美術館が改装工事のために2年間閉まっていたが，再オープンすることが決まった」という内容を伝えています。空所前までの内容を受け，改装工事のことを「プロジェクト」，3月に再オープンすることを「お披露目の準備ができている」と表した(D)を空所に入れると文意が通ります。

語句 □be impressed with ～ ～に感銘を受ける　□restore ～を修復する　□debut デビュー

133.

(A) For example
(B) Otherwise
(C) Conversely
(D) Even so

(A) 例えば
(B) さもなければ
(C) 反対に
(D) たとえそうでも

正解 (A)

解説 選択肢にはさまざまな表現が並んでいます。空所の前にはThe revamped space will allow the museum to exhibit more artworks and offer users a wider range of facilities.「改装されたスペースにより，美術館はより多くの芸術作品を展示し，利用者により幅広い施設を提供できるようになります」とあり，空所の後ろにはthe fourth floor has been converted into an event space for activities such as lectures, workshops, and social functions「4階は講演会やワークショップ，親睦会などの活動のためのイベントスペースに改装されました」と，改装後に美術館がどのように変わったかの一例が示されています。よって，正解は(A)のFor example「例えば」です。

134.

(A) entitles
(B) entitling
(C) entitled
(D) entitle

(A) 動詞entitle「～と題する」の3人称単数現在形
(B) 動詞の現在分詞・動名詞
(C) 動詞の過去形・過去分詞
(D) 動詞の原形

正解 (C)

解説 動詞entitle「～と題する」のさまざまな形から，適切なものを選ぶ問題です。空所を含む文全体の述語動詞はwill mark「～を記念するつもりだ」です。空所の前にある名詞句a group exhibition「グループ展示」を，後ろから〈分詞＋α〉の形で説明を加える(C) entitled「題された」が正解です。a group exhibition entitled "New Directions"で「『新しい方向』と題されたグループ展示」という意味になります。動詞entitleはbe entitled to do「～する資格がある」，be entitled to＋名詞「～の資格がある」という形で使われることもあります。

Questions 135-138 refer to the following letter.

Misshin Auto
877 Dong Fang Road, Pudong, Shanghai

14 October

Dear Mr. Nittapon Thipsing,

We looked through your résumé regarding the in-house counsel position. We think you have the

qualifications ------- our team here at Misshin Auto. My name is Dan Tomes, Director of the
135.

Legal Department at Misshin Auto. -------.
136.

We were originally seeking a candidate with five years of experience in intellectual property law.

Because of your language skills, however, we are willing to make an ------- in your case.
137.

Please contact me so we can discuss details regarding the ------- at our headquarters in
138.

Shanghai.

Best regards,

Dan Tomes
e-mail: dantomes@misshinauto.com.cn
Tel: +86 21 5081 0663

設問135-138は次の手紙に関するものです。

Misshin Auto社
Dong Fang通り877番地，Pudong，上海

10月14日

Nittapon Thipsing様

企業内弁護士の職に関するあなたの履歴書を拝見しました。あなたにはMisshin Auto社のチームに加わる資格があると考えております。私はMisshin Auto社の法務部長のDan Tomesと申します。この可能性を探るために，あなたを本社にお招きしたいと思います。

私どもは当初，知的財産法で5年間の経験を持つ候補者を探しておりました。しかし，あなたの言語能力を考慮して，あなたの場合は例外を認めたいと思っています。

上海の本社での面接に関して詳細を話し合えるよう，私にご連絡ください。

敬具

Dan Tomes
Eメール：dantomes@misshinauto.com.cn
電話番号：+86 21 5081 0663

語句 □look through ～ ～に目を通す □résumé 履歴書 □regarding ～に関する
□in-house counsel position 企業内弁護士の職 □qualification 資格，適性 □Legal Department 法務部
□originally 当初 □seek ～を探す □candidate 候補者 □experience 経験 □intellectual property law 知的財産法
□be willing to do ～しても構わないと思う

135.

(A) join
(B) joins
(C) joined
(D) to join

(A) 動詞join「～に加わる」の原形
(B) 動詞の3人称単数現在形
(C) 動詞の過去形・過去分詞
(D) to不定詞

正解 (D)

解説 選択肢には動詞joinのさまざまな形が並んでいます。you以下の節にはすでに述語動詞のhaveがあるため、空所には述語動詞以外が入ります。(D)の不定詞to joinを空所に入れると、you have the qualifications to join our team「あなたには私たちのチームに加わる（ための）資格がある」となり、文意が通ります。to join以下が前にある名詞the qualificationsを後ろから説明する、不定詞の形容詞的用法です。

136.

(A) We at Misshin Auto truly appreciate your loyalty as a customer.
(B) I would like to invite you to our headquarters to explore this possibility.
(C) Please find enclosed our invoice for last month's services.
(D) Thank you for helping our work the other day.

(A) 私たちMisshin Autoはお客様のご愛顧に心から感謝しています。
(B) この可能性を探るために、あなたを本社にお招きしたいと思います。
(C) 先月のサービスの請求書を同封しますのでご確認ください。
(D) 先日はお仕事を手伝っていただきありがとうございました。

正解 (B)

解説 文挿入問題です。第1段落の「あなたにはMisshin Auto社のチームに加わる資格があると考えております」という内容に続くものとして、ふさわしいのは(B)です。仕事をしたいと履歴書を送ってきた相手に対し、その資格があると伝え、さらに深い話を本社にて行いたいと伝えるのは自然な展開と言えます。

(C)のenclosedは、本来であればfind our invoice enclosedの語順になりますが、強調するために前に置いたものだと考えてください。

語句 □truly 本当に　□loyalty 忠義　□invite A to B AをBに招待する　□headquarters 本社　□possibility 可能性
□enclosed 同封された

137.

(A) extension
(B) impression
(C) exception
(D) estimate

(A) 拡大
(B) 印象
(C) 例外
(D) 見積もり

正解 (C)

解説 選択肢には名詞が並んでいます。第2段落の内容から、空所を含む文は「（あなたは採用される資格を満たしてはいなかったものの）言語能力を考慮して例外を認めます」といった内容になります。よって、空所に入れて文意が通るのは(C)のexception「例外」です。make an exceptionで「例外を認める」という意味になります。

138.

(A) interview
(B) ceremony
(C) revisions
(D) results

(A) 面接
(B) 式典
(C) 改訂
(D) 結果

正解 (A)

解説 選択肢には名詞が並んでいます。空所の後ろにはat our headquarters in Shanghai「上海の本社での」とあり、この場所で行われるのはここまでの話の流れから、(A)のinterview「面接」です。空所の前にあるregardingは「～に関する」という意味で、ニュアンスは多少異なりますがconcerning、in[with] regard to ～、aboutなどに言い換えられます。

090

Questions 139-142 refer to the following notice.

PLEASE NOTE

The Clyde Street branch of Blue Birds Café will be cashless effective July 1. As of that date, all purchases must be made by means of debit cards or credit cards. -------.
139.

We have taken this decision in order to make our operations more -------. Using cards only will
140.
speed up payment and reduce waiting times, especially during peak periods. The transaction process will be smoother for both our employees and our customers, the vast majority of -------
141.
prefer card-based payment.

Other branches of Blue Birds Café have already made the ------- successfully, so we're
142.
confident that it will likewise improve our business. Thank you for your understanding.

設問139-142は次のお知らせに関するものです。

ご注意ください

Blue Birdsカフェ Clyde通り店では，7月1日からキャッシュレス決済が実施されます。その日から，全ての購入はデビットカードもしくはクレジットカードで行われる必要があります。店舗ではもう現金は取り扱われません。

当店は業務をより効率的にするためにこの決定をしました。カードのみを使用することで，特にピーク時における支払いが速くなり，待ち時間が短縮されます。取引の処理は，当社の従業員と大多数がカード決済を好んでいる顧客の双方にとって，より円滑になります。

Blue Birdsカフェの他店舗ではすでに移行に成功しているので，当店も同様に業務を改善できると確信しております。ご理解ありがとうございます。

語句　□cashless 現金不要の　□effective 実施されて，有効な　□as of 〜 〜付けで　□purchase 購入
　　　□by means of 〜 〜を用いて　□operation 業務　□speed up 〜 〜を速める　□payment 支払い　□especially 特に
　　　□peak period ピーク時　□transaction process 取引の処理　□the vast majority of 〜 〜の大多数
　　　□card-based payment カード決済　□successfully うまく　□be confident that 〜 〜を確信している　□likewise 同様に

139.

(A) These will be exchanged free of charge.
(B) Cash will no longer be handled on the premises.
(C) Normal opening hours will resume on July 2.
(D) Please indicate your preference prior to that date.

(A) これらは無料で交換されます。
(B) 店舗ではもう現金は取り扱われません。
(C) 7月2日より通常の営業時間で再開します。
(D) その日付より前にあなたのご希望をお知らせください。

正解 **(B)**

解説 文挿入問題です。空所の前にAs of that date, all purchases must be made by means of debit cards or credit cards.「その日から，全ての購入はデビットカードもしくはクレジットカードで行われる必要があります」とあるため，この内容を受けて「店舗ではもう現金は取り扱われません」と述べている(B)が正解です。

❖ ❖ ❖

 「再開する」は(C)に使われているresumeのほかに，be[come] back to normalという表現があります。またresumeの名詞はresumption「再開」で，いずれもTOEIC L&Rテスト頻出です！

語句 □free of charge 無料で　□no longer ～ もはや～ない　□handle ～を扱う　□on the premises 店舗で　□normal 通常の　□opening hours 営業時間　□resume 再開する

140.

(A) complicated
(B) quiet
(C) traditional
(D) efficient

(A) 複雑な
(B) 静かな
(C) 伝統的な
(D) 効率的な

正解 **(D)**

解説 選択肢には形容詞が並んでいます。空所を含む文では「業務をより～にするためにこの決定（キャッシュレスへの移行）をした」と述べられています。また，空所の後ろにUsing cards only will speed up payment and reduce waiting times, especially during peak periods.「カードのみを使用することで，特にピーク時における支払いが速くなり，待ち時間が短縮されます」とあるため，これらの内容に沿う(D)のefficient「効率的な」が正解となります。

141.

(A) which
(B) whom
(C) whose
(D) those

(A)（関係代名詞）
(B)（関係代名詞）
(C)（関係代名詞）
(D)（those who で）
　　～する人々

正解 **(B)**

解説 選択肢には関係代名詞や代名詞が並んでいます。空所を含む文にはカンマを介して2つの節があるため，空所にはそれらをつなぐ関係代名詞が入ります。最初の節にある，「人」を表すour customersを先行詞とし，前置詞のofの目的語となる目的格の関係代名詞(B)が適切です。(A)は〈物を表す先行詞＋which＋主語＋動詞〉，もしくは〈物を表す先行詞＋which＋動詞〉の語順，(C)は〈人・物＋whose＋所有物＋動詞〉の語順で使います。(D)のthoseは〈those who＋動詞〉の形でよく使われますので押さえておきましょう。

142.

(A) offer
(B) request
(C) transition
(D) installation

(A) 申し出
(B) 依頼
(C) 移行
(D) 設置

正解 **(C)**

解説 選択肢には名詞が並んでいます。空所を含む節ではOther branches of Blue Birds Café have already made the ------- successfully「Blue Birdsカフェの他店舗ではすでに～に成功している」と述べられており，続く節にはso we're confident that it will likewise improve our business「なので，それが同様に当店の業務を改善すると確信しております」とあります。ほかの店舗で行われたことはおそらく「キャッシュレスへの移行」であり，それによって業務を改善（＝効率化）できるだろうという内容なので，正解は(C)です。it will likewise improve our businessのitはtransitionを示す代名詞です。

Questions 143-146 refer to the following memo.

To: Team Leaders
From: Greg Loew
Subject: Environmental Awareness Seminars
Date: 2 March

Inviting our outside counsel at SY law firm, we ------- several Environmental Awareness
143.
Seminars in March and April. These seminars will assist employees in ------- basic
144.
environmental law issues. -------. Attendance is not mandatory, but I strongly believe this will be
145.
a good opportunity for almost ------- employee, especially for team leaders. All the materials
146.
used in seminars will be uploaded to our shared folder at the end of each month, so those who
cannot attend will be able to download them later.

Greg Loew, CEO

設問143-146は次のメモに関するものです。

宛先：チームリーダー各位
差出人：Greg Loew
件名：環境意識セミナー
日付：3月2日

SY法律事務所の外部弁護士を招いて，3月と4月に数回，環境意識セミナーを計画しています。これらのセミナーは，従業員が基本的な環境法に関する問題を理解することを助けるでしょう。当社は全ての規則の完全順守に尽力しています。参加は強制ではありませんが，ほとんどの従業員，特にチームリーダーにとってはよい機会になると確信しています。セミナーで使用した全ての資料は各月末に共有フォルダにアップロードされますので，参加できない方も後でダウンロードできます。

Greg Loew，最高経営責任者

語句 □awareness 意識　□counsel 弁護士　□law firm 法律事務所
　　□environmental law 環境法　□issue 問題　□attendance 参加　□mandatory 強制の　□strongly 強く
　　□especially 特に　□material 資料　□upload ～をアップロードする　□shared 共有された　□those who ～ ～する人
　　□attend ～に参加する　□download ～をダウンロードする　□CEO 最高経営責任者

143.

(A) were organizing
(B) are organizing
(C) are organized
(D) have been organized

(A) 動詞organize「〜を計画する」の過去進行形
(B) 現在進行形
(C) 受動態の現在形
(D) 受動態の現在完了形

正解 (B)

解説 動詞organizeのさまざまな形から，適切なものを選ぶ問題です。空所の直後にseveral Environmental Awareness Seminars in March and April「3月と4月に数回の環境意識セミナー」とあり，続く次の文にThese seminars will assist「これらのセミナーは〜を助けるでしょう」と述べられているので，セミナーはこれから行われることが分かります。ここから，空所に入る動詞は未来を示す表現にする必要があります。未来を示す表現はwillやbe going to do，あるいは現在進行形などで表すことができます。よって，正解は(B)です。

144.

(A) understand
(B) understanding
(C) understands
(D) understandings

(A) 動詞understand「〜を理解する」の原形
(B) 動詞の動名詞・現在分詞，名詞「理解」，形容詞「理解のある」
(C) 動詞の3人称単数現在形
(D) 名詞の複数形

正解 (B)

解説 選択肢には動詞understandの変化形や派生語が並んでいます。空所の前後には前置詞のinと，空所の目的語となるbasic environmental law issuesがあります。前置詞の後ろに他動詞の動名詞形が続き，さらにその目的語となる名詞句が続く頻出パターンです。よって，正解は(B)です。assist A in doingで「Aが〜することを助ける」という意味を表します。

145.

(A) Employees must sign up for health coverage before then.
(B) These renovations have largely been completed.
(C) We are committed to full compliance with all regulations.
(D) A guide to psychology is being compiled now.

(A) 従業員はそれまでに医療保険に申し込む必要があります。
(B) これらの改装は大半が完了しています。
(C) 当社は全ての規則の完全順守に尽力しています。
(D) 心理学の手引書は現在編集されています。

正解 (C)

解説 文挿入問題です。空所の前にThese seminars will assist employees in understanding basic environmental law issues.「これらのセミナーは，従業員が基本的な環境法に関する問題を理解することを助けるでしょう」とあるため，空所には「従業員が環境法に関する問題を理解しようとしていること」に関連する話題が入るはずです。「法律を理解する」，つまり「規則を順守する」ためにセミナーを受けることが分かるので，文意が通るのは(C)です。be committed to 〜は「〜に尽力する」という意味で，be dedicated to 〜，be devoted to 〜に言い換えられます。toの後ろには名詞や動名詞（-ing形）が続きます。

語句 □health coverage 医療保険　□compliance with 〜 〜の順守　□compile 〜を編集する

146.

(A) any
(B) many
(C) little
(D) much

(A) どんな〜でも
(B) 多数の
(C) 少しの
(D) 多くの

正解 (A)

解説 選択肢には形容詞が並んでいます。空所の後ろには可算名詞の単数形employeeがあるため，単数形の前に置く(A)のanyが正解です。〈almost any＋単数形〉で「ほぼどの〜も」という意味になります。(B)は後ろに複数形，(C)と(D)の後ろには不可算名詞が続きます。

TOEIC受験を始めたキッカケ

（濱：濱﨑先生／大：大里先生）

大：私は勤務先の会社で留学制度があり，その応募要件にTOEICのスコア（730点程度）があったので，始めてみようと思いました。

濱：僕は，経営していた学習塾で雇っていた大学生に「塾長，これからはTOEICの時代ですよ。TOEICのスコアくらい持っていないとマズイですよ」と言われたのがキッカケですね。

大：そうだったんですね。

濱：はい。その学生に負けないスコアを取ろう，と思い学習を始めました。

大：ちょうどその頃にオフ会で濱﨑さんや英語学習者の方々とお会いしモチベーションが上がり，本格的にハマりましたね。

Part 7

Questions 147-148 refer to the following advertisement.

Baguette Bakery is seeking a full-time French Bakery Chef for its off-site production center. The successful candidate will work under the Head Bakery Chef. ❶He or she will be responsible for preparing a wide range of artisanal breads and pastries for our downtown shop as well as larger catering orders for various kinds of events.

❷The candidate must have a minimum of five years of experience making French breads and pastries. Holders of a culinary arts degree will be given preference. Candidates must be able to prepare a wide variety of baked goods following standardized recipes as well as create new and seasonal items.

If interested, please send your résumé to info@baguettebakery.com.

設問147-148は次の広告に関するものです。

Baguette Bakeryは店外の製造センターのためにフルタイムのフレンチベーカリーシェフを募集しています。採用者はヘッドベーカリーシェフのもとで働くことになります。繁華街にある店舗のための，幅広い種類の職人による手作りパンやペーストリーの準備，またさまざまなイベントのためのケータリングの大口注文を担当していただきます。

志願者は最低5年間のフランスパンやペーストリー作りの経験が必要です。料理法の学位を持っている人は優遇されます。志願者は標準的なレシピに従って幅広い種類の焼き菓子を作ることができ，かつ新しい商品や季節の商品を作ることができなければなりません。

ご興味のある方は，履歴書をinfo@baguettebakery.comまでお送りください。

- -

語句 □full-time フルタイムの，常勤の　□off-site 店外の，現場から離れた　□successful candidate 合格した志願者　□work under ～ ～のもとで働く　□a wide range of ～ 多様な～，幅広い～　□artisanal 職人の手による　□pastry ペーストリー，焼き菓子　□various kinds of ～ さまざまな～　□a minimum of ～ 最低～の　□holder 保有者　□culinary arts 料理法　□degree 学位　□give ～ preference ～に優先権を与える　□baked goods 焼き菓子　□standardized 標準化された　□seasonal item 季節の商品

147.

What is indicated about Baguette Bakery?

(A) It provides food for events.
(B) It opened a week ago.
(C) It holds some workshops every week.
(D) It features a sale regularly.

Baguette Bakeryについて何が示されていますか。

(A) イベントのための食べ物を提供している。
(B) 1週間前にオープンした。
(C) 毎週ワークショップを開催している。
(D) 定期的にセールを呼び物にしている。

正解 (A)

解説 Baguette Bakeryについて示されていることを問う問題です。第1段落では，求人募集内容について述べられています。❶の後半に「さまざまなイベントのためのケータリングの大口注文を担当する」とあり，ここからBaguette Bakeryがイベント用の食事を提供していることが分かります。以上より，これを言い換えた(A)が正解です。(B)オープン時期，(C)ワークショップ開催，(D)セールについてはいずれも言及がないため不正解です。

言い換え catering → provide food for events

語句 □feature ～を呼び物にする

148.

What is required for the job being advertised?

(A) Proficiency in French
(B) A driver's license
(C) Previous work experience
(D) A college degree

広告で募集されている仕事には何が要求されていますか。

(A) フランス語が堪能であること
(B) 運転免許証
(C) 過去の職務経験
(D) 大学の学位

正解 (C)

解説 広告で募集されている仕事で要求されていることが問われています。第2段落に応募要件がいくつか書かれており，❷で，「志願者は最低5年間のフランスパンやペーストリー作りの経験が必要」と述べられています。ここから，過去の職務経験が必要と分かるので，(C)が正解です。(D)のdegree「学位」自体に関しては第2段落に言及はありますが，学位については「優遇される」と記載があり，要求とまでは言われていないため不正解です。

語句 □proficiency in ～ ～が堪能であること

✥ ✥ ✥

求人広告の要件では，must, necessary, required, requirement は必須の要件を表すときに使われる単語です。一方，give A preference は「Aを優先的に取り扱う」，preferred は「（持っていると）望ましい」という意味で使われます。TOEIC L&Rテストではヒッカケの選択肢として用いられる場合が多いので，押さえておきましょう。

Questions 149-150 refer to the following text-message chain.

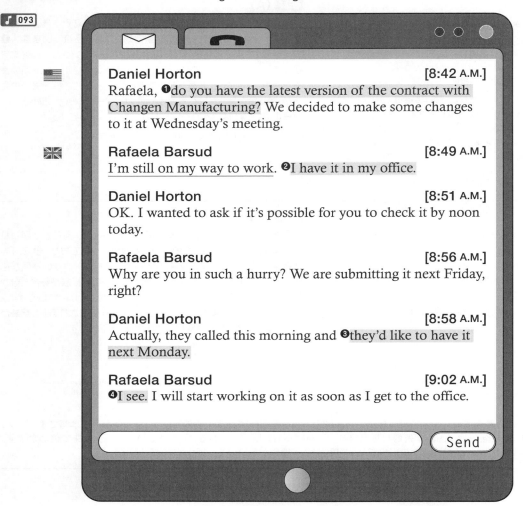

Daniel Horton [8:42 A.M.]
Rafaela, ❶do you have the latest version of the contract with Changen Manufacturing? We decided to make some changes to it at Wednesday's meeting.

Rafaela Barsud [8:49 A.M.]
I'm still on my way to work. ❷I have it in my office.

Daniel Horton [8:51 A.M.]
OK. I wanted to ask if it's possible for you to check it by noon today.

Rafaela Barsud [8:56 A.M.]
Why are you in such a hurry? We are submitting it next Friday, right?

Daniel Horton [8:58 A.M.]
Actually, they called this morning and ❸they'd like to have it next Monday.

Rafaela Barsud [9:02 A.M.]
❹I see. I will start working on it as soon as I get to the office.

Send

設問149-150は次のテキストメッセージのやり取りに関するものです。

Daniel Horton [午前8時42分] Rafaela、Changen Manufacturing 社との契約書の最新版を持っている？ 水曜日の会議でそれにいくつか変更を加えることに決めたんだ。

Rafaela Barsud [午前8時49分] まだ出勤途中なの。私のオフィスにそれが置いてあるわ。

Daniel Horton [午前8時51分] 分かった。今日の正午までに君がそれを確認できるかどうか聞きたかったんだ。

Rafaela Barsud [午前8時56分] どうしてそんなに急いでいるの？ 来週の金曜日に提出する予定よね？

Daniel Horton [午前8時58分] 実は、彼らが来週の月曜日にそれが欲しいって、今朝電話してきたんだ。

Rafaela Barsud [午前9時2分] 分かったわ。オフィスに着き次第、すぐにそれに取りかかるわ。

語句 □latest version 最新版 □contract 契約（書） □on *one*'s way to work 職場へ向かう途中 □work on 〜 〜に取りかかる

149.

At 8:49 A.M., what does Ms. Barsud mean when she writes, "I'm still on my way to work"?

(A) Her home is far from her office.
(B) Her train has been delayed.
(C) She will not arrive at the office on time.
(D) She does not have a document with her.

午前8時49分にBarsudさんが"I'm still on my way to work"と書く際，何を意図していますか。

(A) 彼女の家はオフィスから遠い。
(B) 彼女の電車は遅れている。
(C) 彼女は時間通りにオフィスに着かない。
(D) 彼女はある書類が手元にない。

正解 (D)

解説 意図問題です。問われている文は，「(Barsudさんは) まだ職場へ行く途中だ」，という意味です。❶でHortonさんが「契約書の最新版を持っているか？」と尋ね，Barsudさんが問われている文の直後の❷で「それ (契約書) はオフィスにある」と述べています。つまり，Barsudさんはまだ職場に着いておらず，契約書が手元にないことを意図していると分かります。よって，(D)が正解です。

言い換え contract → document

語句 □on time 時間通りに　□document 書類

150.

When will Mr. Horton submit the contract to Changen Manufacturing?

(A) On Monday
(B) On Wednesday
(C) On Thursday
(D) On Friday

Hortonさんはいつ Changen Manufacturing 社に契約書を提出しますか。

(A) 月曜日
(B) 水曜日
(C) 木曜日
(D) 金曜日

正解 (A)

解説 Hortonさんがいつ Changen Manufacturing 社に契約書を提出するかが問われています。Hortonさんは❸で「彼ら (Changen Manufacturing 社) は来週月曜日にそれ (契約書) が欲しい」と言及し，それに対しBarsudさんが❹で了解しているので，(A)が正解です。

❖ ❖ ❖

テキストメッセージ・チャット問題は，Part 7では2セット出題されます。やり取りはスマホやパソコン，タブレット上で行われ，チャットへの参加人数は2名〜4，5名前後とさまざまです。このタイプのセットには，必ず設問149のような意図問題が1問含まれています。

Questions 151-152 refer to the following advertisement.

---

iGroceries

❶Shop for groceries online at iGroceries! Choose from thousands of products—from local farm fresh produce and organic products to everyday household items—and we will deliver them to your door.

Step 1: Make your choices.
We offer specialty and familiar brand name products that suit your lifestyle, including gluten-free, vegan, sports nutrition, and prepared foods (including ready-made hot foods).

Step 2: Schedule your delivery time.
Select a delivery time from 7:00 A.M. to 10:00 P.M.

Step 3: Sit back and let us do the work.
We'll hand-select, carefully pack, and deliver your groceries.

Free delivery with any purchase over $40.

❷First-time shoppers receive 20% off their entire initial purchase. Visit our Web site at www.igroceries.com to become a member and start shopping now!

設問151-152は次の広告に関するものです。

---

iGroceries

食料雑貨のオンラインショッピングはiGroceriesで！　地元農家の新鮮な農産物や有機製品から日用家庭用品まで，数千種類もの商品からお選びいただき，私たちがお客様のご自宅までお届けします。

ステップ１：選択する。
グルテンフリーやヴィーガン，スポーツ栄養製品，調理済み食品（温かい総菜を含む）など，あなたのライフスタイルに合う特産品や身近なブランドの商品をご提供しています。

ステップ２：配達時間の予定を決める。
午前7時から午後10時までの間で配達時間をお選びください。

ステップ３：くつろいで，私たちに仕事をさせる。
お客様の食料雑貨を厳選し，慎重に梱包し，配達します。

40ドルを超えるお買い上げは送料無料です。

初めてご購入のお客様は，初回購入金額から20パーセントの割引を受けることができます。当店のウェブサイトwww.igroceries.comを訪れて，今すぐ会員になり，お買い物を始めてください！

語句　□grocery 食料雑貨　□fresh produce 新鮮な農産物　□organic product 有機製品
　　　□everyday household item 日用家庭用品　□to one's door 自宅まで　□specialty 特産品　□suit ～に適合する
　　　□gluten-free グルテンフリーの　□nutrition 栄養　□prepared food 調理済みの食品　□ready-made hot food 温かい総菜
　　　□hand-select ～を厳選する　□pack ～を梱包する　□first-time 初回の

151.

What does iGroceries offer its customers?

(A) Cooking classes
(B) Organic food recipes
(C) Nutrition and diet advice
(D) Home delivery of groceries

iGroceriesは顧客に何を提供していますか。

(A) 料理教室
(B) 有機食品のレシピ
(C) 栄養とダイエットのアドバイス
(D) 食料雑貨の宅配

正解 **(D)**

解説 iGroceriesが顧客に提供しているものが問われています。❶よりiGroceriesで食料雑貨のオンラインショッピングができることが述べられ、「数千種類もの商品から選べる、私たちが客の自宅まで届ける」と続いています。よって、(D)が正解です。(A)の料理教室や(B)のレシピ、(C)のアドバイスは言及されていないのでいずれも不正解です。

言い換え deliver 〜 to your door → home delivery

✳ ✳ ✳

 不正解の選択肢にも本文で使われている単語が登場します。目についた単語にとびついて不正解の選択肢を選んでしまわないよう、各選択肢の意味をきちんと理解して正解を判断しましょう。

語句 □diet ダイエット、食事

152.

What is true about iGroceries?

(A) It offers free shopping bags.
(B) It gives new members a discount.
(C) It charges a membership fee.
(D) It makes deliveries 24 hours a day.

iGroceriesについて何が正しいですか。

(A) 無料の買い物袋を提供している。
(B) 新規会員に割引をする。
(C) 会費を請求する。
(D) 1日24時間配達を行っている。

正解 **(B)**

解説 iGroceriesについて正しいものを選ぶ問題です。❷で「初めて購入する客は、初回購入金額から20パーセントの割引を受けることができる」「今すぐ会員になり買い物を始めて」と述べられているので、新規会員には割引をすることが分かります。以上から、(B)が正解です。

語句 □membership fee 会費

Questions 153-154 refer to the following online review.

 095

https://www.cycling2you.com/consumer_reviews

Adventure 2 bicycle

Reviewed by: Peter Sebston

★★★★★

"Excellent product and buying experience"

I used to cycle a lot, but stopped doing it regularly 10 years ago, and so I was looking for something easy to ride. The comparison function on the Cycling2you site was useful for figuring out which model would be best for me, and ❶the tips I got from the experienced staff online were helpful as well. Finally, I treated myself to the top-of-the-range Adventure 2 bicycle. It was delivered to my local bike shop, where it was put together for me for a small charge. The gears are smooth and the saddle is very comfortable. ❷The rack has built-in elastic straps, which make it very easy to carry my laptop and files to the office. The Adventure 2 was well worth the money I spent.

設問153-154は次のオンラインレビューに関するものです。

https://www.cycling2you.com/consumer_reviews

Adventure 2 自転車

レビュー者：Peter Sebston

★★★★★

「素晴らしい商品と購入体験」

私は以前よく自転車に乗っていましたが，10年前に定期的に乗るのをやめたので，手軽に乗れるものを探していました。Cycling2youのサイトの比較機能は，どれが私に最もふさわしいモデルかを見いだすのに便利で，経験豊富なスタッフによるオンラインでの助言も役立ちました。最終的に，奮発して最上級のAdventure 2自転車を購入しました。私の地元の自転車店まで配送され，そこで少額で組み立てられました。ギアがスムーズで，サドルはとても快適です。荷台には伸縮性のあるストラップが取り付けられていて，ノートパソコンとファイルをとても楽に職場まで運ぶことができます。Adventure 2の自転車は，私が支払った金額だけの価値が十分にありました。

- -

語句　□cycle 自転車に乗る　□comparison function 比較機能　□figure out 〜 〜を見いだす・理解する
□model 型式　□experienced 経験のある　□as well 同様に　□treat *oneself* to 〜 （奮発して）〜を手に入れる
□top-of-the-range 最上級の　□put 〜 together 〜を組み立てる　□for a small charge 少額で
□gear（自転車などの）ギア　□smooth 滑らかな　□saddle（自転車などの）サドル　□comfortable 快適な
□rack ラック，荷台　□built-in 作り付けの　□elastic 伸縮性のある　□strap ストラップ，革ひも　□worth 価値のある

153.

According to the online review, what does Mr. Sebston like about the Cycling2you site?

(A) The comparatively low prices
(B) Its speed of delivery
(C) The offer of free assembly
(D) Its knowledgeable staff

オンラインレビューによると，SebstonさんはCycling2youのサイトの何が好きですか。

(A) 比較的安い価格
(B) 配達の早さ
(C) 無料組み立ての提供
(D) 知識の豊富なスタッフ

正解 (D)

解説 オンラインレビューによると，SebstonさんがCycling2youのサイトの何を気に入っているかが問われています。❶に「経験豊富なスタッフによる助言も役立った」とあり，これを「知識の豊富なスタッフ」と言い換えた(D)が正解です。(C)の組み立ては無料ではなく，for a small charge「少額で」という記載があるため不正解です。

言い換え experienced → knowledgeable

語句 □comparatively 比較的に　□low price 低価格　□assembly 組み立て　□knowledgeable 知識が豊富である

154.

What is most likely true about Mr. Sebston?

(A) He will relocate his office soon.
(B) He will donate his old bike.
(C) He rides his bicycle to work.
(D) He participates in races.

Sebstonさんについておそらく何が正しいですか。

(A) もうすぐ職場を移転する。
(B) 古い自転車を寄付する。
(C) 自転車に乗って仕事へ行く。
(D) レースに参加する。

正解 (C)

解説 Sebstonさんについておそらく正しいことを問う問題です。Sebstonさんは❷で「(購入した自転車の) 荷台には伸縮性のあるストラップが取り付けられていて，ノートパソコンとファイルをとても楽に職場まで運ぶことができる」と述べています。ここからSebstonさんは自転車を使って通勤していると考えられるため，(C)が正解です。

語句 □relocate 〜を移転する　□donate 〜を寄付する　□participate in 〜 〜に参加する　□race 競走

リーディングの時間配分と戦略

（濵：濵﨑先生／大：大里先生）

大： あまりスピードを上げずゆっくり解くと，Part 5で10分，Part 6で5分，Part 7で50分といったところです。残った時間は見直しに使います。

濵： 僕も似たような感じですかね。Part 5＋Part 6で合計20分弱くらいを使い，Part 7は45分前後で解き終えることが多いです。

大： Part 7，早いですね！

濵： Part 7では設問を解く際に文書を改めて確認しないので，10分前後の時間を残してリーディングセクションを解答し終えることがほとんどです。

大： 僕は，Part 5 → Part 6 → Part 7の順に解いていますが，Part 7は最後の文書から解きます。

濵： 最後の文書からですか。

大： 時間が少なくなってきたときに，読むボリュームが少ないものが残っていると心理的に安心できる，という理由からそうしていますね。

Questions 155-157 refer to the following Web site.

♪ 096 🇬🇧

| Home | Register | Search | Contact |

Welcome to SoundX
Professional Quality, Affordable Sounds

❶SoundX has a massive library of sounds produced by non-professional recording artists for use in small-scale video and audio projects such as online videos, self-produced advertisements for small businesses, and student assignments. We allow users to purchase licenses for a single piece of audio or subscribe and download unlimited content for the duration of their subscription. —[1]—. Subscription rates are $10 per month for students and $20 per month for all other users.

❷All audio files submitted to the library are evaluated for quality before being categorized and converted to various formats by our team of highly skilled audio engineers. —[2]—. ❸Moreover, the most popular downloads are displayed at the top of the page on each section.

People wishing to browse the library using our excellent search function must register first. —[3]—. To do so, simply click on the tab labeled "Register" above. Taking out a subscription will enable you to listen to entire tracks online as well as download them in any of six formats. Non-subscribers will not be able to download any files and you will only be able to listen to 20 percent of any audio file. ❹Permission to use the audio in private and commercial projects is given to the subscribers automatically. —[4]—.

設問155-157は次のウェブサイトに関するものです。

| ホーム | 登録 | 検索 | 連絡 |

SoundXへようこそ
プロフェッショナルの品質，手頃なサウンド

SoundXには，オンラインビデオ，小規模ビジネス向けの自主制作広告，学生の課題など，小規模なビデオやオーディオプロジェクトに使用するためのノンプロのレコーディングアーティストによって制作されたサウンドの膨大なライブラリがあります。ユーザーは1つのオーディオ作品のライセンスを購入したり，定額利用の会員登録をして定額利用期間中に無制限のコンテンツをダウンロードしたりすることができます。定額利用料金は学生が月額10ドル，そのほかの全てのユーザーは月額20ドルです。

ライブラリに登録された全てのオーディオファイルは，当社の高度な技術を持ったオーディオエンジニアのチームによって分類されさまざまなフォーマットに変換される前に，品質が評価されます。寄稿者はどれでもオーディオ1ファイルの売り上げにつき利益の50パーセントを受け取ります。さらに，最も人気のあるダウンロード曲は，それぞれのセクションのページのトップに表示されます。

優れた検索機能を使ってライブラリを閲覧したい方は，まず登録が必要です。そのためには，上の「登録」と表示されたタブをクリックするだけです。定額利用することでオンラインで全てのトラックを聞くことができ，さらに6つのフォーマットのいずれでもダウンロードすることができます。定額利用をしない方はファイルをダウンロードすることができず，どの音声ファイルも20パーセントしか聞けません。個人及び商業プロジェクトでオーディオを使用する許可は，定額利用者に自動的に付与されます。

語句 □massive 巨大な　□library ライブラリ（録画・録音媒体などを収集したもの）　□non-professional 素人の
□small-scale 小規模の　□self-produced 自作の　□assignment 課題　□license 使用権　□content 内容
□for the duration of ～ ～の持続期間　□subscription rate 定額利用料金，定期購読料金　□evaluate ～を評価する
□categorize ～を分類する　□convert ～を変換する　□browse ～を閲覧する　□search function 検索機能
□permission 許可

155.

What is indicated about SoundX?

(A) It accepts audio files from amateurs.
(B) It has connections with advertising agencies.
(C) It produces advertisements for small businesses.
(D) It offers free subscriptions for personal use.

SoundXについて何が示されていますか。

(A) アマチュアによるオーディオファイルを受け付ける。
(B) 広告代理店とのコネクションがある。
(C) 小規模ビジネス向けの広告を制作している。
(D) 個人使用のための無料購読を提供している。

正解 (A)

解説 SoundXについて何が示されているかが問われています。冒頭❶では「SoundXにはノンプロのアーティストによって制作されたサウンドのライブラリがある」と述べられています。ここから、SoundXは素人が制作した音源を受け付けると判断できます。よって、(A)が正解です。SoundX自体は広告制作をしていないので(C)は不正解、広告代理店とのコネクションや無料購読のプランは文書に記載がないので(B)、(D)も不正解です。

言い換え non-professional → amateur

語句 □connection 関係　□advertising agency 広告代理店　□personal use 個人使用

156.

How can readers use audio in their projects?

(A) By entering a PIN code
(B) By contacting the contributor
(C) By filling out a request
(D) By subscribing to SoundX

読み手はどうすればオーディオをプロジェクトで使用することができますか。

(A) 暗証番号を入力することで
(B) 寄稿者に連絡することで
(C) 依頼書に記入することで
(D) SoundXの定額利用の登録をすることで

正解 (D)

解説 読み手がどうすればオーディオをプロジェクトで使用することができるかが問われています。❹に「個人及び商業プロジェクトでオーディオを使用する許可は、定額利用者に自動的に付与される」とあります。ここから、読み手はSoundXの定額利用登録をすることによって、オーディオをプロジェクトで利用することができると分かります。これを表した(D)が正解です。

語句 □PIN code 暗証番号（PIN=personal identification number）　□contributor 寄稿者　□request 依頼書

157.

In which of the positions marked [1], [2], [3], and [4] does the following sentence best belong?
"Contributors receive 50 percent of the proceeds from any sale of a single audio file."

(A) [1]
(B) [2]
(C) [3]
(D) [4]

[1]、[2]、[3]、[4]と記載された箇所のうち、次の文が入るのに最もふさわしいのはどれですか。
「寄稿者はどれでもオーディオ1ファイルの売り上げにつき利益の50パーセントを受け取ります」

(A) [1]
(B) [2]
(C) [3]
(D) [4]

正解 (B)

解説 文挿入位置問題です。挿入文は寄稿者向けの情報で、同様の内容は第2段落にあります。❷で「登録されたオーディオファイルは評価される」、❸で「最も人気なダウンロード曲は、それぞれのセクションのページのトップに表示される」と述べられており、この間に挿入文を当てはめると、「オーディオは評価され、寄稿者は売り上げに応じて利益を受け取る。さらに、人気のあるものはページトップに表示される」という流れになり、文意が通ります。よって、正解は(B)です。この問題では❸文頭にMoreover「さらに」とあります。寄稿者にとってプラスになることが❸の前にもあると考えて解答することもできます。

語句 □proceeds 利益

MEMO

From: Lana Dennison
❶To: Evening Staff
Date: August 8
Re: Apartment regulations

❷It seems that residents have been using some of the complex's facilities outside posted hours. Please be aware that the pool closes at 7:30 P.M. and the gym at 10:00 P.M. ❸We need to request firmly that residents follow these rules for both noise and safety reasons, as they agreed to do so when they signed their contracts. We have received complaints from the neighbors and do not want that to continue.

❹Regarding the gym, there have been many requests recently for 24-hour availability. We currently do not have the resources to do this, but I'd like to add this topic to the agenda for our meeting on Thursday. ❺Please bring in ideas for funding, such as introducing a fee to cover the cost of hiring a dedicated staffer for late-night duty. ❻I look forward to discussing these issues with you on Thursday.

設問158-160は次のメモに関するものです。

メモ

差出人：Lana Dennison
宛先：夜間従業員
日付：8月8日
件名：アパートの規則

一部のアパートの施設を掲示された時間外に利用している居住者がいるようです。プールは午後7時30分，ジムは午後10時に閉まることをご承知おきください。居住者は契約書に署名したときにそうすることに同意したので，騒音と安全の両方の理由から，これらの規則に従うよう居住者に強く要請する必要があります。近隣住民から苦情が寄せられており，それが続いてほしくありません。

ジムについては，最近は24時間利用できるようにしてほしいという要望が多いです。現在，これを行うための資金はありませんが，木曜日のミーティングの議題にこのトピックを追加したいと思います。深夜勤務の専任スタッフを雇う費用をまかなうための利用料を導入するなど，資金調達のアイデアを持ち寄ってください。木曜日に皆さんとこの問題について話し合うのを楽しみにしています。

語句 □regulation 規則 □complex 複合施設 □outside posted hours 掲示された時間外に □*be* aware that ～ ～に留意する
□request firmly that ～ ～を強く要請する □sign *one*'s contract 契約書に署名する □complaint 苦情
□neighbor 隣人 □regarding ～に関して □resource 財源 □cover the cost 費用をまかなう
□dedicated 専用の □staffer 職員 □late-night duty 深夜業務

158.

What is the main purpose of the memo?

(A) To report the use of facilities by non-residents
(B) To announce the upcoming apartment inspection
(C) To share new schedules for the pool and gym
(D) To remind staff of the rules of apartment facilities

このメモの主な目的は何ですか。

(A) 非居住者による施設の使用を報告するため
(B) 来たるアパートの点検を知らせるため
(C) プールとジムの新しいスケジュールを共有するため
(D) アパートの施設のルールをスタッフに再度知らせるため

正解 (D)

解説 このメモの主な目的が問われています。メモは❶より夜間従業員宛てであり、❷で「アパート施設を時間外に利用している居住者がいるようだ」とルールを守っていない居住者がいることを知らせ、定められているルールについて続けているので、(D)が正解です。

✦ ✦ ✦

文書の目的が問われた場合、誰宛ての文書かを確認すると正解に近づきやすくなります。メモやEメールの場合は宛先を読むクセをつけましょう。

語句 □non-resident 非居住者 □upcoming 来たる □inspection 点検 □remind A of B AにBを思い出させる

159.

What is suggested about the gym?

(A) It closes at the same time as the pool.
(B) Its opening hours might change in the future.
(C) It needs to be reserved in advance.
(D) It will be temporarily closed for cleaning.

ジムについて何が示されていますか。

(A) プールと同じ時間に閉まる。
(B) 将来的に営業時間が変わる可能性がある。
(C) 事前に予約が必要である。
(D) 清掃のため一時的に閉まる。

正解 (B)

解説 ジムについて示されていることを問う問題です。❹で「ジムを24時間利用できるようにしてほしいという要望が多い。現在資金はないものの、ミーティングの議題にこのトピックを追加したい」と述べられています。ここから、将来的に今の営業時間を変更するかもしれないということが考えられるので、(B)が正解です。

語句 □the same A as B Bと同じA □temporarily 一時的に

160.

What are readers NOT requested to do?

(A) Review residents' lease agreements
(B) Enforce regulations more strictly
(C) Participate in a meeting on Thursday
(D) Consider ways to increase gym hours

読み手がするよう求められていないことは何ですか。

(A) 居住者の賃貸契約書を見直す
(B) 規則をより厳しく守らせる
(C) 木曜日にミーティングに参加する
(D) ジムの利用時間を増やす方法を考える

正解 (A)

解説 NOT問題で、読み手が求められていないことは何かが問われています。❸の「居住者に規則を順守させる」が(B)に、❻の「木曜に皆さんと話し合う」が(C)に、❺の「(ジムの営業時間拡大のために)深夜勤務の専任スタッフを雇う費用をまかなうための利用料を導入するなどといった資金調達のアイデアを持ち寄るように」が(D)に該当します。残った(A)の記載はなく、こちらが正解です。

語句 □lease agreement 賃貸契約書 □enforce ～を守らせる □strictly 厳しく

Questions 161-163 refer to the following press release.

2 March
FOR IMMEDIATE RELEASE

CONTACT: Stephanie Kalinn, Public Relations Officer
(stephanie.kalinn@metrorailsystem.org)

Construction on the Metro Rail System's Parkview Line

❶Metro Rail System, known as MRS, announced that South Bank Station on the Parkview Line will be upgraded with a new passenger platform and an additional track. ❷The changes will allow for an increase in the number of trains serving at South Bank Station and at Westland Station in order to ease overcrowding.

Construction work will begin on 1 July and continue until the end of next year. Construction will take place from 10:00 P.M. to 4:00 A.M. and occasionally from 8:00 P.M. to 5:00 A.M. Monday to Saturday. "We hope to limit disruption to commuters and the neighboring residents as much as possible," said ❸MRS president Peter Durgham. "However, during construction, there will be some unavoidable interruptions of rail services, for which we'll offer you an alternative way of transportation. ❹Please use replacement bus services free of charge during these planned interruptions."

設問161-163は次のプレスリリースに関するものです。

3月2日
即日発表

問い合わせ先：Stephanie Kalinn，広報担当者
（stephanie.kalinn@metrorailsystem.org）

Metro Rail SystemのParkview線の工事

MRSとして知られているMetro Rail Systemは，Parkview線のSouth Bank駅が新しい乗客用プラットホームと線路の追加で改良されると発表しました。この変更は，混雑を緩和するため，South Bank駅とWestland駅で運行する列車の数を増加することを可能にします。

工事は7月1日に始まり，来年末まで続きます。工事は月曜日から土曜日までの午後10時から午前4時までと，ときに午後8時から午前5時までの間に行われます。MRSの社長であるPeter Durghamは「通勤者や近隣住民への混乱をできる限り抑えたいです」と述べました。「しかし，工事中はやむを得ず鉄道が不通になることがありますので，振替輸送をご提供いたします。このような計画的な中断の間，代替バスを無料でご利用ください」

語句 □platform（駅の）プラットホーム □track 線路 □allow for ~ ~を可能にさせる □ease ~を和らげる
□overcrowding 混雑 □take place 行われる □limit ~を限定する □disruption 混乱 □commuter 通勤者
□neighboring 近隣の □unavoidable 避けられない □interruption 不通，遮断 □alternative way 代替手段
□transportation 交通機関 □replacement 代わりとなるもの □free of charge 無料で

161.

What is indicated about the construction project?

(A) It will take about six months to complete.
(B) It will continue daily until 5:00 A.M.
(C) It will alleviate congestion at two stations.
(D) It will occur after the repair of Westland Station.

工事計画について何が示されていますか。

(A) 完了まで約6カ月かかる。
(B) 毎日午前5時まで続く。
(C) 2つの駅の混雑を緩和する。
(D) Westland駅の修繕の後に起こる。

正解 (C)

解説 工事計画について何が示されているかを問う問題です。❷で「（工事は）混雑緩和のためSouth Bank駅とWestland駅の運行列車数の増加を可能にする」と述べられているので、これを言い換えた(C)が正解です。alleviateは「（不具合、不都合など）を緩和する」という意味で、Part 5の後半で語彙問題として出題されることもある、少し難しめの単語です。

言い換え ease overcrowding → alleviate congestion

語句 □alleviate ～を緩和する □congestion 混雑

162.

Who is Peter Durgham?

(A) The head of a railway company
(B) A journalist for a local newspaper
(C) An executive at a construction firm
(D) The president of a public relations agency

Peter Durghamとは誰ですか。

(A) 鉄道会社の社長
(B) 地元新聞の記者
(C) 建築会社の役員
(D) 広告代理店の社長

正解 (A)

解説 Peter Durghamさんが誰なのかが問われています。❸より、DurghamさんはMRSの社長ということが分かります。そしてMRSとは❶から、まさにこの文書に出ている鉄道会社だということが分かります。よって、(A)が正解です。

言い換え president → head

✦ ✦ ✦

Part 7ではこのMRSのように固有名詞が略称で書かれる場合があります。多くの場合はこの文書のように冒頭で言い換えられていますので、しっかりと整理しながら読んでいきましょう。

語句 □head 組織の長 □railway company 鉄道会社 □journalist 記者 □executive 役員、経営幹部 □construction firm 建築会社 □public relations agency 広告代理店

163.

What are readers encouraged to do during the construction period?

(A) Get a rail pass in advance
(B) Use free transportation
(C) Avoid trains during peak hours
(D) Check updated information on the board

読み手は工事期間中何をするよう推奨されていますか。

(A) 前もって乗車券を入手する
(B) 無料の交通機関を利用する
(C) ピーク時間帯には電車を避ける
(D) 掲示板で更新された情報を確認する

正解 (B)

解説 読み手が工事期間中に推奨されていることが問われています。文書後半の❹に「（工事による）計画的な中断の間は代替バスを無料で利用するように」とあることから、読み手は無料の交通機関の利用を推奨されていることが分かります。以上より、(B)が正解です。

言い換え bus services free of charge → free transportation

語句 □rail pass 鉄道乗車パス（乗り降りし放題などの乗車券） □in advance 前もって □peak hours （朝夕などの）混雑する時間帯 □board 掲示板

Questions 164-167 refer to the following e-mail.

🎵 099 🇺🇸

From:	Edith Backstrom
To:	Marketing team
Date:	February 28
Subject:	Bulldang Research survey

Hi everyone,

❶Bulldang Research has completed the survey of Burst Bar consumers they conducted for us this month. Their findings have provided useful insights into why ❷sales of our new product line have been disappointing. I wanted to share some key points so we can start thinking about how to address the issue. —[1]—. A detailed summary will be provided next week.

❸The research focused on four key issues: brand image, taste, price, and health benefits. —[2]—. ❹In line with our brand messaging, respondents viewed Burst Bar as a nutritional alternative to regular snack bars enhanced with healthy supplements. —[3]—. With regard to taste, consumers generally preferred the Chocolate & Quinoa version, but all flavors received positive reviews. —[4]—. However, many respondents were not convinced by Burst Bar's health claims and were reluctant to pay a higher price as a result. We therefore need to do a better job of demonstrating the product's benefits or revise the pricing strategy.

❺We will discuss this further in conference room B on March 10. I'm looking forward to hearing your ideas.

Thanks,

Edith

設問164-167は次のEメールに関するものです。

送信者：Edith Backstrom
宛先：マーケティングチーム
日付：2月28日
件名：Bulldang Research社の調査

皆さん，こんにちは。

Bulldang Research社は，当社のために今月実施したBurst Bar消費者の調査を完了しました。彼らの調査結果は，当社の新商品ラインの売り上げがなぜ期待外れなのかについて，有益な洞察を提供してくれました。この問題にどう対処するかを私たちで考え始められるよう，いくつかの要点を共有したいと思いました。詳細な概要は来週提供されます。

調査は，ブランドイメージ，味，価格，そして健康効果という4つの主要な課題に焦点を当てていました。当社のブランドメッセージと一致して，回答者はBurst Barを健康によいサプリメントで強化された通常のスナックバーの栄養代替品と考えていました。これは最初の課題に関しては問題がないことを示しています。味については，消費者はチョコレート＆キヌア味を一般的に好んでいましたが，どの味も好評でした。しかしながら，多くの回答者はBurst Barの栄養機能表示に納得しておらず，その結果として，より高い価格を支払うことに消極的でした。従って，私たちは商品の効果をより明確に示すか，価格戦略を見直す必要があります。

3月10日に会議室Bで，この件についてさらに話し合います。皆さんのアイデアを聞けることを楽しみにしています。

よろしくお願いします。

Edith

語句 □survey 調査　□conduct ～を実施する　□findings 結果　□product line 商品ライン　□address ～に対処する
□detailed 詳細な　□focus on ～ ～に焦点を当てる　□health benefit 健康上の利点　□in line with ～ ～と一致して
□respondent 回答者　□view A as B AをBと見なす　□nutritional alternative 栄養代替品　□enhance ～を強化する
□healthy supplement 健康サプリメント，健康補助食品　□with regard to ～ ～に関して　□positive review 前向きな感想
□be convinced 納得させられる　□health claim 栄養機能表示　□be reluctant to do ～することをためらう
□pricing strategy 価格戦略

164.

For what type of company does Ms. Backstrom most likely work?

(A) A research company
(B) A consulting firm
(C) A food company
(D) A department store chain

Backstromさんはおそらくどのような企業で働いていますか。

(A) 調査会社
(B) コンサルティング会社
(C) 食品会社
(D) 百貨店チェーン

正解 (C)

解説 Backstromさんがおそらくどのような企業で働いているかが問われています。most likelyと書かれた問題は，正解の根拠が直接的に書かれていないことが多いので，本文からヒントを拾っていきましょう。❶～❸で，❶「（外部に頼み）消費者向けに調査を実施した」，❷「当社の新商品ラインの売り上げが期待外れ」，❸「ブランドイメージ，味，価格，健康効果という4つの主要な課題に焦点を当て」とあることから，この会社は消費者向けの食品会社だと考えられます。よって，(C)が正解です。調査をしているのはBulldang Research社という別の会社なので，(A)や(B)は不正解です。

165.

What is suggested about Burst Bar?

(A) They have only one flavor.
(B) They are health-oriented products.
(C) They are sold at convenience stores.
(D) They have sold more than expected.

Burst Barについて何が示されていますか。

(A) 味が1つしかない。
(B) 健康志向の商品である。
(C) コンビニエンスストアで売られている。
(D) 予想以上に売れている。

正解 (B)

解説 Burst Barについて示されていることを問う問題です。❹に「当社のブランドメッセージと一致して，回答者はBurst Barを健康によいサプリメントで強化された通常のスナックバーの栄養代替品と考えていた」とあるので，この商品は健康志向の商品であると分かります。以上から，(B)が正解です。XX-orientedとは，「XX志向の，XXに向けられた」という意味になります。一例に，result-oriented「結果重視の」があります。

言い換え nutritional alternative ~ with healthy supplements → health-oriented products

語句 □health-oriented 健康志向の

166.

What is going to be held on March 10?

(A) A product demonstration
(B) An orientation for new employees
(C) A team meeting
(D) A factory tour

3月10日に何が開催されますか。

(A) 商品の実演
(B) 新入社員のオリエンテーション
(C) チームミーティング
(D) 工場見学

正解 (C)

解説 3月10日に何が開催されるかが問われています。❺で「3月10日に会議室Bでさらに話し合う」と述べていますので，直前に書かれている内容について打ち合わせを行うことが分かります。マーケティングチーム宛てのメールであることからチームミーティングを行うと判断できるので，(C)が正解です。

語句 □demonstration 実演

167.

In which of the positions marked [1], [2], [3], and [4] does the following sentence best belong?

"This suggests that there is no problem with the first issue."

(A) [1] (B) [2] (C) [3] (D) [4]

[1], [2], [3], [4]と記載された箇所のうち，次の文が入るのに最もふさわしいのはどれですか。

「これは最初の課題に関しては問題がないことを示しています」

(A) [1] (B) [2] (C) [3] (D) [4]

正解 (C)

解説 文挿入位置問題です。挿入文は「これは最初の課題に関しては問題がないことを示している」という意味です。最初の課題が何かという視点で見ていくと，第2段落の❸に「調査は，ブランドイメージ，味，価格，健康効果の4つの課題に焦点を当てた」とあり，最初の課題とは「ブランドイメージ」であると分かります。ブランドイメージについては❹に「回答者が持つイメージが当社のブランドイメージと一致していた」とあり，挿入文のThisはこの❹の内容を受けていると考えられます。よって，(C)が正解です。

Questions 168-171 refer to the following letter.

The Longslip Historical Society
5 Summerfield Lane, Friendswood, TX 75006 Tel:(873)555-1019

April 30

Dear Sarah Langolis,

❶Thank you for your letter and application to be a summer volunteer. Every year, volunteers make an invaluable contribution to the Longslip Historical Society's popular Naharrel Museum. ❷Their roles include engaging visitors in the historical section while wearing costumes and playing period-specific roles, assisting behind the scenes, and helping to maintain the premises. Volunteers learn diverse skills while working together with a dedicated team. For students, their volunteer experiences will strengthen their CV for university applications.

The entire application process is as follows:

Step 1 – Submit an application form.
Step 2 – Attend an interview at the museum.
Step 3 – We will check the references you have provided.
Step 4 – Schedule your shift with the volunteer coordinator.
Step 5 – ❸We will provide your uniform or costume and train you for your role.
Step 6 – ❹Probationary period of one week, after which you will meet with the volunteer coordinator to assess your role.

I will telephone you within one week to schedule your interview. You additionally asked about expenses and allowances for volunteers. We do not charge fees for costumes, uniforms, or training, and ❺we also provide one free meal per day in the on-site café. ❻We do not cover transportation fees, however. Should you decide to join us, I do hope the distance from your home will not be a hardship for you.

Yours sincerely,

Andrew Durham

Andrew Durham, Assistant Director

設問168-171は次の手紙に関するものです。

Longslip 歴史協会
Summerfield通り5番地, Friendswood, TX 75006 電話番号：(873) 555-1019

4月30日

Sarah Langolis 様

夏のボランティアになるためのお手紙と申込用紙をありがとうございます。毎年，ボランティアの方々にはLongslip歴史協会の人気のあるNaharrel博物館に貴重な貢献をしていただいています。ボランティアの役割には，歴史のセクションで衣装を着て時代特有の役割を演じながら来館者に従事したり，裏方として補助したり，敷地内の整備を手伝ったりすることが含まれます。ボランティアは専門のチームと働きながら多様なスキルを学びます。学生にとっては，ボランティアの経験が大学出願のための履歴書を強化するでしょう。

申し込みの全手順は下記の通りです：

ステップ1－申込用紙を提出する。
ステップ2－博物館で面接を受ける。
ステップ3－私たちが，あなたが提出した推薦状を確認する。
ステップ4－ボランティアコーディネーターとシフトを調整する。
ステップ5－私たちがあなたの制服や衣装を提供し，役割の研修を行う。
ステップ6－1週間の試用期間の後，ボランティアコーディネーターがあなたと会って役割を判断する。

面接の日程を決めるために，私が1週間以内にお電話します。あなたにボランティアの経費や手当についても聞かれました。私たちは衣装，制服，研修の費用は請求しませんし，館内のカフェでの食事を1日につき1回無料で提供します。ただし，交通費は支給しません。もし参加される場合は，ご自宅からの距離があなたにとって負担にならないことを願っています。

敬具

Andrew Durham
Andrew Durham, 副館長

語句 □application 申込用紙 □invaluable 貴重な □contribution to ～ ～への貢献 □engage ～に従事する
□period-specific 時代特有の □behind the scenes 舞台裏で □maintain ～を整備する □premises 敷地，構内
□diverse 多様な □dedicated 専用の □CV (curriculum vitae) 履歴書 □reference 推薦状
□shift (交替制の)勤務時間 □coordinator コーディネーター，調整・案内係 □assess ～を判断する
□allowance 手当 □on-site 現地の，施設内の □transportation fee 交通費 □hardship 負担，困難

168.

What is one purpose of the letter?

(A) To announce the interview results
(B) To explain a modification to an agreement
(C) To share museum reviews
(D) To express gratitude for an entry

手紙の目的の1つは何ですか。

(A) 面接の結果を知らせること
(B) 契約の変更を説明すること
(C) 博物館のレビューを共有すること
(D) 申し込みに対して感謝を伝えること

正解 (D)

解説 手紙の目的の1つは何かが問われています。文書冒頭の❶に「夏のボランティアになるための手紙と申込用紙をありがとう」とあります。ここから手紙の差出人であるDurhamさんは，ボランティアに申し込んだLangolisさんに感謝を伝えるために手紙を送っているということが分かります。よって，(D)が正解です。文書内の申し込みの手順を見ると，面接はこの後行われる予定のため(A)は不正解です。

語句 □modification 変更　□gratitude 感謝

169.

What is NOT suggested about volunteers?

(A) They wear uniforms.
(B) They interact with visitors.
(C) They undergo a trial period.
(D) They must be university students.

ボランティアについて示されていないのは何ですか。

(A) 制服を着る。
(B) 来館者と関わり合う。
(C) 試用期間を経験する。
(D) 大学生でなければならない。

正解 (D)

解説 NOT問題で，ボランティアについて示されていないものが問われています。❷の来館者とのやり取りの記載が(B)，❸の制服提供が(A)，❹の試用期間に関する記述が(C)にそれぞれ該当します。第1段落の最後に「ボランティアの経験が大学出願用の履歴書を強化する」との記載がありますが，大学生でなければならないとは書かれていないため，(D)が正解です。

言い換え engaging → interact with 〜
probationary → trial

語句 □undergo 〜を経験する　□trial period 試用期間

170.

What is suggested about the Naharrel Museum?

(A) It has an eatery inside.
(B) It is funded by a local artist.
(C) It provides free parking.
(D) It is next to a learning institution.

Naharrel博物館について何が示されていますか。

(A) 館内に飲食店がある。
(B) 地元の芸術家から資金提供を受けている。
(C) 無料の駐車場を提供している。
(D) 教育機関の隣にある。

正解 (A)

解説 Naharrel博物館について示されていることを問う問題です。❺に「博物館内のカフェでの食事を1日につき1回無料で提供する」という記載があります。ここから博物館内に飲食店があることが分かるため，(A)が正解です。

言い換え on-site café → eatery inside

語句 □eatery 飲食店　□fund 〜に資金提供する
□learning institution 教育機関

171.

What is most likely true about Ms. Langolis?

(A) She forgot to include some information.
(B) She submitted her application late.
(C) She has volunteer experience.
(D) She lives far from Naharrel Museum.

Langolisさんについておそらく何が正しいですか。

(A) 情報の一部を同封するのを忘れた。
(B) 申込用紙を提出するのが遅れた。
(C) ボランティアの経験がある。
(D) Naharrel博物館から遠い場所に住んでいる。

正解 (D)

解説 Langolisさんについて，おそらく何が正しいかを問う問題です。❻で「交通費は支給しない。もし参加する場合は，自宅との距離があなたにとって負担にならなければいいが」と，博物館から自宅までの距離の負担について言及されています。ここから，博物館がLangolisさんの自宅から遠いことが示唆されているので，(D)が正解です。

＊ ＊ ＊

 ❻の2文目のShouldは「万一〜なら」という仮定を表し，shouldを使うとifが省略され文の倒置が起こることがあります。

Questions 172-175 refer to the following online chat discussion.

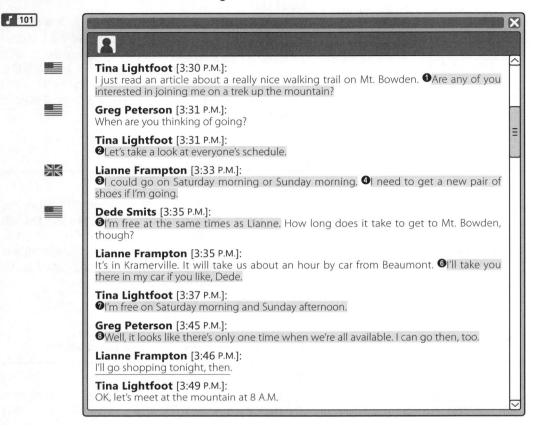

♪ 101

Tina Lightfoot [3:30 P.M.]:
I just read an article about a really nice walking trail on Mt. Bowden. ❶Are any of you interested in joining me on a trek up the mountain?

Greg Peterson [3:31 P.M.]:
When are you thinking of going?

Tina Lightfoot [3:31 P.M.]:
❷Let's take a look at everyone's schedule.

Lianne Frampton [3:33 P.M.]:
❸I could go on Saturday morning or Sunday morning. ❹I need to get a new pair of shoes if I'm going.

Dede Smits [3:35 P.M.]:
❺I'm free at the same times as Lianne. How long does it take to get to Mt. Bowden, though?

Lianne Frampton [3:35 P.M.]:
It's in Kramerville. It will take us about an hour by car from Beaumont. ❻I'll take you there in my car if you like, Dede.

Tina Lightfoot [3:37 P.M.]:
❼I'm free on Saturday morning and Sunday afternoon.

Greg Peterson [3:45 P.M.]:
❽Well, it looks like there's only one time when we're all available. I can go then, too.

Lianne Frampton [3:46 P.M.]:
I'll go shopping tonight, then.

Tina Lightfoot [3:49 P.M.]:
OK, let's meet at the mountain at 8 A.M.

設問172-175は次のオンラインチャットの話し合いに関するものです。

Tina Lightfoot [午後3時30分]：
ちょうどBowden山の本当に素敵な散歩道に関する記事を読んだの。誰か私と一緒に山登りに行くことに興味ない？

Greg Peterson [午後3時31分]：
いつ行こうと考えているの？

Tina Lightfoot [午後3時31分]：
皆のスケジュールを見てみましょう。

Lianne Frampton [午後3時33分]：
土曜日か日曜日の午前なら行けるわ。もし行くなら新しい靴を買わなくちゃ。

Dede Smits [午後3時35分]：
Lianneと同じときに空いているよ。けど，Bowden山までどれくらいかかるの？

Lianne Frampton [午後3時35分]：
Kramervilleにあるわ。Beaumontから車で約1時間よ。もしあなたがよければ，私の車で連れて行ってあげるわ，Dede。

Tina Lightfoot [午後3時37分]：
私は土曜日の午前と日曜日の午後が空いているわ。

Greg Peterson [午後3時45分]：
じゃあ，全員が行けるのは1つの時間だけみたいだね。その時間は，僕も行けるよ。

Lianne Frampton [午後3時46分]：
そうしたら，今晩買い物に行くわ。

Tina Lightfoot [午後3時49分]：
分かった，午前8時に山で会いましょう。

語句 □walking trail 散歩道 □trek 徒歩での旅行

172.

Why did Ms. Lightfoot start the discussion?

(A) To remind employees about a retreat
(B) To introduce a new employee
(C) To invite people to take part in a hike
(D) To suggest that people read an article

Lightfootさんはなぜ話し合いを始めましたか。

(A) 社員旅行について従業員に再度知らせるため
(B) 新入社員を紹介するため
(C) ハイキングに参加するよう誘うため
(D) ある記事を読むことを勧めるため

正解 (C)

解説 Lightfootさんがなぜこのオンラインチャットの話し合いを始めたのかが問われています。Lightfootさんは会話の冒頭❶で,「誰か私と一緒に山登りに行くことに興味ない?」と切り出しています。ここから, 聞き手たちを山登りに誘っていることが分かるので, (C)が正解です。

言い換え trek up the mountain → hike

語句 □retreat (社員)旅行

173.

What does Ms. Frampton offer to do?

(A) Lend Ms. Smits some equipment
(B) Give Ms. Smits a ride
(C) Send Ms. Smits a map
(D) Take Ms. Smits' shift at work

Framptonさんは何をすることを申し出ていますか。

(A) Smitsさんに備品を貸し出す
(B) Smitsさんを車に乗せる
(C) Smitsさんに地図を送る
(D) Smitsさんの仕事のシフトを替わる

正解 (B)

解説 Framptonさんが申し出ていることが問われています。FramptonさんはSmitsさんに❻で「よければ私の車でそこに連れて行く」と述べているので, ここから車に乗せてあげることを申し出ていると分かります。以上より, (B)が正解です。

174.

When will the writers most likely meet?

(A) On Saturday morning
(B) On Saturday afternoon
(C) On Sunday morning
(D) On Sunday afternoon

書き手たちはおそらくいつ会いますか。

(A) 土曜日の午前
(B) 土曜日の午後
(C) 日曜日の午前
(D) 日曜日の午後

正解 (A)

解説 書き手たちがおそらくいつ会うかが問われています。Lightfootさんが❷で「皆のスケジュールを見てみよう」と切り出し, それぞれが都合を返答しています。Framptonさんが❸で「土曜日か日曜日の午前」, Smitsさんが❺で「Framptonさんと同様」, Lightfootさんが❼で「土曜日の午前と日曜日の午後」に都合がつくと述べているので, 3人の都合がよいのは土曜日の午前であることが分かります。❽でPetersonさんも日時に賛成しているので, (A)が正解です。

175.

At 3:46 P.M., what does Ms. Frampton most likely mean when she writes, "I'll go shopping tonight, then"?

(A) She needs to get some food for a party.
(B) She will receive some money today.
(C) She has agreed to work overtime.
(D) She intends to go to Mt. Bowden.

午後3時46分にFramptonさんが"I'll go shopping tonight, then"と書く際, おそらく何を意図していますか。

(A) パーティーのために食べ物を買う必要がある。
(B) 今日お金を受け取る。
(C) 残業することに同意した。
(D) Bowden山に行くつもりである。

正解 (D)

解説 意図問題です。問われている文は, 「そうしたら, 今晩買い物に行く」という意味です。この直前を見ると, ❽でPetersonさんが「全員が(山に)行ける時間が1つある」と述べており, 山登りの予定が決定したことが分かります。さらにFramptonさんは❾で「もし(山に)行くなら新しい靴を買わないと」と述べているので, ここからFramptonさんは「靴を買って山に行くつもりだ」という意図で発言したことが分かります。よって, 正解は(D)です。

語句 □work overtime 残業する
□intend to *do* ~するつもりである

Questions 176-180 refer to the following advertisement and e-mail.

Enrollment is open for Fit-4-Life Gym's Summer Sports Camp at Camp Lackwa in the beautiful Bethany Mountains, 30 minutes from Lancaster. This weekday youth camp program is for ages 5 to 14. Each exciting, activity-packed day lasts from 8:00 A.M. to 5:00 P.M. ❶The cost for the full five days is $190 and $120 for those who have applied for our program in the past. ❷Prices include daily lunches and bus transport mornings and evenings between the camp and Fit-4-Life Gym locations in Lancaster.

Schedule:
24-28 June Swim Camp:
Cool down with water sports and activities for swimmers of all levels, including non-swimmers.

1-5 July Team Sports Camp:
Team sports for all levels, including soccer, basketball, volleyball, and more.

8-12 July Gymnastics Camp:
Gymnastics for all levels to improve strength, flexibility, and coordination.

❸15-19 July Conditioning Camp:
Activities include obstacle courses, strength and flexibility training, and conditioning circuit training to challenge all levels.

The number of attendees each day is limited, so ❹visit www.fit4lifegym.com now to reserve your child's spot!

From:	Meredith Green <mgreen@fit4life.com>
To:	Andrew Falcon <andrewfalcon@mymail.com>
Date:	1 May
Subject:	Reservation no. 00635

Dear Mr. Falcon,

❺Thank you for your daughter Alexa's enrollment in Fit-4-Life Gym's Summer Sports Camp program beginning 15 July. ❻Your payment of $120 has been confirmed and processed successfully.

❼Just in case, as the weather is very unstable in the mountains, we suggest that Alexa bring an umbrella or water-resistant coat from home. Other necessary items are all listed on our Web site, so please check them before your daughter's departure.

We are looking forward to your daughter's participation.

Best regards,

Meredith Green
Fit-4-Life Gym

設問176-180は次の広告とEメールに関するものです。

Lancasterから30分の美しいBethany山脈にあるLackwaキャンプ場での，Fit-4-Lifeジムのサマースポーツキャンプへの登録が始まっています。この平日のユースキャンププログラムは，5歳から14歳が対象です。わくわくするアクティビティがいっぱいの各日は午前8時から午後5時までです。費用は丸5日間で190ドルで，過去に当社のプログラムに申し込んだことがある方は120ドルです。価格には毎日の昼食，キャンプ場とLancaster内にあるFit-4-Lifeジム間の朝と夕方のバスの送迎が含まれています。

スケジュール：

6月24-28日 スイムキャンプ：
泳げない人を含む全てのレベルのスイマー向けのウォータースポーツとアクティビティでクールダウン。

7月1-5日 チームスポーツキャンプ：
サッカー，バスケットボール，バレーボールなどを含む，全レベル向けのチームスポーツ。

7月8-12日 ジムナスティクスキャンプ：
体力，柔軟性，筋肉の協調性を高めるための，全レベル向けの体操。

7月15-19日 コンディショニングキャンプ：
全レベルが挑める障害物コース，体力と柔軟性のトレーニング，調整用サーキットトレーニングなどを含むアクティビティ。

各日の参加者の人数には限りがありますので，www.fit4lifegym.com に今すぐアクセスして，お子さんの予約枠を確保してください！

送信者：Meredith Green <mgreen@fit4life.com>
宛先：Andrew Falcon <andrewfalcon@mymail.com>
日付：5月1日
件名：予約番号：00635

Falcon様

7月15日から始まるFit-4-Lifeジムのサマースポーツキャンププログラムへの，娘さんのAlexaさんのご登録をありがとうございます。120ドルの支払いは確認され，正常に処理されました。

万が一のために，山の天候は非常に不安定なので，Alexaさんには家から傘または防水性のコートをお持ちになることをお勧めします。必要となるほかの持ち物につきましては，全てウェブサイトに記載されておりますので，娘さんのご出発前にご確認ください。

娘さんのご参加をお待ちしております。

敬具

Meredith Green
Fit-4-Life ジム

語句 【広告】　□enrollment 登録　□youth 若者，青少年　□activity-packed いろいろな活動でいっぱいの
　　　　　　　　□bus transport バスによる輸送　□gymnastics 体操　□strength 体力
　　　　　　　　□coordination（筋肉運動の）協調　□conditioning 調整　□obstacle course 障害物コース
　　　　　　　　□circuit training サーキットトレーニング（さまざまな種類の運動を組み合わせて行われるトレーニング）
　　　　　　　　□spot 場所
　　　　　【Eメール】　□unstable 不安定な　□departure 出発

176.

What is offered in the Summer Sports Camp?

(A) A catered breakfast
(B) Swimming suits
(C) A shuttle service
(D) Overnight accommodation

サマースポーツキャンプでは何が提供されますか。

(A) 仕出しの朝食
(B) 水着
(C) シャトルサービス
(D) 一泊できる宿泊施設

正解 **(C)**

解説 サマースポーツキャンプで何が提供されるかが問われています。広告の❷に「価格にはキャンプ場とジム間の朝と夕方のバスの送迎が含まれる」と書かれているので，(C)が正解です。

言い換え bus transport between A and B → shuttle service

語句 □swimming suit 水着　□overnight 一泊用の，一晩の　□accommodation 宿泊施設

177.

According to the advertisement, what is suggested about the reservation?

(A) It can be made online.
(B) A health certificate must be submitted.
(C) It needs to be completed by May 1.
(D) A cancellation fee will be charged.

広告によると，予約について何が示されていますか。

(A) オンラインですることができる。
(B) 健康証明書が提出されなければならない。
(C) 5月1日までに完了する必要がある。
(D) キャンセル料が請求される。

正解 **(A)**

解説 広告によると，予約について何が示されているかが問われています。広告の❹に「URLにアクセスして予約するように」という記載があり，インターネット予約ができることが分かります。よって，正解は(A)です。

✱✱✱

〈visit＋URL＋to *do*〉という表現では，to以下が「インターネットでできること」を示しています。

語句 □health certificate 健康証明書　□*be* charged 請求される

178.

Which program will Alexa join?

(A) Swim Camp
(B) Team Sports Camp
(C) Gymnastics Camp
(D) Conditioning Camp

Alexaはどのプログラムに参加しますか。

(A) スイムキャンプ
(B) チームスポーツキャンプ
(C) ジムナスティクスキャンプ
(D) コンディショニングキャンプ

正解 **(D)**

解説 Alexaがどのプログラムに参加するかが問われています。Eメールの❺に「7月15日から始まるプログラムへのAlexaさんの登録をありがとう」とあり，Alexaは7月15日から開催されるプログラムに登録したことが分かります。また広告の❸からConditioning Campが7月15日から19日にかけて行われるプログラムであることが分かるので，正解は(D)です。今回の問題は日付をもとに別文書の情報を検索するという，ベーシックなクロスリファレンス問題でした。

179.

What is implied about Mr. Falcon?

(A) He reserved one of Fit-4-Life Gym's programs before.
(B) He used to be a fitness instructor.
(C) He lives outside of Lancaster.
(D) He has two daughters.

Falconさんについて何が示唆されていますか。

(A) 以前Fit-4-Life ジムのプログラムの1つに申し込んだ。
(B) フィットネスインストラクターだった。
(C) Lancasterの外に住んでいる。
(D) 2人の娘がいる。

正解 (A)

解説 Falconさんについて示唆されていることが問われています。まず，広告❶に「(サマースポーツキャンプの)費用は丸5日間で190ドル，過去に当社のプログラムに申し込んだことがある方は120ドル」と書かれています。次にFit-4-LifeジムからFalconさんに送られたEメール❻を見ると，「120ドルの支払いは確認され，正常に処理された」とあるので，Falconさんがジムに120ドルを支払ったことが分かります。120ドルは割引が適用された額なので，Falconさんは以前ジムのプログラムの1つに申し込んだと判断できます。よって，(A)が正解です。

言い換え have applied for → reserved
in the past → before

180.

What does Ms. Green recommend that Mr. Falcon do?

(A) Renew a gym membership
(B) Have Alexa bring rain gear
(C) Contact the camp manager
(D) Exercise more frequently

GreenさんはFalconさんに何をするよう勧めていますか。

(A) ジムの会員権を更新する
(B) Alexaに雨具を持たせる
(C) キャンプ場のマネージャーに連絡する
(D) もっと頻繁に運動する

正解 (B)

解説 GreenさんはFalconさんに何をするよう勧めているかが問われています。GreenさんはFalconさんにEメールの❼で「山の天候は不安定なので，傘または防水性のコートを持ってくることを勧める」と述べています。ここから参加するAlexaに雨具を持たせるように伝えていると分かるので，(B)が正解です。gearは，ある目的用の用具や衣服を示します。この選択肢はrain gearですので，傘やレインコート，長靴などを指します。

言い換え umbrella or water-resistant coat → rain gear

語句 □renew 〜を更新する □frequently 頻繁に

TOEIC受験での印象的な出来事・思い出

(濵：濵﨑先生／大：大里先生)

大： 初めての受験はとにかく緊張した思い出があります。おそらく全問は解けないと思っていたので，解ける問題に集中しました。時間内に最後まで到達でき，作戦通りにいけたという満足感がありましたね。

濵： 初めての試験では，ハプニングがありました。シャープペンシルの本体がPart 1の問題を解き始めてすぐに折れて使えなくなったのです。1つしか腕時計を持参していなかったときに，電池切れに気が付いたのが会場に着いてから，ということもありました。

大： そんなことがあったんですね。

濵： それ以来，マークシート専用シャープペンシル，腕時計，そして消しゴムを必ず2個ずつ持参するようにしています。

大： 私はハプニングではないですが，TOEIC対策書の著者として有名なTEX加藤先生・藤枝暁生先生と同じ教室で試験を受けたことがあります。

濵： それはすごいですね。

大： 3人とも同じ教室でビックリしていました。都内での受験で，濵﨑さんと一度もご一緒したことないのも驚きですが。

Questions 181-185 refer to the following e-mail and schedule.

 104

To:	Dan Kingsley
From:	Michelle Lafayette
Date:	January 30
Subject:	Trade fair

Dear Dan,

Regarding the trade fair coming up this spring, Sarah Woolich cannot ❶deliver the keynote address this year, but Ken Longham from Lideran Business has confirmed his participation. He has landed a huge contract with the textile manufacturer Nordeck Materials to produce fabric for his company's line of sportswear and wants to speak about global fashion sourcing strategies.

❷I have given the trade fair sponsor the opportunity to appear at a runway show at 11:30 to display their new range of fabrics.

So far, 57 exhibitors have registered and paid. Availability is running low, with only three exhibit booths left unreserved. Online registration for buyers opens tomorrow, and based on last year's figures, we're expecting around 900 to attend.

As for lunch, I've booked a restaurant for 20 people. ❸Please send me a list confirming who you'd like me to invite by the end of the week.

Finally, as it's a tradition for the organizing company, you will be giving the closing speech at 6:30.

If there are any changes you'd like to make to the schedule, be sure to let me know before we post it on our Web site tomorrow.

Best regards,

Michelle Lafayette, Event Coordinator

105

International Association of Textile Manufacturers Trade Fair Schedule
❹Venue: Sussex Royal Hotel

Saturday, April 19	
9:00 A.M. – 9:30 A.M.	Reception for buyers
9:30 A.M. – 10:00 A.M.	Keynote address – Ken Longham, President of Lideran Business
10:00 A.M.	Exhibit booths open in main hall
❺11:30 A.M. – 12:00 noon	Showcase – Tensel Textiles' runway show
12:00 noon – 1:00 P.M.	Lunch for VIPs at the Seaviews Restaurant, Grand Sussex Hotel
1:15 P.M. – 3:00 P.M.	Showcase – Other exhibitors' runway show
❻3:00 P.M. – 4:30 P.M.	Professional session – Analysis of consumer trends
4:30 P.M. – 6:30 P.M.	Exhibit booths – Networking
6:30 P.M.	Closing speech – CEO of Indio Textiles

設問181-185は次のEメールと予定表に関するものです。

宛先：Dan Kingsley
送信者：Michelle Lafayette
日付：1月30日
件名：展示会

Dan様

今春開催される展示会に関して，今年はSarah Woolichさんは基調演説を行うことができませんが，Lideran Business社のKen Longhamさんが参加を承諾してくれました。彼は会社のスポーツウェアライン用の生地を生産するために，繊維メーカーのNordeck Materials社と大きな契約をしており，世界的なファッションのソーシング戦略について話すことを希望しています。

展示会のスポンサーに，彼らの新しい生地を披露できるよう，11時30分のランウェイショーに登場する機会を与えました。

これまでに，57の出展者が登録し，料金を支払っています。空きは少なくなっており，展示ブースは3つだけが予約されずに残っています。バイヤーのオンライン登録は明日から始まり，昨年の数字に基づくと，900人程度の参加を見込んでいます。

昼食については，20人でレストランを予約しています。誰を招待してほしいかを確認できるリストを今週末までに私に送ってください。

最後に，これは主催会社の伝統なので，あなたは6時30分に閉会のスピーチをすることになります。

スケジュールに変更してほしい点がある場合は，明日私たちがウェブサイトにスケジュールを掲載する前に必ず私に知らせてください。

よろしくお願いいたします。

Michelle Lafayette イベントコーディネーター

繊維メーカー国際協会展示会 予定表 会場：Sussex Royal ホテル	
4月19日　土曜日	
午前9時－午前9時30分	バイヤーの受付
午前9時30分－午前10時	基調演説－Ken Longham，Lideran Business社 社長
午前10時	メインホールの展示ブース開場
午前11時30分－正午12時	ショーケース－Tensel Textiles社のランウェイショー
正午12時－午後1時	Grand Sussex ホテルのSeaviewsレストランにて要人の昼食
午後1時15分－午後3時	ショーケース－ほかの出展者のランウェイショー
午後3時－午後4時30分	専門家のセッション－消費者トレンドの分析
午後4時30分－午後6時30分	展示ブース 人脈づくり
午後6時30分	閉会のスピーチ－Indio Textiles社CEO

語句【Eメール】　□trade fair 展示会，見本市　□keynote address 基調演説　□confirm ～を確認する
□land a contract with ～ ～と契約を結ぶ　□huge 大きな　□textile 繊維　□fabric 生地
□sourcing strategy ソーシング戦略，調達戦略　□runway ランウェイ　□run low 残り少なくなる
□exhibit booth 展示ブース　□unreserved 予約されていない　□based on ～ ～に基づいて
□figure 数字　□tradition 伝統，昔ながらのしきたり　□post ～を掲載する

　　　　　【予定表】　□association 協会，組織　□venue 開催地　□reception 受付
□showcase ショーケース，展示の場

181.

In the e-mail, the word "address" in paragraph 1, line 2, is closest in meaning to

(A) residence
(B) attire
(C) problem
(D) speech

Eメールの第1段落・2行目にある"address"に最も意味が近いのは

(A) 住所
(B) 服装
(C) 問題
(D) 演説, スピーチ

正解 (D)

解説 同義語問題です。問われている箇所❶では,「基調演説(を行う)」という意味でaddressが使われています。よって,同じ意味となるのは(D)です。addressは名詞で「演説」を意味し,keynote address[speech]「基調演説」の形で用いられます。(A)同様,addressには「住所」の意味もありますが,文意より不適です。

＋ ＋ ＋

 addressは他動詞で「(問題など)に対処する(＝deal with ～)」という意味もあります。(C)のproblemを目的語に取った,address a problem「問題に対処する」という表現が頻出です。

182.

What does Ms. Lafayette ask Mr. Kingsley to provide?

(A) A price table
(B) An invitation list
(C) A map of the venue
(D) A draft of the speech

LafayetteさんはKingsleyさんに何を提供するよう頼んでいますか。

(A) 価格表
(B) 招待客リスト
(C) 会場の地図
(D) スピーチの草案

正解 (B)

解説 LafayetteさんがKingsleyさんに何の提供を依頼しているかが問われています。LafayetteさんはEメールの❸で,Kingsleyさんに「誰を招待してほしいかを確認できるリストを今週末までに私に送付してほしい」とお願いしているので,招待客リストの提供を依頼していることが分かります。以上より,正解は(B)です。

語句 □invitation list 招待客リスト, 招待客の一覧表

183.

What is indicated about the trade fair?

(A) It will be featured on television.
(B) It will take place over several days.
(C) It will be held at a hotel.
(D) It will include a dinner show.

展示会について何が示されていますか。

(A) テレビで特集される。
(B) 数日間にわたって開催される。
(C) ホテルで開催される。
(D) ディナーショーを含む。

正解 (C)

解説 展示会について何が示されているかを問う問題です。展示会の予定表を見ると,❹よりSussex Royalホテルが会場であることが分かります。よって,(C)が正解です。

184.

Which company is sponsoring the trade fair?

(A) Lideran Business
(B) Nordeck Materials
(C) Tensel Textiles
(D) Indio Textiles

どの会社が展示会のスポンサーになっていますか。

(A) Lideran Business社
(B) Nordeck Materials 社
(C) Tensel Textiles 社
(D) Indio Textiles社

正解 (C)

解説 どの会社が展示会のスポンサーになっているのかが問われています。Eメールの❷に，「展示会のスポンサーには11時30分のランウェイショーに登場する機会を与えた」とあります。次に展示会の予定表を見ると，❺で11時30分からTensel Textiles社がランウェイショーに出るということが分かるので，この2つの情報より正解は(C)です。スポンサーに割り当てられた条件をもとに予定表を確認して正解を導くクロスリファレンス問題でした。

185.

What information will be provided in the afternoon session?

(A) Patterns in current shoppers' preferences
(B) Results of a recent design competition
(C) Safety rules for the textile industry
(D) Career development for designers

午後のセッションでは何の情報が提供されますか。

(A) 最近の購買者の好みの傾向
(B) 最近のデザインコンペの結果
(C) 繊維業界の安全規則
(D) デザイナーのキャリア開発

正解 (A)

解説 午後のセッションで何の情報が提供されるかが問われています。予定表より午後の予定を参照すると，午後3時からの予定❻に「消費者トレンドの分析」という表題があります。これを言い換えた(A)が正解です。この問題は言い換えが抽象的で，少し難しい問題でした。

言い換え trends → patterns
　　　　　consumer → shoppers

語句 □pattern（行動・特性の）傾向，パターン　□preference 好み　□competition 競争，大会
　　　□career development キャリア開発

🔑 **184.** クロスリファレンス問題　**185.** 詳細を問う問題　| 113

Questions 186-190 refer to the following e-mails and schedule.

From:	Mary Willis <maryw@dalstontourismboard.org.uk>
To:	Tom Baring <tomb@erhamcountybc.co.uk>
Date:	5 August
Subject:	Promotion campaign

Dear Tom,

The board has received a grant from the "VisitUK" government program for a promotional video to highlight Dalston's attractions. We want to focus on the slow pace of life in the village, its farm-fresh food, and our heritage, in particular the church and ❶the history museum inside the old schoolhouse.

We appreciate your recent support, especially ❷the TV coverage of our village festival. You have helped to make Dalston a destination for day-trippers from London. Therefore, ❸the board is hoping you will direct our new project for us. Please let me know if this is possible.

Best regards,

Mary Willis
Dalston Tourism Board

From:	Tom Baring <tomb@erhamcountybc.co.uk>
To:	David Longhorn <davidlonghorn@5star.co.uk>
Date:	28 August
Subject:	Dalston PR Video
Attachment:	📎 DalstonTB_video_schedule

Dear David,

Here is the schedule for the Dalston promo video. We don't have a large budget, so I am trying to keep expenses down. To ensure that we can complete the interior and interview scenes in just one day, we'll visit all the locations and determine camera angles on the 18th. ❹We'll also save money by doing all the scenes with models on the second day only. On the third day, we'll do the scenic shots and most likely finish by lunchtime.

In terms of the models, I'd like a family of four, with older children, about 10 and 12 years old. ❺Becky DiVola will bring the necessary props—she'll be with us for all three days. Could you book the models and a stylist by next week?

Best regards,

Tom Baring
Erham County Broadcasting

Schedule

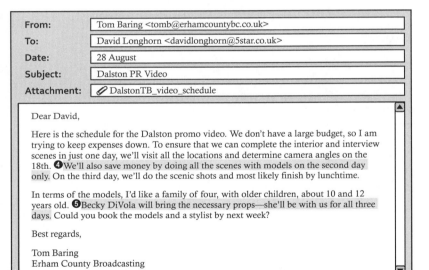

	18 September Location scouting: All locations	❻19 September Interior shoots and interviews: church, history museum	20 September Exterior shoots: Shepherd's Hill, village
Director Tom Baring	✓	✓	✓
Producer David Longhorn	✓	✓	✓
❼Assistant Director	✓	✓	✓
Camera operator 1		✓	
Camera operator 2 (Drone)			✓
Sound Engineer		✓	
Stylist		✓	
Models		✓	

設問186-190は次の2通のEメールと予定表に関するものです。

送信者：Mary Willis <maryw@dalstontourismboard.org.uk>
宛先：Tom Baring <tomb@erhamcountybc.co.uk>
日付：8月5日
件名：販促キャンペーン

Tom様

当観光局は，政府プログラム「VisitUK」から，Dalstonの名所に注目させるためのプロモーションビデオの補助金を受け取りました。私たちは，村でのゆっくりとした生活，産地直送の食べ物，そして私たちの遺産，特に教会や古い校舎の中にある歴史博物館に焦点を当てたいと思っています。

最近のご支援，特に村のお祭りのテレビ報道に感謝します。DalstonをLondonからの日帰り旅行者の目的地にするのに役立ちました。従って，当観光局はあなたに私たちの新しいプロジェクトを指揮していただくことを望んでいます。これが可能かどうかお知らせください。

よろしくお願いいたします。

Mary Willis

Dalston観光局

送信者：Tom Baring <tomb@erhamcountybc.co.uk>
宛先：David Longhorn <davidlonghorn@5star.co.uk>
日付：8月28日
件名：DalstonのPRビデオ
添付：DalstonTB_video_schedule

David様

Dalstonのプロモーションビデオのスケジュールはこちらです。予算があまりないので，費用を抑えるようにしています。屋内とインタビューのシーンを1日で終えることができるように，18日に全ての場所を訪問してカメラのアングルを決定します。また2日目だけでモデルと一緒のシーンを全て撮影することでも費用を節約します。3日目には景色の撮影をして，おそらく昼食の時間までには終わるでしょう。

モデルに関しては，10歳と12歳くらいの年長の子どもがいる4人家族を希望します。Becky DiVolaが必要な小道具を持ってきます。彼女は3日間ずっと私たちと一緒にいます。来週までにモデルとスタイリストを予約してもらえますか。

よろしくお願いいたします。

Tom Baring
Erham County放送局

予定表

	9月18日 ロケーションハンティング： 全ての場所	9月19日 屋内撮影とインタビュー： 教会，歴史博物館	9月20日 屋外撮影： Shepherd's Hill，村
ディレクター Tom Baring	✓	✓	✓
プロデューサーDavid Longhorn	✓	✓	✓
アシスタントディレクター	✓	✓	✓
カメラオペレーター1		✓	
カメラオペレーター2（ドローン）			✓
サウンドエンジニア		✓	
スタイリスト		✓	
モデル		✓	

語句　【Eメール①】　□grant 補助金，助成金　□promotional video 宣伝用ビデオ　□highlight ～を強調する
　□attraction 名所，人々を引き付けるもの　□focus on ～ ～に焦点を当てる
　□heritage 遺産　□coverage 報道　□destination 目的地　□day-tripper 日帰り旅行者
　【Eメール②】　□keep ～ down ～を抑える　□camera angle カメラアングル（被写体に対するカメラの角度）
　□scenic 景色の　□in terms of ～ ～に関して　□props （撮影用）小道具　□broadcasting 放送局
　【予定表】　□location scouting ロケーションハンティング，下見　□shoot 撮影

186.

Why did Ms. Willis write to Mr. Baring?

(A) To explain a grant application process
(B) To request financial support
(C) To ask him to direct a commercial
(D) To invite him to a local festival

WillisさんはなぜBaringさんにEメールを書きましたか。

(A) 補助金の申請手順を説明するため
(B) 資金援助を依頼するため
(C) コマーシャルの監督を頼むため
(D) 地元の祭りに彼を招待するため

正解 (C)

解説 WillisさんがBaringさんにEメールを書いた理由が問われています。WillisさんがBaringさんに宛てた1通目のEメールを見ると、文書冒頭で政府から地元の名所のプロモーションビデオの補助金をもらったことを伝え、❸で「観光局はBaringさんに新プロジェクトを指揮してほしいと望んでいるので、可能かどうか知らせてほしい」と述べています。ここから、(C)が正解です。

言い換え video → commercial

語句 □application process 申請手順　□commercial コマーシャル

187.

In the first e-mail, the phrase "coverage of" in paragraph 2, line 1, is closest in meaning to

(A) feature on
(B) protection of
(C) sphere of
(D) payment for

1通目のEメールの第2段落・1行目の"coverage of"に最も意味が近いのは

(A) ～の特集
(B) ～の保護
(C) ～の範囲
(D) ～の報酬

正解 (A)

解説 同義語問題です。問われている表現は、❷「(テレビの) 報道」という意味で使われています。ここから「～に関する特集」を意味する(A)が正解です。featureは名詞で「新聞・雑誌などの記事や、テレビ番組の特集」を意味する語で、report「報道」といった表現と同義語で扱われることがあります。featureの後のonは「～に関する (＝about)」というニュアンスで使われています。(B)保護(C)範囲(D)報酬はいずれもここでは同義にならず、不正解です。文脈が異なる場合、coverageと(B) protectionは「補償」という意味で同義になる場合があります。(例：insurance coverage「保険の補償」= insurance protection)

語句 □protection 保護，補償　□sphere 範囲

188.

How does Mr. Baring intend to keep the costs down?

(A) By using a local camera crew
(B) By doing the stylist's job himself
(C) By finishing early every day
(D) By hiring models for only one day

Baringさんはどのようにして経費を抑えるつもりですか。

(A) 地元のカメラクルーを使うことによって
(B) 彼自身でスタイリストの仕事をすることによって
(C) 毎日早めに終えることによって
(D) モデルを1日だけ雇うことによって

正解 (D)

解説 Baringさんがどうやって経費を抑えるつもりかが問われています。Baringさんは2通目のEメールの前半で費用を抑える提案をし、その案の1つとして❹で「2日目だけでモデルと一緒のシーンを全て撮影して費用を節約する」と述べています。これを「モデルを1日だけ雇う」と言い換えた(D)が正解です。(A)，(B)は本文に記載がなく、(C)については❹の直後に「3日目は昼食の時間までに終わるだろう」と書いてありますが、そのほかの日も早く終わるとは記載がないため、いずれも不正解です。

言い換え on the second day only → for only one day

語句 □camera crew カメラクルー，撮影班

189.

What will take place on September 19?

(A) The announcement of a grant
(B) A photo shoot for a pamphlet
(C) Filming inside an old schoolhouse
(D) A meeting with Ms. Willis

9月19日に何が起こりますか。

(A) 補助金の発表
(B) パンフレットのための写真撮影
(C) 古い校舎内の撮影
(D) Willisさんとの打ち合わせ

正解 (C)

解説 9月19日に起こることが問われています。予定表を見ると，❻から「屋内撮影とインタビューを教会と歴史博物館で行う」ことが分かります。1通目のEメール❶「古い校舎の中にある歴史博物館」から歴史博物館が古い校舎内にあることが分かるので，9月19日は古い校舎内で撮影があると判断できます。よって，(C)が正解です。この問題は予定表の❻だけを見ても(C)が正解と導き出せず，1通目のEメールに書かれている「歴史博物館は古い校舎の中にある」という内容を把握していないと解けない，少しレベルの高いクロスリファレンス問題でした。

言い換え interior shoots → filming inside ～

- -

語句 □pamphlet パンフレット　□filming 撮影

190.

Who most likely is Ms. DiVola?

(A) An assistant director
(B) A camera operator
(C) A stylist
(D) A model

DiVolaさんとはおそらく誰ですか。

(A) アシスタントディレクター
(B) カメラオペレーター
(C) スタイリスト
(D) モデル

正解 (A)

解説 DiVolaさんはおそらく誰かが問われています。DiVolaさんは2通目のEメールに登場し，❺で「3日間ずっと私たち（BaringさんとLonghornさん）と一緒にいます」と書かれています。次に予定表を見ると，Baringさん，Longhornさんのほか，❼のアシスタントディレクターの欄に3日間チェックが入っています。ここからDiVolaさんはアシスタントディレクターである可能性が最も高いと考えられるので，正解は(A)です。

Questions 191-195 refer to the following Web page, announcement, and e-mail.

https://www.mayburybusinesshub.com/about

Maybury Business Hub

- Home
- About
- Events
- Services
- Membership
- Contact

For over 20 years, the Maybury Business Hub has been supporting the success of local entrepreneurs. We've helped launch and grow thousands of small businesses. In addition to free consultations with experienced advisors on each step of the process including planning, financing, start-up, and expansion, Maybury Business Hub offers:

- ❶Support for creating a business plan
- ❷A monthly public lecture series and networking activities
- ❸Job fairs where recruiters can meet with students from local universities

❹Subscribe to our mailing list to receive updates on upcoming events.

---

❺*Leveraging Your Web Site*
– Ryan Watkins, Dott Solutions

March 8 6:30-8:30 P.M.

❻This month's Maybury Business Hub monthly lecture features a renowned Web marketer, Ryan Watkins. He will provide you with valuable ideas for selling your products online more efficiently and effectively.

Each talk is followed by a lively networking session where you can discuss relevant issues and explore new opportunities with other businesspeople.

Coming Soon...

- ❼April 12: *Growing Your Workforce* – Tammy Gorman, HR consultant
- May 10: *Creating a Unique Brand* – Miles Polonsky, Bangad Marketing
- June 14: *Managing Your Cash Flow* – Kate Pearson, Whitlock Bank

---

≡ E-Mail Message ≡

From: jasonsmith@jssolutions.com
To: cmendoza@argosy.com
Date: ❽April 9
Subject: Friday Lecture

Hi Carmen,

I hope all is well with you and your company. Do you still attend the monthly lectures and networking events at the Maybury Business Hub? I haven't been for a few months, ❾but I'm planning to go on Friday since I'm particularly interested in this month's topic. ❿If you plan to be there, I have a business proposition that I'd like to discuss with you. I think it could provide some good opportunities for both our companies. ⓫I was hoping we could set aside 15 minutes after the lecture to talk about it. If you're not going, perhaps we could discuss it another time soon.

Kind regards,

Jason Smith

設問191-195は次のウェブページ，お知らせ，Eメールに関するものです。

https://www.mayburybusinesshub.com/about
Maybury Business Hub

ホーム
詳細
イベント
サービス
会員
問い合わせ

20年以上にわたり，Maybury Business Hubは地元起業家の成功を支援してきました。私たちは，何千もの小規模事業の立ち上げと成長の手助けをしてきました。Maybury Business Hubは，計画，資金調達，起業，そして拡大などのプロセスの各段階について経験豊富なアドバイザーとの無料相談に加えて，下記のサービスを提供します。

- 事業計画の作成支援
- 一般公開の月例講義と交流会
- 採用担当者が地元大学の学生と会える就職フェア

メーリングリストに登録して，今後のイベントに関する最新情報を受け取ってください。

『ウェブサイトの活用』
－Ryan Watkins，Dott Solutions社
3月8日　午後6時30分〜8時30分

今月のMaybury Business Hubの月例講義は，有名なウェブマーケターのRyan Watkinsさんが担当します。オンラインでより効率的かつ効果的に製品を販売するための貴重なアイデアを提供します。

それぞれの講義後，活発な交流セッションがあり，ほかの実業家たちと関連する問題について話し合い，新しいチャンスを探ることができます。

近日開催…
4月12日：『従業員の育成』－Tammy Gorman，人事コンサルタント
5月10日：『独自ブランドの構築』－Miles Polonsky，Bangadマーケティング社
6月14日：『キャッシュフローの管理』－Kate Pearson，Whitlock銀行

送信者：jasonsmith@jssolutions.com
宛先：cmendoza@argosy.com
日付：4月9日
件名：金曜日の講演

こんにちは，Carmenさん

あなたとあなたの会社が全て順調であることを願っています。Maybury Business Hubの月例講義と交流イベントにはまだ参加していますか。私は数カ月行っていませんが，今月のトピックに特に興味があるので金曜日に行く予定です。もしあなたがいらっしゃる予定なら，話し合いたい事業の提案があります。私はそれが私たち双方の会社によいチャンスを与えてくれると思っています。講義の後にそれについて話すために15分間，時間を作れないかなと思いました。もし行かないのであれば，おそらく別の機会に近く話し合えるでしょう。

敬具

Jason Smith

語句　【ウェブページ】　□entrepreneur 起業家　□launch（起業など）を始める　□small business 小規模事業
　　　　　　　　　　　　　□experienced 経験のある　□financing 資金集め　□start-up 起業
　　　　　　　　　　　　　□expansion（事業などの）拡張　□job fair 就職フェア　□recruiter 採用担当者
　　　　　　　　　　　　　□subscribe to 〜 〜を定期購読する　□upcoming 今後の，来たるべき
　　　　　　【お知らせ】　□leverage 〜を活用する　□renowned 有名な　□valuable 貴重な　□relevant 関連する
　　　　　　　　　　　　　□explore opportunities チャンスを探る　□workforce 従業員
　　　　　　【Eメール】　□particularly 特に　□proposition 提案　□set aside 〜 〜を確保しておく　□perhaps おそらく

191.

What is NOT stated about the Maybury Business Hub?

(A) It sends event information by e-mail.
(B) It holds a recruiting event.
(C) It invests money in local business ventures.
(D) It helps entrepreneurs write business plans.

Maybury Business Hubについて述べられていないことは何ですか。

(A) イベントの情報をEメールで送る。
(B) 就職イベントを開催する。
(C) 地元のベンチャー企業に投資する。
(D) 起業家が事業計画書を書くことを手伝う。

正解 (C)

解説 Maybury Business Hubについて述べられていないことは何かが問われているNOT問題です。ウェブページを見ると、❶の「事業計画の作成支援」が(D)に、❸の「採用担当者が地元大学の学生と会える就職フェア」が(B)に、❹の「メーリングリストでの今後のイベントに関する最新情報」が(A)にそれぞれ合致し、残った(C)は記載がないため、これが正解です。

言い換え job fair → recruiting event

語句 □recruiting event 就職イベント　□business venture ベンチャー企業，投機的事業

192.

What is indicated about *Leveraging Your Web Site*?

(A) Special discounts will be applied to members.
(B) Registration can be completed online.
(C) It has a short break during the session.
(D) It is open to the general public.

『ウェブサイトの活用』について何が示されていますか。

(A) 会員に特別な割引が適用される。
(B) 登録手続きはオンラインで完了することができる。
(C) セッションの間に短い休憩が設けられる。
(D) 一般公開している。

正解 (D)

解説 *Leveraging Your Web Site*『ウェブサイトの活用』について何が示されているかを問う問題です。この情報はお知らせの❺に該当します。これは❻の前半から「今月の講義」であることが分かります。次にウェブページの❷を見ると、「一般公開の月例講義」という記載があります。ここからこの講義は一般公開で行われることが分かるので、(D)が正解です。❺の講義が「今月の講義」であることを理解し、最初の文書に戻って今月の講義に関する情報をチェックするクロスリファレンス問題でした。

193.

What is suggested about Mr. Watkins?

(A) He runs a small business.
(B) He is an expert on online marketing.
(C) He graduated from a local university.
(D) He published a book on programming.

Watkinsさんについて何が示されていますか。

(A) 小規模事業を運営している。
(B) オンラインマーケティングの専門家である。
(C) 地元大学を卒業した。
(D) プログラミングに関する本を出版した。

正解 (B)

解説 Watkinsさんについて何が示されているかを問う問題です。Watkinsさんはお知らせ❻の後半から、今月の講義の講師を務める有名なウェブマーケターだと分かります。ここから、これを「オンラインマーケティングの専門家」と表した(B)が正解です。

語句 □a book on ～ ～に関する本

194.

Why did Mr. Smith send the e-mail?

(A) To arrange a meeting
(B) To recommend a product
(C) To give feedback on a proposal
(D) To get in touch with a former colleague

SmithさんはなぜEメールを送りましたか。

(A) ミーティングを設定するため
(B) 商品を推奨するため
(C) 提案について感想を述べるため
(D) 前の同僚と連絡を取るため

正解 (A)

解説 SmithさんはなぜEメールを送ったのかが問われています。SmithさんはEメールの送信者で、Carmenさんに対して❿で「(講義に)来る予定なら、話し合いたい事業の提案がある」、⓫で「講義後に(それについて)話すために15分間、時間を作れないか」と述べているので、少し話がしたい、つまり打ち合わせを設定したいと望んでいることが分かります。以上より、(A)が正解です。

語句 □proposal 提案　□get in touch with ~ ~と連絡を取る　□former 以前の

195.

Which lecture does Mr. Smith plan to attend?

(A) *Leveraging Your Web Site*
(B) *Growing Your Workforce*
(C) *Creating a Unique Brand*
(D) *Managing Your Cash Flow*

Smithさんはどの講義に参加する予定ですか。

(A) 『ウェブサイトの活用』
(B) 『従業員の育成』
(C) 『独自ブランドの構築』
(D) 『キャッシュフローの管理』

正解 (B)

解説 Smithさんはどの講義に参加する予定かが問われています。まずSmithさんが書いたEメール❽から日付が「4月9日」であること、そして❾で「今月のトピックに特に興味がある」と述べていることが分かります。次にお知らせ❼を見ると、4月開催の講義は*Growing Your Workforce*であることが分かります。以上から、正解は(B)です。

Questions 196-200 refer to the following article, e-mail, and online comment form.

Manufacturing Giant Aims Smaller

❶(November 10)—Techguarden, a giant in the systems networking market, will introduce its first smartphone, the TG-3001, at a launch event. The move is part of the company's drive to have a presence in more markets. ❷The event will be broadcast live on the company's Web site on November 20.

The company has recently garnered attention by developing smaller-scale versions of its network systems for retail and small businesses. Their latest products feature user-friendly controls and an innovative platform that can be integrated into a range of networks, increasing their ❸exposure to more potential buyers. Techguarden

president Amanda Flores said in an interview, "We're well known in many industries for our systems for monitoring and controlling manufacturing processes, but we're really excited about creating a product that will let us connect with the public at large."

Flores said that the TG-3001 will be compatible with existing equipment that runs Techguarden's systems software. This would mean, for example, that personnel at factories currently using Techguarden software could control assembly line equipment with their phones, without needing to replace expensive machinery.

E-Mail Message

From: Alex Willard
To: Planning Committee members
Date: ❹November 13
Subject: Launch Event Changes

Hi all,

❺We were going to have Margaret Nelson from PR deliver the main presentation at our launch event, but since we're going to allow online questions and comments, someone more familiar with our marketing goals would be a better choice. ❻Two supervisors from marketing, Alison Webb and Johan Newton, have been nominated, but we're open to other ideas. Ms. Flores is also considering taking over for Margaret herself. ❼We will have a vote on this at our Launch Planning Committee meeting tomorrow.

Alex

---

www.techguarden.com/live_events

Thank you for watching our livestream. Please give us your feedback by filling out the form below. Ten respondents will be chosen to win our brand-new smartphone, the TG-3001.

Name:
Marisa Delgado

Comment:
❽I watched the livestream yesterday! My real estate company uses Techguarden software for our property database. I'm very excited about this smartphone since it will allow agents to work with clients on-site, rather than having to return to our offices. ❾Ms. Webb showed not only deep knowledge about the product, but also an engaging enthusiasm.

設問196-200は次の記事，Eメール，オンラインコメントフォームに関するものです。

製造業の巨大企業，小型化を目指す

（11月10日）－システムネットワーク市場の巨大企業であるTechguarden社は，同社初のスマートフォンTG-3001を新製品発売イベントで発表します。この動向は，同社がより多くの市場で存在感を示そうとする意欲の一環です。このイベントは11月20日に同社のウェブサイトでライブ配信されます。

同社は最近，小売店や小規模事業向けにネットワークシステムの小規模版を開発し，注目を集めています。同社の最新の製品はユーザーフレンドリーな操作とさまざまなネットワークに統合できる革新的なプラットフォームを特徴としており，より多くの潜在的な買い手への露出を高めています。Techguarden社の社長であるAmanda Flores氏はインタビューで，「私たちは製造工程の監視および制御システムにおいて多くの業界によく知られていますが，私たちが一般社会とつながることができる製品を開発することに非常に興奮しています」と語りました。

Flores氏は，TG-3001はTechguarden社のシステムソフトウェアを実行する既存の機器と互換性があると述べています。例えば，現在Techguarden社のソフトウェアを使用している工場の従業員は，高価な機械を交換する必要なく，組立ラインの機器を自分の電話で制御することができます。

送信者：Alex Willard
宛先：計画委員会メンバー
日付：11月13日
件名：新製品発売イベントの変更点

皆さん，こんにちは。

新製品発売イベントでは，広報担当のMargaret Nelsonさんに主要なプレゼンテーションをしてもらう予定でしたが，オンラインでの質問やコメントを受け付ける予定なので，営業目標により精通した人物を選ぶほうがよいでしょう。マーケティング部門のAlison WebbさんとJohan Newtonさんの2人の管理者が指名されていますが，ほかのアイデアも受け付けています。Floresさん自身がMargaretさんの代わりに引き受けることも検討しています。明日の発売イベント計画委員会の会議でこれについて投票で決めましょう。

Alex

---

www.techguarden.com/live_events

ライブ配信をご覧いただきありがとうございました。以下のフォームに記入してフィードバックをお願いします。10名の回答者が選ばれ，当社の新しいスマートフォンTG-3001を獲得します。

名前：
Marisa Delgado

コメント：
昨日ライブ配信を見ました！　私の不動産会社では，不動産のデータベースにTechguarden社のソフトウェアを使用しています。代理人が事務所に戻らなくても現場で顧客と仕事ができるようになるので，私はこのスマートフォンにとても興奮しています。Webbさんは，この製品についての深い知識だけでなく，魅力的な熱意も見せてくれました。

語句	【記事】	□manufacturing 製造業の　□giant 巨大企業　□aim 目指す　□launch event 発売イベント
		□move 動向　□drive 意欲　□be broadcast live 生中継される　□garner attention 注目を集める
		□smaller-scale より小規模の　□retail 小売の　□latest 最新の　□feature ～を特徴とする
		□user-friendly ユーザーフレンドリーな，使いやすい　□innovative platform 革新的なプラットフォーム
		□integrate A into B AをBに組み込む　□a range of ～ さまざまな～
		□potential buyer 将来買い手となりそうな人　□monitor ～を監視する　□control ～を制御する
		□manufacturing process 製造工程　□the public at large 一般大衆
		□be compatible with ～ ～と互換性がある　□existing 既存の
		□assembly line equipment 組立ラインの設備
	【Eメール】	□allow ～を許容する　□supervisor 管理者　□be open to ～ ～を広く受け入れる
		□take over for ～ ～の役目を引き継ぐ　□vote 投票
	【オンラインコメントフォーム】	□livestream ライブ配信　□brand-new 新品の　□agent 代理人
		□on-site 現場で　□rather than ～ ～よりむしろ　□engaging 魅力のある

196.

What is the purpose of the article?

(A) To report on a product launch
(B) To analyze a potential merger
(C) To profile a new company
(D) To review a software product

記事の目的は何ですか。

(A) 製品の発売を知らせること
(B) 合併の可能性を分析すること
(C) 新企業を紹介すること
(D) ソフトウェア製品をレビューすること

正解 (A)

解説 記事の目的が問われています。記事の❶で「Techguarden 社が，スマートフォンの新製品発売イベントを行う」と述べられているので，(A)が正解です。

言い換え smartphone → product

語句 □product launch 製品の発売　□analyze ～を分析する　□merger 合併　□profile ～を紹介する
□review ～をレビューする・批評する

197.

In the article, the phrase "exposure to" in paragraph 2, line 8, is closest in meaning to

(A) visibility to
(B) influence by
(C) substitution for
(D) risk of

記事の第2段落・8行目の "exposure to" に最も意味が近いのは

(A) ～へ見えること
(B) ～による影響
(C) ～の代わり
(D) ～のリスク

正解 (A)

解説 同義語問題です。問われている語は記事の❸で「（潜在的な買い手）への露出」という意味で使われているので，「目に見えること，可視性」という意味を持つ(A)が正解です。

198.

What will happen on November 14?

(A) A new marketing supervisor will be appointed.
(B) A presenter will be selected.
(C) A product recall will be conducted.
(D) New smartphones will be manufactured.

11月14日に何が起こりますか。

(A) 新しいマーケティング管理者が任命される。
(B) 発表者が選ばれる。
(C) 製品の回収が実施される。
(D) 新しいスマートフォンが製造される。

正解 (B)

解説 11月14日に何が起こるかが問われています。まずEメールの❹を見ると，Eメールは11月13日に送信されています。また❺で「プレゼン担当を，当初予定していた人よりも営業目標により精通した人物に変更をしたほうがいい」と述べられ，さらに❼で「明日の会議でこれについて投票で決めよう」と続いているので，Eメールの送信日の翌日である11月14日にプレゼンの担当者を決める，ということが分かります。以上から，(B)が正解です。この問題は，解答の根拠となる情報が分散しているので，しっかり読んで内容を整理する必要があります。

語句 □appoint ～を任命する　□presenter 発表者　□product recall 製品回収

199.

When did Ms. Delgado fill in the form?

(A) November 10
(B) November 13
(C) November 20
(D) November 21

Delgadoさんはいつフォームに記入しましたか。

(A) 11月10日
(B) 11月13日
(C) 11月20日
(D) 11月21日

正解 (D)

解説 Delgadoさんがフォームに記入した日付が問われています。フォームからDelgadoさんの記載内容を見ると，❽で「昨日ライブ配信を見た」と述べています。記事の❷にライブ配信日は11月20日とあるので，Delgadoさんがフォームに記入をしたのは，放送があった11月20日の翌日である21日，つまり(D)が正解です。

200.

Who most likely talked at the launch event?

(A) Amanda Flores
(B) Alex Willard
(C) Alison Webb
(D) Johan Newton

新製品発売イベントで話したのはおそらく誰ですか。

(A) Amanda Flores
(B) Alex Willard
(C) Alison Webb
(D) Johan Newton

正解 (C)

解説 誰が新製品発売イベントで話をしたのかが問われています。まずEメール❻から，WebbさんとNewtonさん，あるいは社長のFloresさんがプレゼン担当候補に挙がっていることが分かります。次にDelgadoさんはオンラインコメントフォームの❾で，「Webbさんは製品への深い知識だけでなく，魅力的な熱意も見せてくれた」と述べています。Delgadoさんがライブ配信でWebbさんを見たのは，Webbさんがプレゼン担当に選ばれたからだと推測できるので，(C)が正解です。丁寧に登場人物の把握をしながら，確実に読み進めて問題を解きましょう。

英単語の覚え方

(濱：濱﨑先生／大：大里先生)

濱：僕自身は，最初は英語と日本語を1対1対応で覚えていました。

大：比較的易しい頻出の語が分からないと，意味の取れない文書が多くストレスとなってしまいますよね。

濱：はい。初級者向けのTOEIC対策用の単語本を購入し，エクセルに英語と日本語を入力しました。日本語の列を非表示にして，単語を見ながら日本語を空いている列に打ち込んでいましたね。

大：まずは意味を機械的に覚える作業を繰り返す必要があるかもしれませんね。

濱：その通りです。日本語が浮かばない単語はノートに何回も書き，声に出して覚え，またエクセルでテスト，というのを繰り返し，数冊の単語集をこの手法で全て覚えきりました。

大：さすがです。頭と体に染み込ませる感じですね。問題を解きながら，「このときにはこう使うのか！」と新たな用法を学習して覚えていく方法もいいですね。

TEST 3

解答解説

設問番号	正解	設問番号	正解	設問番号	正解	設問番号	正解
□□□ 101	C	□□□ 126	D	□□□ 151	B	□□□ 176	A
□□□ 102	B	□□□ 127	C	□□□ 152	A	□□□ 177	B
□□□ 103	C	□□□ 128	A	□□□ 153	C	□□□ 178	C
□□□ 104	B	□□□ 129	C	□□□ 154	B	□□□ 179	C
□□□ 105	A	□□□ 130	D	□□□ 155	C	□□□ 180	B
□□□ 106	B	□□□ 131	C	□□□ 156	A	□□□ 181	C
□□□ 107	D	□□□ 132	D	□□□ 157	D	□□□ 182	B
□□□ 108	C	□□□ 133	B	□□□ 158	C	□□□ 183	C
□□□ 109	C	□□□ 134	A	□□□ 159	D	□□□ 184	A
□□□ 110	D	□□□ 135	D	□□□ 160	A	□□□ 185	A
□□□ 111	D	□□□ 136	C	□□□ 161	D	□□□ 186	C
□□□ 112	D	□□□ 137	B	□□□ 162	B	□□□ 187	C
□□□ 113	D	□□□ 138	D	□□□ 163	B	□□□ 188	A
□□□ 114	B	□□□ 139	C	□□□ 164	A	□□□ 189	B
□□□ 115	B	□□□ 140	A	□□□ 165	C	□□□ 190	D
□□□ 116	A	□□□ 141	C	□□□ 166	B	□□□ 191	B
□□□ 117	B	□□□ 142	C	□□□ 167	C	□□□ 192	C
□□□ 118	C	□□□ 143	A	□□□ 168	C	□□□ 193	A
□□□ 119	A	□□□ 144	A	□□□ 169	C	□□□ 194	D
□□□ 120	B	□□□ 145	B	□□□ 170	D	□□□ 195	C
□□□ 121	D	□□□ 146	D	□□□ 171	B	□□□ 196	C
□□□ 122	C	□□□ 147	C	□□□ 172	B	□□□ 197	C
□□□ 123	B	□□□ 148	C	□□□ 173	B	□□□ 198	B
□□□ 124	A	□□□ 149	A	□□□ 174	C	□□□ 199	D
□□□ 125	B	□□□ 150	B	□□□ 175	B	□□□ 200	A

Part 5

101. 🎵 115 🇺🇸

Dernit is famous for its pottery
------- silver products.

(A) even
(B) both
(C) and
(D) by

Dernitは，陶器と銀製品で有名です。

(A) 副詞「〜さえも」
(B) 副詞「両方とも」，形容詞「両方の」，代名詞「両方」
(C) 接続詞「〜と」
(D) 前置詞「〜によって」

語句 □pottery 陶器

正解 (C)

解説 選択肢には副詞［形容詞・代名詞］，接続詞，前置詞が並んでいます。前置詞forの目的語としてpotteryとsilver productsの2つの名詞（句）があり，これらをつなぐ接続詞の(C)を入れると文意が通ります。等位接続詞のandは「同じ性質のもの」同士をつなぎ，節と節だけでなく句と句，語と語もつなぐことができます。

102. 🎵 116 🇺🇸

In ------- of the sharp decline in
sales, the sales team at Waleck
decided to hold an urgent
meeting.

(A) consider
(B) consideration
(C) considerably
(D) considered

急激な売り上げの減少を考慮し，Waleck社のセールスチームは緊急会議を開くことを決定しました。

(A) 動詞consider「〜を考慮する」の原形
(B) 名詞「考慮」
(C) 副詞「かなり」
(D) 動詞の過去形・過去分詞

語句 □urgent 緊急の

正解 (B)

解説 選択肢には動詞considerの変化形や派生語が並んでいます。空所の前には前置詞のIn，空所後にはofがあるため，空所には名詞が入ります。(B)を空所に入れると，In consideration of 〜「〜を考慮して」という意味になり，文意も通ります。

103. 🎵 117 🇺🇸

The sales of the novel *The Small Planet* were ------- the publishers'
expectations.

(A) rather
(B) fairly
(C) beyond
(D) whereas

小説『The Small Planet』の売り上げは，出版社の期待以上のものでした。

(A) 副詞「むしろ」
(B) 副詞「かなり」
(C) 前置詞「〜を超えて」
(D) 接続詞「〜であるのに対し」

語句 □publisher 出版社　□expectation 期待

正解 (C)

解説 選択肢には副詞や前置詞，接続詞が並んでいます。空所の後ろにはthe publishers' expectations「出版社の期待」という名詞句が続いており，(C) beyondを空所に入れるとbeyond one's expectations「〜の期待以上に」という表現になり，文意が通ります。

104. 🎵 118 🇺🇸

Mr. Orivz emphasized that
------- conversations with others
does lead to great business
ideas.

(A) initials
(B) initiating
(C) initially
(D) initiation

Orivzさんは，他者と会話を始めることは確かに素晴らしいビジネスアイデアにつながると強調しました。

(A) 名詞initial「頭文字」の複数形
(B) 動詞initiate「〜を始める」の動名詞・現在分詞
(C) 副詞「最初は」
(D) 名詞「開始」

正解 (B)

解説 選択肢には動詞initiateの変化形や派生語が並んでいます。空所からothersまでがthat節の主部となるため，空所に動名詞を入れるとinitiating conversations with others「他者と会話を始めること」となり文意が通ります。よって，正解は(B)です。

✷ ✷ ✷

doesは直後の動詞を強調する助動詞です。ここではlead to 〜「〜につながる」を「確かに〜につながる」と強調しています。

105. 🎵 119 🇺🇸

Since the first experiment turned
up no results, ------- investigation
in the underground water pipes
will be conducted.

(A) additional　(C) financial
(B) potential　　(D) controversial

初期実験では何の結果も出なかったため，追加の地下送水管の調査が行われる予定です。

(A) 追加の　　(C) 財政上の
(B) 潜在的な　(D) 議論の的となる

語句 □turn up 〜 〜を発見する　□investigation 調査

正解 (A)

解説 選択肢には形容詞が並んでいます。「初期実験では何の結果も出なかったため」という最初の節の内容を受けて，空所に入れて文意が通るのは(A)です。文頭のSinceは，「〜以来」という前置詞としての用法もありますが，ここでは「〜なので」という理由を表す接続詞として使われています。

106. 🎵 120 🏴

One of the most influential novelists of the year ------- for the grand prize at the Sanzana Best Writer Awards.

(A) have been nominated
(B) is nominated
(C) are nominating
(D) were nominating

Sanzana Best Writer Awardsでは，その年で最も影響力のある小説家の1人が大賞に指名されます。

(A) 動詞nominate「〜を指名する」の受動態の現在完了形
(B) 受動態の現在形
(C) 現在進行形
(D) 過去進行形

語句 □influential 影響力のある

正解 (B)

解説 選択肢には動詞nominateのさまざまな形が並んでいます。nominateは他動詞なので後ろには目的語が続きますが，空所の後ろには目的語がないことから受動態が入ると考えます。受動態は(A)または(B)ですが，主語のOne of the most influential novelists of the yearに述語として対応するのは(B)です。one of 〜「〜の中の1つ」には複数形が続きますが，〈one of＋複数形〉が主部の場合，主語はoneなので3人称単数扱いです。

---

107. 🎵 121 🏴

The marketing chief, Micaela Leed, ------- all salespeople to cooperate as a team to achieve sales goals.

(A) confessed   (C) suggested
(B) served   (D) encouraged

マーケティング責任者のMicaela Leedは，全販売員に売上目標を達成するためにチームで協力するよう奨励しました。

(A) 〜を告白した   (C) 〜を提案した
(B) 〜に仕えた   (D) 〜を奨励した

語句 □achieve 〜を達成する

正解 (D)

解説 選択肢には動詞の過去形が並んでいます。空所の後ろに続くall salespeople to cooperateの前に置き，〈動詞＋目的語＋to不定詞〉の順に語を配置できるのは(D)です。encourage A to doで「Aが〜するよう奨励する」という意味です。問題文後半のto achieve sales goals「売上目標を達成するために」は，〈to＋動詞の原形〉で「目的」を表す頻出のパターンです。

---

108. 🎵 122 🏴

No sooner had their first microwave gone on sale ------- Dollin Appliance started developing a new one.

(A) or   (C) than
(B) in   (D) when

最初の電子レンジが売り出されてすぐに，Dollin Appliance社は新しい電子レンジを開発し始めました。

(A) あるいは   (C) 〜よりも
(B) 〜の点で   (D) 〜のとき

語句 □microwave 電子レンジ

正解 (C)

解説 選択肢には接続詞や前置詞が並んでいます。文頭にあるNo soonerとペアになって意味を成すのは(C)です。No sooner S V than S´ V´で「SがVするとすぐにS´がV´する」という意味を表します。No soonerの直後は倒置が起こり，この問題ではtheir first microwave had gone...のhadが主語の前に出ています。

---

109. 🎵 123 🏴

The 1-hour lunch break must ------- between 11:30 A.M. and 1:00 P.M. unless there are special circumstances.

(A) take
(B) be taking
(C) be taken
(D) taken

特別な事情がない限り，1時間の昼休憩は午前11時30分から午後1時の間に取らなければなりません。

(A) 動詞take「〜を取る」の原形
(B) 進行形
(C) 受動態
(D) 動詞の過去分詞

語句 □circumstance 事情

正解 (C)

解説 動詞takeのさまざまな形から適切なものを選ぶ問題です。takeは他動詞であり，空所の後ろには目的語となる名詞がないので，受動態が正解になると予想します。(C)を入れると「1時間の昼休憩が取られなければならない」となり文意が通ります。

---

110. 🎵 124 🏴

Unforeseen production difficulties ------- the launch of the Ultra-light Tablet by more than six months.

(A) developed   (C) employed
(B) destroyed   (D) delayed

予期せぬ製造上の困難が，Ultra-lightタブレットの発売を6カ月以上遅らせました。

(A) 〜を開発した   (C) 〜を雇った
(B) 〜を破壊した   (D) 〜を遅らせた

語句 □unforeseen 予期せぬ □launch 発売

正解 (D)

解説 選択肢には動詞の-ed形が並んでいます。主語のUnforeseen production difficulties「予期せぬ製造上の困難」と目的語のthe launch「発売」を適切につなぐのは(D)です。問題文後半のmore than 〜「〜以上」は，前置詞のoverに言い換えられます。

---

111. 🎵 125 🇺🇸

With its new registration system, Yamaz Art Class now can ------- manage enrollment compared with the past.

(A) commonly
(B) deliberately
(C) internationally
(D) effortlessly

新しい登録システムのおかげで，Yamaz芸術教室は現在，過去に比べて苦労せずに登録者数を管理することができています。

(A) 一般に
(B) わざと
(C) 国際的に
(D) 苦労せずに

正解 (D)

解説 選択肢には副詞が並んでいます。空所の後ろにあるmanageを修飾し文意が通るのは(D)です。文頭にあるWithは「〜が要因で」という意味なので，「新しい登録システムのおかげで，苦労せずに登録者の管理ができている」という流れが完成します。

語句 □enrollment 登録者数，登録

---

112. 🎵 126 🇺🇸

The Seanut Associates employee manual clearly outlines the ------- procedures that must be followed when applying for another position.

(A) optional   (C) strategic
(B) beneficial   (D) necessary

Seanut Associatesの従業員マニュアルは，別の役職に応募する際に従わなければならない必要な手続きをはっきりと示しています。

(A) 任意の   (C) 戦略的な
(B) 有益な   (D) 必要な

正解 (D)

解説 選択肢には形容詞が並んでいます。空所の後ろにある名詞procedures「手続き」がどんな手続きであるかが，that以下で述べられています。that以下は「別の役職に応募する際に従わなければならない」という意味なので，「手続き」を修飾する形容詞としてふさわしいのはnecessary「必要な」です。よって，(D)が正解です。

語句 □outline 〜を示す □procedure 手続き

---

113. 🎵 127 🇺🇸

If you are not ------- with the quality of the repairs, please contact the Numata customer service department.

(A) satisfy
(B) satisfying
(C) satisfaction
(D) satisfied

修理作業の質にご満足いただけない場合，Numata顧客サービス部門にご連絡ください。

(A) 動詞satisfy「〜を満足させる」の原形
(B) 動詞の現在分詞・動名詞
(C) 名詞「満足」
(D) 動詞の過去形・過去分詞

正解 (D)

解説 選択肢には動詞satisfyの変化形や派生語が並んでいます。空所の前後にある語と結び付きbe satisfied with 〜「〜に満足している」という意味を表す(D)が正解です。be動詞の後ろには，形容詞や名詞，前置詞＋αが続きますが，分詞はこの中の形容詞と同じような扱いになります。

---

114. 🎵 128 🇺🇸

The intense ------- for market share between EurosAir and StateLiners has led to the offering of huge discounts to travelers.

(A) equipment   (C) condition
(B) competition   (D) investment

EurosAirとStateLinersの市場占有率に対する熾烈な競争は，旅行者への大幅な割引の提供につながりました。

(A) 器具   (C) 状態
(B) 競争   (D) 投資

正解 (B)

解説 選択肢には名詞が並んでいます。空所の前にある形容詞intenseが修飾し，for market share between EurosAir and StateLinersを続けて文意が通るのは(B)です。competition for 〜で「〜を巡る競争」という意味を表します。

語句 □intense 熾烈な □offering 提供

---

115. 🎵 129 🇺🇸

Onomo Design pays careful attention to ------- their customers request each time.

(A) who   (C) which
(B) what   (D) that

Onomoデザイン社は，顧客が要望することに対し，毎回細心の注意を払っています。

(A) (関係代名詞)   (C) (関係代名詞)
(B) (関係代名詞)   (D) (関係代名詞)

正解 (B)

解説 選択肢には関係代名詞が並んでいます。空所の前には先行詞がないので，先行詞を含んだ関係代名詞である(B)が正解です。what their customers requestは「顧客が要望すること」という意味です。whatはthe thing(s) whichに置き換えることができます。

語句 □pay attention to 〜 〜に注意を払う

---

116. 🎵 130 🇬🇧

We reserve the right not to allow any bags, parcels or other ------- to be taken onto the plane.

(A) items　　　　(C) kinds
(B) entries　　　(D) units

我々は，いかなる荷物や小包，そのほかの商品の機内への持ち込みを断る権利を保有しています。

(A) 商品　　　(C) 種類
(B) 登録　　　(D) 単位

正解 (A)

解説 選択肢には名詞の複数形が並んでいます。空所の前にはany bags, parcels or other -------「いかなる荷物や小包，そのほかの〜」があり，空所にはbagsやparcelsと同じカテゴリーの名詞が入ると分かります。よって，正解は(A)です。

語句 □reserve 〜を保有する　□parcel 小包

---

117. 🎵 131 🇬🇧

Knollewood Industries arranged for ------- employees to take aptitude tests, which help them develop their career path.

(A) each　　　　(C) every
(B) all　　　　 (D) much

Knollewood産業は，全ての社員に彼らのキャリア形成を支援する適性テストを受けるように手配しました。

(A) それぞれの　(C) 全ての
(B) 全ての　　　(D) たくさんの

正解 (B)

解説 選択肢には形容詞が並んでいます。空所の後ろにはemployeesという可算名詞の複数形があるため，これを前から修飾できる(B)が正解です。(A)と(C)は可算名詞の単数形を修飾し，(D)は不可算名詞を修飾します。

語句 □aptitude test 適性テスト　□career path 職業の進路

---

118. 🎵 132 🇬🇧

Local citizens who are concerned about the planned road ------- in Chesterfield can attend a residents meeting.

(A) expand
(B) expanding
(C) expansion
(D) expanded

予定されているChesterfieldの道路拡張について懸念のある地元住民は，住民集会に参加することができます。

(A) 動詞expand「〜を広げる」の原形
(B) 動詞の現在分詞・動名詞
(C) 名詞「拡張」
(D) 動詞の過去形・過去分詞

正解 (C)

解説 選択肢には動詞expandの変化形や派生語が並んでいます。文頭からChesterfieldまでが主部，can attendが述語動詞の文です。the planned road ------- を名詞句にすると文法的に正しいので，(C)が正解です。road expansionは「道路拡張」という意味の複合名詞です。

語句 □be concerned about 〜 〜について懸念がある

---

119. 🎵 133 🇬🇧

There is little support for buyers on online auction sites when sellers decide to ------- of the deal.

(A) pull out　　(C) stand out
(B) cut out　　 (D) break out

オンラインオークションサイトにおいて，売り手が取引を中止する際，買い手に対する支援はほとんどありません。

(A) 手を引く　　(C) 目立つ
(B) 取り除く　　(D) 起こる

正解 (A)

解説 選択肢には句動詞が並んでいます。最初の節は「買い手に対する支援はほとんどない」という内容で，「どのようなときにそれが起こるのか」を説明しているのがwhen以下の2つ目の節です。(A)を選ぶとpull out of 〜「〜から手を引く」という表現が成立し，文意が通ります。

語句 □auction オークション

---

120. 🎵 134 🇬🇧

Follow the instructions ------- when completing a form as any mistakes may result in your application being delayed.

(A) care
(B) carefully
(C) careful
(D) carefulness

いかなる誤りも出願の遅れにつながるため，用紙を記入する際は指示に慎重に従ってください。

(A) 動詞care「気にする」の原形，名詞「世話」
(B) 副詞「慎重に」
(C) 形容詞「注意深い」
(D) 名詞「注意深さ」

正解 (B)

解説 選択肢には動詞careの原形と派生語が並んでいます。文頭のFollowが述語動詞，the instructionsが目的語の命令文に，when節とas節が続いています。空所まではすでに完全な文として機能していることから，空所には完全な文を修飾する副詞の(B)が入ります。when completingはwhen you are completingのyou areが省略された形です。

語句 □instructions 指示　□result in 〜 〜という結果になる
　　　□application 出願

---

121. ♪ 135 🇺🇸

Roy Paulson ------- the quarterly sales report at the regional staff meeting next week.

(A) presenting
(B) is presented
(C) has presented
(D) will be presenting

来週の地域従業員会議では，Roy Paulsonが四半期売上報告書を提示します。

(A) 動詞present「～を提示する」の現在分詞・動名詞
(B) 受動態の現在形
(C) 現在完了形
(D) 助動詞＋進行形

正解 (D)

解説 選択肢には動詞presentのさまざまな形が並んでいます。問題文の最後に未来を表す語句next weekがあることから，正解は未来を表す助動詞を使った(D)です。選択肢にはありませんが，現在進行形も未来の予定を表すときに使われるので，is presentingも正解になり得ます。

語句 □quarterly 四半期の　□regional 地域の

122. ♪ 136 🇺🇸

The board of directors at Whitmorez decided to relocate their offices to a business park ------- town.

(A) on　　　(C) across
(B) for　　　(D) over

Whitmorez社の取締役会は，職場を町の向こう側のオフィスビル地区に移すことを決定しました。

(A) ～の上に　　(C) ～の向こう側へ
(B) ～のために　(D) ～を越えて

正解 (C)

解説 選択肢には前置詞が並んでいます。(C)を空所に入れ，relocate their offices to a business park across town「職場を町の向こう側のオフィスビル地区に移す」とすると文意が通ります。acrossは，「横切った向こう側」というイメージを持つ前置詞です。

語句 □relocate A to B AをBに移す

123. ♪ 137 🇺🇸

Their performance was evaluated based on the ------- each employee made to the company throughout the year.

(A) measurement
(B) contribution
(C) interview
(D) blueprint

1年を通じて各社員が会社へ行った貢献をもとにして，彼らの実績は評価されました。

(A) 測定
(B) 貢献
(C) 面接
(D) 青写真

正解 (B)

解説 選択肢には名詞が並んでいます。空所直前のtheと空所は，後ろに続くeach employee made to the company throughout the year「1年を通じて各社員が会社へ行った」が説明する先行詞であり，「それをもとにして彼らの実績が評価される」ものである必要があります。よって，正解は(B)です。make a contribution to ～で「～に貢献する」の意味になり，この問題ではcontributionが先行詞として前に出ています。

語句 □evaluate ～を評価する　□throughout ～を通じて

124. ♪ 138 🇺🇸

Notify Ms. Green of any concern you might have so that ------- can comprehend and address the problem right away.

(A) she
(B) her
(C) hers
(D) herself

Greenさんが問題をただちに把握し対処できるよう，いかなる心配事も彼女に知らせてください。

(A) 主格「彼女は」
(B) 所有格「彼女の」，目的格「彼女を[に]」
(C) 所有代名詞「彼女のもの」
(D) 再帰代名詞「彼女自身」

正解 (A)

解説 選択肢には代名詞のさまざまな格が並んでいます。空所の前には接続詞のso that，後ろには述語動詞のcan comprehendがあるため，空所には主格の(A)が入ります。

✱ ✱ ✱

 addressは多義語で，「～に対処する」という意味以外にも「～に対して演説をする」などの意味があります。

語句 □notify A of B AにBを知らせる　□comprehend ～を把握する

125. ♪ 139 🇺🇸

Your subscription to *Super Architectural Review* magazine will ------- unless renewed a week before the delivery of the issue of the final month.

(A) assemble　(C) prevent
(B) expire　　(D) decline

あなたの雑誌『Super Architectural Review』の購読は，最終月の号が届く1週間前までに更新されない場合，満了します。

(A) 集まる　　(C) 妨げとなる
(B) 満了する　(D) 衰える

正解 (B)

解説 選択肢には動詞が並んでいます。空所の後ろには目的語となる名詞がないため，空所には自動詞が入ることが分かります。選択肢の語はどれも自動詞として働きますが，主語は「あなたの雑誌の購読」なので，文意が通るのは(B)です。

語句 □renew ～を更新する　□issue 号

126. ♪140 🇬🇧

Riccardo Olad and his coworker Haley Pugh were assigned to the project leader and chief designer roles -------.

(A) preferably (C) keenly
(B) privately (D) respectively

Riccardo Oladと彼の同僚Haley Pughは、それぞれプロジェクトリーダーとチーフデザイナーに任命されました。

(A) なるべくなら (C) 鋭く
(B) 私的に (D) それぞれ

正解 (D)

解説 選択肢には副詞が並んでいます。A and B, C and Dにおいて、A＝C、B＝Dの関係が表される場合、Dの後ろにrespectively「それぞれ」を置くと「AとBはそれぞれCとDである」という意味を表します。よって、正解は(D)です。

語句 □be assigned to ～ ～に任命される □role 役割

---

127. ♪141 🇬🇧

Home Stop placed orders for extra picnic supplies to ensure ------- availability for shoppers throughout the weekend.

(A) so (C) their
(B) those (D) each

Home Stop店は、週末確実に買い物客が入手できるよう、追加のピクニック用品を発注しました。

(A) それで (C) それらの
(B) それらの (D) それぞれの

正解 (C)

解説 選択肢にはさまざまな語が並んでいます。空所の前にあるensureの目的語の一部となり、空所の後ろの名詞availabilityを修飾して文意が通るのは、所有格の(C)です。このtheirはextra picnic suppliesを指しています。(D)は可算名詞を修飾するので、不可算名詞のavailabilityの前に置くことはできません。

語句 □place an order 発注する □availability 入手できること

---

128. ♪142 🇬🇧

Mr. Parks opened the conference ------- welcoming the participants, and then introduced the keynote speaker.

(A) by (C) at
(B) in (D) to

Parksさんは参加者を歓迎し会議を始め、その後基調演説者を紹介しました。

(A) ～によって (C) ～で
(B) ～の中で (D) ～へ

正解 (A)

解説 選択肢には前置詞が並んでいます。問題文はMr. Parks opened the conference「Parksさんは会議を始めた」で始まっており、「どのようにして」会議を始めたのかをby doing「～することによって」で表すと文意が通ります。よって、正解は(A)です。

語句 □welcome ～を歓迎する □keynote speaker 基調演説者

---

129. ♪143 🇬🇧

Trulwash Automotive is popular in that their ------- costs for a car navigation system are lower than the other rival companies.

(A) installed
(B) install
(C) installation
(D) to install

Trulwash Automotive社は、ほかの競合会社と比べカーナビの取り付け費用が安いという点で人気です。

(A) 動詞install「～を取り付ける」の過去形・過去分詞
(B) 動詞の原形
(C) 名詞「取り付け」
(D) to不定詞

正解 (C)

解説 選択肢には動詞installの変化形や派生語が並んでいます。空所の前にあるtheirからcostsまでを意味の通る名詞句にするためには、(C)を空所に入れるのが正解です。installation costsは「取り付け費用」という意味の複合名詞です。問題文前半のin that ～は「～という点で」という意味の群接続詞です。

---

130. ♪144 🇬🇧

New managers are required to attend two training sessions on public speaking ------- the end of September.

(A) along (C) during
(B) with (D) before

新しいマネージャーたちは、9月末よりも前に人前での話し方の講習会2つに参加することが求められています。

(A) ～に沿って (C) ～の間
(B) ～と共に (D) ～の前に

正解 (D)

解説 選択肢には前置詞が並んでいます。空所の後ろには時を表すthe end of September「9月末」が続いています。(D)を入れると、「9月末よりも前に講習会に参加することが求められている」となり文意が通ります。

＊ ＊ ＊

(C) duringの後ろにはher stay in Hong Kong「彼女の香港での滞在」やsummer vacation「夏期休暇」といった、具体的な出来事が続きます。

語句 □public speaking 人前での話し方

Part 6

♪ 145 🇬🇧

Questions 131-134 refer to the following e-mail.

From: management@speedwaystarsl.com
To: allstaff@speedwaystarsl.com
Date: July 6
Subject: Let us know what you think!

To All Staff,

We would like everyone to give us feedback on our newly opened company cafeteria. ------- the
131.
facility just two months ago, we think there might be some areas that we need to improve. To

make it better, we want to hear what our ------- have to say.
132.

To answer a quick survey, please follow the link below. -------. After filling out the survey, click
133.
the send button. It only takes a few minutes ------- the whole process. We appreciate it if you
134.
could answer it by next Friday, July 13.

Survey link: www.speedwaystarslteam.com/survey

Regards,

Speedway Star Solutions Management Team

設問131-134は次のEメールに関するものです。

送信者：management@speedwaystarsl.com
宛先：allstaff@speedwaystarsl.com
日付：7月6日
件名：考えをお知らせください！

従業員各位

新しくオープンした社員食堂について皆さんからフィードバックをいただきたいと思います。ほんの2カ月前に施設を開設したので，改善すべき部分があるかもしれません。よりよくするため，従業員の意見を聞きたいと思っています。

簡単なアンケートに答えるために，下記のリンクに進んでください。<u>まず社員番号を入力する必要があります</u>。アンケートを記入したら，送信ボタンをクリックします。全てのプロセスを終えるのには数分しかかかりません。来週の金曜日，7月13日までにご回答いただければ幸いです。

アンケートのリンク：www.speedwaystarslteam.com/survey

よろしくお願いいたします。

Speedway Star Solutionsマネジメントチーム

語句 □newly 新しく　□company cafeteria 社員食堂　□facility 施設　□area 部分　□quick survey 簡単なアンケート　□after *do*ing 〜した後　□fill out 〜 〜に記入する　□send button 送信ボタン　□take a few minutes 数分かかる　□appreciate （好意など）に感謝する

131.

(A) Transferring
(B) Seeking
(C) Establishing
(D) Placing

(A) 〜を移動させた
(B) 〜を探した
(C) 〜を開設した
(D) 〜を置いた

正解 (C)

解説 選択肢には動詞の-ing形が並んでいます。空所にはthe facility just two months ago「ほんの2カ月前に施設」をどうしたのか説明する語が入ります。the facilityはnewly opened company cafeteria「新しくオープンした社員食堂」を指すので，文意が通るのは「〜を開設した」となる(C)です。この文は分詞構文で，Because we established the facility just two months ago「私たちはほんの2カ月前に施設を開設したので」から接続詞のBecauseと後半の節と共通の主語weが省略され，動詞が現在分詞の形になっています。

132.

(A) students
(B) investors
(C) applicants
(D) employees

(A) 生徒
(B) 投資家
(C) 応募者
(D) 従業員

正解 (D)

解説 選択肢には名詞の複数形が並んでいます。EメールはTo All Staff「従業員各位」から始まっており，第1段落の最初の文では従業員に対してcompany cafeteria「社員食堂」に関するフィードバックを頼んでいます。よって，メールの送信者が知りたいのは(D)のemployees「従業員」の意見であると分かります。employeeは「従業員」，反対にemployerは「雇用主」を意味します。

133.

(A) We hope to meet you again soon.
(B) You need to enter your personnel ID number first.
(C) It has already produced good results.
(D) This is one of our most popular products.

(A) すぐにあなたとお会いできることを願っています。
(B) まず社員番号を入力する必要があります。
(C) すでによい結果が出ています。
(D) これは当社の最も人気のある製品の1つです。

正解 (B)

解説 文挿入問題です。空所の前にはTo answer a quick survey, please follow the link below.「簡単なアンケートに答えるために，下記のリンクに進んでください」とあります。また，空所の後ろにはAfter filling out the survey「アンケートを記入したら」とあるため，空所にはアンケートを記入する際にするべき内容が入ると推測できます。よって，正解は(B)です。

語句 □personnel ID number 社員番号

134.

(A) to complete
(B) completed
(C) to have completed
(D) complete

(A) 動詞complete「〜を終える」のto不定詞
(B) 動詞の過去形・過去分詞
(C) to不定詞の現在完了形
(D) 動詞の原形

正解 (A)

解説 選択肢には動詞completeのさまざまな形が並んでいます。空所を含む文にはIt only takes a few minutes ------- the whole process.「全てのプロセスを〜のには数分しかかかりません」とあるため，空所には〈it takes＋時間＋to do〉「〜するには（…時間）かかる」の形を作る(A)のto complete「〜を終えるために」が入ります。

＊ ＊ ＊

 completeは，動詞と同じ形で「完全な」という意味の形容詞としても使われます。

Questions 135-138 refer to the following advertisement.

------- book clubs have been around for hundreds of years, you may think they have no
   135.

relevance in the modern age. -------. The Internet has made it easier than ever for people to
      136.

share opinions and discuss their favorite writers.

We at Curiosity Books invite you to join our free online book club. Each month we select a

fascinating book in digital format for club members to read. We then post topics and open the

forum for -------. Find more details about ------- at www.curiositybooks.com. We look forward
     137.   **138.**

to seeing you on the forum!

設問 135-138 は次の広告に関するものです。

ブッククラブは何百年もの間ありますが，現代には関わりがないと思うかもしれません。実は，最近はブッククラブが盛んです。インターネットによって，人々はかつてないほどに簡単に意見を共有したり，好きな作家について話し合ったりすることができるようになりました。

私たち Curiosity Books は，無料のオンラインブッククラブに参加することをお勧めします。毎月，クラブメンバーが読むべきデジタル形式の魅力的な本を選びます。そして，トピックを投稿し，ディスカッションのためのフォーラムを開きます。メンバーシップの詳細については，www.curiositybooks.com をご覧ください。フォーラムでお会いできることを楽しみにしております！

- - - - - - - -

語句 □relevance 関連　□modern age 現代　□invite *A* to *do* A に〜するよう勧める　□fascinating 魅力的な
　　　□format 形式，フォーマット　□post 〜を投稿する

135.

(A) Also
(B) Whenever
(C) Surely
(D) Although

(A) また
(B) 〜するときはいつでも
(C) きっと
(D) 〜だけれども

正解 (D)

解説 選択肢には副詞のAlsoやSurely，接続詞のWheneverやAlthoughが並んでいます。空所を含む節をカンマ以降の節とつなげるためには空所に接続詞が必要です。空所を含む節は「ブッククラブの歴史が長い」というブッククラブを肯定する内容ですが，カンマ以降の節は「ブッククラブは現代には関わりがないと思うかもしれない」と否定的な内容が述べられているため，空所には「〜だけれども」という意味を表す接続詞である(D)が入ります。althoughはthough，even thoughなどの同意表現とセットで覚えておきましょう。

136.

(A) The digital revolution might be to blame.
(B) Fewer people report reading for pleasure.
(C) In fact, book clubs are thriving nowadays.
(D) However, book prices have fallen dramatically.

(A) デジタル革命に責任があるのかもしれません。
(B) 楽しみのために読書をすると言う人は少ないです。
(C) 実は，最近はブッククラブが盛んです。
(D) しかし，本の価格は劇的に下がっています。

正解 (C)

解説 文挿入問題です。空所の直前にはyou may think they have no relevance in the modern age「（ブッククラブは）現代には関わりがないと思うかもしれません」とあります。また，空所の後ろにはThe Internet has made it easier than ever for people to share opinions and discuss their favorite writers.「インターネットによって，人々はかつてないほどに簡単に意見を共有したり，好きな作家について話し合ったりすることができるようになりました」とあります。これら前後の内容から，空所には直前の内容の逆接的な内容が続くと判断できます。よって，正解は(C)です。

語句 □be to blame 責任がある　□for pleasure 楽しみに，娯楽に　□thrive 繁栄する　□dramatically 劇的に

137.

(A) discussed
(B) discussion
(C) discussable
(D) discuss

(A) 動詞discuss「〜について話し合う」の過去形・過去分詞
(B) 名詞「ディスカッション，議論」
(C) 形容詞「議論できる」
(D) 動詞の原形

正解 (B)

解説 選択肢には動詞discuss「〜について話し合う」の変化形や派生語，原形が並んでいます。空所の前には前置詞のforがあるため，空所には名詞が入ります。よって，正解は(B)です。

138.

(A) donation
(B) contract
(C) payment
(D) membership

(A) 寄付
(B) 契約
(C) 支払い
(D) メンバーシップ，会員

正解 (D)

解説 選択肢には名詞が並んでいます。第2段落の最初には，We at Curiosity Books invite you to join our free online book club.「私たちCuriosity Booksは，無料のオンラインブッククラブに参加することをお勧めします」とあり，この段落ではブッククラブへの入会の勧めについて述べられていることが分かります。よって，(D)が正解です。our free online book club「無料のオンラインブッククラブ」と書かれているので，(C)は不適です。

147

Questions 139-142 refer to the following letter.

June 9

Reeves Iverson
293 Third Place
Ludhiana 141003

Dear Ms. Iverson,

I am very sorry for the problems you encountered last month at the hotel you booked through

our agency. I ------- to the manager at Waikiki Resort regarding the construction noise you had
    139.

described. He told me that the floor above your room was being remodeled ------- your stay.
                   140.

Had we known about this, we would have booked your holiday at another resort. -------.
                   141.

As a token of apology, we will refund 50% of the cost of your hotel stay to your credit card.

-------, we would like to offer you 20% off the next holiday you book with us.
  142.

Sincerely,

Heather Lowry

Manager, BMG Travel Agency

設問139-142は次の手紙に関するものです。

6月9日

Reeves Iverson
Third Place 293番地
Ludhiana 141003

Iverson様

私どもの代理店を通じてご予約いただいたホテルで，先月お客様が遭遇した問題について深くお詫びいたします。お客様がおっしゃっていた工事の騒音について，Waikiki Resortの支配人と話しました。お客様の上の階は，お客様の滞在中ずっと改装中だったとのことでした。このことについて知っていたら，お客様の休暇を別のリゾートで予約していたでしょう。このような間違いを避けるため，提携ホテルとより密接に仕事をします。

お詫びのしるしとして，宿泊費の50パーセントをお客様のクレジットカードに返金させていただきます。加えて，次回の休暇でご予約いただく際は，20パーセントの割引をご提供いたします。

敬具

Heather Lowry
マネージャー，BMG旅行代理店

139.

(A) speak
(B) was spoken
(C) spoke
(D) will be speaking

(A) 動詞speak「話す」の原形
(B) 受動態の過去形
(C) 動詞の過去形
(D) 助動詞＋進行形

正解 (C)

解説 選択肢には動詞speakのさまざまな形が並んでいます。空所を含む文の次の文に，He told meとあります。Heはthe managerのことを表すので，この手紙の書き手がthe managerとやり取りをしたのは過去のことであると分かります。よって，正解は(C)です。

140.

(A) throughout
(B) rather
(C) until
(D) after

(A) 前置詞「～の間中」
(B) 副詞「むしろ」
(C) 前置詞「～までずっと」，接続詞「～するまでずっと」
(D) 前置詞「～の後で」，接続詞「～した後で」

正解 (A)

解説 選択肢には前置詞と副詞，接続詞が並んでいます。空所の後ろには名詞句のyour stayがあるため，空所には前置詞が入ります。空所にthroughoutを入れると「お客様の上の階は，お客様の滞在中ずっと改装中だったとのことでした」となり，文書冒頭の「お客様が遭遇した問題」と矛盾なくつながります。よって，正解は(A)です。

141.

(A) The manager has agreed to give you an upgraded room.
(B) I have confirmed your reservation for your desired dates.
(C) We will work more closely with partnered hotels to avoid such mistakes.
(D) Please note that breakfast will be included with your reservation.

(A) 支配人は格上の部屋の提供に同意しました。
(B) ご希望のお日にちで予約を承りました。
(C) このような間違いを避けるため，提携ホテルとより密接に仕事をします。
(D) 朝食が予約に含まれることにご注意ください。

正解 (C)

解説 文挿入問題です。第1段落の内容は「（手紙の差出人である）代理店が手配したホテルに滞在した宿泊客に対するお詫び」なので，to avoid such mistakes「このような間違いを避けるため」という，「空所の前までに述べてきた過ち」を今後繰り返さないことを約束する内容である(C)が正解です。mistakesは「宿泊客の滞在したホテルが改装中だった」ことを示しています。

語句 □desired date 希望日　□work closely with ～ ～と密接に仕事をする　□partnered hotel 提携ホテル

142.

(A) As a result
(B) Therefore
(C) In addition
(D) Overall

(A) 結果として
(B) 従って
(C) 加えて
(D) 全体としては

正解 (C)

解説 選択肢には副詞（句）が並んでいます。空所の前には「お詫びのしるしとして，宿泊費の50パーセントをお客様のクレジットカードに返金させていただきます」という1つ目のお詫び，空所の後ろには「次回の休暇でご予約いただく際は，20パーセントの割引をご提供いたします」という2つ目のお詫びのしるしが続いています。これらをつなぐのは(C)です。

TOEICに出るトピック・出ないトピック

（濱：濱﨑先生／大：大里先生）

大： パートによってトピックも変わってきますが，よく出るものでは会議，プレゼン，出張などが挙げられますかね。

濱： 同僚の退職，新入社員の入社といった人事関連のイベントも多いですよね。

大： そうですね。あとは店の開店，閉店，移転や，商品のクレーム，問い合わせも多く出ますね。

濱： クレームや問い合わせはよく見ますね。飛行機や電車の遅延といった交通関連も，チャット問題などで頻出です。

大： 宗教に関することや，犯罪・災害などを扱ったトピックが出ることはありません。

Questions 143-146 refer to the following Web site.

Thank you for visiting gameplanetts.com today.

At this moment, all services online have been suspended due to an unexpected network outage. Our team of expert technicians is ------- working on fixing this issue. However, we do
143.
not know when this problem will be fixed. -------.
144.

Please rest assured that your private data has neither been lost nor leaked during this service interruption. ------- all our systems are not accessible from the Internet at the moment, they're
145.
fully functioning. Furthermore, our shipping centers are continuing to send games and consoles, so all ------- orders are being processed as usual.
146.

We appreciate your patience and understanding.

設問143-146は次のウェブサイトに関するものです。

本日はgameplanetts.comにお越しいただきありがとうございます。

現在，全てのオンラインサービスは予期せぬネットワークの故障により，一時停止しております。当社の専門の技術者チームが現在この不具合の修理に取り組んでいます。しかし，この問題がいつ解決されるのか分かっていません。<u>定期的に更新情報をご確認ください。</u>

このサービス停止期間中にお客様の個人情報を紛失もしくは流出は起こっていませんので，ご安心ください。現在当社の全てのシステムはインターネットからアクセスすることができませんが，それらは十分に機能しています。さらに，当社の配送センターはゲームとコンソールの出荷を続けていますので，既存のご注文は全て通常通り処理されています。

ご辛抱とご理解に感謝申し上げます。

語句 □at this moment 現在　□*be suspended* 停止された　□due to ～ ～のせいで　□unexpected 予期せぬ
□network outage ネットワーク故障　□expert 熟達した　□technician 技術者　□work on ～ ～に取り組む
□rest assured that ～ ～が保証されているのでご安心ください　□neither *A* nor *B* AもBも～ない　□leak ～を流出させる
□interruption 停止　□*be accessible from* ～ ～からアクセスできる　□fully 十分に，完全に　□function 機能する
□furthermore さらに　□console コンソール，制御卓　□patience 辛抱強さ

143.

(A) currently
(B) recently
(C) shortly
(D) hardly

(A) 現在
(B) 最近
(C) まもなく
(D) ほとんど〜ない

正解 (A)

解説 選択肢には副詞が並んでいます。空所の前後にある現在進行形 is working on 〜「〜に取り組んでいる（最中である）」と相性がよく文意が通るのは(A)です。(B)は過去形や現在完了形と共に用い，(C)は未来を表す表現と相性がよい副詞です。(D)は物事の程度の少なさを表します。

144.

(A) Please check back for updates at regular intervals.
(B) If the machine doesn't work properly, report us right away.
(C) We will reopen our restaurant with a new address soon.
(D) Exciting content is being prepared for launch.

(A) 定期的に更新情報をご確認ください。
(B) 機会が正常に動作しない際は，すぐにご報告ください。
(C) レストランはまもなく新しい住所で再開します。
(D) わくわくさせるコンテンツが発売準備中です。

正解 (A)

解説 文挿入問題です。第1段落ではネットワークが故障していることが述べられており，空所の前の文にはHowever, we do not know when this problem will be fixed.「しかし，この問題がいつ解決されるのか分かっていません」とあります。「問題がいつ解決するのかは分からないので，更新情報に注意を払っておいてほしい」という内容である(A)を空所に入れると文意が通ります。

 (A)に使われているat regular intervalsは「定期的に，一定間隔で」という意味で，時折Part 5でも狙われます。同義語にはregularly, periodically, on a regular basisなどがあります。

語句 □check back 戻って確認する　□at regular intervals 定期的に

145.

(A) Provided
(B) While
(C) Except that
(D) So that

(A) もし〜ならば
(B) 〜ではあるものの
(C) 〜を除いて
(D) 〜できるように

正解 (B)

解説 選択肢には（群）接続詞が並んでいます。空所を含む節はall our systems are not accessible from the Internet at the moment「現在当社の全てのシステムはインターネットからアクセスすることができません」，カンマの後のもう1つの節はthey're fully functioning「それらは十分に機能しています」という逆接の内容です。これらをWhile「〜ではあるものの」でつなぐと文意が通るため，正解は(B)です。

146.

(A) existence
(B) existed
(C) exist
(D) existing

(A) 名詞「存在」
(B) 動詞exist「存在する」の過去形・過去分詞
(C) 動詞の原形
(D) 形容詞「既存の」，動詞の現在分詞・動名詞

正解 (D)

解説 選択肢には自動詞existの変化形や派生語が並んでいます。空所の後ろには名詞のorders「注文」があり，これを前から修飾して文意が通るのは，形容詞の(D) existing「既存の」です。名詞を修飾するのは形容詞や分詞（形容詞扱い）ですが，自動詞の過去分詞には受け身的な意味はありません（完了形では使われます）。名詞の前に置いて「〜された」という意味で使われることはない，ということを押さえておいてください。

Part 7

Questions 147-148 refer to the following coupon.

Get 20% Off Buffo Frozen Pizzas!

❶Following the announcement of the new partnership between Buffo Pizzas and Mesa Supermarkets, we're offering a 20% discount.

- ❷Offer valid until December 31 at any Mesa Supermarket location.
- Coupon can be used one time only for any quantity of Buffo individual- or family-size frozen pizza products.
- Coupon must be presented at the time of purchase.
- ❸This coupon may not be used in conjunction with other special offers or discounts, or for online orders.

設問147-148は次のクーポンに関するものです。

Buffo冷凍ピザを20パーセント割引で入手しましょう！

Buffoピザ店とMesaスーパーの新しい提携の発表を受けて，20パーセントの割引を提供しています。

・この割引は，Mesaスーパーの全店舗で12月31日まで有効です。
・クーポンは，Buffoの一人前サイズまたはファミリーサイズの冷凍ピザ商品の購入量に関わらず1回限りご利用いただけます。
・クーポンは購入時に提示する必要があります。
・このクーポンはほかの特別割引との併用やオンラインでの注文にはご利用いただけません。

語句 □following 〜に続いて　□partnership between *A* and *B* AとBの提携　□valid 有効な　□quantity 量
□in conjunction with 〜 〜と併せて

147.

Why is the coupon provided?

(A) To mark the reopening of a store
(B) To promote a new product line
(C) To celebrate a business arrangement
(D) To thank customers who attended an event

クーポンはなぜ提供されていますか。

(A) 店の再開を祝うため
(B) 新しい商品ラインの販売促進をするため
(C) 業務協定を祝うため
(D) イベントに参加した客に感謝するため

正解 (C)

解説 クーポンが提供される理由が問われています。❶で「Buffo ピザ店とMesaスーパーの新しい提携の発表を受けて，20パーセントの割引を提供する」と述べられているので，業務協定を記念したクーポンだと分かります。以上から，正解は(C)です。

言い換え partnership between *A* and *B*
→ business arrangement

語句 □mark (イベントなど) を祝う　□promote 〜の販売促進をする　□product line 商品ライン
□business arrangement 業務協定

148.

What is indicated about the discount?

(A) It is valid until the product is out of stock.
(B) It is offered for special members.
(C) It only applies to in-store purchases.
(D) It can be used with other coupons.

割引について何が示されていますか。

(A) 商品が在庫切れになるまで有効である。
(B) 特別会員向けに提供される。
(C) 店頭での購入にのみ適用される。
(D) ほかのクーポンとの併用も可能である。

正解 (C)

解説 割引について示されていることを問う問題です。❷で「Mesaスーパーの全店舗で有効」と述べられ，❸で「オンラインでの注文には利用できない」と続いているので，ここからこのクーポンが店舗でしか利用できないことが分かります。以上より，(C)が正解です。

語句 □out of stock 在庫切れで　□apply to 〜 〜に適用される　□in-store 店頭・店内での

❖ ❖ ❖

この文書は，英文の量が比較的少なめです。中上級者であれば，この程度の量の英文は先に全て読み終え内容を記憶しておき，その上で質問と選択肢に進み解答できるとよいでしょう。解答時間を短縮するためにも，日頃から常に「一度読んだ内容はその文書の設問を全て解答し終えるまで記憶しておく」つもりで取り組むようにしてください。

Questions 149-150 refer to the following memo.

MEMO

To: All Andretti Landscaping Staff
From: Greg Andretti, President
❶Date: February 10
Subject: Hamilton Clinic update

Dear All,

❷The council has announced that it will be performing emergency work on the portion of Carlton Avenue between Danbury Street and Jameson Road. Yesterday, they closed this part of the street off to traffic and it will not reopen until February 19. This is precisely where we are currently carrying out landscaping work for the Hamilton Clinic. The council understands our situation and has agreed to make an exception in our case. Nevertheless, they are enforcing the closure very strictly and it will be necessary to show employee identification to get through. We haven't provided our employees with photo IDs in the past, but due to these unforeseen circumstances, we have no choice but to start now. ❸You will be able to pick your new cards up when you arrive at work tomorrow morning. It is important that you do not forget to do so.

Sincerely,

Greg

設問149-150は次のメモに関するものです。

メモ
宛先：Andretti Landscaping 従業員各位
差出人：Greg Andretti，社長
日付：2月10日
件名：Hamilton クリニックの最新情報

皆様

議会はDanbury通りとJameson通りの間にあるCarlton大通りの一部で緊急工事を行うと発表しました。昨日，通りのこの部分を通行止めにし，2月19日まで再開しません。ここはまさに私たちが現在Hamiltonクリニックのために造園工事を行っている場所です。議会は私たちの状況を理解しており，例外を設けることに同意しています。とはいえ，閉鎖を非常に厳しく取り締まっており，通過するには社員証の提示が必要になります。過去には従業員に写真付きの証明書を支給していませんでしたが，このような予期せぬ状況のため，今となっては支給せざるを得ません。明日の朝出勤したときに，新しい証明書を受け取ることができます。受け取り忘れないようにすることが重要です。

敬具

Greg

語句 □council 議会　□emergency work 緊急の工事　□portion 一部　□close ～ off to traffic ～を通行止めにする
□reopen 再開する　□precisely まさに　□carry out ～ ～を実行する　□landscaping work 造園工事
□exception 例外　□enforce ～を強制する　□closure 閉鎖　□strictly 厳しく　□identification 身分証明書
□get through ～ ～を通過する　□unforeseen 予期せぬ　□circumstance 状況，事情
□have no choice but to *do* ～せざるを得ない　□pick ～ up ～を受け取る

149.

According to the memo, what is being announced?

(A) The closure of a road
(B) A change in a timetable
(C) The cancellation of a job
(D) The relocation of an office

メモによると，何が発表されていますか。

(A) 道路の閉鎖
(B) 時刻表の変更
(C) 仕事のキャンセル
(D) オフィスの移転

正解 (A)

解説 メモによると，何が発表されているかが問われています。❷で「議会が通りの一部で緊急工事を行うと発表した」「昨日，通りの一部を通行止めにし，しばらく再開しない」と述べられているので，道路の閉鎖が伝えられていると分かります。以上より，(A) が正解です。

言い換え closed → closure
street → road

語句 □timetable 時刻表　□relocation 移転

 1つの文書問題（シングルパッセージ）の質問にAccording to 〜「〜によると」がある場合は，その部分を読む必要はありません。なぜなら，参照する文書は1つだけだからです。一方，複数の文書問題（マルチプルパッセージ）では，複数ある文書のうちAccording to 〜に続く文書の中に正解の根拠が必ず書かれているので，非常に重要なキーワードとなります。

150.

When will identification cards be distributed?

(A) February 10
(B) February 11
(C) February 19
(D) February 20

身分証明書はいつ配布されますか。

(A) 2月10日
(B) 2月11日
(C) 2月19日
(D) 2月20日

正解 (B)

解説 身分証明書の配布はいつかが問われています。工事現場を通過する際に身分証明書が必要であることが文書後半で述べられ，❸で「明日の朝出勤したときに，新しい証明書を受け取ることができる」とあります。ここで❶のメモの日付を見ると，このメモが2月10日付けのものと分かります。ここから身分証明書の配布は翌日の2月11日と分かるので，正解は(B)です。

語句 □distribute 〜を配布する

Questions 151-153 refer to the following article.

Carllleton Seafood

"Simply Nashville's finest seafood restaurant"
— Rick Stanforth, *Nashville Standard*

❶"One of the city's oldest and most respected dining establishments, it never fails to impress!"
— Stephanie Miles, *Dining Out Magazine*

❷Carllleton Seafood is proud to announce that it has managed to attract one of North America's finest chefs to lead its team of experienced cooks. Glen Tanaka, famous for his work at Sands of Time in Las Vegas, has taken over the role of head chef.

❸After 20 years running the restaurant, owner Tina Hannity has passed on the responsibility to someone she can trust to carry on the establishment's tradition of fine food and excellent service. She has even given Mr. Tanaka permission to update the menu her father created 30 years ago. Ms. Hannity's family originally ran the Carllleton Seafood Markets and opened the restaurant ❹as a way for her to put her culinary arts degree to good use. The markets are still going strong and Ms. Hannity is looking forward to focusing more on them and her work ❺as head of the Nashville Chamber of Commerce.

設問151-153は次の記事に関するものです。

Carllleton Seafood

「とにかくNashvilleで最高のシーフードレストラン」
— Rick Stanforth, 『Nashville Standard』

「町で最も古く，最も評価の高い食事施設の1つに誰もが感動！」
— Stephanie Miles, 『Dining Out Magazine』

Carllleton Seafoodは，経験豊富な料理人のチームを率いるために北米最高のシェフの1人を招き入れられたことを発表でき，光栄に思っています。Las VegasのSands of Timeでの仕事で有名なGlen Tanakaさんが料理長の役割を引き継ぎました。

20年間レストランを経営した後，オーナーのTina Hannityさんは，この店の伝統である美味しい料理と素晴らしいサービスを信頼して継承できる人物に，責任を譲り渡しました。彼女は，30年前に彼女の父が創りあげたメニューを更新する許可さえもTanakaさんに与えています。Hannityさんの家族はもともとCarllleton Seafood マーケットを経営しており，彼女の料理法の学位を生かすためにレストランを開きました。マーケットの運営は今でも好調で，Hannityさんはそれらの運営とNashville商工会議所の代表としての仕事にもっと力を入れていくことを楽しみにしています。

- -

語句 □respected 評判のよい　□dining establishment 食事施設　□never fail to *do* 必ず～する
□impress ～を感動させる　□*be* proud to *do* ～することを誇りに思う　□manage to *do* なんとかして～する
□cook 料理人　□take over ～ ～を引き継ぐ　□run ～を経営する　□pass on A to B AをBに渡す
□carry on ～ ～を継続する　□tradition 伝統，習慣　□permission 許可　□originally もともと　□culinary arts 料理法
□degree 学位　□focus on ～ ～に焦点を当てる

151.

What is the purpose of the article?

(A) To promote the opening of a new restaurant
(B) To publicize the hiring of a new chef
(C) To announce a discount offer at a market
(D) To list some new dishes at a restaurant

記事の目的は何ですか。

(A) 新しいレストランの開店を促進すること
(B) 新しいシェフを雇用したことを公表すること
(C) マーケットでの割引提供を発表すること
(D) レストランの新しい料理をリストアップすること

正解 (B)

解説 記事の目的が問われています。❷で「Carlleton Seafood は，北米最高のシェフの1人を招き入れられたことを発表でき光栄に思っている」と述べられています。ここから，(B)が正解です。

言い換え announce → publicize
　　　　　　 attract → hiring

語句 □publicize ～を公表する　□hiring 雇用　□list ～をリスト化する

152.

What is indicated about Carlleton Seafood?

(A) It has a long history in Nashville.
(B) It is open seven days a week.
(C) It has won tourism awards.
(D) It is located near the sea.

Carlleton Seafoodについて何が示されていますか。

(A) Nashvilleで長い歴史がある。
(B) 週7日営業している。
(C) 観光賞を受賞している。
(D) 海の近くにある。

正解 (A)

解説 Carlleton Seafoodについて示されていることを問う問題です。記事の冒頭から，Carlleton SeafoodがNashvilleという場所にあることが分かります。また❶に，「町で最も古く，最も評価の高い食事施設の1つ」と述べられているので，Carlleton Seafoodはこの話の舞台となっているNashvilleで長い歴史を持っていることが分かります。以上から，正解は(A)です。記事の後半で述べられている「30年前に彼女の父が創りあげたメニュー」も，Carlleton Seafoodが長い歴史を持っていることのヒントとなります。

言い換え oldest → has a long history

153.

What is NOT true about Tina Hannity?

(A) She worked at Carlleton Seafood.
(B) She has cooking qualifications.
(C) She created the Carlleton Seafood menu.
(D) She is a member of the Nashville Chamber of Commerce.

Tina Hannityについて正しくないものは何ですか。

(A) Carlleton Seafoodで働いていた。
(B) 料理の資格を持っている。
(C) Carlleton Seafoodのメニューを作った。
(D) Nashville商工会議所のメンバーである。

正解 (C)

解説 NOT問題で，Tina Hannityについて正しくないものは何かが問われています。❸の「20年間レストランを経営した後，責任を譲り渡した」が(A)に，❹の「Hannityさんの料理法の学位を生かすために」が(B)に，そして❺の「Nashville商工会議所の代表として」という記載が(D)に対応します。メニューを作ったのはHannityさんの父親なので，(C)が正解です。

言い換え culinary arts degree → cooking qualifications
　　　　　　 head of → member of

NOT問題を正解するコツ

（濵：濵﨑先生／大：大里先生）

濵：まず，質問と選択肢を読んで記憶します。本文を読み進めていくと，選択肢のうちの3つが必ず登場します。

大：NOT問題は「選択肢に合致する記載が本文中に3つあるので，記載されていないものを1つ選んでね」というメッセージですからね。

濵：その通りです。3つの選択肢の内容が本文に登場したところでタスク終了です。

大：本文に登場するものをうっかり正解に選んでしまわないよう，注意したいですね。

Questions 154-155 refer to the following text-message chain.

♪ 152

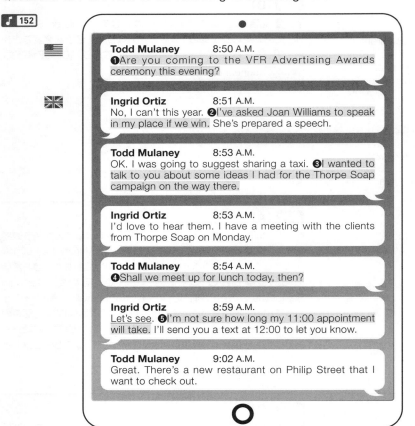

Todd Mulaney   8:50 A.M.
❶Are you coming to the VFR Advertising Awards ceremony this evening?

Ingrid Ortiz   8:51 A.M.
No, I can't this year. ❷I've asked Joan Williams to speak in my place if we win. She's prepared a speech.

Todd Mulaney   8:53 A.M.
OK. I was going to suggest sharing a taxi. ❸I wanted to talk to you about some ideas I had for the Thorpe Soap campaign on the way there.

Ingrid Ortiz   8:53 A.M.
I'd love to hear them. I have a meeting with the clients from Thorpe Soap on Monday.

Todd Mulaney   8:54 A.M.
❹Shall we meet up for lunch today, then?

Ingrid Ortiz   8:59 A.M.
Let's see. ❺I'm not sure how long my 11:00 appointment will take. I'll send you a text at 12:00 to let you know.

Todd Mulaney   9:02 A.M.
Great. There's a new restaurant on Philip Street that I want to check out.

設問154-155は次のテキストメッセージのやり取りに関するものです。

Todd Mulaney   午前8時50分
今晩のVFR広告賞授賞式に行く？

Ingrid Ortiz   午前8時51分
いいえ，今年は行けないの。もし私たちが受賞したらJoan Williamsに代わりにスピーチをしてもらうように頼んだわ。彼女がスピーチの準備をしてくれているの。

Todd Mulaney   午前8時53分
分かった。タクシーの相乗りを提案しようと思っていたんだ。会場に向かう途中でThorpe Soap社のキャンペーンに向けてのアイデアを君に話したくてさ。

Ingrid Ortiz   午前8時53分
ぜひそれを聞かせてほしいわ。月曜日にThorpe Soap社の顧客と打ち合わせがあるのよ。

Todd Mulaney   午前8時54分
それじゃあ，今日会ってお昼を食べようか？

Ingrid Ortiz   午前8時59分
ええっと。11時の約束がどのくらい時間がかかるか分からないから，12時にメールで知らせるわね。

Todd Mulaney   午前9時2分
ありがとう。Philip通りに新しいレストランがあって，行ってみたいんだ。

語句　□in *one*'s place ～の代わりに　□meet up for ～ ～のために集まる

154.

What do the writers most likely produce?

(A) Documentary films
(B) Television commercials
(C) Training videos
(D) Commemorative recordings

書き手たちはおそらく何を生産していますか。

(A) ドキュメンタリー映画
(B) テレビCM
(C) 研修ビデオ
(D) 記念の映像記録

正解 (B)

解説 書き手たちがおそらく何を生産しているかが問われています。❶の「広告賞授賞式に行くか?」, ❷の「もし私たちが受賞したらJoan Williamsに代わりにスピーチをしてもらうよう頼んだ」, ❸の「Thorpe Soap社のキャンペーンに向けてのアイデアを話したかった」から, 書き手たちが広告制作に関わる仕事に就いていることが推測できます。以上から, (B)が正解です。テレビかどうかは明記されていませんが,「広告」と呼べる選択肢は(B)だけであることが正解の根拠となっています。

語句 □documentary film ドキュメンタリー映画　□commemorative 記念となる　□recording 記録, 映像記録

155.

At 8:59 A.M., what does Ms. Ortiz mean when she writes, "Let's see"?

(A) She is looking forward to watching a video.
(B) She will search for some tickets.
(C) She might not be available.
(D) She is checking a restaurant reservation.

午前8時59分にOrtizさんが"Let's see"と書く際, 何を意図していますか。

(A) ビデオを見ることを楽しみにしている。
(B) チケットを探す予定である。
(C) 予定が空いていないかもしれない。
(D) レストランの予約を確認している。

正解 (C)

解説 意図問題です。問われている文は「ええっと」と, 少し何かを考えているような発言です。前後の発言を見ると, Ortizさんは❹で「今日会ってお昼を食べようか」と誘われており, ❺で「11時の約束がどのくらい時間がかかるか分からない」と答えています。つまり, 誘いに対して応じられない可能性を示唆していることが分かるので, (C)が正解です。

語句 □search for ～ ～を探す　□available 空いている, 時間がある

❖ ❖ ❖

テキストメッセージの人名の横に書かれている時刻は, 意図問題で「意図が問われる発言」の場所を参照するためにのみ必要です。ほかの問題を解く際には特に必要にはならないので, 意図問題を解く際にだけ参照しましょう。

Questions 156-157 refer to the following article.

♪ 153 🇬🇧

❶Milton Cambridge's most popular novel, *Fractured Big Dreams*, is to be made into a motion picture. The movie is to star Heather Wilson. The story will be altered slightly for the screen, which may annoy some of Cambridge's fans. However, Renée Light, the screenwriter hired for the project, has won several major awards for her previous projects and she has said in the past that she herself is a fan of Mr. Cambridge.

The film's star is now completing another project in Hawaii. According to a spokesperson for the production, ❷she will arrive in Toronto next week to start preparing for her new role.

設問156-157は次の記事に関するものです。

Milton Cambridgeの最も人気の小説である『Fractured Big Dreams』が映画化されます。Heather Wilsonが映画の主演を務めます。物語は映画向けに少し変更されるので，Cambridgeのファンたちの中には嫌がる人もいるかもしれません。しかし，このプロジェクトに起用された脚本家であるRenée Lightは，過去のプロジェクトでいくつか大きな賞を取っており，彼女自身もCambridgeのファンであると過去に述べています。

映画の主演女優は，Hawaiiで別のプロジェクトを終えようとしています。その作品の広報担当者によると，彼女は来週Toronto に到着し，新しい役の準備を始めるようです。

語句 □*be* made into ～ ～化される，～に作り変えられる　□motion picture 映画　□star ～を主演させる，主演
□alter ～を変える　□slightly わずかに　□annoy ～をいらいらさせる　□screenwriter 脚本家　□win（賞など）を勝ち取る
□spokesperson 広報担当者　□role 役割

156.

What is the article mainly about?

(A) The film adaptation of a book
(B) The premiere of a new movie
(C) The schedule of an awards ceremony
(D) The budget for a project

記事は主に何についてですか。

(A) 本の映画化
(B) 新しい映画のプレミア試写会
(C) 授賞式のスケジュール
(D) プロジェクトの予算

正解 (A)

解説 記事が主に何について扱っているものかが問われています。❶で「人気小説『Fractured Big Dreams』が映画化される」と述べているので，これを言い換えた(A)が正解です。❶の文末にあるmotion pictureは，filmやmovieと同様，「映画」を意味する言葉です。

言い換え be made into a motion picture → film adaptation

語句 □film adaptation of ～ ～の映画化　□premiere プレミア試写会，初公開　□awards ceremony 授賞式

157.

What will Ms. Wilson do next week?

(A) Meet with Ms. Light
(B) Collaborate on a screenplay
(C) Buy a home in Hawaii
(D) Begin working on a new project

Wilsonさんは来週何をしますか。

(A) Lightさんと会う
(B) 映画脚本を共同制作する
(C) Hawaiiで家を買う
(D) 新しいプロジェクトに取りかかる

正解 (D)

解説 Wilsonさんが来週何をするかが問われています。文書冒頭より，Wilsonさんはこの記事で取り上げている映画の主演を務める人物です。❷に，「彼女は来週Torontoに到着し，新しい役の準備を始める」とあり，Wilsonさんは来週，映画の主演という新しく決まった仕事に取りかかることが分かります。これをnew projectと表した(D)が正解です。

語句 □collaborate on ～ ～を共同制作する　□screenplay 映画脚本

MEMO

To: All Fllur Employees
From: Hannah Sanchez, Fllur Company Manager
Date: June 7
Subject: Maintenance

❶Fllur computer systems will be updated from June 9 to 12. ❷This annual procedure ensures that all network services are in good working condition. Because of this, our network will be temporarily unavailable for a certain time. Please see below for when the scheduled work will take place in each department.

Day 1 Accounting
Day 2 Marketing
Day 3 General Affairs
❸Day 4 Human Resources

❹We strongly advise employees to back up important files beforehand. Should you have any questions regarding this matter, please contact Brian Fulmer of the IT Department.

Thank you,

Hannah Sanchez, Fllur Company Manager

設問158-160は次のメモに関するものです。

メモ
宛先：Fllur従業員各位
差出人：Hannah Sanchez，Fllur社支配人
日付：6月7日
件名：メンテナンス

6月9日から12日まで，Fllur社のコンピューターシステムが更新されます。この毎年の手順によって，確実に全てのネットワークサービスが正常に作動するようになります。このため，一定の期間，ネットワークが一時的に利用できなくなります。各部署での作業予定日は下記を参照してください。

1日目　経理部
2日目　マーケティング部
3日目　総務部
4日目　人事部

重要なファイルは事前にバックアップを取ることを従業員に強くお勧めします。この件に関してご質問がある場合は，IT部門のBrian Fulmerまでご連絡ください。

よろしくお願いします。

Hannah Sanchez，Fllur社支配人

語句 □procedure 手順　□ensure that ～ ～を確実にする　□in good working condition 正常に作動している
□temporarily 一時的に　□unavailable 利用できない　□for a certain time 一定時間　□general affairs 総務部
□back up ～ ～のバックアップを取る　□beforehand 事前に　□Should you have ～ もし～があれば

158.

What is true about the maintenance?

(A) It will take place outside office hours.
(B) It will be conducted by Ms. Sanchez.
(C) It is implemented on a yearly basis.
(D) It requires half a day to complete.

メンテナンスについて何が正しいですか。

(A) 営業時間外に行われる。
(B) Sanchezさんによって行われる。
(C) 毎年実施されている。
(D) 終えるのに半日かかる。

正解 (C)

解説 メンテナンスについて何が正しいかを問う問題です。この文書では，コンピューターシステムが更新されるメンテナンスについての話題が述べられています。❷で，「この毎年の手順は」と述べられているので，(C)が正解と分かります。文書冒頭❶に6月9日から12日まで行われると述べられているので，(D)は不正解です。

言い換え annual procedure → implemented on a yearly basis

語句 □implement ～を実行する　□on a yearly basis 毎年

159.

When is the work scheduled for the Human Resources department?

(A) June 9
(B) June 10
(C) June 11
(D) June 12

人事部ではいつ作業が予定されていますか。

(A) 6月9日
(B) 6月10日
(C) 6月11日
(D) 6月12日

正解 (D)

解説 人事部ではいつ作業が予定されているのかを問う問題です。❶に「コンピューターシステムの更新が6月9日から12日にかけて行われる」とあります。各部署での作業予定日を見ると，❸に「4日目　人事部」という記載があります。ここから，6月9日から数えて4日目，つまり最終日の6月12日に人事部のシステムの更新が行われることが分かります。以上より，正解は(D)です。Day 4とはいつから数えて4日目なのかを間違えないようにしましょう。くれぐれも，メモの日付の6月7日から4日目，としないように注意してください。

160.

According to the memo, why should some people contact Mr. Fulmer?

(A) To ask about saving data
(B) To submit a product proposal
(C) To schedule an interview
(D) To reserve a place for a lunch meeting

メモによると，一部の人々はなぜFulmerさんに連絡するべきですか。

(A) データの保存について尋ねるため
(B) 商品企画書を提出するため
(C) 面接の日程を決めるため
(D) 昼食会議を行う場所を予約するため

正解 (A)

解説 メモによると，一部の人々はなぜFulmerさんに連絡するべきなのかが問われています。❹に「重要なファイルは事前にバックアップを取ることを勧める。この件に関して質問がある場合は，IT部門のBrian Fulmerまで連絡を」とあります。つまり，バックアップを取る（＝ファイルのコピーを取って保存する）際に不明なことがあれば，Fulmerさんに連絡するべきだということが分かるので，(A)が正解です。

言い換え back up important files → saving data

✧ ✧ ✧

back upを「バックアップを取る」とカタカナ語で覚えていると，「データを保管場所に保存する」ことと結び付かないかもしれません。このようなパソコン用語が具体的に何を指すのか，英英辞典などを使って調べてみるのも1つの手です。易しい英語で解説されていますよ。

Questions 161-163 refer to the following article.

Demolition of Hillsgate Shopping Center Gets Under Way

KINGSTON (28 March)— ❶Crews began the work of tearing down the Hillsgate Shopping Center near the Kingston City waterfront today. —[1]—. ❷Since its opening, the center had offered low rents to independent shops, and quickly became a popular shopping and mingling destination for younger residents. —[2]—. ❸After many years of gradually declining revenues, it eventually closed its doors last year.

The removal of the Hillsgate Shopping Center will make room for a new retail, office, and residential complex, which is part of the city government's £100 million regeneration project for the waterfront. —[3]—. The new facility will host premium shops and restaurants. ❹The historic Tudor House and St. Luke's Church will be incorporated into a tree-lined pedestrian street linking the complex's shops with the port. The city hopes this will attract passengers from cruise ships docking at Kingston. —[4]—.

設問 161-163 は次の記事に関するものです。

Hillsgate ショッピングセンターの取り壊し開始

KINGSTON（3月28日）— 作業員は本日，Kingston市の海岸地区近くのHillsgateショッピングセンターの取り壊し作業を開始しました。オープン以来，ショッピングセンターは独立型店舗に低価格な賃料を提供し，すぐに若い住民のショッピングや交流の場として人気となりました。しかし，市場の変化に伴い，ショッピングセンターは営業を続けるのに苦戦しました。何年にもわたり収益が徐々に減少した後，昨年結局閉店してしまいました。

Hillsgateショッピングセンターの撤去により空いた土地には，新たな小売店，オフィス，住宅複合施設の建設が予定されており，これは市政府の1億ポンドをかけた海岸地区再生プロジェクトの一環です。新しい施設には高級店やレストランが入る予定です。複合施設と港を結ぶ歩行者専用の並木道には，歴史的なチューダーハウスや聖Luke教会が組み込まれます。市は，これがKingstonに停泊しているクルーズ船の乗客を引き付けることを期待しています。

語句 □demolition 取り壊し，解体　□crew 作業員　□tear down 〜 〜を取り壊す　□waterfront 海岸地区　□low rent 低賃料
□independent shop 独立型店舗，個人経営の店　□mingling 交流　□gradually 徐々に　□revenue 収益
□eventually 最終的に　□removal 撤去，除去　□make room for 〜 〜の余地を作る　□complex 複合施設
□regeneration 再生　□premium shop 高級店　□incorporate 〜を合体・合併させる　□tree-lined 並木の
□attract 〜を引き付ける　□dock at 〜 〜に停泊する

161.

What is mentioned about the Hillsgate Shopping Center?

(A) It is the only shopping center in Kingston.
(B) It is situated in the suburbs.
(C) Its annex is being constructed.
(D) It is being demolished.

Hillsgateショッピングセンターについて何が述べられていますか。

(A) Kingstonで唯一のショッピングセンターである。
(B) 郊外にある。
(C) 別館が建設されている。
(D) 取り壊しが行われている。

正解 (D)

解説 Hillsgateショッピングセンターについて何が述べられているかを問う問題です。❶に「本日，Kingston市の海岸地区近くのHillsgateショッピングセンターの取り壊し作業を開始した」とあるので，これを言い換えた(D)が正解です。記事のタイトル「Hillsgateショッピングセンターの取り壊し開始」からも，正解を導くことができます。(D)は受け身の進行形となっていますが，これは取り壊しが開始されて以来，現在も進行中であるというニュアンスです。

言い換え tearing down → being demolished

語句 □be situated 位置している □annex 別館 □demolish ～を取り壊す

162.

What is suggested about St. Luke's Church?

(A) It has a fairly modern design.
(B) It is located near the waterfront.
(C) It was constructed forty years ago.
(D) It was torn down to build a shopping center.

聖Luke教会について何が示されていますか。

(A) かなり現代的なデザインである。
(B) 海岸地区の近くに位置する。
(C) 40年前に建設された。
(D) ショッピングセンターを建てるために取り壊された。

正解 (B)

解説 聖Luke教会について何が示されているかを問う問題です。❹で，「複合施設と港を結ぶ歩行者専用の並木道には，聖Luke教会が組み込まれる」と述べられています。第2段落冒頭の文の後半から，複合施設は海岸地区にあるということが分かるので，聖Luke教会は海岸地区の近くに位置すると判断できます。よって，(B)が正解です。

語句 □fairly かなり □be located 位置している

163.

In which of the positions marked [1], [2], [3], and [4] does the following sentence best belong?

"However, with the changing market, the center struggled to stay in business."

(A) [1]
(B) [2]
(C) [3]
(D) [4]

[1]，[2]，[3]，[4]と記載された箇所のうち，次の文が入るのに最もふさわしいのはどれですか。

「しかし，市場の変化に伴い，ショッピングセンターは営業を続けるのに苦戦しました」

(A) [1]
(B) [2]
(C) [3]
(D) [4]

正解 (B)

解説 文挿入位置問題です。挿入文の意味は「しかし，市場の変化に伴い，ショッピングセンターは営業を続けるのに苦戦した」という意味で，冒頭に逆接のHoweverがあります。ここから，この文の前にはショッピングセンターが繁栄していた，という内容が来ると考えられます。すると，❷に「ショッピングセンターは人気となった」とあり，さらに❸では，「何年にもわたり収益が徐々に減少した後，昨年結局閉店した」とあるので，この間に挿入文を入れると文意に合うことが分かります。以上から，正解は(B)です。

❖ ❖ ❖

 文挿入問題では，この問題のように挿入文にhowever（逆接），moreover（追加）などの接続副詞が含まれていることがあります。これらをヒントに挿入文の前後の文脈を判断するようにしてください。

語句 □struggle to do ～することに苦戦する

Questions 164-167 refer to the following online chat discussion.

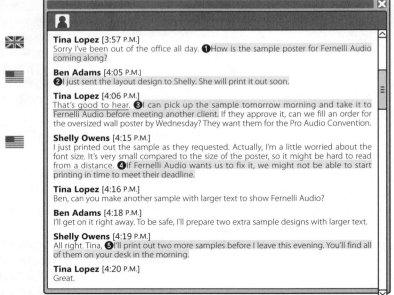

Tina Lopez [3:57 P.M.]
Sorry I've been out of the office all day. ❶How is the sample poster for Fernelli Audio coming along?

Ben Adams [4:05 P.M.]
❷I just sent the layout design to Shelly. She will print it out soon.

Tina Lopez [4:06 P.M.]
That's good to hear. ❸I can pick up the sample tomorrow morning and take it to Fernelli Audio before meeting another client. If they approve it, can we fill an order for the oversized wall poster by Wednesday? They want them for the Pro Audio Convention.

Shelly Owens [4:15 P.M.]
I just printed out the sample as they requested. Actually, I'm a little worried about the font size. It's very small compared to the size of the poster, so it might be hard to read from a distance. ❹If Fernelli Audio wants us to fix it, we might not be able to start printing in time to meet their deadline.

Tina Lopez [4:16 P.M.]
Ben, can you make another sample with larger text to show Fernelli Audio?

Ben Adams [4:18 P.M.]
I'll get on it right away. To be safe, I'll prepare two extra sample designs with larger text.

Shelly Owens [4:19 P.M.]
All right. Tina, ❺I'll print out two more samples before I leave this evening. You'll find all of them on your desk in the morning.

Tina Lopez [4:20 P.M.]
Great.

設問164-167は次のオンラインチャットの話し合いに関するものです。

Tina Lopez [午後3時57分]
今日は一日中外出していてごめんなさい。Fernelli Audio社のサンプルポスターはどんな感じで進んでいる？

Ben Adams [午後4時5分]
ちょうどレイアウトデザインをShellyに送ったところだよ。彼女がもうすぐ印刷してくれるよ。

Tina Lopez [午後4時6分]
それを聞けてよかったわ。明日の朝サンプルを受け取って，別のクライアントと会う前にFernelli Audio社に持って行けるわ。もし彼らが承認してくれたら，壁に貼る特大のポスターの注文に水曜日までに応じられるかしら？　Pro Audio会議用に欲しいみたいなの。

Shelly Owens [午後4時15分]
依頼された通りにちょうどサンプルを印刷してみたわ。実は，文字の大きさが少し気になるの。ポスターのサイズに比べてとても小さくて，遠くから見ると読みづらいかもしれない。Fernelli Audio社がそこを直すことを望んだら，納期に間に合うように印刷を始められないかもしれないわ。

Tina Lopez [午後4時16分]
Ben，Fernelli Audio社に見せるために，文字をもっと大きくした別のサンプルを作ってもらえる？

Ben Adams [午後4時18分]
さっそくやってみる。念のため，文字を大きくしたサンプルデザインを2つ余分に用意しておくよ。

Shelly Owens [午後4時19分]
分かったわ。Tina，今晩帰る前に追加で2つのサンプルを印刷しておくわ。明日の朝には全部机の上にある状態にしておくわね。

Tina Lopez [午後4時20分]
ありがとう。

語句 □come along 進歩する，うまくいく　□print ～ out ～を印刷する　□fill an order 注文に応じる　□oversized 特大の
□compared to ～ ～と比較して　□fix ～を修正する　□text 文字　□get on ～ ～に取りかかる

164.

What kind of business do the writers most likely work for?

(A) A printing service
(B) An event planning company
(C) A real estate agency
(D) An audio equipment maker

書き手たちはおそらくどんな種類の会社で働いていますか。

(A) 印刷サービス
(B) イベント企画会社
(C) 不動産会社
(D) オーディオ機器メーカー

正解 (A)

解説 書き手たちが勤めているのはおそらくどこかが問われています。❶でLopezさんがサンプルポスターの進捗について尋ねており，❷でAdamsさんがレイアウトデザインを送ったことや，これからOwensさんが印刷作業を行うことが分かります。その後もポスターの文字サイズの調整について全員が話し合っていることから，彼らは印刷サービスを行う会社で働いていると考えられます。以上より，正解は(A)です。

語句 □real estate agency 不動産会社

165.

At 4:06 P.M., what does Ms. Lopez most likely mean when she writes, "That's good to hear"?

(A) She is looking forward to meeting Mr. Adams.
(B) She is happy that Ms. Owens was promoted to leader.
(C) She is satisfied with the progress of their work.
(D) She is glad a problem has been resolved.

午後4時6分にLopezさんが"That's good to hear"と書く際，おそらく何を意図していますか。

(A) Adamsさんに会えるのを楽しみにしている。
(B) Owensさんがリーダーに昇進したことを喜んでいる。
(C) 仕事の進捗状況に満足している。
(D) 問題が解決したことを喜んでいる。

正解 (C)

解説 意図問題です。問われている文は「それはよい知らせだ」という意味です。前後を見ていくと，❷でAdamsさんが「Shellyにレイアウトデザインを送付したので，もうすぐ印刷してくれる」と仕事の進捗状況を述べ，それに対しLopezさんが❸で「明日の朝サンプルを受け取り，Fernelli Audio社に持って行ける」と述べています。❸の予定は仕事が順調に進んでいるからできることで，Lopezさんは仕事の進捗状況に満足して「それはよい知らせだ」と述べたと考えられます。よって，正解は(C)です。

語句 □be promoted to ～ ～に昇進する □progress 進捗 □resolve ～を解決する

166.

Why is Ms. Owens concerned?

(A) A shipment is delayed.
(B) A client might not like a design.
(C) A printer is malfunctioning.
(D) A client might postpone an event.

Owensさんはなぜ心配していますか。

(A) 出荷が遅れているから。
(B) クライアントがデザインを気に入らないかもしれないから。
(C) プリンターが正常に作動しないから。
(D) クライアントがイベントを延期するかもしれないから。

正解 (B)

解説 Owensさんが心配している理由が問われています。Owensさんは4時15分の発言でポスターの文字のサイズの小ささについて言及し，❹で「Fernelli Audio社が修正を望んだら，納期に間に合うように印刷を始められないかもしれない」と述べています。ここから，印刷したポスターのデザインをクライアントが気に入らないかもしれない，ということに懸念を抱いていると分かるため，(B)が正解です。

語句 □malfunction 正常に作動しない □postpone ～を延期する

167.

What does Ms. Owens say she will do for Ms. Lopez?

(A) Transfer a call
(B) Wait for her at the office
(C) Put some samples on her desk
(D) Install some software

OwensさんはLopezさんのために何をするつもりだと言っていますか。

(A) 電話を転送する
(B) 会社で彼女を待つ
(C) 彼女の机にサンプルを置く
(D) ソフトウェアをインストールする

正解 (C)

解説 OwensさんがLopezさんのために何をするつもりだと言っているかが問われています。OwensさんはLopezさんに❺で「今晩帰る前に追加でサンプルを印刷し，机に置いておく」と述べています。以上より，これを言い換えた(C)が正解です。

語句 □transfer ～を転送する

Questions 168-171 refer to the following Web page.

 ♪ 157

Main page	**Testimonials**	**Options**	**Contact**

Welcome to Favreau and Rossi

❶Favreau and Rossi has been preparing meals for events in Montreal for many years. We have a variety of menu options at different price points, and we are able to feed from as few as 10 diners to as many as 500. Naturally, we may require advance notice for events with large numbers of participants. We are especially busy during the summer months, so be sure to book early. ❷Between November and February, on the other hand, we are comparatively free, and we offer substantial discounts to clients holding events then.

Favreau and Rossi has grown from a small business with just five staff to a major local employer with more than 40 people on its payroll. ❸During our two decades of serving Montreal, we have won several local business awards for not only our service quality, value for money, and customer satisfaction, but also our dedication to the local community.

❹We are renowned for our volunteer work to foster local sporting teams and volunteer groups. We sponsor several junior teams including the Montreal Ducks and the South Bend Long Horns. We provided free meals to the Montreal Green Society at the last three annual riverside cleanups.

If you would like us to help support your group, contact our community outreach officer at co@favreauandrossi.com.

設問 168-171 は次のウェブページに関するものです。

メインページ	お客様の声	オプション	お問い合わせ

Favreau and Rossi社へようこそ

Favreau and Rossi社は長年にわたって，Montrealでのイベントの食事を準備してきました。価格帯の異なるさまざまなメニューをご用意しており，たった10名様から500名様もの人数まで対応可能です。当然のことながら，参加者が多いイベントの場合は事前のお知らせが必要な場合があります。夏場は特に混み合いますので，ご予約はお早めに。一方で11月から2月の間は比較的空いており，その間にイベントを開催されるお客様には大幅な割引をさせていただきます。

Favreau and Rossi社は，わずか5人のスタッフだけの小さな会社から，40人以上の従業員を抱える地元の大手企業へと成長しました。当社はMontrealにサービスを提供した20年の間で，サービスの質，コストパフォーマンス，顧客満足度だけでなく，地域社会への献身的な取り組みが評価され，いくつかの地域ビジネス賞を受賞しました。

当社は地元のスポーツチームやボランティアグループの発展を促進するボランティア活動で有名です。Montreal Ducksや South Bend Long Hornsなど，いくつかのジュニアチームのスポンサーを務めています。年に1度行われる過去3回の川辺清掃の日では，Montreal Green Societyに無料の食事を提供しました。

グループへの支援をご希望される方は地域支援活動役員co@favreauandrossi.comまでご連絡ください。

語句 □testimonial 顧客の声，感想 □price point 価格帯 □feed ～に食事を提供する □diner 食事を取る人
□naturally もちろん □advance notice 事前の知らせ □book ～を予約する □comparatively 比較的
□substantial かなりの □on *one*'s payroll ～に雇用されて □decade 10年 □customer satisfaction 顧客満足度
□dedication to ～ ～に対する献身 □*be* renowned for ～ ～で知られている □foster ～の発展を促進する
□riverside 川沿い □cleanup 清掃 □community outreach officer 地域支援活動役員

168.

How does Favreau and Rossi serve its customers?

(A) By renting out a venue
(B) By offering business advice
(C) By providing a catering service
(D) By leasing office equipment

Favreau and Rossi社はどのように顧客にサービスを提供していますか。

(A) 会場を貸し出すことによって
(B) 経営のアドバイスをすることによって
(C) ケータリングサービスを提供することによって
(D) 事務機器をリースすることによって

正解 (C)

解説 Favreau and Rossi社がどのように顧客にサービスを提供しているかが問われています。❶で「Montrealでのイベントの食事を準備してきた」と述べられているので、これらをproviding a catering serviceと言い換えた(C)が正解です。

言い換え preparing meals for events
→ providing a catering service

語句 □rent out ~ ~を貸し出す
□lease ~をリースする・一定期間貸し出す

169.

According to the Web page, how can customers get a reduced price?

(A) By joining a loyalty program
(B) By writing a testimonial
(C) By hiring the company at a certain time
(D) By introducing another customer

ウェブページによると、顧客はどのようにして割引を受けることができますか。

(A) ロイヤルティプログラムに加入することによって
(B) 感想を書くことによって
(C) 特定の時期に会社を雇うことによって
(D) ほかの客を紹介することによって

正解 (C)

解説 ウェブページによると、顧客がどのようにして割引を受けることができるかが問われています。❷で「11月から2月の間は比較的空いており、その間にイベントを開催する客には割引をする」と述べられています。ここから、11月から2月の特定期間にイベントを開催してこのケータリング会社を雇うことで、割引を受けられるということが分かります。よって、(C)が正解です。

語句 □loyalty program ロイヤルティプログラム、常連特典

170.

What is indicated about Favreau and Rossi?

(A) It is a family-owned business.
(B) It provides free delivery to local residents.
(C) It has moved to a new location.
(D) It has been in business for twenty years.

Favreau and Rossi社について何が示されていますか。

(A) 家族経営の会社である。
(B) 地元住民には無料で配達する。
(C) 新しい場所に移転した。
(D) 開業して20年になる。

正解 (D)

解説 Favreau and Rossi社について示されていることを問う問題です。❸に「Montrealにサービスを提供した20年の間で」とありますので、これを言い換えた(D)が正解です。decadeは「10年」という意味で、two decadesで「20年」を意味します。

言い換え two decades → twenty years

語句 □*be* in business 営業している

171.

What is Favreau and Rossi famous for?

(A) Training new recruits
(B) Supporting the local community
(C) Organizing an annual event
(D) Producing its own advertisements

Favreau and Rossi社は何で有名ですか。

(A) 新入社員の育成
(B) 地域社会への支援
(C) 年間行事の開催
(D) 自社での広告制作

正解 (B)

解説 Favreau and Rossi社は何で有名かが問われています。❹で、「当社は地元のスポーツチームやボランティアグループの発展を促進するボランティア活動で有名だ」と述べているので、地域社会の団体を支援していることが分かります。よって、(B)が正解です。(C)の年間行事については川辺清掃の話が第3段落で触れられていますが、Favreau and Rossi社が開催しているとは述べられていないので不正解です。

語句 □new recruit 新入社員

♪ 158 🇺🇸

From:	Ryan Jeffords <jeffords@arkia.com>
To:	Ahmed Hussain <ahussain@dmail.com>
Date:	April 19
Subject:	Re:Order #1015130

Dear Mr. Ahmed Hussain,

Thank you for your e-mail regarding your recent online purchase from Arkia.com. We regret to hear that the Hulo lamp you ordered was damaged when you received it. —[1]—.

In accordance with ❶our return policy, unsatisfactory products can be replaced within 60 days of purchase. —[2]—. ❷You may use either the original packaging or another box.

❸Once you have sent the lamp, please e-mail us a photo of the receipt that shows the shipping cost. —[3]—. A replacement product will be shipped to you within two business days of receiving the damaged item. ❹A refund for the return postage costs will be issued to your bank account at the same time.

We apologize for any inconvenience. We appreciate your choosing Arkia.com for your home furnishing needs. —[4]—.

Sincerely,

Ryan Jeffords
Customer Support

設問172-175は次のEメールに関するものです。

送信者：Ryan Jeffords <jeffords@arkia.com>
宛先：Ahmed Hussain <ahussain@dmail.com>
日付：4月19日
件名：Re：注文番号1015130

Ahmed Hussain様

この度はArkia.comでの最近のオンライン購入に関するEメールをありがとうございました。ご注文いただいたHuloランプがお手元に届いた際に破損していたとのことで，大変残念に思っております。

当社の返品規約に準じ，ご購入後60日以内であれば，ご満足いただけない商品の交換が可能です。Huloランプを当社ウェブサイトに記載されている住所に郵送するだけです。もとのパッケージか別の箱を使用することができます。

ランプをご送付いただいたら，送料が分かる領収書の写真をEメールで送ってください。破損した商品が当社に届いてから2営業日以内に交換品が発送されます。同時に，返品にかかった送料がお客様の銀行口座に返金されます。

ご不便をおかけして申し訳ありません。この度は家具製品のご注文にArkia.comをお選びいただき，誠にありがとうございました。

敬具

Ryan Jeffords
カスタマーサポート

語句 □regarding 〜に関して □regret to hear that 〜 〜を聞いて残念に思う □in accordance with 〜 〜に準じて □return policy 返品規約 □unsatisfactory 満足のいかない □within 〜以内に □original packaging もともとの包装 □shipping cost 送料 □replacement product 代替製品 □damaged item 不良品 □refund 払い戻し □postage cost 郵送料 □issue 〜を発行する □bank account 銀行口座 □inconvenience ご不便

172.

Why did Mr. Jeffords write the e-mail?

(A) To cancel an order
(B) To explain a procedure
(C) To describe a change in policy
(D) To apologize for the closure of a store

JeffordsさんはなぜEメールを書きましたか。

(A) 注文をキャンセルするため
(B) 手順を説明するため
(C) 方針の変更を説明するため
(D) 店舗の閉店をお詫びするため

正解 (B)

解説 JeffordsさんがEメールを書いたのはなぜかが問われています。第2段落の❶で「返品規約に準じ，購入後60日以内であれば満足のいかない商品の交換が可能」と述べられています。その後，Jeffordsさんは商品の交換手続きに関する手順を説明しているので，これを表した(B)が正解です。

173.

What does Mr. Jeffords ask Mr. Hussain to do?

(A) Provide a phone number
(B) Send a photograph
(C) Extend a warranty
(D) Pay for gift-wrapping

JeffordsさんはHussainさんに，何をするよう求めていますか。

(A) 電話番号を教える
(B) 写真を送る
(C) 保証期間を延長する
(D) ラッピング代を支払う

正解 (B)

解説 JeffordsさんがHussainさんに求めていることが問われています。Jeffordsさんは❸で「ランプを送ったら，送料が分かる領収書の写真をEメールで送るように」とお願いしています。ここから，(B)が正解です。

言い換え photo → photograph

語句 □ extend ～を延長する　□ warranty 保証

174.

What will Mr. Hussain receive?

(A) A refund for an item
(B) An Arkia-branded credit card
(C) Reimbursement for a shipping fee
(D) A free repair service

Hussainさんは何を受け取りますか。

(A) 商品の返金
(B) Arkia社ブランドのクレジットカード
(C) 配送料の払い戻し
(D) 無料の修理サービス

正解 (C)

解説 Hussainさんが今後何を受け取るかが問われています。❹で「返品にかかった送料がお客様の銀行口座に返金される」と述べられているので，送料が払い戻されることが分かります。これを言い換えた(C)が正解です。

言い換え refund → reimbursement
postage costs → shipping fee

語句 □ reimbursement 払い戻し

175.

In which of the positions marked [1], [2], [3], and [4] does the following sentence best belong?
"Simply mail the Hulo lamp to the address indicated on our Web site."

(A) [1]　　　(B) [2]　　　(C) [3]　　　(D) [4]

[1], [2], [3], [4]と記載された箇所のうち，次の文が入るのに最もふさわしいのはどれですか。

「Huloランプを当社ウェブサイトに記載されている住所に郵送するだけです」

(A) [1]　　　(B) [2]　　　(C) [3]　　　(D) [4]

正解 (B)

解説 文挿入位置問題です。挿入文は「Huloランプを当社指定の住所に郵送するだけだ」という意味です。ランプの郵送に関わる内容はどこか，という視点で見ていくと，❶に「購入後60日以内であれば満足のいかない商品の交換が可能」とあり，❷で「(商品が入っていた) もとのパッケージか別の箱を使用できる」と述べられています。この❶から❷までがランプの郵送に関わる内容なので，ここに挿入文を入れると文意が通ります。よって，正解は(B)です。

Dr. Lance Tilly's ❶Workshops on Personal Finance

• ❷Plan for your future • ❸Retire early
• ❹Avoid unnecessary expenses • ❺Develop a side income

❻Dr. Tilly is an expert in personal finance with a master's degree from Scotland's prestigious Sterlington University. He has appeared on several television programs to discuss the economy and ways that people with little financial knowledge can make the most of their income. The series of two workshops will be held over two consecutive days, during which Dr. Tilly will ❼cover a wide variety of topics. On the second day, he will be joined on stage by several previous workshop attendees who will talk about their experiences using his strategies. They will speak frankly about their past and current financial situations and reflect on their financial decisions.

This will be your last chance to see Dr. Tilly speak in California for some time. ❽His national tour will take him to New Mexico in early November and Texas and Florida later in the month.

	Series 1		**Series 2**
❾**Dates:**	September 13 and 14	**Dates:**	September 20 and 21
Time:	10:00 A.M. — 3:00 P.M.	**Time:**	1:00 P.M. — 5:00 P.M.
❿**Location:**	Heartland Convention Center 98 Sugarwood Avenue San Francisco, CA 94110	**Location:**	Browning Hotel Ballroom 76 Creek Street San Diego, CA 92037
Cost:	$60	**Cost:**	$60

Testimonials

December 19
By Yeardley Walker

⓫A friend living in California attended Dr. Tilly's workshops at the Heartland Convention Center earlier this year. She said that it changed her life. ⓬She insisted that I buy a ticket for his New Mexico workshops. It was the best experience I have ever had. ⓭It was held on December 3 and 4, which was a weekend, so it was easy for working people to attend. I learned so much over those two days. I recommend the workshops to anyone who wants to feel peace of mind about their financial future.

個人ファイナンスに関するLance Tilly博士のワークショップ

- 将来の計画を立てる
- 早期退職する
- 不要な出費を抑える
- 副収入を得る

Tilly博士は，スコットランドの名門Sterlington大学で修士号を取得した，個人ファイナンスの専門家です。彼はいくつかのテレビ番組に出演し，経済についてや，金融知識の乏しい人々が収入を最大限に活用できる方法について議論してきました。シリーズものである2つのワークショップが2日連続で開催され，その間にはTilly博士がさまざまなトピックを取り上げます。2日目には，過去のワークショップ参加者が数名登壇し，Tilly博士の戦略を使った経験を語ります。過去と現在の財務状況について率直に話し，自分の財務上の決断を振り返ります。

Tilly博士のCaliforniaでの講演が見られるのは，しばらくの間はこれが最後のチャンスです。彼の全国ツアーは，11月初旬にNew Mexico，そして11月後半にはTexasとFloridaで行われる予定です。

シリーズ1	シリーズ2
日付：9月13日，9月14日	**日付**：9月20日，9月21日
時間：午前10時 — 午後3時	**時間**：午後1時 — 午後5時
場所：Heartlandコンベンションセンター 　　　Sugarwood 大通り98番地 　　　San Francisco, CA 94110	**場所**：Browningホテル大宴会場 　　　Creek通り76番地 　　　San Diego, CA 92037
費用：60ドル	**費用**：60ドル

お客様の声

12月19日
Yeardley Walker

Californiaに住む友人が今年，少し前にHeartlandコンベンションセンターで開催されたTilly博士のワークショップに参加しました。彼女はそれで人生が変わったと言っていました。彼女は私にNew Mexicoで開催されるワークショップのチケットを買うようにと強く勧めました。それは今までで最もよい経験でした。そのワークショップは12月3日と4日に開催され，それは週末だったので，働いている人でも参加しやすかったです。私はこの2日間でとても多くのことを学びました。将来の財源について安心感を得たい人にこのワークショップをお勧めします。

語句 【広告】 □personal finance 個人ファイナンス　□side income 副収入　□master's degree 修士号
　　　　　　□prestigious 権威ある　□appear on ~ ~に登場する　□two consecutive days 2日連続
　　　　　　□strategy 戦略　□frankly 率直に　□reflect on ~ ~を振り返る
　　　　【レビュー】 □insist that ~ ~を強く勧める，~と主張する　□feel peace of mind 安心感を得る

176.

What is the subject of the workshops?

(A) Learning to manage money better
(B) Applying for professional positions
(C) Building a business network
(D) Volunteering in the community

ワークショップのテーマは何ですか。

(A) お金をうまく管理できるようになること
(B) 専門職へ応募すること
(C) ビジネスネットワークを構築すること
(D) 地域でボランティア活動をすること

正解 (A)

解説 ワークショップのテーマは何かが問われています。広告の❶で「個人ファイナンスに関するワークショップ」と書かれており、以降❷〜❺に「将来の計画を立てる」、「早期退職する」、「不要な出費を抑える」、「副収入を得る」とあります。ここからお金の管理に関するワークショップだと分かるので、(A)が正解です。

177.

What credentials does Lance Tilly have?

(A) A background in banking
(B) An academic title in finance
(C) Experience in investment
(D) Recognition from a government agency

Lance Tillyはどんな実績を持っていますか。

(A) 銀行業務の経歴
(B) ファイナンスの学位
(C) 投資の経験
(D) 政府機関からの認定

正解 (B)

解説 Lance Tillyさんがどんな実績を持っているかが問われています。広告の❻でTillyさんについて触れられており、「Sterlington大学で修士号を取得した個人ファイナンスの専門家」とあるので、ファイナンスに関する学位を持っていることが分かります。以上より、これを言い換えた(B)が正解です。

言い換え master's degree → academic title

語句 □ credential 実績、権威のあかしとなるもの

178.

In the advertisement, the word "cover" in paragraph 1, line 5, is closest in meaning to

(A) conceal
(B) defend
(C) discuss
(D) report

広告の第1段落・5行目にある"cover"に最も意味が近いのは

(A) 〜を隠す
(B) 〜を擁護する
(C) 〜について話す
(D) 〜を報道する

正解 (C)

解説 同義語問題です。問われている❼は「幅広い話題について触れる」「さまざまな話題について話す」という意味です。ここから、同じ意味を持つ(C)が正解です。discussは「〜を議論する」という意味のほかに、講演などで「〜について話す」という意味を持ちます（＝talk about 〜）。

179.

What is probably true about Ms. Walker's friend?

(A) She paid for Ms. Walker's tickets.
(B) She appeared on stage with Lance Tilly.
(C) She attended a workshop on September 13.
(D) She will visit Ms. Walker in New Mexico.

Walkerさんの友人についておそらく何が正しいですか。

(A) Walkerさんのチケット代を支払った。
(B) Lance Tillyと一緒に登壇した。
(C) 9月13日にワークショップに参加した。
(D) New MexicoにいるWalkerさんを訪問する。

正解 (C)

解説 Walkerさんの友人について正しいと思われるものを選ぶ問題です。Walkerさんはレビュー⓫で「友人が今年，少し前にHeartlandコンベンションセンターでのワークショップに参加した」と述べています。ここで広告❾，❿を見ると，9月13日と9月14日にHeartlandコンベンションセンターで行われるワークショップの予定が書かれています。ここからWalkerさんの友人は9月13日と14日のワークショップに参加したことが分かるので(C)が正解です。(D)のNew Mexicoはワークショップの開催地で，友人と会う場所ではありません。

180.

What is implied about Lance Tilly's workshop in New Mexico?

(A) It was intended for college students.
(B) Its date had to be rescheduled.
(C) It attracted more than 100 people.
(D) It was advertised on television.

New MexicoでのLance Tillyのワークショップについて何が示唆されていますか。

(A) 大学生向けだった。
(B) 日付が変更される必要があった。
(C) 100人以上の人が集まった。
(D) テレビで宣伝された。

正解 (B)

解説 New MexicoでのTillyさんのワークショップについて示唆されていることを問う問題です。レビュー⓬，⓭でWalkerさんは，「友人にNew Mexicoでのワークショップを勧められ，12月3日と4日に参加した」と述べています。一方で広告❽では「Tillyさんの全国ツアーはNew Mexicoで11月初旬に開催される」とあり，開催月が異なることが分かります。以上から，何らかの理由でNew Mexicoでのワークショップの日程が変更になったと判断できるので，(B)が正解です。広告とレビューでイベントの開催日程が異なる点を把握し，「日程が変更になったのだろう」と推測させる，少し難しいクロスリファレンス問題でした。

初めてTOEICで満点を取ったときの思い出
(濵：濵﨑先生／大：大里先生)

濵： その日は勤めていた出版社のお昼休みにパソコンで結果を確認しました。満点であることを2回，3回と確かめました。

大： 濵﨑さんが初めて990点取ったときに私が985点で，「私は一体何をやっているんだ」という虚しさを感じたのを覚えています。

濵： そうだったんですね。その瞬間を手に入れるためだけに過ごしてきた人生だったので，無上の喜びをかみしめながら，会社の周辺を歩き回りました。

大： 私はそれから半年以上経過して，990点を取りました。やっとか，という気持ちと，まぐれではないことを証明するためにここからまた頑張ろう，と思いました。

濵： 大人になってからでも，そして社会人になってからでも，このような感動を手に入れることができるのだ，という実感が全身にしみわたりました。

大： 分かります。ちなみに，濵﨑さんが初めて990点を取得したときは，サプライズでフレンチレストランに招待し，ドンペリを開けて2人でお祝いしましたね。今でもよい思い出です。

Questions 181-185 refer to the following notice and e-mail.

Tiddleworth Village Charity Fun Run

Schedule of Events Sunday, 22 September

7:30 A.M. Registration Opens
8:30 A.M. 5K Run Start
9:30 A.M. 1K Youth Fun Run Start
10:00 A.M. Awards – Including best costume

Entry Fees

5K Run – Entry received by 17 September (Early entry rate): £14
5K Run – Race day registration or entry received after 17 September: £20
1K Youth Fun Run (Ages 12 and under, no early entry rate): £7

❶To qualify for early entry rates, entrants must pay fees directly to Jean Bowen, Village Treasurer, at the Tiddleworth Village Hall Office.

❷All proceeds from the run will help fund the installation of a computerized interactive learning center in the village library. ❸In addition to refreshments and cupcakes provided by Rosie's, our favorite tea, Tiddleworth's Finest, will be on sale. Thirty percent of the proceeds is going to this library fundraising effort.

We are also recruiting volunteers to help with registration and officiating at the start and finish lines, as well as to help organize the refreshment area. Please contact Jean at the Village Hall Office at 02-555-1019 by 31 August. Whether you will be running, volunteering, or just cheering from the sidelines, we hope you will come to show your support and enjoy this community event.

E-Mail Message	
From:	Jean Bowen <jbowen@tddwvillagehall.org.uk>
To:	Sarah Jackson <sjackson@tiddleworthcouncil.gov.uk>
Date:	Wednesday, 17 September
Subject:	Fun Run Update

Sarah,

We have pretty much the same volunteers as last year, which is great. ❹I've assigned everyone to the same roles they had last year so they should know what needs to be done. However, Ben is the exception. He helped with the adult race last year, but I'm having him help with the kids' run instead this year. ❺If you could give us a hand with registration, that would be great.

We have even more early entrants than last year. ❻Since the Village Hall garden will be too crowded with the registration desk, we'll need to set up the refreshment stands and tables across the road in Naidesh Park.

See you at the volunteer briefing tomorrow evening!

Jean Bowen

Tiddleworth村チャリティーマラソン大会

イベントスケジュール　9月22日 日曜日
午前7時30分　登録開始
午前8時30分　5キロマラソン開始
午前9時30分　1キロ子どもマラソン開始
午前10時　表彰式 ― ベストコスチューム賞を含む

参加費
5キロマラソン ― 9月17日までの申し込み（早期申込料金）：14ポンド
5キロマラソン ― レース当日の申し込みまたは9月17日より後の申し込み：20ポンド
1キロ子どもマラソン（12歳以下，早期申込料金なし）：7ポンド

早期申込料金を適用するには，参加者は，Tiddleworth村役場事務所で，村の会計係であるJean Bowenに直接料金を支払わなければなりません。

マラソン大会の収益は全て，村の図書館にコンピューターを使った双方向型学習センターを設置するための資金に充てられます。Rosie'sによって提供される軽食とカップケーキに加えて，私たちが大好きなお茶である，Tiddleworth's Finestも販売されます。売り上げの30パーセントがこの図書館の資金調達のための取り組みに使われます。

登録，スタートラインとゴールラインでの審判，また飲食エリアの準備を手伝ってくれるボランティアも募集しています。8月31日までに02-555-1019，村役場事務所のJeanまでご連絡ください。走る方，ボランティアの方，あるいはただ沿道で応援する方も，ぜひ支援に来て，この地域イベントを楽しんでください。

送信者：Jean Bowen <jbowen@tddwvillagehall.org.uk>
宛先：Sarah Jackson <sjackson@tiddleworthcouncil.gov.uk>
日付：9月17日 水曜日
件名：マラソン大会最新情報

Sarahへ

嬉しいことに，ボランティアは昨年とほとんど同じ人たちです。全員に去年と同じ役割を割り当てたので，自分たちが何をしなければいけないのかが分かるはずです。しかし，Benは例外です。彼は去年大人のレースを手伝ってくれましたが，今年は代わりに子どもマラソンを手伝ってもらうことにします。あなたには登録の手伝いをしていただけるとありがたいです。

昨年よりもさらに多くの早期申込者がいます。村役場の庭が登録受付で混雑しそうなので，道路を挟んで向かい側のNaidesh公園に軽食スタンドとテーブルを設置する必要があります。

明日の夕方のボランティア説明会で会いましょう！

Jean Bowen

語句　【お知らせ】　□fun run（一般市民の）マラソン大会　□registration 登録　□costume 衣装　□entry fee 参加費
　　　　　□early entry rate 早期申込料金　□qualify for ～ ～の資格を得る　□entrant 参加者　□proceeds 収益金
　　　　　□fund ～に資金を提供する　□installation 設置　□computerized コンピューターを使用した
　　　　　□interactive learning center 双方向型学習センター　□refreshments（飲み物や食べ物などの）軽食
　　　　　□fundraising effort 資金調達の取り組み　□recruit ～を採用する　□officiate 審判を務める，司会を行う
　　　　　□sideline 沿道
　　　　【Eメール】　□assign A to B AにBを割り当てる　□exception 例外　□instead 代わりに
　　　　　□give A a hand with B BについてAを手伝う　□set up ～ ～を設営する
　　　　　□refreshment stand 軽食スタンド，軽食の売店

181.

What is indicated about the early entry rate?

(A) It applies to children only.
(B) It is valid until September 22.
(C) It must be paid in person.
(D) It includes refreshments during the event.

早期申込料金について何が示されていますか。

(A) 子どものみに適用される。
(B) 9月22日まで有効である。
(C) 直接支払わなければならない。
(D) イベント中の軽食も含まれている。

正解 (C)

解説 早期申込料金について示されていることを問う問題です。お知らせの❶で早期申込料金について触れられており,「事務所で,会計係に直接支払う必要がある」と述べられているので,これを言い換えた(C)が正解です。

言い換え pay fees directory to ～ → be paid in person

語句 □apply to ～ ～に適用する □in person 直接

182.

What is the purpose of the event?

(A) To promote better physical fitness
(B) To raise money for a local library
(C) To select athletes for a team
(D) To advertise healthcare equipment

イベントの目的は何ですか。

(A) よりよい体力づくりを推進すること
(B) 地元の図書館のための資金を調達すること
(C) チームの選手を選抜すること
(D) 健康器具の宣伝をすること

正解 (B)

解説 イベントの目的は何かが問われています。マラソン大会に関するお知らせの❷から,「マラソン大会の収益は全て,村の図書館に学習センターを設置するための資金に充てられる」とあるので,これを言い換えた(B)が正解です。

言い換え fund → raise money for

語句 □physical fitness 体力,体の健康 □raise money 資金調達をする □athlete 競技選手
□healthcare equipment 健康器具

183.

According to the e-mail, what is suggested about the volunteers?

(A) Many of them are fairly young.
(B) There are not enough of them.
(C) Most are familiar with their roles.
(D) Most are recent arrivals to the area.

Eメールによると,ボランティアについて何が示されていますか。

(A) かなり若い人が多い。
(B) 十分な数がいない。
(C) ほとんどが自分の役割をよく知っている。
(D) ほとんどがその地域に最近来た人である。

正解 (C)

解説 Eメールから,ボランティアについて何が示されているかを問う問題です。Eメールの❹でボランティアの仕事の割り当てについて触れられており,「全員に去年と同じ役割を割り当てたので,自分たちが何をしなければいけないかが分かるはず」と述べられています。ここから,ボランティアスタッフはやり慣れた作業を行うことが分かるので,(C)が正解です。❹の後に「Benは例外だ」と述べられているので,正答の選択肢の主語はMost「ほとんどが」となっています。

語句 □fairly かなり □be familiar with ～ ～に慣れ親しんでいる □arrival 到着した人

184.

What is Ms. Jackson asked to do?

(A) Help register attendees
(B) Assist with serving food
(C) Give a talk to the volunteers
(D) Advertise the event more widely

Jacksonさんは何をするよう求められていますか。

(A) 参加者の登録の手伝いをする
(B) 食事の提供の手伝いをする
(C) ボランティアの人たちに話をする
(D) イベントをより広く宣伝する

正解 (A)

解説 Jacksonさんは何をするよう求められているかが問われています。Eメールの宛先であるJacksonさんは❺で「登録の手伝いをしてもらえるとありがたい」とお願いされています。よって，(A)が正解です。

言い換え give ～ a hand with registration → help register

✦ ✦ ✦

 正答の (A) では，動詞の原形が2つ続く表現が使われています。これはHelp somebody to register attendees の somebody と to が省略された形です。

語句 □attendee 参加者

185.

Where can people probably purchase products from Rosie's during the event?

(A) In Naidesh Park
(B) In front of the library
(C) At the registration desk
(D) At the Village Hall Office

イベント中，おそらく人々はRosie'sの商品をどこで買うことができますか。

(A) Naidesh公園
(B) 図書館の前
(C) 登録受付
(D) 村役場事務所

正解 (A)

解説 イベント中，おそらく人々はRosie'sの商品をどこで買うことができるかが問われています。お知らせを見ると，❸に「Rosie'sによって提供される軽食とカップケーキ」とあります。次にEメールを見ると，❻の文の後半に「Naidesh公園に軽食スタンドとテーブルを設置する必要がある」と書かれています。ここから，Rosie'sの商品はNaidesh公園の軽食スタンドで販売されることが推測できるので，(A)が正解です。(D)については，❻の文の前半で「村役場の庭が登録受付で混雑しそうなので違う場所にしよう」と述べられているため不正解です。

言い換え refreshments and cupcakes → products

Questions 186-190 refer to the following itinerary, e-mail, and receipt.

🎵 163 🇬🇧

Travel Itinerary for Ms. Bernadette Lockheed			
Travel package for: 1 Adult $3,122.00	**Taxes and fees:** $277.07		**Total:** $3,399.07
Date/Time	Details		Flight
October 10-8:30 A.M.	Depart JFK Airport (New York)		CA838
❶October 11-11:10 A.M.	Arrive Paris International Airport (Paris)		
October 15-3:55 P.M.	Depart Paris International Airport (Paris)		CA839
October 16-4:00 A.M.	Arrive JFK Airport (New York)		

Hotel Details:
A hotel room has been arranged from October 11 until October 14 at: Le Pure Inn
56, Rue de Sèvres, Paris, France 750007
TEL: +33 1 55 56 54 47

❷After you clear customs at Paris International Airport, please make your way to the UAP Rental office to pick up the keys to your rental vehicle.

Note: ❸The Calister Airlines luggage allowance is 25 kilograms. The staff at the check-in counter will charge you an additional fee if your luggage goes over this limit.
❹This itinerary was arranged by Candice Farah. Please contact her if you would like to make any changes.

🎵 164 🇺🇸

To:	Bernadette Lockheed <blockheed@gibraltaruniv.com.edu>
From:	Maxime Bisset <mbisset@pinochetrg.com.fr>
Date:	October 4
Subject:	Your visit

Dear Professor Lockheed,

Pinochet Research Group is very excited to welcome you to our Paris facility. We deeply appreciate your ❺sparing us some time to discuss our upcoming project.

❻I will be waiting for you when you arrive at Paris International Airport with a driver from my company. The vehicle and driver will be available to you to use freely at any time during your stay. ❼If you don't have other plans on the day of your arrival, we would like to invite you to have dinner with our managing director, Baptiste Corben. I have made a reservation at Chez Clements, which is generally regarded as one of Paris's finest restaurants. Of course, we will make other arrangements if this is not suitable for you.

Please let me know if there are any changes to your schedule or accommodation arrangements, and I will forward the updated information to the driver.

Sincerely,

Maxime Bisset
Pinochet Research Group

🎵 165 🇺🇸

Calister Airlines
Office 45B
Paris International Airport
Tel: +33 1 55 56 88 12
Receipt

Date: October 15

❽Excess Luggage	€33.70
Tax	€1.85
Total	**€35.55**

Passenger Name: Bernadette Lockheed
Ticket Number: H848939

Thank you for traveling with
Calister Airlines. We hope you have
a great trip.

設問186-190は次の旅程表，Eメール，領収書に関するものです。

Bernadette Lockheedさんの旅行日程		
旅行パック：大人1名 3,122.00ドル	税と手数料：277.07ドル	合計：3,399.07ドル
日時	詳細	便
10月10日－午前8時30分	JFK空港（New York）出発	CA838
10月11日－午前11時10分	Paris国際空港（Paris）到着	
10月15日－午後3時55分	Paris国際空港（Paris）出発	CA839
10月16日－午前4時	JFK空港（New York）到着	

ホテルの詳細：
10月11日から10月14日まで以下のホテルを手配しました：Le Pure Inn
56, Rue de Sèvres, Paris, France 750007
電話番号：+33 1 55 56 54 47

Paris国際空港で税関を通過した後，レンタカーの鍵を受け取るためにUAPレンタルオフィスに向かってください。

注記： Calister航空の手荷物許容量は25キロです。手荷物がこの制限を超えた場合は，チェックインカウンターのスタッフが追加料金を請求します。
この旅程表はCandice Farahが手配しました。変更をご希望の場合は，彼女にご連絡ください。

宛先： Bernadette Lockheed <blockheed@gibraltaruniv.com.edu>
送信者： Maxime Bisset <mbisset@pinochetrg.com.fr>
日付： 10月4日
件名： あなたの訪問に関して

Lockheed教授

Pinochet研究グループは，Parisの当施設にあなたをお迎えすることを，大変嬉しく思っております。今後のプロジェクトについて話し合うために，お時間を割いていただくことに深く感謝しています。

Paris国際空港に到着しましたら，私の会社の運転手と一緒にお待ちしております。車と運転手は滞在中いつでも自由にお使いいただけます。ご到着日にほかにご予定がない場合は，弊社の専務であるBaptiste Corbenとの夕食会にご招待したいと思っております。Parisにおいて最高級レストランと広くみなされているChez Clementsを予約しておきました。もちろん，ご都合が悪い場合はほかの手配をさせていただきます。

スケジュールや宿泊先の変更があればお知らせください。最新情報を運転手に転送します。

敬具

Maxime Bisset
Pinochet研究グループ

Calister航空	
Office 45B	
Paris国際空港	
電話番号：+33 1 55 56 88 12	
領収書	
日付： 10月15日	
重量超過手荷物	33.70ユーロ
税	1.85ユーロ
合計	**35.55ユーロ**

搭乗者氏名： Bernadette Lockheed
チケット番号： H848939
この度はCalister航空をご利用いただき，誠にありがとうございます。
素敵なご旅行になることを願っております。

語句 【旅程表】 □travel itinerary 旅程表 □travel package 旅行パック □detail 詳細 □arrange ～を手配する
□customs 税関 □luggage allowance （預け入れる）荷物許容量 □go over ～ ～を超過する □limit 制限
【Eメール】 □spare *A B* AにBを割く □upcoming 来たる □*be* regarded as ～ ～とみなされる □finest 最良の
□arrangement 調整，手配 □*be* suitable for ～ ～にとって都合がよい □accommodation 宿泊
【領収書】 □excess luggage 重量超過手荷物

186.

Who most likely is Ms. Farah?

(A) A car salesperson
(B) A researcher
(C) A travel agent
(D) An accountant

Farahさんとはおそらく誰だと考えられますか。

(A) 自動車の販売員
(B) 研究者
(C) 旅行代理店担当者
(D) 会計士

正解 (C)

解説 Farahさんはおそらく誰かが問われています。旅程表を見ると，❹にFarahさんのことが書かれており，「この旅程表はCandice Farahが手配した」「(旅程の)変更を希望する場合は彼女に連絡するように」と述べられているので，Farahさんは旅行代理店担当者ということが推測できます。以上より，(C)が正解です。

語句 □salesperson 販売員　□travel agent 旅行代理店担当者

187.

In the e-mail, the word "sparing" in paragraph 1, line 2, is closest in meaning to

(A) overlooking
(B) economizing
(C) giving
(D) considering

Eメールの第1段落・2行目にある"sparing"に最も意味が近いのは

(A) ～を見落とすこと
(B) ～を節約すること
(C) ～を与えること
(D) ～を考慮すること

正解 (C)

解説 同義語問題です。問われている箇所❺は「我々に時間を割く」つまり，「我々に時間を与えてくれた」，という意味になり，目的語を2つ持つ，第4文型を導く動詞であることが分かります。この意味かつ第4文型を取ることができる動詞は(C)のみです。spare, give共に「AにBを与える」という意味になることを押さえておきましょう。

188.

Which item in her travel package will Ms. Lockheed most likely cancel?

(A) The rental car
(B) The accommodation
(C) The restaurant reservation
(D) The flight tickets

旅行パックの中でLockheedさんがキャンセルするのはおそらくどの項目だと考えられますか。

(A) レンタカー
(B) 宿泊施設
(C) レストランの予約
(D) 飛行機のチケット

正解 (A)

解説 旅行パックの中でLockheedさんがおそらくキャンセルするであろう項目について問われています。LockheedさんはEメール❻でBissetさんから，「空港に到着したら，私の会社の運転手と一緒に待っている。車と運転手は滞在中いつでも自由に使える」と伝えられているので，LockheedさんはBissetさんの車を利用できることが分かります。ここから，Lockheedさんは旅程表の旅行パックに含まれている❷の「レンタカー」が不要であると推測できます。よって，(A)が正解です。❻のa driver from my companyやThe vehicle and driverの部分で，社用車があることに気付けるかどうかがカギになります。

189.

When most likely will Ms. Lockheed meet with Mr. Corben?

(A) On October 10
(B) On October 11
(C) On October 15
(D) On October 16

Lockheedさんが Corben さんと会うのはおそらくいつだと考えられますか。

(A) 10月10日
(B) 10月11日
(C) 10月15日
(D) 10月16日

正解 (B)

解説 Lockheedさんが Corben さんと会うのはおそらくいつかが問われています。E メール**❼**で Bisset さんが「到着日にほかに予定がなければ弊社専務である Corben との夕食会に招待したい」と述べています。また**❻**の前半の文より，Lockheedさんの到着場所は Paris 国際空港だということが分かります。次に旅程表の**❶**を見ると，Lockheedさんは Paris 国際空港に10月11日に到着すると記載されているので，正解は (B) だと推測できます。この問題は，E メールから「到着日」に夕食会が予定されていることをつかみ，到着する空港を把握した上で旅程表で到着日を確認する，オーソドックスなクロスリファレンス問題でした。

190.

What is suggested about Ms. Lockheed?

(A) She had two suitcases.
(B) Her flight reservation was changed.
(C) She purchased a discount airline ticket.
(D) Her luggage weighed over 25 kilograms.

Lockheedさんについて何が示されていますか。

(A) スーツケースを2つ持っていた。
(B) フライト予約が変更された。
(C) 航空券を割引価格で購入した。
(D) 荷物の重量が25キロを超えた。

正解 (D)

解説 Lockheedさんについて何が示されているかを問う問題です。領収書は Lockheedさんのもので，**❽**より荷物の重量が超過していたことが分かります。次に Lockheedさんの旅程表を見ると，**❸**で「手荷物許容量は25キロ」「制限を超えた場合は追加料金を請求する」と明記されていることが分かります。ここから，正解は (D) です。荷物を複数持っていたかどうかは分からないので，(A) は不正解です。また (B)(C) は本文に根拠となる箇所がなく，いずれも不正解です。

語句 □airline ticket 航空券 □weigh over ～ ～以上の重量がある

 クロスリファレンス問題は，5問中1～3問程度出題されます。また，多くは2問目～5問目に出題されています。2つ目以降の文書を読む際は常に，前の文書で述べられていたことの関連情報に気付けるように意識してください。

Questions 191-195 refer to the following invitation, e-mail, and article.

The New York Film Association (NYFA)

cordially invites you to
attend a dinner banquet
to celebrate the career of

Fred Craigie.

❶Mr. Craigie has recently announced his intention to retire from
his position as Director of the New York Film Association.
The event will also serve as a celebration
of his replacement, who will be announced on the night.

Event Details
Saturday, July 12 6:00 P.M. to 9:00 P.M.
Dunston Memorial Ballroom at the Cavalier Hotel
783 Corolla Street, New York, NY 10071

❷A buffet including soups, appetizers,
salads, and desserts will be provided.

♪ 167

To:	Paula Tesch <ptesch@cavalierhotel.com>
From:	Randy Day <rday@nyfa.com>
Date:	May 21
Subject:	Dinner banquet for Fred Craigie

Dear Ms. Tesch,

Thank you for calling me this morning to discuss the problem with our reservation. I understand that the issue is out of your control and will let the attendees know that the event has been postponed until the next day. ❸Of course, this will mean resending the invitations, which will cost us around $300. I hope that your hotel will be able to subtract that amount from our bill.

As for the banner announcing the name of the new director, can I ask you to wait a few more days? ❹Traditionally, the departing director names his or her replacement, and I am yet to hear from Mr. Craigie on this issue.

Sincerely,

Randy Day
Secretary — New York Film Association

♪ 168

New York, May 24—❺The New York Film Association (NYFA) has announced that it will be holding its inaugural awards ceremony at the David Convention Center on August 19. ❻The director of the association, Duc Nguyen, has been working on the awards project since he assumed the position in July last year. It will be a chance for New York's screenwriters, directors, and actors to receive recognition for their work.

According to a press release from the NYFA, more than 1,000 people will attend the event, which is to be hosted by several famous comedians including Rose Chang and Pete Benz.

設問 191-195 は次の招待状，Eメール，記事に関するものです。

New York 映画協会（NYFA）

心を込めて Fred Craigie 氏のキャリアを祝う晩餐会にご招待します。

先日，Craigie 氏は New York 映画協会の理事長を退任する意向を表明しました。
同イベントは，その日の夜に発表される後任者の祝賀会も兼ねています。

イベントの詳細
7月12日 土曜日 午後6時から午後9時
Cavalier ホテル Dunston メモリアル大宴会場
Corolla 通り 783 番地，New York，NY 10071

スープ，前菜，サラダ，デザートを含むビュッフェをご用意しております。

宛先：Paula Tesch <ptesch@cavalierhotel.com>
送信者：Randy Day <rday@nyfa.com>
日付：5月21日
件名：Fred Craigie の晩餐会

Tesch 様

今朝は予約に関する問題の件でお電話をいただきありがとうございます。問題はあなたの手に負えないものだと理解しており，参加者にはイベントが翌日に延期されたことをお知らせする予定です。もちろん，これは招待状を再送しなければならないことを意味し，300ドルほどの費用がかかります。あなたのホテルには，私たちの請求書からその額を差し引いていただければと思います。

新しい理事長の名前を発表する横断幕については，もう数日お待ちいただけますか。伝統的には，退任する理事長が後任を指名しますが，この件については Craigie 氏からまだ連絡がありません。

敬具

Randy Day
New York 映画協会 ― 秘書

New York，5月24日 ― New York 映画協会は，8月19日に David コンベンションセンターで第1回授賞式を開催することを発表しました。同協会の理事長である Duc Nguyen は，昨年7月に就任して以来，授賞式の企画を進めてきました。授賞式は，New York の脚本家や監督，俳優などの作品が評価される機会となるでしょう。

NYFA のプレスリリースによると，このイベントには1,000人以上が参加し，Rose Chang や Pete Benz などの有名コメディアンが司会を務めることになっているそうです。

語句　【招待状】　□association 協会　□cordially 謹んで　□intention 意図，意思　□replacement 後任　□appetizer 前菜
　　　　　【Eメール】　□out of *one*'s control ～の手に負えない　□attendee 出席者
　　　　　　　　　　□resend ～を再送する　□subtract *A* from *B* B から A を差し引く　□as for ～ ～に関して　□banner 横断幕
　　　　　　　　　　□traditionally 伝統的に　□depart 退任・退職する　□*be* yet to *do* まだ～していない
　　　　　【記事】　□inaugural 最初の，第1回目の　□awards ceremony 授賞式　□work on ～ ～に取り組む
　　　　　　　　　□assume ～を引き受ける　□screenwriter 脚本家　□receive recognition 評価を受ける　□host ～を司会する

191.

According to the invitation, what is indicated about Mr. Craigie?

(A) He was a founding member of the NYFA.
(B) He is in charge of the NYFA.
(C) He is an organizer of the dinner banquet.
(D) He will receive an award.

招待状によると，Craigieさんについて何が示されていますか。

(A) NYFAの創設メンバーだった。
(B) NYFAの責任者である。
(C) 晩餐会の主催者である。
(D) 賞を受け取る。

正解 (B)

解説 招待状によると，Craigieさんについて何が示されているかを問う問題です。招待状❶で「New York映画協会（NYFA）の理事長を退任する意向を表明した」とあるので，招待状が作成された時点ではCraigieさんはNYFAにおいて責任ある役割を担っているということが分かります。これを「責任者」と表した(B)が正解です。この問題は，「ある職の辞任を表明した」＝「今現在はその職に就いている」というロジックです。Craigieさんは責任者ですが創設メンバーかどうかの記載はなく，また晩餐会の主催や表彰の対象となる記載もないため，そのほかの選択肢はいずれも不正解です。

語句 □founding member 創設メンバー　□be in charge of ～ ～の責任者・担当者である

192.

What information is given in the invitation?

(A) A designated parking space
(B) The price of membership
(C) A description of a meal
(D) The e-mail address of the organizer

招待状には何の情報が載っていますか。

(A) 指定駐車スペース
(B) 会費
(C) 食事の詳細
(D) 主催者のEメールアドレス

正解 (C)

解説 招待状に載っている情報は何かが問われています。招待状に書かれているイベントの詳細を見ていくと，❷に「スープ，前菜，サラダ，デザートを含むビュッフェを用意している」とあります。ここから，(C)が正解であると分かります。会場の住所は記載されているものの，駐車スペースの情報が載っているわけではないため(A)は不正解です。

語句 □designated 指定された　□organizer 主催者

193.

What does Mr. Day ask Ms. Tesch to provide?

(A) Compensation for an expense
(B) A list of participants
(C) A seating plan
(D) A stage for performances

DayさんはTeschさんに何を提供するよう求めていますか。

(A) 費用の補償
(B) 参加者のリスト
(C) 座席表
(D) 公演のための舞台

正解 (A)

解説 DayさんがTeschさんに何を提供するよう求めているかが問われています。DayさんはEメールの送信者，Teschさんは宛先の人物で，Eメール前半では晩餐会を開催予定日の翌日に延期しなければならないことが述べられています。ここでDayさんはTeschさんにEメールの❸で，「招待状の再送には費用がかかり，これをホテル側で請求書から差し引いてほしい」と続けています。つまり，Teschさんに費用の補償をしてもらうことを求めているので，(A)が正解です。

語句 □compensation 補償　□participant 参加者　□seating 座席

194.

What is mentioned about the New York Film Association?

(A) Its office is located on Corolla Street.
(B) It was founded several decades ago.
(C) Its membership has grown in the last 12 months.
(D) It will hold an awards ceremony for the first time.

New York映画協会について何が述べられていますか。

(A) オフィスはCorolla通りにある。
(B) 数十年前に創設された。
(C) 過去12カ月で会員数が増加している。
(D) 授賞式を初めて開催する。

正解 (D)

解説 New York映画協会について何が述べられているかを問う問題です。記事❺に「New York映画協会は，8月19日に第1回授賞式を開催することを発表した」と述べられているので，これを言い換えた(D)が正解です。❺にあるinauguralという形容詞は「最初の，第1回目の」という意味なので，選択肢(D)のfor the first timeが言い換えとしてピッタリの表現になります。

言い換え inaugural → for the first time

語句 □be located 位置している

195.

What is implied about Mr. Nguyen?

(A) He is a famous comedian.
(B) He organized the dinner banquet at the Cavalier Hotel.
(C) He was appointed by Mr. Craigie.
(D) He will give a speech at the NYFA awards ceremony.

Nguyenさんについて何が示唆されていますか。

(A) 有名なコメディアンである。
(B) Cavalierホテルでの晩餐会を企画した。
(C) Craigieさんに指名された。
(D) NYFAの授賞式でスピーチをする。

正解 (C)

解説 Nguyenさんについて何が示唆されているかを問う問題です。Nguyenさんに関する記述を探すと，記事の❻で「同協会の理事長であるDuc Nguyen」と紹介されています。ここでEメールの第2段落を見ると，新理事長の選出について触れられており，❹に「退任する理事長が後任を指名予定だが，Craigie氏からまだ連絡がない」とあります。この情報から，辞任を表明したCraigieさんが新理事長を指名する予定になっていたことが分かります。よって，NguyenさんはCraigieさんに指名されたことが分かるので，(C)が正解です。新理事長の選出に関する記述が2つ目の文書にあった，と記憶を辿って根拠を見つけられるかが重要となります。

語句 □appoint 〜を指名・任命する

❖ ❖ ❖

TOEIC L&Rテストでは，世界のさまざまな地域の人名が登場します。今回の文書では，ベトナムで広く使われているNguyenという人名が登場しています。読み方が分からない人名が登場したら，「自分なりの読み方で読み，そのセット内ではそれを貫く」ことをお勧めします。大切なのは読み方ではなく，その人物が「どこの所属なのか」「文書内で何をしたのか」といった情報です。

Questions 196-200 refer to the following Web page, e-mail, and survey.

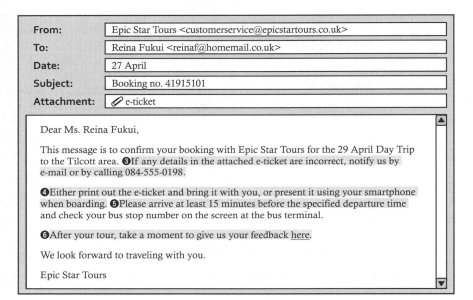

https://www.epicstartours.co.uk/tours/tilcott-area

Day Trip to Tilcott Area

❶Firstly, visit the famous Greenhead Lighthouse surrounded by spectacular coastal scenery, followed by an afternoon exploring Tilcott's historical town center, and finally a visit to legendary Blaine Castle. Tours depart from London's Central Terminal at 9:00 A.M. and return at approximately 7:00 P.M.

Epic Star Special Package (£90):
- ❷Admission to Greenhead Lighthouse and Blaine Castle
- Live on-board commentary by a tour guide
- Free time for dining and sightseeing in Tilcott (2.5 to 3 hours, depending on traffic; any costs not covered by the fee above)

Click **here** to book today!

From:	Epic Star Tours <customerservice@epicstartours.co.uk>
To:	Reina Fukui <reinaf@homemail.co.uk>
Date:	27 April
Subject:	Booking no. 41915101
Attachment:	📎 e-ticket

Dear Ms. Reina Fukui,

This message is to confirm your booking with Epic Star Tours for the 29 April Day Trip to the Tilcott area. ❸If any details in the attached e-ticket are incorrect, notify us by e-mail or by calling 084-555-0198.

❹Either print out the e-ticket and bring it with you, or present it using your smartphone when boarding. ❺Please arrive at least 15 minutes before the specified departure time and check your bus stop number on the screen at the bus terminal.

❻After your tour, take a moment to give us your feedback here.

We look forward to traveling with you.

Epic Star Tours

https://www.epicstartours.co.uk/feedbackform

We hope you enjoyed your experience! Please give us your feedback by rating different aspects of your tour below. ❼(Leave blank if not applicable.)

Customer name: Reina Fukui   Destination: Tilcott Area
Booking no.: 41915101   Date of the trip: 29 April

	Excellent	Good	Average	Poor
Overall		X		
Tour	X			
Transportation				X
Cost		X		
❽**Customer service**				

Comments: Overall, I enjoyed the tour. ❾It was amazing that I was able to board by using my own smartphone. Just one thing bothered me. ❿When we were about to leave the second stop, the tour bus had engine trouble and we were stuck there for about an hour. Since that happened, I did not have much time to enjoy the rest of my trip.

https://www.epicstartours.co.uk/tours/tilcott-area

Tilcottエリアへの日帰り旅行

まず，壮大な海岸の景色に囲まれた有名なGreenhead灯台を訪れ，午後はTilcottの歴史的な町の中心部を散策し，最後に伝説のBlaine城を訪問します。ツアーはLondonのセントラルターミナルを午前9時に出発し，午後7時ごろに戻ります。

Epic Star Specialパック（90ポンド）：

- ・Greenhead灯台とBlaine城への入場
- ・ツアーガイドによる車内ライブ解説
- ・Tilcottでの食事と観光の自由時間（2.5〜3時間，交通量に応じて異なります；費用は上記の料金に含まれません）

本日のご予約は**こちら**から！

送信者：Epic Star Tours <customerservice@epicstartours.co.uk>
宛先：Reina Fukui <reinaf@homemail.co.uk>
日付：4月27日
件名：予約番号41915101
添付：Eチケット

Reina Fukui様

このメッセージは，4月29日のTilcottエリアへの日帰り旅行をEpic Star Toursで予約されたことを確認するためのものです。添付のEチケットに記載されている内容に誤りがある場合は，Eメールまたは084-555-0198まで電話でお知らせください。

Eチケットを印刷してご持参いただくか，ご乗車の際にスマートフォンでご提示ください。指定された出発時刻の15分前までに到着し，バスターミナルの画面でバス停番号をご確認ください。

ツアー後は，少々お時間をいただき，**こちら**でご意見をお聞かせください。

お客様との旅行を楽しみにしております。

Epic Star Tours

---

https://www.epicstartours.co.uk/feedbackform

楽しい体験だったことを願っています！　以下でツアーのさまざまな側面を評価し，あなたの意見をお聞かせください。(該当しない場合は空欄にしてください)

　　　　　　お客様氏名：Reina Fukui　**目的地**：Tilcottエリア
　　　　　　予約番号：41915101　**旅行日**：4月29日

	とてもよい	よい	普通	悪い
総合評価		X		
ツアー	X			
交通				X
費用		X		
カスタマーサービス				

コメント：全体的に，ツアーを楽しみました。自分のスマートフォンを使って乗車できたのは驚きでした。ただ1つだけ気になったことがあります。2番目の滞在場所を出ようとしたときに，バスがエンジントラブルを起こしてしまい，1時間ほど足止めされました。それが起きたため，残りの旅行を楽しむ時間があまりありませんでした。

語句 【ウェブページ】 □day trip to 〜 〜への日帰り旅行　□surrounded by 〜 〜に囲まれた　□spectacular 壮大な
　　　　　　□coastal scenery 海岸の景色　□A, followed by B (=B following A) Aの後にBが続く
　　　　　　□explore 〜を散策する　□legendary 伝説の　□depart from 〜 〜を出発する
　　　　　　□terminal ターミナル（鉄道やバスの終点や発着所）　□approximately おおよそ　□package パック旅行
　　　　　　□admission 入場（料）　□on-board 車内の　□commentary 解説，説明　□depending on 〜 〜によって
　　　　　　□above 上記の
　　　　【Eメール】 □booking no. 予約番号　□confirm 〜を確認する　□detail 詳細　□attached 添付の
　　　　　　□incorrect 正しくない　□notify 〜に知らせる　□board 乗る　□specified 特定の
　　　　【アンケート】 □destination 目的地　□be about to do まさに〜しようとする　□stop 滞在場所，停留所

196.

What is included in the cost of the Epic Star Special Package?

(A) Local souvenirs from Tilcott
(B) A one-night stay at a hotel
(C) Entrance to tourist attractions
(D) Audio guides in multiple languages

Epic Star Specialパックの費用に含まれるものは何ですか。

(A) Tilcottの地元土産
(B) ホテル1泊
(C) 人気の観光名所への入場
(D) 複数の言語のオーディオガイド

正解 (C)

解説 Epic Star Specialパックの費用に含まれるものは何かが問われています。ウェブページにパックに含まれるものが書かれており，❷の「Greenhead灯台とBlaine城への入場」に相当する(C)が正解です。そのほかの選択肢は根拠となる記載がないため，いずれも不正解です。

言い換え admission to → entrance to

語句 □one-night stay 1泊　□tourist attraction 観光名所　□multiple 複数の

197.

According to the e-mail, what is Ms. Fukui NOT asked to do?

(A) Arrive early
(B) Verify her booking details
(C) Pay a deposit
(D) Give feedback

Eメールによると，Fukuiさんに求められていないことは何ですか。

(A) 早めに到着する
(B) 予約の詳細を確認する
(C) 頭金を払う
(D) フィードバックをする

正解 (C)

解説 EメールでFukuiさんに求められていないことは何かが問われているNOT問題です。Eメールを見ると，❸の「添付のEチケットの記載内容に誤りがあれば連絡を」が(B)に，❺の「出発時刻の15分前までに到着を」が(A)に，❻の「ツアー後にご意見を」が(D)にそれぞれ該当するので，残った(C)が正解です。

語句 □verify ～を確認する・検証する　□deposit 頭金

198.

What is implied on the survey?

(A) The tour cost was changed at the last minute.
(B) Ms. Fukui did not need help from customer service.
(C) The tour guide was not informative.
(D) Ms. Fukui gave the lowest rating to cost.

アンケートでは何が示唆されていますか。

(A) 直前になってツアー代金が変更になった。
(B) Fukuiさんはカスタマーサービスの助けが必要ではなかった。
(C) ツアーガイドは有益でなかった。
(D) Fukuiさんは費用に最低評価を付けた。

正解 (B)

解説 アンケートで示唆されていることを問う問題です。まず，アンケート冒頭部分❼に「該当しない場合は空欄にするように」と記載されています。ここでツアーを評価する表の❽を見ると，カスタマーサービスの評価欄が空欄になっていることが分かります。ここから，Fukuiさんはカスタマーサービスを利用しなかった，つまりカスタマーサービスの助けが必要ではなかったということが推測できます。以上より，(B)が正解です。(D)の費用は最低評価ではなく，2番目によい評価なので不正解です。

語句 □at the last minute 直前で　□informative 有益な　□low rating 低評価

199.

What is most likely true about Ms. Fukui?

(A) She had never traveled by herself before.
(B) She received a discount for the tour package.
(C) She studies history at a university.
(D) She did not print out a ticket.

Fukuiさんについておそらく何が正しいですか。

(A) 今までに一人旅をしたことがなかった。
(B) ツアーパックの割引を受けた。
(C) 大学で歴史を学んでいる。
(D) チケットを印刷しなかった。

正解 (D)

解説 Fukuiさんについておそらく正しいものは何かを選ぶ問題です。Fukuiさんはアンケートを書いた人であり，❾で「自分のスマートフォンを使って乗車できたのは驚きだ」という感想を述べています。次にEメールを見ると，❹で「Eチケットを印刷して持参するか，乗車時にスマートフォンで提示を」と2つの方法が述べられています。Fukuiさんは後者を選んだことが分かるので，前者，つまりチケット印刷は行っていない，ということが推測できます。よって，(D)が正解です。複数の乗車方法と実際に選んだ方法が2つの文書に分散された，クロスリファレンス問題でした。

200.

Where did the tour bus have trouble during the trip on April 29?

(A) At Tilcott's historical town center
(B) At Blaine Castle
(C) At Central Terminal
(D) At Greenhead Lighthouse

4月29日の旅行中に，ツアーバスはどこでトラブルにあいましたか。

(A) Tilcottの歴史的な町の中心部
(B) Blaine城
(C) セントラルターミナル
(D) Greenhead灯台

正解 (A)

解説 4月29日の旅行の際にツアーバスがどこでトラブルにあったかが問われています。4月29日が旅行日となっているアンケートを見ていくと，❿で「2番目の滞在場所を出るときに，バスがトラブルを起こした」とあります。次にウェブページより旅行の概要を見ると，❶から「まず，Greenhead灯台を訪れ，午後はTilcottの歴史的な町の中心部を散策し，最後にBlaine城を訪問する」ことが分かります。ここから2番目の滞在場所がTilcottの歴史的な街の中心部だと分かるので，(A)が正解です。3つ目の文書から「2番目の滞在場所はどこか」が分かればよいと把握し，ツアー概要が書かれた1つ目の文書から情報を検索するという，2つの根拠が少し離れたところにあるクロスリファレンス問題でした。

TOEIC前日・当日の過ごし方

（濱：濱﨑先生／大：大里先生）

大： 前日はあまり学習せず早めに就寝します。

濱： 僕も試験前日はゆったりと過ごし，睡眠時間を普段よりもやや多めに取るようにしていますね。

大： 前日に詰め込んでやると当日に注意力が散漫になり，パフォーマンスを十分に発揮することができなくなってしまいますよね。代わりに当日の朝，やり慣れた模試を1セット解いています。

濱： いいですね。公開テスト当日は「開場時刻前」に必ず現地に到着するように家を出ます。公共の交通機関の乱れがあっても，代替手段を使って確実に受験できるようにするためです。

大： 私自身も，会場までのルートは2，3通り調べ，万一の場合はタクシーを使うなど，いくつか事前にオプションを確認しておきます。

濱： 食事を取るかはそのとき次第ですが，験担ぎのルーティンとして某栄養ドリンクシリーズのいずれかを飲むようにしています。

大： そうなんですね！ 私は某社の大豆バーとレモン炭酸飲料を飲んで体調を整えています。会場に着いてからは，机や椅子の状態の確認と，マークシート裏面（個人情報とアンケート）を早めに記入することを心がけています。

TEST 4

解答解説

設問番号	正解	設問番号	正解	設問番号	正解	設問番号	正解
□□□ 101	B	□□□ 126	C	□□□ 151	B	□□□ 176	D
□□□ 102	D	□□□ 127	D	□□□ 152	A	□□□ 177	A
□□□ 103	D	□□□ 128	B	□□□ 153	C	□□□ 178	A
□□□ 104	A	□□□ 129	A	□□□ 154	D	□□□ 179	B
□□□ 105	D	□□□ 130	C	□□□ 155	A	□□□ 180	D
□□□ 106	B	□□□ 131	D	□□□ 156	A	□□□ 181	C
□□□ 107	B	□□□ 132	C	□□□ 157	D	□□□ 182	D
□□□ 108	A	□□□ 133	B	□□□ 158	C	□□□ 183	B
□□□ 109	D	□□□ 134	A	□□□ 159	B	□□□ 184	B
□□□ 110	D	□□□ 135	A	□□□ 160	C	□□□ 185	A
□□□ 111	A	□□□ 136	C	□□□ 161	D	□□□ 186	A
□□□ 112	B	□□□ 137	C	□□□ 162	A	□□□ 187	D
□□□ 113	B	□□□ 138	D	□□□ 163	A	□□□ 188	B
□□□ 114	C	□□□ 139	A	□□□ 164	B	□□□ 189	A
□□□ 115	B	□□□ 140	D	□□□ 165	D	□□□ 190	C
□□□ 116	B	□□□ 141	B	□□□ 166	A	□□□ 191	B
□□□ 117	C	□□□ 142	C	□□□ 167	A	□□□ 192	A
□□□ 118	C	□□□ 143	B	□□□ 168	B	□□□ 193	C
□□□ 119	D	□□□ 144	D	□□□ 169	B	□□□ 194	D
□□□ 120	C	□□□ 145	A	□□□ 170	D	□□□ 195	C
□□□ 121	C	□□□ 146	B	□□□ 171	B	□□□ 196	C
□□□ 122	A	□□□ 147	C	□□□ 172	A	□□□ 197	B
□□□ 123	C	□□□ 148	C	□□□ 173	D	□□□ 198	B
□□□ 124	C	□□□ 149	B	□□□ 174	B	□□□ 199	A
□□□ 125	B	□□□ 150	A	□□□ 175	C	□□□ 200	D

Part 5

101. ♪172 🇺🇸

One of the senior accountants is going to retire this fall, ------- the accounting team needs to hire someone to fill the position.

(A) as of
(B) so
(C) since
(D) except for

上級会計士の1人が今年の秋に退職するため、経理チームはその職務を務める誰かを採用する必要があります。

(A) 群前置詞「～の時点で」
(B) 接続詞「そのため」
(C) 前置詞「～から」、接続詞「～なので」
(D) 群前置詞「～を除いて」

正解 (B)

解説 選択肢には（群）前置詞と接続詞が並んでいます。空所直後には主語と述語動詞が続いているので、空所には接続詞が入ります。カンマまでの最初の節の「上級会計士の1人が退職する」という内容が、2つ目の節の「その職務を務める誰かを採用する必要がある」ことの「理由」となっているため、正解は(B)のso「そのため」です。

語句 □accountant 会計士

---

102. ♪173 🇺🇸

Kyle Thompson is acknowledged as the most ------- employee of all.

(A) product
(B) production
(C) produced
(D) productive

Kyle Thompsonは、全従業員の中で最も生産性が高いと認められています。

(A) 名詞「製品」
(B) 名詞「生産」
(C) 動詞 produce「～を生産する」の過去形・過去分詞
(D) 形容詞「生産的な」

正解 (D)

解説 選択肢には動詞produceの変化形や派生語が並んでいます。空所の後ろには名詞のemployeeがあり、これを修飾するのは形容詞です。(D)を空所に入れるとthe most productive employee「最も生産性が高い従業員」となり文意も通ります。文末にあるallは、all of the employees「全ての従業員」を意味しています。

語句 □be acknowledged as ～ ～として認められている

---

103. ♪174 🇺🇸

After LD's new speakers ------- to be water-resistant in product demonstrations, they started to sell well.

(A) proving
(B) has proven
(C) proves
(D) were proven

実演販売で耐水性であることが証明された後、LD社の新しいスピーカーはよく売れるようになりました。

(A) 動詞 prove「～を証明する」の現在分詞・動名詞
(B) 現在完了形
(C) 動詞の3人称単数現在形
(D) 受動態の過去形

正解 (D)

解説 選択肢には動詞proveのさまざまな形が並んでいます。空所の前には主語のLD's new speakers、後ろにはto be water-resistantが続いています。空所の後ろには目的語がないため、受動態が正解になると予想します。受動態は(D)だけであり、これを空所に入れると文意も通ります。問題文後半のtheyは、LD's new speakersを指しています。

語句 □water-resistant 耐水性の

---

104. ♪175 🇺🇸

The survey for the company retreat suggested that the mountain lodge was ------- to the city hotel.

(A) preferable   (C) suitable
(B) likable   (D) comfortable

社員旅行用のアンケートは、シティーホテルよりも山小屋のほうが望ましいことを示していました。

(A) 望ましい   (C) 適した
(B) 好ましい   (D) 快適な

正解 (A)

解説 選択肢には語尾が-ableで終わる形容詞が並んでいます。空所にpreferableを入れると、be preferable to ～「～よりも望ましい」という比較の表現が完成し文意も通ります。よって、正解は(A)です。問題文中のretreatは「避難」という意味を持つ単語ですが、TOEIC L&Rテストではcompany retreat「社員旅行」という意味でよく使われます。

---

105. ♪176 🇺🇸

The new warehousing system has significantly shortened the ------- time for customer orders.

(A) processes
(B) processor
(C) processed
(D) processing

新しい倉庫システムは、顧客の注文の処理時間を大幅に短縮しました。

(A) 動詞 process「～を処理する」の3人称単数現在形
(B) 名詞「加工業者」
(C) 動詞の過去形・過去分詞
(D) 動詞の現在分詞・動名詞

正解 (D)

解説 選択肢には動詞processの変化形や派生語が並んでいます。空所の後ろには名詞のtimeがあり、これを修飾するのは形容詞です。選択肢に形容詞はありませんが、(C)の過去分詞と(D)の現在分詞は形容詞の役割を果たします。正解は(D)でprocessing time「処理時間」となります。(C)のprocessedでは「処理された時間」となり、意味が通りません。

語句 □significantly 大幅に □shorten ～を短縮する

---

106. 🎵 177 🇬🇧

Double checking ------- any paper document from being inaccurate or incoherent.

(A) conveys   (C) performs
(B) prevents   (D) ensures

二重の確認によって，いかなる紙文書も，不正確，および一貫性がなくなることを防ぐことができます。

(A) 〜を伝える   (C) 〜を上演する
(B) 〜を防ぐ   (D) 〜を確実にする

語句 □double checking 二重の確認 □incoherent 一貫性がない

正解（B）

解説 選択肢には動詞の3人称単数現在形が並んでいます。主語のDouble checkingが，空所以下のany paper document from being inaccurate or incoherent「いかなる紙文書も，不正確，および一貫性がなくなること」を「防ぐ」とすれば文意が通ります。よって，正解は(B)です。問題文後半の前置詞fromとペアになり，prevent A from doingで「Aが〜することを防ぐ」という意味になります。

107. 🎵 178 🇬🇧

Although it ------- rains heavily in Ollang Village, residents prepare emergency supplies just in case it does.

(A) always   (C) often
(B) seldom   (D) generally

Ollang村で激しく雨が降ることはめったにありませんが，万一に備え，住民は防災用品を準備しています。

(A) 常に   (C) よく
(B) めったに〜ない   (D) 一般的に

語句 □emergency supplies 防災用品 □just in case 万一に備え

正解（B）

解説 選択肢には副詞が並んでいます。「〜だけれども」を表すAlthoughを使った文では，Althoughを含む最初の節と，カンマ以降の2つ目の節は逆接的な内容になります。「雨が激しく降るが，万一に備えて住民は防災用品の準備をしている」という意味のままでは不自然なので，空所には最初の節の内容を否定する副詞が入ります。非常に少ない頻度を表す(B) seldom「めったに〜ない」を入れると文意が通ります。

108. 🎵 179 🇬🇧

The entrepreneurship workshop finished earlier ------- originally planned.

(A) than   (C) but
(B) to   (D) for

起業家精神を養うワークショップは，もともと予定されていたよりも早く終了しました。

(A) 〜よりも   (C) しかし
(B) 〜へ   (D) 〜のために

語句 □entrepreneurship 起業家精神 □originally もともと

正解（A）

解説 選択肢には接続詞と前置詞が並んでいます。空所の前にはearlyの比較級であるearlierがあるため，空所には比較級とセットで使う(A)を入れると文意が通ります。thanは接続詞もしくは前置詞として使われますが，接続詞の後ろの主語や動詞は省略される場合が多いです。本問では，空所直後のit isが省略されています。

109. 🎵 180 🇬🇧

------- sales were slow this summer, the managers at Craes Corporation expect to meet their goals by the end of the year.

(A) If only
(B) Except that
(C) Ever since
(D) Even though

今年の夏の売り上げは不振でしたが，Craes社の部長たちは，年度末までに目標を達成すると予想しています。

(A) 〜でさえあれば
(B) 〜であることを除いては
(C) 〜以来
(D) 〜だけれども

正解（D）

解説 選択肢には群接続詞が並んでいます。最初の節は「今年の夏の売り上げは不振だった」という内容，2つ目の節の内容は「Craes社の部長たちは，年度末までに目標を達成すると予想している」というものです。最初の節の前にある空所に「〜だけれども」という意味を表す(D)を入れると，2つの節の内容がスムーズにつながります。

110. 🎵 181 🇬🇧

We would like to choose a candidate ------- experience meets our department's requirements.

(A) that   (C) what
(B) which   (D) whose

私たちは，部門の条件を満たす経験を持った候補者を選びたいです。

(A) (関係代名詞) (C) (関係代名詞)
(B) (関係代名詞) (D) (関係代名詞)

正解（D）

解説 選択肢には関係代名詞が並んでいます。空所の前には先行詞となるcandidateが，後ろにはexperience meets our department's requirements「経験が私たちの部門の条件を満たす」という内容が続いています。空所後のexperience「経験」は先行詞のcandidate「候補者」が所有するものなので，正解は所有格の(D)です。

111. ♪182 🇺🇸

Our proofreaders will ------- check each draft to make sure the content is accurate.

(A) attentively   (C) relatively
(B) persuasively (D) occasionally

弊社の校正者が，内容が正確であるように各草稿を注意して確認いたします。

(A) 注意深く   (C) 相対的に
(B) 説得力を持って (D) 時々

語句 □proofreader 校正者　□draft 草稿

正解 (A)

解説 選択肢には副詞が並んでいます。空所に入る副詞は直後のcheckを修飾しています。check以下は「内容が正確であるように各草稿を確認する」という内容なので，適切な副詞は (A) attentively「注意深く」です。語彙問題では正解を選んだ後に必ず全文を読み，文意が通るかを確認するようにしてください。

---

112. ♪183 🇺🇸

Changes in market share ------- extremely drastic over the last decade.

(A) being
(B) have been
(C) is being
(D) to be

ここ10年間で，市場占有率の変化は非常に激しいものとなっています。

(A) be動詞の現在分詞・動名詞
(B) 現在完了形
(C) 現在進行形
(D) to不定詞

語句 □market share 市場占有率　□drastic 激しい

正解 (B)

解説 選択肢にはbe動詞のさまざまな形が並んでいます。問題文の最後にover the last decade「ここ10年間で」という，過去から現在までを示す表現があるため，正解は現在完了形の (B) です。〈over＋時〉を示す表現は，現在完了形で使われることが多いです。

＊ ＊ ＊

主語が名詞の複数形Changesのため，単数・複数の視点からも (B) を選ぶことができます。

---

113. ♪184 🇺🇸

Rindene Company put in place a rule that requires everyone to only use ------- own cup at lunchtime for sanitary reasons.

(A) they
(B) their
(C) them
(D) theirs

Rindene社は衛生上の理由から，昼食時に全員がそれぞれ自分自身のカップを使用するという規則を定めました。

(A) 主格「彼らは」
(B) 所有格「彼らの」
(C) 目的格「彼らを [に]」
(D) 所有代名詞「彼らのもの」

語句 □put in place 〜を整備する　□sanitary 衛生上の

正解 (B)

解説 選択肢には代名詞のさまざまな格が並んでいます。空所の後ろにはown cup「自身のカップ」が続いています。〈one's（所有格）own＋名詞〉で「〜自身の...」を表すため，正解は (B) です。関連した頻出表現として，on one's own「一人で，独力で」も押さえておいてください。

---

114. ♪185 🇺🇸

Mallarg Corporation will receive job application letters from candidates ------- early September.

(A) beside   (C) through
(B) at   (D) onto

9月上旬の間，Mallarg社は候補者からの求職申込書を受け付ける予定です。

(A) 〜のそばで (C) 〜の間
(B) 〜に   (D) 〜の上へ

語句 □job application letter 求職申込書

正解 (C)

解説 選択肢には前置詞が並んでいます。空所の直後には時を表すearly Septemberがあり，空所に入れて文意が通るのは (C) です。(B) のatは月を表す語の前には用いません。

---

115. ♪186 🇺🇸

The famous curator ------- manages the old collection of artwork in Mastom Gallery appeared in a local newspaper.

(A) how   (C) which
(B) who   (D) as

Mastomギャラリーの古い芸術作品を管理している著名な館長が，地元の新聞に載りました。

(A) どのように   (C)（関係代名詞）
(B)（関係代名詞） (D) 〜として

語句 □curator 館長　□appear in 〜 〜に（記事などが）載る

正解 (B)

解説 選択肢には副詞や関係代名詞，前置詞などが並んでいます。この文全体の述語動詞はappearedで，文頭からMastom Galleryまでが主部です。manages以降は空所前のThe famous curator「著名な館長」を説明している内容なので，空所には関係代名詞が入ります。人が先行詞，後ろに動詞が続いている場合，空所には人を先行詞とする関係代名詞whoの主格が入るので，(B) が正解です。

116. 🎵 187

After becoming ------- with a renowned marketer, Mr. Kawai started coming up with more innovative ideas.

(A) organized
(B) acquainted
(C) restored
(D) measured

著名なマーケターと知り合って以降，Kawaiさんはより革新的なアイデアを思いつくようになりました。

(A) 整理される
(B) 人に知られる
(C) 修復される
(D) 測られる

正解 (B)

解説 選択肢には動詞の-ed形が並んでいます。空所の前後にある語と共にbecome acquainted with ～「～と知り合いになる」という表現を作る(B)が正解です。

✢ ✢ ✢

 問題文のrenowned「著名な」の類義語はcelebrated, distinguished, eminent, noted, prominent, famousなどです。

---

117. 🎵 188

Jigsaw Studio had its biggest revenue ------- last month, due to its successful box office performance.

(A) sometimes   (C) ever
(B) never   (D) rarely

素晴らしい興行成績により，先月Jigsawスタジオはこれまでで最大の収益を記録しました。

(A) 時々   (C) これまでで
(B) 一度も～ない   (D) めったに～ない

正解 (C)

解説 選択肢には副詞が並んでいます。空所の前の最上級を表すits biggest revenue「最大の収益」とセットで使い，「これまでで」という意味を表す(C)が正解です。最上級と一緒に使う表現としては，yet「今までのところ」も挙げられます。the biggest revenue yet「今までで最大の収益」のように使われます。

語句 □revenue 収益　□box office performance 興行成績

---

118. 🎵 189

Summer resorts like ours ------- difficulties with attracting visitors during the cold season.

(A) exchange   (C) encounter
(B) charge   (D) notify

我々のところのような避暑地は，寒い時期に観光客を呼び込むことにおいて困難に直面します。

(A) ～を交換する   (C) ～に出合う
(B) ～を請求する   (D) ～に知らせる

正解 (C)

解説 選択肢には動詞が並んでいます。空所直後のdifficulties「困難」とセットになり，encounter difficulties「困難に直面する」という意味を表す(C)が正解です。encounter「～に出合う」は「人」だけでなく，「抽象的な物事」に対しても用いられます。with以降は，主語のSummer resortsが直面している「困難」の内容を表しています。

語句 □difficulty 困難

---

119. 🎵 190

Plume Foods was ------- to publicize the collaboration with a local pastry shop.

(A) thrills
(B) thrilling
(C) thrill
(D) thrilled

Plume食品は，地元の洋菓子店とのコラボレーションを喜んで公表しました。

(A) 動詞thrill「～をわくわくさせる」の3人称単数現在形，名詞「スリル」の複数形
(B) 動詞の現在分詞・動名詞，形容詞「わくわくさせる」
(C) 動詞の原形，名詞の単数形
(D) 動詞の過去形・過去分詞

正解 (D)

解説 選択肢には動詞thrillの変化形や派生語が並んでいます。空所の前後にある語とつながりbe thrilled to do「喜んで～する」という表現を作る，thrillの過去分詞(D)が正解です。

語句 □publicize ～を公表する　□pastry shop 洋菓子店

---

120. 🎵 191

In addition to money they invest, the research group dedicated plenty of time and effort ------- the environmental research project.

(A) within   (C) to
(B) from   (D) about

投資した金額に加え，その調査グループは，多くの時間と努力をその環境調査プロジェクトに費やしました。

(A) ～以内で   (C) ～に対して
(B) ～から   (D) ～について

正解 (C)

解説 選択肢には前置詞が並んでいます。空所よりも前にある動詞dedicatedは，dedicate A to Bの形で「AをBに捧げる」という意味を表します。空所にtoを入れると「多くの時間と努力をその環境調査プロジェクトに費やした」となり文意も通るので，正解は(C)です。

語句 □plenty of ～ 多くの～

---

121. 🎵 192 🇺🇸

Becoming a member of Belmond Fashions allows shoppers to enjoy ------- savings on all apparel in the store.

(A) signify
(B) signifying
(C) significant
(D) significantly

Belmond Fashionsの会員になると，買い物客は店の全ての衣料品を非常に安く買うことができます。

(A) 動詞signify「〜を表す」の原形
(B) 動詞の現在分詞・動名詞
(C) 形容詞「かなりの」
(D) 副詞「かなり」

正解 (C)

解説 選択肢には動詞signifyの変化形や派生語が並んでいます。空所の前には他動詞のenjoy，後ろには目的語となる名詞のsavingsが続いています。この名詞のsavingsを前から修飾して文意が通るのは形容詞の(C)です。enjoy significant savingsは直訳すると「かなりの節約を楽しむことができる」ですが，これを意訳すると「非常に安く買うことができる」となります。

122. 🎵 193 🇺🇸

To keep providing great services, every single member of Heart Movers strictly ------- the company motto.

(A) observes
(B) will be observed
(C) have observed
(D) observing

よいサービスを提供し続けるために，Heart引越し業者の全社員は，社訓を厳格に順守しています。

(A) 動詞observe「〜を順守する」の3人称単数現在形
(B) 助動詞＋受動態
(C) 現在完了形
(D) 動詞の現在分詞・動名詞

正解 (A)

解説 選択肢には動詞observeのさまざまな形が並んでいます。空所以外に述語動詞がないため，空所には述語動詞が入ります。空所の後ろには目的語となるthe company mottoが続いているため，能動態が正解と分かります。能動態で述語動詞の役割を果たすのは(A)と(C)ですが，主語のevery single member of Heart Moversは3人称単数なので，正解は(A)です。observeには「(祝祭日を)祝う」という意味もあります。

語句 □every single 〜 〜の一人一人　□company motto 社訓

123. 🎵 194 🇺🇸

Expiration date and ------- method are clearly printed on the label on the Nahaia's canned product.

(A) material　　(C) preservation
(B) assembly　　(D) subscription

Nahaia社の缶製品のラベルの上には，賞味期限と保存方法がはっきりと印刷されています。

(A) 生地　　　　(C) 保存
(B) 集会　　　　(D) 購読

正解 (C)

解説 選択肢には名詞が並んでいます。空所に続くmethodと複合名詞を作り，clearly printed on the label on the Nahaia's canned product「Nahaia社の缶製品のラベルの上にはっきりと印刷されている」ものとして適切なのは(C)です。preservation methodで「保存方法」を意味します。問題文の文頭にある名詞expiration「期限切れ」の関連語である，自動詞expire「期限が切れる」も頻出です。

語句 □expiration date 賞味期限　□canned product 缶製品

124. 🎵 195 🇺🇸

The presentation materials Mr. Blues prepared were insufficient, so he had to redo and submit ------- again.

(A) you
(B) it
(C) them
(D) us

Bluesさんが準備したプレゼンテーションの資料は不十分だったので，やり直して再提出しなければなりませんでした。

(A) 目的格「あなたを」
(B) 目的格「それを」
(C) 目的格「それらを [に]」
(D) 目的格「私たちを [に]」

正解 (C)

解説 選択肢には代名詞の目的格が並んでいます。空所の前のhad to redo and submitの目的語となるのは，最初の節のThe presentation materialsを代名詞で受けた(C)です。itは単数形の名詞を受ける代名詞なので，ここでは不適です。

語句 □insufficient 不十分である　□redo 〜をやり直す

125. 🎵 196 🇺🇸

Joes ------- as a technology consultant in the past, but now he is pursuing a different career path.

(A) will work
(B) worked
(C) works
(D) have worked

Joesは過去に技術コンサルタントとして働いていましたが，現在は異なるキャリアを歩んでいます。

(A) 助動詞＋動詞work「働く」の原形
(B) 動詞の過去形・過去分詞
(C) 動詞の3人称単数現在形
(D) 現在完了形

正解 (B)

解説 選択肢には動詞workのさまざまな形が並んでいます。空所を含む節の最後にin the past「過去に」という時制を表す語句があるため，正解は過去形の(B)です。

語句 □pursue 〜を追求する　□career path キャリアの道

126. 🎵 197 🇬🇧

Employee training methods that the researchers in Indigo University ------- have attracted attention from various industries.

(A) broke up   (C) put forward
(B) dropped off   (D) set aside

Indigo大学の研究者が提案した社員研修のメソッドは，さまざまな業界から注目を集めています。

(A) ～をばらばらにした (C) ～を提案した
(B) ～を降ろした   (D) ～をわきに置いた

正解 (C)

解説 選択肢にはさまざまな句動詞が並んでいます。文頭から空所までが主部となり，空所には Employee training methods that the researchers in Indigo University ------- 「Indigo大学の研究者が～した社員研修のメソッド」のうちの「～した」に当たるものが入ります。選択肢にある句動詞の中で空所に入れて文意が通るのは(C)です。

語句 □attention 注目 □industry 業界

127. 🎵 198 🇬🇧

Juri Kosugi's book *Island Kingdom* is a ------- researched chronicle of Okinawa from prehistory to the present day.

(A) comprehending
(B) comprehension
(C) comprehend
(D) comprehensively

Juri Kosugiの書籍『Island Kingdom』は，包括的に研究された，先史時代から現代に至るまでの沖縄の年代記です。

(A) 動詞comprehend「～を理解する」の現在分詞・動名詞
(B) 名詞「理解力」
(C) 動詞の原形
(D) 副詞「包括的に」

正解 (D)

解説 選択肢には動詞comprehendの変化形や派生語が並んでいます。空所の後ろに続くのは researched chronicleで，形容詞扱いとなる過去分詞のresearched「研究された」を前から修飾して文意も通るのは，副詞の(D)です。

 副詞は動詞または文全体を修飾することが多いですが，本問のように，形容詞扱いとなる過去分詞を修飾することもあります。

語句 □chronicle 年代記 □prehistory 先史時代

128. 🎵 199 🇬🇧

According to the result of questionnaires, patients ------- have no complaints about our service, except for our complicated reservation system.

(A) formerly   (C) sharply
(B) generally   (D) unfortunately

アンケートの結果によると，複雑な予約システムを除き，患者は概ね我々のサービスに対して不満を持っていないようです。

(A) 以前は   (C) 鋭く
(B) 概ね   (D) 不運にも

正解 (B)

解説 選択肢には副詞が並んでいます。副詞は基本的に名詞以外を修飾し，ここでは空所直後のhaveを修飾します。カンマ以降にexcept for our complicated reservation system「複雑な予約システムを除き」とあるので，「予約システム以外は不満はない」＝「概ね不満はない」という意味となる，(B) generallyを空所に入れるのが適切です。

語句 □complaint 不満 □except for ～ ～を除いて

129. 🎵 200 🇬🇧

The hotel manager position requires ------- a Master's in Tourism and at least three years of experience in the hotel industry.

(A) both
(B) such as
(C) neither
(D) in that

ホテル支配人の役職は，観光学の修士号およびホテル業界での最低3年間の経験の両方が必要となります。

(A) 両方
(B) ～のような
(C) どちらも～ない
(D) ～という点において

正解 (A)

解説 選択肢にはさまざまな表現が並んでいます。空所の前にあるrequiresの目的語がA and Bの形になっているので，空所にはこれとペアになる(A)を入れ，both *A* and *B*「AとBの両方」を成立させると文意が通ります。

130. 🎵 201 🇬🇧

The audience were required to remain ------- with all electronic devices turned off before the show commenced.

(A) seating
(B) seats
(C) seated
(D) seat

ショーが始まる前に，観客は全ての電子機器の電源を切り着席したままでいるよう要求されました。

(A) 動詞seat「～を着席させる」の現在分詞・動名詞
(B) 動詞の3人称単数現在形
(C) 動詞の過去形・過去分詞
(D) 名詞「席」，動詞の原形

正解 (C)

解説 選択肢には動詞seatの変化形や派生語が並んでいます。空所の前にあるremain「～のままだ」は不完全自動詞で，この動詞の後ろには主語の状態を表す過去分詞や形容詞，名詞などが続きます。空所の前をさかのぼると主語はThe audienceなので，空所に(C)を入れると「観客は着席したままであることが要求される」となり，文意が通ります。

語句 □turn off ～ ～の電源を切る □commence 始まる

Part 6

♩ 202 🇬🇧

Questions 131-134 refer to the following notice.

Dear customers,

Please note that the 771 Cyclamen Street branch of Aylmer Drugstore -------- permanently as of
131.
November 1. In line with our upcoming closure, the store will be relocated to 325 Burdock

Street. As it is just a five-minute walk from the current one, it will not be difficult for our customers

to visit us. This will ensure that you continue receiving all pharmacy services without --------.
132.

Our staff at 771 Cyclamen Street branch has been making huge efforts to provide ------- advice
133.
and excellent service to customers for a long time. -------. Thank you to all our customers for
134.
their loyalty and business over the past 28 years.

設問131-134は次のお知らせに関するものです。

お客様各位

Aylmer薬局のCyclamen通り771番地支店は，11月1日をもって恒久的に閉店いたしますのでご注意ください。間もなくの閉店に伴い，店舗はBurdock通り325番地に移転されます。現在の店舗から歩いて5分ですから，お客様が来られるのも難しくないでしょう。これにより，全ての薬局のサービスを中断せず受け続けることができます。

Cyclamen通り771番地支店のスタッフは，専門的なアドバイスと優れたサービスを提供するために長年多大な努力をしてまいりました。これはお客様が私どもの別の支店を訪れても変わりません。全てのお客様に，28年間のご愛顧とお取引を深く感謝いたします。

語句 □permanently 恒久的に □as of ～ ～付けで □in line with ～ ～に従って □upcoming 間もなくの □closure 閉鎖
□be relocated to ～ ～に移転される □current 現在の □ensure ～を保証する
□make efforts to *do* ～するために努力する □huge 多大な □provide *A* to *B* AをBに提供する □loyalty 愛顧，忠誠

131.

(A) closed
(B) was closed
(C) has closed
(D) will be closed

(A) 動詞close「～を閉める」
の過去形・過去分詞
(B) 受動態の過去形
(C) 現在完了形
(D) 助動詞＋受動態

正解 (D)

解説 選択肢には動詞closeのさまざまな形が並んでいます。空所を含む文の次の文に，In line with our upcoming closure, the store will be relocated「間もなくの閉店に伴い，店舗は移転されます」とあり，閉店は未来に行われることだと分かります。よって，正解は(D)です。

132.

(A) reservation
(B) measurement
(C) disruption
(D) replacement

(A) 予約
(B) 測定
(C) 中断
(D) 交換

正解 (C)

解説 選択肢には名詞が並んでいます。文頭から空所までにはThis will ensure that you continue receiving all pharmacy services without -------.「これにより，全ての薬局のサービスを～なしで受け続けることができます」とあります。Thisは「現在の店舗のすぐ近くに移転すること」を指しています。このことを踏まえ，空所に入れて文意が通るのは(C)です。

133.

(A) profession
(B) professional
(C) professionally
(D) professionalism

(A) 名詞「職業」
(B) 形容詞「専門的な」
(C) 副詞「専門的に」
(D) 名詞「専門家気質」

正解 (B)

解説 選択肢には形容詞professionalの派生語が並んでいます。空所の後ろには名詞のadvice「アドバイス」があるため，これを前から修飾する形容詞の(B)が正解です。

 adviceは不可算名詞です。TOEIC L&Rテストにはそのほかにも，information「情報」やequipment「機器」などの不可算名詞が多く登場します。

134.

(A) This is not to change even if you visit another branch of ours.
(B) The expanded services will let us meet your needs more effectively.
(C) Please submit them by e-mail as soon as possible.
(D) The deadline may be extended under certain circumstances.

(A) これはお客様が私どもの別の支店を訪れても変わりません。
(B) 拡大されたサービスはより効果的にお客様の需要を満たします。
(C) できる限り早くそれらをEメールで提出してください。
(D) 特定の状況下において期限が延長される可能性があります。

正解 (A)

解説 文挿入問題です。空所を含む文の前の文に，「（771番地支店のスタッフは）専門的なアドバイスと優れたサービスを提供するために長年多大な努力をしてきた」とあります。(A)は，This is not to change even if you visit another branch of ours.「これはお客様が私どもの別の支店を訪れても変わりません」という意味で，This「これ」が直前の「多大な努力をしてきたこと」を指すと考えると文意が通ります。よって，(A)が正解です。空所より前にexpanded services「拡大されたサービス」についての言及はないので，(B)は不適です。

語句 □deadline 期限　□extend ～を延長する　□under certain circumstances 特定の状況下において

Questions 135-138 refer to the following advertisement.

Retail Space for Rent: $30 per square foot

This ground-level vacancy in a three-story commercial building ------- an ideal location in the
135.
heart of Collingford, one of the fastest-growing neighborhoods in Adler City. The property

features 3,450 square feet of prime retail space. It also has a storage area, restrooms, and five

dedicated parking spaces in the back. It is ------- located near Collingford Station and Highway
136.
12. The presence of well-known brands nearby, such as Luka Clothing and Tingle Coffee,

attracts affluent consumers to the area. -------.
137.

Available immediately. Contact Lina Tavares at tavares@brockrealty.com to make inquiries or

arrange a -------.
138.

設問135-138は次の広告に関するものです。

賃貸用小売スペース：1平方フィート当たり30ドル

3階建ての商業ビルの1階の空きスペースは，Adler市で最も急速に成長している地区の1つであるCollingfordの中心部の理想的な場所を占めています。この物件は3,450平方フィートの素晴らしい小売スペースが特徴です。奥には保管倉庫やお手洗い，5つの専用駐車場もあります。Collingford駅やHighway 12の近くに位置し交通の便がよいです。Luka 衣料品店やTingle コーヒー店のような有名ブランドも近くにあり，富裕層の消費者を引き付けます。ここには高級集合住宅の住民が含まれます。

すぐにご利用いただけます。お問い合わせや内見のご手配にはtavares@brockrealty.com のLina Tavaresまでご連絡ください。

語句 □retail space 小売スペース □for rent 賃貸用 □per ～につき □square foot 平方フィート □ground-level 1階
□vacancy 空き □three-story 3階建ての □commercial building 商業ビル □ideal 理想的な □location 場所
□in the heart of ～ ～の中心部 □fastest-growing 急速に成長している □prime 素晴らしい，最上の
□storage area 物置 □dedicated parking space 専用駐車場 □be located 位置する □presence 存在
□attract A to B AをBに引き付ける □affluent 裕福な □make inquiries 問い合わせをする

135.

(A) occupies
(B) constructs
(C) appears
(D) determines

(A) 〜を占める
(B) 〜を建設する
(C) 現れる
(D) 〜を決定する

正解 (A)

解説 選択肢には動詞の3人称単数現在形が並んでいます。空所の前にある主語のThis ground-level vacancy in a three-story commercial building「3階建ての商業ビルの1階の空きスペース」と，空所の後ろに続く目的語an ideal location in the heart of Collingford「Collingfordの中心部の理想的な場所」をつないで文意が通るのは，(A)のoccupies「〜を占める」です。日本語の意味から(C)も選んでしまいそうですが，appearは自動詞のため不正解です。

136.

(A) convenient
(B) convenience
(C) conveniently
(D) more convenient

(A) 形容詞「便利な」
(B) 名詞「便利」
(C) 副詞「便利に」
(D) 形容詞の比較級

正解 (C)

解説 選択肢には形容詞convenientの派生語が並んでいます。空所は，is located「位置する」という受動態のbe動詞と過去分詞の間にありますが，ここに置くことができるのは副詞です。よって，正解は(C)です。空所前後の *be* locatedは *be* situatedに言い換えることが可能です。Located in 〜やSituated in 〜のような分詞構文の形でよく使われます。

137.

(A) The average has risen by 8% in the past year.
(B) This is a key factor behind the need for additional space.
(C) These include residents of several upscale housing developments.
(D) They are expected to open within the next few months.

(A) この1年で平均が8パーセント上昇しています。
(B) これは追加スペースの需要の背後にある重要な要素です。
(C) ここには高級集合住宅の住民が含まれます。
(D) 数カ月以内に開店すると予想されています。

正解 (C)

解説 文挿入問題です。空所を含む段落では「3階建ての商業ビルの1階の空きスペース」がどのような場所なのかについての説明がされています。この流れに沿うのは(C)で，These「これら」は直前にあるaffluent consumers「富裕層の消費者」のことを指します。

正答の選択肢に使われているresidentsは「住民」，関連語の名詞residenceは「住居，居住」を意味します。動詞のresideは自動詞なので，「〜に住む」はreside in 〜で表します。

語句 □key factor 重要な要素　□additional 追加の　□upscale housing development 高級集合住宅

138.

(A) demonstration
(B) booking
(C) purchase
(D) viewing

(A) 実演
(B) 予約
(C) 購入
(D) 見ること

正解 (D)

解説 選択肢には名詞が並んでいます。この物件に対するmake inquiries「問い合わせをする」ことと同列に並び文意が通るのは(D)です。arrange a viewingで「内見を手配する」という意味を表します。賃貸用の小売スペースなので，(C)のarrange a purchase「購入の準備を整える」は不適です。

名詞purchase「購入」を使った表現にはmake a purchase「購入する」などがあり，動詞では「〜を購入する」という意味を表します。

204

Questions 139-142 refer to the following information.

Important Information

CGEK takes great pride in the reliability and usability of the ------- it produces. Our electric
139.
lawn mowers, hedge clippers, and handsaws have an excellent reputation for quality. The

guidelines contained in this manual will help you get the maximum ------- from your purchase.
140.

Before plugging in your device, you should read the following pages to ensure that you

understand the use of safety gear. Gloves, goggles, and shin guards ------- and should be worn
141.
whenever the device is switched on. If they become worn out or damaged, please purchase

replacements. -------.
142.

設問139-142は次の情報に関するものです。

重要情報

CGEK社は，製造する機器の信頼性と使い勝手のよさに大きな誇りを持っています。当社の電動芝刈り機，刈り込み機，そして片手のこぎりは品質の高さに定評があります。このマニュアルに記載されているガイドラインは，ご購入いただいた製品を最大限活用するのに役立つでしょう。

機器を電源に差し込む前に，次のページを読み，安全装置の使い方について確実に理解する必要があります。グローブ，ゴーグル，そしてすね当てが備え付けられており，機器の電源を入れているときはいつも着用している必要があります。摩耗や破損したときは，交換品をご購入ください。フルセットは当社のオンラインショップで注文可能です。

語句 □take pride in 〜 〜に誇りを持つ □reliability 信頼性 □usability 使い勝手 □electric lawn mower 電動芝刈り機
□hedge clipper 刈り込み機 □handsaw 片手のこぎり □reputation 評判 □maximum 最大限 □purchase 購入品
□plug in 〜 〜を電源に差し込む □ensure 〜を確実にする □use 使用法 □safety gear 安全装置
□goggles ゴーグル □shin guard すね当て □switch on 〜 〜の電源を入れる □become worn out 摩耗する
□become damaged 破損する □replacement 交換品

139.

(A) equipment
(B) vehicles
(C) software
(D) beverages

(A) 機器
(B) 乗り物
(C) ソフトウェア
(D) 飲料

正解 **(A)**

解説 選択肢には名詞が並んでいます。空所を含む文の次の文に，Our electric lawn mowers, hedge clippers, and handsaws have an excellent reputation for quality.「当社の電動芝刈り機，刈り込み機，そして片手のこぎりは品質の高さに定評があります」と述べられています。このことから，この会社が製造し，なおかつ誇りを持っているものとして適切なのは(A)です。

140.

(A) beneficial
(B) beneficially
(C) benefitted
(D) benefit

(A) 形容詞「有益な」
(B) 副詞「有益に」
(C) 動詞benefit「～の利益になる」の過去形・過去分詞
(D) 名詞「利益」，動詞の原形

正解 **(D)**

解説 選択肢には形容詞beneficialの派生語が並んでいます。空所の前にはthe maximum「最大の」，後ろには前置詞のfrom「～から」が続いているため，空所には名詞が入ることが分かります。よって，正解は(D)です。

141.

(A) were providing
(B) have been provided
(C) provided
(D) are providing

(A) 動詞provide「～を備え付ける」の過去進行形
(B) 現在完了形の受動態
(C) 動詞の過去形・過去分詞
(D) 現在進行形

正解 **(B)**

解説 選択肢には動詞provideのさまざまな形が並んでいます。provideは他動詞なので後ろには目的語が続きますが，空所の後ろには目的語がありません。よって，現在完了形の受動態である(B)が正解です。

142.

(A) It must be returned to the rental office with a full tank.
(B) A manual can be downloaded from the Web site.
(C) A complete set can be ordered from our online store.
(D) They are available for free from registered stores.

(A) 満タンにしてレンタルオフィスに返却される必要があります。
(B) マニュアルはウェブサイトからダウンロードできます。
(C) フルセットは当社のオンラインショップで注文可能です。
(D) 登録した店舗にて無料で入手できます。

正解 **(C)**

解説 文挿入問題です。空所の前にはIf they become worn out or damaged, please purchase replacements.「摩耗や破損したときは，交換品をご購入ください」とあります。theyはこの文の直前にあるGloves, goggles, and shin guards「グローブ，ゴーグル，そしてすね当て」を指し，これらの購入場所について言及している(C)を空所に入れると文意が通ります。

語句 □*be* returned to ～ ～に返却される　□registered 登録された

模試を解いた後にすべきことは？

(濱：濱﨑先生／大：大里先生)

大：学習者の頃は，時間を測らず解き直し，自分がつまずきそうなところを確認していました。分からない語彙・文法表現はないか徹底的に確認し，最後にもう一度時間を測り全問正解するまで解きます。

濱：僕はリスニングセクションでは何十回もシャドーイングを行うようにしています。内容を全て覚えてしまい，音声よりも先に自分がスクリプトを読む「逆シャドーイング」ができるようになることを目指しています。

大：逆シャドーイング，すごいですね。私は著者となった今は，問題の質や語彙の使い方，誤答の選択肢をチェックしてしまいますね。

Questions 143-146 refer to the following memo.

To: All Sales Department employees
From: Prakesh Singh
Date: June 14
Re: Effective lunch breaks

As stated in our company handbook, it is ------- that employees take a maximum lunch break of
143.
60 minutes in length each workday. However, over the past few months, several members of

staff ------- to work after the limit. -------, the productivity of those teams has been getting
144.   145.
lower. Please finish your break on time, and return to work as promptly as possible.

-------. If you have such special reasons, please consult with me in advance.
146.

Prakesh Singh, Supervisor

設問143-146は次のメモに関するものです。

宛先：販売部の従業員各位
差出人：Prakesh Singh
日付：6月14日
件名：効果的な昼休憩

当社のハンドブックに記載されているように，従業員は就業日に毎日最大60分の長さで昼休みを取るのが慣習です。しかし，ここ数カ月の間，数人の職員が上限を超えた後，仕事に戻っています。その結果，それらのチームの生産性は低下しています。休憩を時間通りに終えて，できるだけ迅速に仕事に戻ってください。

休憩時間を延長することが時々必要なことは理解しています。そのような特別な理由があれば，事前に私に相談してください。

Prakesh Singh，スーパーバイザー

語句 □Sales Department 販売部　□break 休憩　□as stated in 〜 〜に記載されているように　□maximum 最大
□in length 長さで　□workday 就業日　□limit 制限　□productivity 生産性　□consult with 〜 〜に相談する

143.

(A) controversial
(B) customary
(C) unclear
(D) impossible

(A) 論争の的となる
(B) 慣習の
(C) 不明瞭な
(D) 不可能な

正解 (B)

解説 選択肢には形容詞が並んでいます。空所の後ろにあるthat節にはemployees take a maximum lunch break of 60 minutes in length each workday「従業員は就業日に毎日最大60分の長さで昼休みを取る」とあり，これを説明する形容詞が空所に入ります。空所に入れて文意が通るのは(B)です。

144.

(A) has returned
(B) is returning
(C) were returned
(D) have been returning

(A) 動詞 return「戻る」の現在完了形
(B) 現在進行形
(C) 受動態の過去形
(D) 現在完了進行形

正解 (D)

解説 選択肢には動詞 return のさまざまな形が並んでいます。空所を含む文にある over the past few months「ここ数カ月の間」は，数カ月前から現在までを表す現在完了形で使われる表現です。現在完了形は(A)と(D)ですが，(A)は複数形の主語 several members と単複が一致しません。よって，正解は(D)です。現在完了進行形 have been returning で「戻るという状態が続いている」という意味を表します。

145.

(A) Consequently
(B) For instance
(C) To the contrary
(D) Nevertheless

(A) その結果として
(B) 例えば
(C) それと反対に
(D) それにもかかわらず

正解 (A)

解説 選択肢には副詞（句）が並んでいます。空所の前にはHowever, over the past few months, several members of staff have been returning to work after the limit.「しかし，ここ数カ月の間，数人の職員が上限を超えた後，仕事に戻っています」とあり，空所の後ろにはthe productivity of those teams has been getting lower「それらのチームの生産性は低下しています」とあります。空所の前後が原因と結果の関係になっているため，正解は(A)のConsequently「その結果として」です。

146.

(A) During the lunch hour, we need to assist our customers by phone.
(B) I do understand it is occasionally necessary for you to extend the break time.
(C) Any request or an additional order must be made online.
(D) Keep your desk clean and remember to dress professionally.

(A) 昼の時間には，電話でお客様をサポートする必要があります。
(B) 休憩時間を延長することが時々必要なことは理解しています。
(C) いかなるリクエストや追加注文もオンラインで行われなければなりません。
(D) デスクをきれいに保ち，プロの服装を心がけてください。

正解 (B)

解説 文挿入問題です。空所の後ろにはIf you have such special reasons, please consult with me in advance.「そのような特別な理由があれば，事前に私に相談してください」とあります。このsuch special reasonsが(B)の「休憩時間を延長することが時々必要であること」の「特別な理由」であると考えれば文意が通るため，正解は(B)です。understandの前にあるdoは「強意のdo」で，後ろに続くunderstandを強調する助動詞です。

✦ ✦ ✦

 段落の冒頭が文挿入問題の場合，前の段落の要約→空所→空所後の文の流れを理解する必要があります。今回は第1段落で「時間通りに昼休みを終えてほしい」ことが述べられ，空所が続き，空所後には「特別な理由があれば事前に相談して」という展開になっています。

語句 □by phone 電話で　□occasionally 時々　□extend 〜を延長する　□keep *A B* AをBに保つ　□dress 正装する
□professionally プロらしく

Part 7

Questions 147-148 refer to the following invoice.

Thank you for shopping at Outdoor Supply Depot!
ORDER SUMMARY

Customer name: Izumi Sifuentes
Order number: 98001004
❶**Order date:** March 22
Location: Madrid, Aranjuez branch
❷**Payment method:** Cash on delivery

Billing address:
Calle de Galileo 11125
28015 Madrid, Spain

Item	Product Number	Quantity	Item Cost	Item Total
10-liter collapsible plastic water tank	JV800087	2	€6.99	€13.98
Windproof one-touch XA tent	JV800012	1	€60.99	€60.99
			❸Overnight Shipping	€4.25
			Total	**€79.22**

設問147-148は次の請求書に関するものです。

Outdoor Supply Depot社でのご購入ありがとうございます！
注文明細

顧客名：Izumi Sifuentes
注文番号：98001004
注文日：3月22日
場所：Madrid，Aranjuez支店
支払方法：代金引換え

請求先：
Calle de Galileo 11125
28015 Madrid スペイン

商品	商品番号	数量	単価	合計
10リットルの折り畳み式プラスチック製ウォータータンク	JV800087	2	6.99ユーロ	13.98ユーロ
防風ワンタッチXAテント	JV800012	1	60.99ユーロ	60.99ユーロ
			翌日配送	4.25ユーロ
			合計	**79.22ユーロ**

語句 □cash on delivery 代金引換え　□quantity 数量　□collapsible 折り畳み式の　□windproof 防風の
□one-touch ワンタッチ式の　□overnight shipping 翌日配送

147.

What is indicated on Mr. Sifuentes' invoice?

(A) Delivery charges will be waived for the order.
(B) Mr. Sifuentes has an account with Outdoor Supply Depot.
(C) The payment will be due when the item arrives.
(D) More than ten items have been ordered.

Sifuentesさんの請求書には何が示されていますか。

(A) 注文品の配送料は無料になる。
(B) SifuentesさんはOutdoor Supply Depot社のアカウントを持っている。
(C) 支払い期限は商品到着時である。
(D) 10個以上の商品が注文されている。

正解 (C)

解説 Sifuentesさんの請求書には何が示されているかを問う問題です。❷に「代金引換え」という表記があるので，これを言い換えた(C)が正解です。(A)の配送料は❸で費用が計上されています。(B)はアカウント番号などの記載がなく，一度きりの発注かアカウントを通じての発注か定かではありません。(D)の注文については2品目合計3個のため，10個以上ではありません。

言い換え Cash on delivery
→ The payment will be due when the item arrives.

語句 □delivery charge 配送料　□waive ～を免除する　□account アカウント　□payment 支払い　□due 支払期日の

148.

When will the order most likely be delivered?

(A) March 21
(B) March 22
(C) March 23
(D) March 24

注文品はおそらくいつ配達されますか。

(A) 3月21日
(B) 3月22日
(C) 3月23日
(D) 3月24日

正解 (C)

解説 注文品がおそらくいつ配達されるのかが問われています。まず請求書の❶を見ると，商品の注文日が3月22日となっています。次に❸を見ると，「翌日配送」と書かれています。この2つの情報から，3月23日に注文品が配送されることが推測できます。よって，正解は(C)です。overnight shippingは，「一晩を越えて夜通しトラックを走らせて配送する」＝「翌日に着く」と捉えると覚えやすくなるでしょう。

Questions 149-150 refer to the following text-message chain.

Sofia Giordano [10:50 A.M.]
❶I'm looking for the résumés from the job applicants coming in on Friday.

Walter White [10:51 A.M.]
I put them in the file cabinet in my office. It's locked, though.

Sofia Giordano [10:53 A.M.]
Is there a spare key around somewhere?

Walter White [10:55 A.M.]
Yes. I left it with my secretary. I'll let her know you need it. Why do you want the résumés?

Sofia Giordano [10:57 A.M.]
❷I have to prepare some questions in advance. Customer service is an important part of the business, and we can't afford to hire the wrong person.

Walter White [11:01 A.M.]
I know what you mean. ❸We've had some problems in the past.

Sofia Giordano [11:02 A.M.]
When will you be back from your trip?

Walter White [11:05 A.M.]
Tomorrow afternoon if everything goes well with the clients in Florida.

設問149-150は次のテキストメッセージのやり取りに関するものです。

Sofia Giordano 午前10時50分
金曜日に来る求職者の履歴書を探しているの。

Walter White 午前10時51分
僕の執務室の書類整理用キャビネットに入れたよ。鍵がかかってるけど。

Sofia Giordano 午前10時53分
どこかにスペアキーはある？

Walter White 午前10時55分
あるよ。秘書に渡してある。君がそれを必要だって彼女に伝えておくよ。どうして履歴書がいるの？

Sofia Giordano 午前10時57分
事前にいくつか質問を準備しておく必要があるの。顧客サービスは事業の重要な部分だし，不適切な人物を雇う余裕もないから。

Walter White 午前11時1分
君が言いたいことは分かるよ。過去に何度か問題があったからね。

Sofia Giordano 午前11時2分
あなたはいつ出張から戻るの？

Walter White 午前11時5分
Floridaの顧客とのことが全て順調にいけば，明日の午後だよ。

語句 □résumé 履歴書　□job applicant 求職者　□file cabinet 書類整理用キャビネット　□spare key スペアキー，予備の鍵
□secretary 秘書　□afford to *do* ～する余裕がある

149.

What is Ms. Giordano searching for?

(A) A meeting room
(B) Some documents
(C) A car key
(D) Final candidates

Giordanoさんは何を探していますか。

(A) 会議室
(B) 書類
(C) 車の鍵
(D) 最終候補者

正解 (B)

解説 Giordanoさんが何を探しているかが問われています。Giordanoさんは❶で「求職者の履歴書を探している」と述べているので，履歴書を「書類」と言い換えた(B)が正解です。探しているのは車の鍵ではなくキャビネットを開けるスペアキーなので，(C)は不正解です。

言い換え résumés → documents

語句 □candidate 候補者

150.

At 11:01 A.M., what does Mr. White mean when he writes, "I know what you mean"?

(A) He does not want to take a risk.
(B) He thinks some equipment is available.
(C) He is certain that his secretary is absent.
(D) He does not regret going on a business trip.

午前11時1分にWhiteさんが"I know what you mean"と書く際，何を意図していますか。

(A) 彼はリスクを負いたくない。
(B) 彼はいくつかの機器が使用可能だと考えている。
(C) 彼は秘書が不在だと確信している。
(D) 彼は出張に行ったことを後悔していない。

正解 (A)

解説 意図問題です。問われている文は，「言いたいことは分かる」とWhiteさんがGiordanoさんに述べた箇所です。前後の文を見ると，❷でGiordanoさんが「顧客サービスは事業の重要な部分だから，不適切な人物を雇わないように事前準備が必要」と述べており，それに対しWhiteさんは❸で「過去に何度か問題があったからね」と返しています。ここから，Giordanoさんが採用を慎重に行っているのに対して，Whiteさんは「分かる，（過去にあった問題のような）リスクを負いたくないからね」と同意する意図で発言したと考えられます。よって，正解は(A)です。

言い換え problems → risk

語句 □absent 不在の　□go on a business trip 出張に行く

意図問題を正解するコツ

(濱：濱崎先生／大：大里先生)

濱： 意図問題は問われている文と選択肢の意味をしっかりと理解することが重要です。選択肢全てに目を通すのは時間がかかることもありますが，4つの選択肢のニュアンスの違いをしっかりと認識することが大切です。

大： その上で本文がどのような内容（文脈）だったかを確認し，正解を選びます。

濱： 問われている文が登場する「状況」や「背景」を理解し，その文脈に沿ったものが正解となりますね。

大： そうですね。問われている文と選択肢だけから意味を取ろうとすると複数の選択肢が正解になってしまうので，あくまでも文脈から正答を選ぶことが重要です。

Questions 151-153 refer to the following notice.

AAMP Marketing and Fundraising Conference: Early-Bird Registration Available Until 15 March

❶The Australian Association of Museum Professionals (AAMP) will hold its annual Marketing and Fundraising Conference at the Oceania New Convention Center in Canberra on 13-15 July. With a focus on practical learning, the conference includes various workshops, panel discussions, and other educational activities that provide industry professionals with opportunities to acquire new skills and enhance their professional knowledge. ❷This year's theme is *"Digital Technologies Lead to Revenue."* The keynote speaker is Dr. Padma Seth, the director of the National Science Museum.

❸Registration is $340 until 15 March and $390 from 16 March to 30 June, the last day of application. AAMP members will receive a 20% discount on these rates. As for program information, the online registration form, and other details, they are all available at www.aamp.org.au.

設問151-153は次のお知らせに関するものです。

AAMPマーケティングおよび資金調達会議：
3月15日まで早期登録可能

オーストラリア博物館専門家協会（AAMP）は，7月13日から15日にCanberraのOceania Newコンベンションセンターで，マーケティングおよび資金調達に関する年次会議を開催します。この会議は，実践的な学習に焦点を当て，さまざまなワークショップやパネルディスカッション，そのほかの教育活動を含み，業界内の専門家が新しい技術を習得し，専門知識を深める機会を提供します。今年のテーマは『デジタル技術が収益につながる』です。基調講演者は，国立科学博物館の館長であるPadma Seth博士が務めます。

登録料は3月15日まで340ドル，3月16日から申し込み最終日である6月30日までが390ドルです。AAMPの会員はこれらの料金に対し20パーセント割引を受けます。プログラムの情報やオンライン登録フォーム，そのほかの詳細に関しては www.aamp.org.auで全てご覧いただけます。

語句 □fundraising 資金集め　□early-bird 定刻より早い　□registration 登録　□focus on ～ ～への焦点　□practical 実践的な
□panel discussion パネルディスカッション（公開討論）　□educational activity 教育活動　□acquire ～を習得する
□enhance ～を強化する　□revenue 収益　□keynote speaker 基調講演者　□application 申し込み　□rate 料金
□as for ～ ～に関して　□detail 詳細

151.

What is indicated about the conference?

(A) It is sponsored by the National Science Museum.
(B) It will take place over three days.
(C) It will be held at a new location next year.
(D) It is open to AAMP members only.

会議について何が示されていますか。

(A) 国立科学博物館によって主催される。
(B) 3日間にわたって行われる。
(C) 来年は新しい場所で開催される。
(D) AAMPの会員にのみ開かれている。

正解 (B)

解説 会議について示されていることを問う問題です。文書冒頭で会議開催について触れられており，❶の文末に「7月13日から15日に会議を開催する」とあるので，会議開催は3日間だと分かります。以上から，正解は(B)です。主催団体はAAMPなので(A)は不正解です。(C)の来年新しい場所で開催されるかどうかの記載はなく，(D)のAAMP会員限定かどうかは，第2段落中盤に「AAMP会員はこれらの料金に対し20パーセント割引を受ける」と会員以外の参加も示唆されているため，不正解です。

言い換え hold → take place

語句 □sponsor 〜を主催する　□take place 開催される

152.

What will Dr. Seth most likely talk about at the conference?

(A) Making profits by using new technologies
(B) Recruiting talented human resources professionals
(C) Implementing educational activities at museums
(D) Dealing with global environmental problem

Seth博士は会議でおそらく何について話しますか。

(A) 新しい技術を使って利益を上げること
(B) 才能のある人事の専門家を雇用すること
(C) 博物館で教育活動を実施すること
(D) 地球環境問題に対処すること

正解 (A)

解説 Seth博士が会議でおそらく何を話すかが問われています。❷から，今年の会議のテーマが『デジタル技術が収益につながる』であることが分かり，Seth博士はおそらくこのテーマに関連した内容を話すと考えられます。以上より，これをMaking profits by using new technologies「新しい技術を使って利益を上げること」と表した(A)が正解です。この問題のような，催し物の全体テーマから各講演やワークショップなどで扱う内容を推測する問題は時折出題されます。パターンとして押さえておきましょう。

言い換え revenue → profits

語句 □make profits 利益を上げる　□recruit 〜を採用する　□talented 才能のある　□professional 専門家
□implement 〜を実行する

153.

According to the notice, what will happen after June 30?

(A) A new director will be elected.
(B) Some information will be posted online.
(C) Registration for the conference will close.
(D) A limited-time discount will be introduced.

お知らせによると，6月30日より後に何が起きますか。

(A) 新しい館長が選出される。
(B) いくつかの情報がオンラインで掲載される。
(C) 会議への登録が締め切られる。
(D) 期間限定の割引が導入される。

正解 (C)

解説 6月30日より後に何が起きるかが問われています。❸に期間に応じた登録料が記載されており，後半に「3月16日から申し込み最終日である6月30日までが390ドル」とあるので，6月30日で会議の登録期間が終了するということが分かります。以上より，正解は(C)です。

❋ ❋ ❋

after June 30「6月30日より後」は6月30日を含まず，7月1日以降のことを表しています。「6月30日以降」を表すのであれば，on and after June 30と表します。

語句 □elect 〜を選出する　□post 〜を掲載する　□close 閉じる　□limited-time 期間限定の

Questions 154-155 refer to the following telephone memo.

 209

WHILE YOU WERE OUT

For: Max Hedberg

Date: Wednesday, November 9

Time: 3:05 P.M.

Caller: Colleen Marsh

Of: GH Bus Lines

Tel: 304-555-9432

Message: ❶Ms. Marsh would like to schedule a get-together with you to discuss the benefits of signing an exclusive contract with GH Bus Lines. The marketing manager from GH Bus Lines wants to be there as well. The time and venue are up to you. ❷She said that she would be more than happy to reserve a table at a local restaurant at GH Bus Lines' expense.

Taken by: Rosa Perez

設問154-155は次の電話メモに関するものです。

外出中に

宛先：Max Hedberg
日付：11月9日 水曜日
時間：午後3時5分
発信者：Colleen Marsh
所属：GH Bus Lines社
電話番号：304-555-9432

メッセージ：Marshさんは，GH Bus Lines社と独占契約を結ぶメリットについて話し合うために，あなたとの会合を予定したいそうです。GH Bus Lines社のマーケティング部長も同席したいそうです。時間と場所はあなたにお任せするとのことです。彼女は，GH Bus Lines社の負担で地元のレストランを喜んで予約すると言っていました。

受信者：Rosa Perez

語句 □*be* out 外出している　□get-together 会合　□benefit 利点　□exclusive contract 独占契約　□as well 同様に
□venue 開催場所　□up to ～ ～次第で　□*be* more than happy to *do* 非常に喜んで～する
□reserve a table （レストランなどの）席を予約する　□at *one's* expense ～の負担で

154.

Why did Ms. Marsh call Mr. Hedberg?

(A) To announce her travel plans
(B) To introduce a new employee
(C) To provide a schedule update
(D) To set up a meeting

Marshさんは Hedbergさんになぜ電話をかけましたか。

(A) 彼女の旅行プランを伝えるため
(B) 新しい従業員を紹介するため
(C) スケジュールの最新情報を提供するため
(D) 会議の場を設けるため

正解 (D)

解説 Marshさんが Hedbergさんに電話をした理由が問われています。電話メモ冒頭の宛先と発信者、また電話メモ後半の受信者の項目より、この文書は MarshさんがHedbergさん宛てに伝えたかった用件を、Perezさんが代わりに取り次いで作成した電話メモであることをまず理解しておきましょう。電話の用件はメッセージ部分に書かれていることが多く、❶から Marshさんがある案件で Hedbergさんと打ち合わせをしたいと望んでいることが分かります。よって、(D)が正解です。

言い換え schedule a get-together → set up a meeting

✦ ✦ ✦

 電話メモの場合、誰が誰に宛てた伝言か、また you や she などの代名詞が誰のことを指すのかを明確にして解かないと、勘違いによるミスをしてしまうことがあります。人物の関係を確実に押さえるようにしましょう。

155.

What does Ms. Marsh offer to do?

(A) Treat a client to a meal
(B) Host an awards ceremony
(C) Make a delivery
(D) Revise the schedule

Marshさんは何をすることを申し出ていますか。

(A) 顧客に食事をごちそうする
(B) 授賞式を主催する
(C) 配達をする
(D) スケジュールを修正する

正解 (A)

解説 Marshさんが申し出ていることが問われています。メッセージ冒頭から、Hedbergさんは Marshさんにとっての顧客であることを理解します。ここで❷を見ると、Marshさんが「GH Bus Line社の負担でレストランを予約したい」と述べていることが分かります。以上から、treat「〜にごちそうする」という表現を使った(A)が正解です。

語句 □treat *A* to *B* AにBをおごる・ごちそうする　□host 〜を主催する　□awards ceremony 授賞式　□revise 〜を修正する

Questions 156-158 refer to the following article.

 ♪ 210

Construction Begins at Bramwell Northern Conservatory of Music

BRAMWELL (12 April)—❶Construction of a new wing at the Bramwell Northern Conservatory of Music is underway. The school's North Wing will house a state-of-the-art recording studio and a 350-seat auditorium. — [1] —.

The project, which had been delayed due to a lack of funding, recently got a boost from two major contributors. — [2] —. ❷A spokesperson for the musician Harris Albright confirmed that he made a sizable donation to the conservatory in early March. ❸In addition, Mr. Albright composed a new theme song for the conservatory, which he will perform at its opening ceremony. — [3] —. ❹"Without the generous support of these donors," said Dana Jessop, director of the conservatory, "we would have had to put our expansion plans aside indefinitely." — [4] —. The new wing is expected to be completed by December this year, and ❺the opening ceremony will be held on 10 January.

設問156-158は次の記事に関するものです。

Bramwell Northern 音楽学校で工事開始

BRAMWELL（4月12日）— Bramwell Northern 音楽学校の新館の建設が進行中です。同校の北館には，最新鋭のレコーディングスタジオと350席の講堂が入ります。

計画は資金不足のために遅れていましたが，最近2人の主要な貢献者から支援を受けました。音楽家であるHarris Albright氏の広報担当者は，彼が3月の初めにこの音楽学校に対してかなりの寄付をしたことを認めました。さらに，Albright氏は音楽学校のために新しいテーマソングを作曲し，新館のオープニングセレモニーで演奏する予定です。Bramwellの繁華街にあるFeldstoneホテルのオーナーであるHaley Chan氏も，伝えられるところによれば多額の寄付をしたそうです。音楽学校の校長であるDana Jessop氏は，「このような寄付者たちの寛大な支援がなければ，私たちは拡張計画を無期限に延期しなければならなかったでしょう」と述べました。新館は今年の12月までに完成する見通しで，オープニングセレモニーは1月10日に開催される予定です。

語句 □conservatory 音楽学校 □new wing 新館 □underway 進行中で □state-of-the-art 最新の □auditorium 講堂
□a lack of ～ ～の不足 □funding 資金 □get a boost 支援を受ける □contributor 貢献者，寄付者
□spokesperson 広報担当者 □confirm ～を認める □sizable かなり大きな □donation 寄付
□compose ～を作曲する □donor 寄付者 □put ～ aside ～をわきに置く □expansion 拡張 □indefinitely 無期限に

156.

What is the article mainly about?

(A) The expansion of a local institution
(B) Increasing enrollment at a music academy
(C) An upcoming musical performance
(D) Building plans for a new school

記事は主に何について述べていますか。

(A) 地元施設の拡張
(B) 音楽学校への入学者数の増加
(C) 今度の音楽公演
(D) 新しい学校の建設計画

正解 (A)

解説 記事は主に何について述べているかが問われています。❶を見ると、「音楽学校の新館が建設中」とあり、次の文でレコーディングスタジオや講堂といった建設内容の具体例が挙げられています。ある音楽学校の拡張について述べられた記事であると分かるので、「学校」をinstitutionと言い換えた(A)が正解です。

言い換え construction of a new wing → expansion
conservatory → institution

❊ ❊ ❊

 TOEIC L&Rテストでは学校のことを抽象的にinstitutionと表現することがよくあります。

語句 □institution 施設　□enrollment 入学　□academy 学校

157.

According to the article, what will happen in January?

(A) The conservatory will appoint a new director.
(B) Ms. Jessop will reveal plans to build a museum.
(C) Construction work will start again at the school.
(D) Mr. Albright will perform his new song.

記事によると、1月に何が起こりますか。

(A) 音楽学校は新しい校長を任命する。
(B) Jessopさんは博物館を建設する計画を明らかにする。
(C) その学校で建設工事が再開される。
(D) Albrightさんが新曲を演奏する。

正解 (D)

解説 記事によると、1月に何が起こるかが問われています。❺より、オープニングセレモニーが1月10日に行われることが分かります。ここでオープニングセレモニーについて言及されている❸に戻ると、「Albright氏が音楽学校のために新しいテーマソングを作曲し、オープニングセレモニーで演奏する予定だ」と述べられています。以上から、正解はこの2つの情報を合わせた(D)です。この設問では「1月」をヒントに❺の内容を把握できますが、それだけでは解けません。❸、❺にある、「オープニングセレモニー」の情報を統合して解答を導く必要があります。読み落としのないよう注意してください。

語句 □appoint 〜を任命する　□reveal 〜を明らかにする

158.

In which of the positions marked [1], [2], [3], and [4] does the following sentence best belong?
"Haley Chan, owner of the Feldstone Hotel in downtown Bramwell, also reportedly made a large donation."

(A) [1]
(B) [2]
(C) [3]
(D) [4]

[1]、[2]、[3]、[4]と記載された箇所のうち、次の文が入るのに最もふさわしいのはどれですか。

「Bramwellの繁華街にあるFeldstoneホテルのオーナーであるHaley Chan氏も、伝えられるところによれば多額の寄付をしたそうです」

(A) [1]
(B) [2]
(C) [3]
(D) [4]

正解 (C)

解説 文挿入位置問題です。問われている文は「Chan氏も多額の寄付をした」という内容です。「Chan氏も」という部分から、この文の前に誰か違う人も寄付をしたという情報が入ることが考えられます。これを踏まえて見ていくと、第2段落の最初に2人の貢献者から支援があったことが述べられ、❷に寄付をした別の人物名が出てきています。ここから、この文以降に入ると予測できます。また、❹「このような寄付者たちの支援がなければ拡張計画を延期していただろう」と、音楽学校の校長が寄付の重要性について触れている前に入れると文意が通るので、この2つを満たす(C)が正解です。

語句 □reportedly 伝えられるところによれば

Questions 159-160 refer to the following notice.

 🎵 211 🇺🇸

Attention Visitors

❶We regret that the main gate to the Gleneagles Markets will be shut while upgrades are being carried out. The Douglas Street gate is being widened and we are now improving the drainage system to reduce the amount of water that enters the parking lot from Reedy Creek during times of heavy rain.

Until the work is completed, the only way to enter the markets is through the GHT Auction Yard next door. ❷The management there has kindly allowed visitors to enter the Gleneagles Markets through a temporary gate that has been installed in their south fence on Holsten Avenue.

設問159-160は次のお知らせに関するものです。

訪問者の皆様へ

改修が行われている間，残念ながらGleneaglesマーケットの正面ゲートは閉鎖されます。Douglas通りのゲートは広げられ，大雨の際にReedy川から駐車場に流れ込む水の量を減らすために，現在我々は排水システムを改良しております。

工事が完了するまでは，隣のGHT Auction Yardからのみマーケットに入れます。そこの経営者は親切にも，Holsten大通りの南フェンスに設置された臨時ゲートから訪問者がGleneaglesマーケットに入ることを許可してくれました。

語句 □main gate 正門ゲート □shut ～を閉鎖する □upgrade 改修 □carry out ～ ～を実行する □widen ～を拡張する □drainage 排水 □amount of water 水量 □next door 隣の □management 経営者 □temporary 一時的な □install ～を設置する

159.

What is the purpose of the notice?

(A) To promote a local food market
(B) To explain the temporary closure of an entrance
(C) To publicize a new clinic opening
(D) To announce a change in business hours

お知らせの目的は何ですか。

(A) 地元の食品市場を宣伝すること
(B) 入り口の一時的な閉鎖について説明すること
(C) 新しいクリニックの開業を公表すること
(D) 営業時間の変更を発表すること

正解 (B)

解説 このお知らせの目的が問われています。❶で改修・閉鎖に関する話題について触れ、「改修期間はGleneaglesマーケットの正面ゲートを閉鎖する」と述べているため、これを言い換えた(B)が正解です。❶の文の後半while以降は一定期間を示す表現となっているため、この部分が選択肢のtemporaryで表されていると考えるといいでしょう。

言い換え gate → entrance
be shut while upgrades are being carried out
→ temporary closure

語句 □promote 〜を宣伝する □publicize 〜を公表する □clinic 診療所 □business hours 営業時間

160.

Where is the GHT Auction Yard?

(A) Along Reedy Creek
(B) In the southern parking lot
(C) On Holsten Avenue
(D) On Douglas Street

GHT Auction Yardはどこにありますか。

(A) Reedy川沿い
(B) 南駐車場の中
(C) Holsten大通り
(D) Douglas通り

正解 (C)

解説 GHT Auction Yardがどこにあるのかが問われています。第2段落冒頭に、「工事が完了するまでは、GHT Auction Yardからのみマーケットに入れる」とあり、❷から「そこの経営者がHolsten大通りの臨時ゲートからマーケットへ入ることを許可してくれた」という情報が読み取れます。ここからGHT Auction YardはHolsten大通りにあることが分かるので、正解は(C)です。

Questions 161-163 refer to the following memo.

 🎵 212

MEMO

To: Jeff Murray, Rudy Day, Terrence Winchester
From: Donna Harris
Date: January 12
Subject: Sponsor

As you know, Joyvid Productions gets most of its profits from advertising. Our online videos usually contain short messages about our sponsors delivered by our announcers. ❶Despite the recent increase in viewership, fewer and fewer companies have been approaching us with offers of sponsorship.

❷I have scheduled a meeting that I would like all of you to attend in your capacity as senior producers. Please consider the above issue and try to come up with some suggestions before we meet. ❸I have asked Terry Taubman from Gleeson Associates to come and give us some advice. Please keep in mind that her time is not cheap. We should prepare questions for her and take notes on everything she says.

I have tentatively scheduled the meeting for 2:00 P.M. on Friday. Please confirm that you will be available as soon as possible.

設問161-163は次のメモに関するものです。

メモ

宛先：Jeff Murray, Rudy Day, Terrence Winchester
差出人：Donna Harris
日付：1月12日
件名：スポンサー

ご存知の通り，Joyvid Productions社は収益のほとんどを広告から得ています。私たちのオンラインビデオは通常，当社のアナウンサーによって伝えられる，スポンサーに関する短いメッセージが含まれています。最近の視聴率の増加にも関わらず，スポンサーになることを申し出てくる企業はますます少なくなっています。

皆さんにシニアプロデューサーという立場でご参加いただきたい会議を予定しております。上記の問題を検討して，私たちが会う前にいくつかの提案を考え出すようにしてください。Gleeson Associates社のTerry Taubmanさんにアドバイスをしに来てくれるよう頼みました。彼女の時間は安くないことを覚えておいてください。彼女のために質問を用意し，彼女が言ったことは全てメモするべきです。

その会議は暫定的に金曜日の午後2時に予定しています。できる限り早く，参加可能かどうかご確認ください。

161.

Why did Ms. Harris send the memo?

(A) To thank employees for their hard work
(B) To announce a new company policy
(C) To explain a new business practice
(D) To draw attention to a problem

Harris さんはなぜこのメモを送りましたか。

(A) 従業員の熱心な仕事ぶりに感謝するため
(B) 新しい企業方針を発表するため
(C) 新しいビジネス手法を説明するため
(D) ある問題に注意を向けさせるため

正解 (D)

解説 Harris さんがメモを送付した理由が問われています。Harris さんは❶で「視聴率の増加にも関わらず，最近スポンサーが減ってきている」と，問題提起をしています。以降もその問題について検討し提案をするよう伝えているので，(D)が正解です。

＊＊＊

 draw attention to ～は「人の注目を～に向ける」という意味で，プレゼンなどの切り出しにも使われる表現です。

語句 □draw attention to ～（人目を）～に引く

162.

What is suggested about Mr. Day?

(A) He holds a high position at the company.
(B) He is a temporary worker.
(C) He will be absent on Friday evening.
(D) He will meet with a sponsor this week.

Day さんについて何が示されていますか。

(A) 会社で高い地位に就いている。
(B) 臨時の従業員である。
(C) 金曜日の夕方は欠席する予定である。
(D) 今週スポンサーと会う予定である。

正解 (A)

解説 Day さんについて示されていることを問う問題です。Day さんとは，メモの宛先に入っている人物の1人です。ここで❷を見ると，「シニアプロデューサーという立場で参加してほしい会議を予定している」と，Day さんを含む宛先の3人が呼びかけられています。ここから，Day さんはシニアプロデューサーであることが分かります。senior は「上位の，上級の」を意味する形容詞で，Day さんは社内で高い地位にいることが判断できます。よって，(A)が正解です。メモやEメールの宛先の人物について問われる場合，その人物について本文中では you と表現されていることがほとんどです。根拠となる情報を探す際，この点に注意しましょう。

言い換え senior producers → high position

語句 □high position 高い地位 □temporary worker 臨時従業員

163.

Who most likely is Ms. Taubman?

(A) A consultant
(B) A corporate sponsor
(C) A subscriber
(D) An insurance agent

Taubman さんとはおそらく誰ですか。

(A) コンサルタント
(B) 企業のスポンサー
(C) 定期購読者
(D) 保険外交員

正解 (A)

解説 Taubman さんはおそらく誰かが問われています。Harris さんは❸で「Gleeson Associates 社の Terry Taubman さんにアドバイスを頼んだ。彼女の時間は安くない。質問を用意し，彼女が言ったことを全てメモするように」と述べています。ここから，有料でアドバイスをしてくれる社外の人＝コンサルタント，と推測できるため，(A)が正解です。

語句 □corporate 企業の □insurance agent 保険外交員

Questions 164-167 refer to the following online chat discussion.

Davis Freed [9:12 A.M.]:
❶The delegation from Vancek International still hasn't arrived. Their flight from London was delayed for thirty minutes. According to the arrivals board here, they should land around 9:40.

Herbert Choy [9:15 A.M.]:
In that case, the earliest we can expect them here is 10:30. We'll have to make some changes to the schedule.

Andrea Berger [9:16 A.M.]:
❷Mr. Svensson was supposed to greet them here at 10:00. He had another appointment right after that, so someone else may have to meet them when they arrive.

Herbert Choy [9:16 A.M.]:
❸This could be a major new client for us. Shouldn't it be the president?

Andrea Berger [9:17 A.M.]:
Let me check with Mr. Svensson to see if he can rearrange his schedule first.

Herbert Choy [9:18 A.M.]:
By the way, we'll need to shorten some activities as well to fit everything in.

Davis Freed [9:19 A.M.]:
❹So far, we are supposed to start with a morning presentation and have a lunch session after that. We also have the plant tour and technology demonstration following that.

Herbert Choy [9:20 A.M.]:
Hmm, okay. ❺Then, let's trim the first activity by thirty minutes. We can do the other activities as originally scheduled.

Andrea Berger [9:22 A.M.]:
Good news—Mr. Svensson will push back his 10:30 appointment and greet the delegation when they arrive.

Herbert Choy [9:23 A.M.]:
Perfect. We're all set for now. ❻I'll inform everyone about the changes. Davis, let us know once they've arrived.

設問164-167は次のオンラインチャットの話し合いに関するものです。

Davis Freed [午前9時12分]
Vancek International社の代表団はまだ到着していないんだ。Londonからのフライトが30分遅れたんだよ。ここの到着時刻表示板によると，9時40分ごろに着陸するみたいだ。

Herbert Choy [午前9時15分]
その場合，ここに彼らが到着するのは早くて10時30分か。スケジュールを変更しなければならないね。

Andrea Berger [午前9時16分]
Svenssonさんがここで10時に彼らを迎えることになっていたの。彼はその後すぐに別の約束があったから，誰かほかの人が，彼らが到着したときに会わなければならないかもしれないわ。

Herbert Choy [午前9時16分]
この会社は僕たちの新しい主要顧客になるかもしれない。社長であるべきじゃないかな？

Andrea Berger [午前9時17分]
まずSvenssonさんにスケジュールを再調整できるか確認させて。

Herbert Choy [午前9時18分]
ところで，全てを収めるために，いくつかの活動を短くする必要があるね。

Davis Freed [午前9時19分]
これまでのところ，僕たちは朝のプレゼンテーションから始めてその後にランチセッションを行うことになっている。その後に工場見学と技術の実演も続くよ。

Herbert Choy [午前9時20分]
うーんと，分かった。そうしたら，最初の活動を30分短くしよう。ほかの活動はもとのスケジュール通りに行えるよ。

Andrea Berger [午前9時22分]
いいニュースよ。Svenssonさんが10時30分の約束を遅らせて，代表団が到着したときに彼らを迎えてくれるそうよ。

Herbert Choy [午前9時23分]
完璧だ。今のところ全て準備ができている。みんなに変更について知らせるよ。Davis，彼らが到着したら知らせてくれ。

語句　□delegation 代表団　□rearrange ～を再調整する　□shorten ～を短くする　□fit A in Aを収める　□trim ～を縮減する
□push back ～ ～を延期する・延ばす　□greet ～を迎える

164.

Where most likely is Mr. Freed?

(A) At a hotel
(B) At the airport
(C) At a restaurant
(D) At a medical center

Freedさんはおそらくどこにいますか。

(A) ホテル
(B) 空港
(C) レストラン
(D) 医療センター

正解 (B)

解説 Freedさんはおそらくどこにいるかが問われています。Freedさんは❶で「代表団がまだ到着していない。Londonからのフライトが30分遅れた」と述べ，さらに「ここの到着時刻表示板によると，9時40分ごろに着陸するはず」と続けています。ここから，今Freedさんは飛行機が到着する場所にいると考えられるので，(B)が正解です。人物のいる場所を問う設問では，hereなどの語をヒントに，場所の情報を文書から読み取れるようにしましょう。

語句 □medical center 医療センター

165.

At 9:16 A.M., what does Mr. Choy mean when he writes, "Shouldn't it be the president"?

(A) The president should apologize to the client first.
(B) The president should make a phone call.
(C) The president should pay for a meal.
(D) The president should greet important clients.

午前9時16分にChoyさんが "Shouldn't it be the president" と書く際，何を意図していますか。

(A) 社長が最初に顧客に謝罪するべきである。
(B) 社長が電話をかけるべきである。
(C) 社長が食事代を支払うべきである。
(D) 社長が重要な顧客を迎えるべきである。

正解 (D)

解説 意図問題です。問われている文は，Choyさんの「それは社長であるべきではないのか?」という問いかけの表現です。❷でBergerさんが「10時に代表団を迎えることになっていたSvenssonさんは，その後すぐに別の約束がある。ほかの人が代わりに会わなければならないかも」と述べているのに対し，Choyさんが❸で「この会社は新しい主要顧客になるかもしれない」と重要性を伝え，問われている発言を続けています。つまり，これから主要となるくらい重要な顧客は社長が迎えるべきでは，という意図で発言したものと考えられるので，(D)が正解です。

166.

Which activity will be affected by the schedule change?

(A) The morning presentation
(B) The plant tour
(C) The technology demonstration
(D) The lunch session

どの活動がスケジュールの変更によって影響を受けますか。

(A) 朝のプレゼンテーション
(B) 工場見学
(C) 技術の実演
(D) ランチセッション

正解 (A)

解説 どの活動がスケジュール変更によって影響を受けるかが問われています。❹で活動の予定について触れられており，朝のプレゼンテーション→ランチセッション→工場見学→技術の実演の順で行うとFreedさんが述べています。対してChoyさんは，❺で「最初の活動を30分短くしよう」，「ほかの活動はもとのスケジュール通りに行える」と述べています。その後は反対意見もなく議論が進んでおり，最初に行われる活動である朝のプレゼンテーションが影響を受けると分かります。よって，正解は(A)です。

167.

Who will update colleagues about the revised schedule?

(A) Mr. Choy
(B) Mr. Svensson
(C) Mr. Freed
(D) Ms. Berger

修正されたスケジュールについて誰が同僚に最新情報を伝えますか。

(A) Choyさん
(B) Svenssonさん
(C) Freedさん
(D) Bergerさん

正解 (A)

解説 修正されたスケジュールの最新情報を同僚に伝えるのは誰かが問われています。❻で「みんなに変更について知らせる」とChoyさんが述べているため，正解は(A)です。

Questions 168-171 refer to the following letter.

Arlboor Industrial
9327 West Street, Cleveland, OH 44287

July 3

Brent Wagner, President
Monton Appliance, Inc.
19555 Hamilton Road,
Portland, OR 97239

Dear Mr. Wagner:

❶It was a pleasure to meet you at the Metalworks Trade Fair in June and show you our exhibit and latest metal cutting tools. ❷We hope you are still considering using Arlboor Industrial's state-of-the-art products at your factory. — [1] —.

❸Our updated catalog was released on July 1, and I have enclosed a copy for you to review. Our lineup of stainless steel cutting saws is shown on pages 32 through 39. ❹The T-500X, which I demonstrated for you when we met, is new to this series. — [2] —.

❺We also provide training on how to operate our saws. — [3] —. This after-sale service supports our customers in the safe and effective use of our products.

Thank you for taking the time to speak with me, and I hope to hear from you soon. — [4] — .

Sincerely,

Jill Ellsworth

Jill Ellsworth
Sales Director
Arlboor Industrial

設問168-171は次の手紙に関するものです。

Arlboor工業
West通り9327番地，Cleveland，OH 44287

7月3日
Brent Wagner，社長
Monton Appliance社
Hamilton通り19555番地
Portland，OR 97239

Wagner様

6月の金属製品見本市であなたにお会いでき，当社の展示と最新の金属切削工具をご紹介できて光栄でした。あなたがまだArlboor工業の最新製品を，あなたの工場で使用することをご検討されていることを願っています。

当社の最新のカタログが7月1日にリリースされましたので，再度ご検討いただけるように1部同封いたしました。ステンレススチール製ののこぎりのラインナップは32ページから39ページに掲載されています。あなたにお会いしたときに私が実演したT-500Xは，このシリーズに新しく加わりました。それは特に，あなたの会社が製造しているような器具に使用される金属を切るために設計されました。

当社ではのこぎりの扱い方の訓練も提供しています。この販売後のサービスは，お客様が安全にそして効果的に当社製品をお使いいただけるようにサポートするものです。

私と話す時間を作っていただきありがとうございました。近いうちにお返事をいただけることを願っております。

敬具
Jill Ellsworth

Jill Ellsworth
営業部長
Arlboor工業

語句 □metal cutting tool 金属切削工具 □state-of-the-art 最新の □updated 更新された，最新の □enclose ～を同封する □copy（冊子などの）部 □review ～を再検討する □lineup 商品 □stainless steel ステンレススチール（鋼鉄） □cutting saw のこぎり □demonstrate ～を実演する □after-sale service 商品購入後のサービス □effective use 効果的な使用

168.

What is the main purpose of the letter?

(A) To invite Mr. Wagner to an exhibition
(B) To follow up on a meeting
(C) To schedule some repairs
(D) To inquire about an appliance

手紙の主な目的は何ですか。

(A) Wagnerさんを展示会に招待すること
(B) 会合のフォローアップをすること
(C) 修理を予定すること
(D) 器具に関する問い合わせをすること

正解 (B)

解説 手紙の主な目的が問われています。❶で「見本市で会った際，当社の展示と最新の金属切削工具を紹介できて光栄だった」と切り出し，❸で「当社の最新のカタログがリリースされたので，再度検討してもらえるよう1部同封した」と述べています。つまり，前回の会合に引き続き，追加で情報提供をしている（フォローアップしている）と分かるので，(B)が正解です。

語句 □follow up on ~ ~に続けて行う・付け加える
□inquire about ~ ~について問い合わせをする

169.

What is indicated about Mr. Wagner?

(A) He sent a package to Arlboor Industrial.
(B) He considered purchasing some industrial tools.
(C) He recently purchased some cutting tools.
(D) He reported a problem with a device.

Wagnerさんについて何が示されていますか。

(A) Arlboor工業に小包を送った。
(B) 工具の購入を検討していた。
(C) 最近いくつかの切削工具を購入した。
(D) 機器に関する問題を報告した。

正解 (B)

解説 Wagnerさんについて何が示されているかを問う問題です。❷で「あなた（＝Wagnerさん）がまだArlboor工業の最新製品の使用を検討していることを願っている」と述べられています。ここから，過去の段階でWagnerさんが工具の購入検討をしていたことが分かるので，(B)が正解です。

語句 □industrial tool 工具

文書中の「（今でも）まだ~しているとよいのですが」という記述から，「以前は~していた」という選択肢を正解に選ばせる問題はPart 7で時折出題されます。

170.

What does Ms. Ellsworth say her company offers to do?

(A) Provide protective clothing
(B) Send a monthly catalog
(C) Give a factory tour
(D) Explain how to use its merchandise

Ellsworthさんは彼女の会社が何をすることを申し出ると言っていますか。

(A) 防護服を提供する
(B) 毎月のカタログを送る
(C) 工場見学を行う
(D) 自社商品の使い方を説明する

正解 (D)

解説 手紙の差出人であるEllsworthさんの会社が何を申し出ると言っているかが問われています。❺でEllsworthさんは「当社ではのこぎりの扱い方の訓練も提供している」と述べています。よって，(D)が正解です。(B)のカタログは毎月送っているとは述べられておらず，あくまでも前回の会合のフォローアップのために送付しています。

言い換え operate → use
saws → merchandise

語句 □merchandise 商品

171.

In which of the positions marked [1], [2], [3], and [4] does the following sentence best belong?

"It was designed specifically for cutting metal used in appliances such as those your company manufactures."

(A) [1]　(B) [2]　(C) [3]　(D) [4]

[1], [2], [3], [4]と記載された箇所のうち，次の文が入るのに最もふさわしいのはどれですか。

「それは特に，あなたの会社が製造しているような器具に使用される金属を切るために設計されました」

(A) [1]　(B) [2]　(C) [3]　(D) [4]

正解 (B)

解説 文挿入位置問題です。挿入文は「それは特に，あなた（＝Wagnerさん）の会社が製造しているような器具に使用される金属を切るために設計された」という意味です。文頭には指示代名詞itがあり，この文を見る限り金属を切削する具体的な「工具名」を指していると考えられます。ここで工具に関連する箇所を見ていくと，❹で「T-500X」という商品名の新しい工具を前回実演して見せたとあり，この直後に入れるとit＝T-500Xの関係が成り立ちます。よって，正解は(B)です。

Questions 172-175 refer to the following article.

🎵 215 🇬🇧 London (12 March)—❶The popular British fast food chain Potta Reggie's is set to enter the continental European market. The company announced yesterday that it will open 12 locations in France, the Netherlands, and Germany during the next year.

The new European branches will feature the standard Potta Reggie's menu, along with a few items exclusive to each country. The company is looking at expansion into the United States as well. ❷It is conducting market research with the aim of adapting its menu to suit the tastes of consumers there.

In keeping with its slogan "Hearty & Healthy," Potta Reggie's serves a selection of dishes made with organic, nutritious ingredients. These include its signature Potta Reggie's Burger with fresh vegetables on the side. ❸Since its launch five years ago, the chain has grown rapidly. Potta Reggie's currently has over 45 branches in the United Kingdom, mostly in the London area.

Founder and president Reginald Ortega, a former chef at the renowned Spanish restaurant Vivada Vivo, believes the company's success is due to one key factor. ❹"Consumers are becoming more careful about what they eat," he explains. "Compared to the past, now they are more aware of having a well-balanced diet, which we have served since our establishment."

設問172-175は次の記事に関するものです。

London（3月12日）— イギリスの人気のファストフードチェーンであるPotta Reggie's社が欧州大陸市場に参入します。同社は，来年の間にフランス，オランダ，そしてドイツに12店舗をオープンすることを昨日発表しました。

新しいヨーロッパ支店では，Potta Reggie's社の標準的なメニューと共に，いくつかの各国限定の商品を呼び物にします。同社はアメリカ合衆国への進出も視野に入れています。同社は，現地の客の好みに合うようにメニューを変えることを目指して市場調査を行っているところです。

「栄養たっぷりで健康的」というスローガンを守り，Potta Reggie's社はオーガニックで栄養価の高い食材で作った厳選した料理を提供しています。これらには，新鮮な野菜が添えられた特製のPotta Reggie'sバーガーが含まれます。5年前の創業以来，チェーンは急速に成長しています。Potta Reggie's社は現在，イギリスに45店舗以上を構え，そのほとんどがLondon周辺にあります。

創業者であり社長のReginald Ortega氏は，有名なスペイン料理レストランであるVivada Vivoの元シェフで，同社の成功は1つの重要な要因によるものだと信じています。「消費者は何を食べるかにもっと気を付けるようになっています」と彼は説明します。「昔に比べて，今では彼らはバランスの取れた食事を取ることを意識するようになりました。そしてそれは当社が創業以来提供してきたものです」

172.

What is the article mainly about?

(A) The expansion of a restaurant chain
(B) The introduction of a new company policy
(C) The acquisition of a European business
(D) The relocation of a company's headquarters

記事は主に何について述べていますか。

(A) レストランチェーンの拡大
(B) 新しい企業方針の紹介
(C) ヨーロッパの事業の買収
(D) 本社の移転

正解 (A)

解説 記事は主に何について述べているかが問われています。記事冒頭❶で「イギリスの人気のファストフードチェーンであるPotta Reggie's社が欧州大陸市場に参入する」「来年フランス，オランダ，ドイツに12店舗をオープンする」と述べられているので，これを「レストランチェーンの拡大」と表した(A)が正解です。市場に拡大進出する場合，expansionという表現がよく使われます。

言い換え fast food chain → restaurant chain

語句 □acquisition 買収

173.

According to the article, what does Potta Reggie's plan to do?

(A) Offer its food in supermarkets
(B) Redesign its dining room layout
(C) Publish the results of its research
(D) Tailor its products to local preferences

記事によると，Potta Reggie's社は何をすることを計画していますか。

(A) スーパーマーケットで食品を提供する
(B) ダイニングルームのレイアウトを再設計する
(C) 研究結果を公表する
(D) 製品を地元の好みに合わせる

正解 (D)

解説 記事によると，Potta Reggie's社が何を計画しているかが問われています。❷に「現地の客の好みに合うようにメニューを変えることを目指して市場調査を行っている」とあるので，メニューをそれぞれの地元の好みに合わせる，ということが分かります。これをtailorという語を使って言い換えた(D)が正解です。

言い換え adapting its menu → tailor its products
tastes of consumers → preferences

語句 □tailor A to B AをBに合わせる

174.

What is indicated about Potta Reggie's?

(A) It has branches in France.
(B) It has operated for half a decade.
(C) It specializes in Spanish cuisine.
(D) It only offers vegetarian dishes.

Potta Reggie's社について何が示されていますか。

(A) フランスに支店がある。
(B) 5年間営業している。
(C) スペイン料理に特化している。
(D) ベジタリアン料理のみを提供している。

正解 (B)

解説 Potta Reggie's社について何が示されているかを問う問題です。❸で「5年前の創業以来」とあり，創業から5年経過していることが分かります。これを half a decade「10年の半分」と言い換えた(B)が正解です。(A)のフランスの支店は，記事が出た時点ではオープンしていません。この選択肢が未来を表す形であれば正解でした。

言い換え five years → half a decade

語句 □specialize in ～ ～を専門とする

175.

What does Mr. Ortega mention as a reason for Potta Reggie's popularity?

(A) The success of his previous restaurant
(B) Appearances in local newspapers
(C) A change in consumer eating habits
(D) The growth of tourism in Europe

OrtegaさんはPotta Reggie's社の人気の理由は何であると言及していますか。

(A) 彼の以前のレストランでの成功
(B) 地元新聞への掲載
(C) 消費者の食習慣の変化
(D) ヨーロッパ観光事業の成長

正解 (C)

解説 OrtegaさんがPotta Reggie's社の人気の理由は何であると言及しているかが問われています。Ortegaさんは❹で「消費者は何を食べるかにもっと気を付けるようになっている」「昔に比べて今では，バランスの取れた食事を取ることを意識するようになっており，それは当社が創業以来提供してきたものだ」と述べているため，消費者の食習慣が健康志向へ変わってきたことを人気の理由として挙げていると分かります。よって，(C)が正解です。

語句 □appearance 掲載 □eating habits 食習慣

Questions 176-180 refer to the following Web page and e-mail.

https://www.maedapotterystudio.com/one-off-class

90-minute One-Off Introductory Class at Maeda Pottery Studio

If you're curious about pottery but aren't ready to commit to one of our regular courses, this is the class for you! ❶It's also perfect for occasions like birthday parties or office team-building activities (subject to availability and space limitations).

❷This fun, safe, hands-on introductory class requires no previous experience. Under the instruction of award-winning potter Kanako Maeda, ❸you'll make either a cup or a bowl of your own design using a variety of pottery tools. ❹If you want to make a different kind of item, please e-mail Ms. Maeda at request@maedapotterystudio.com in advance. We are fairly flexible with your special requests.

Following the class, your piece will be trimmed, glazed, and fired in the studio's kiln by our staff, based on your instructions. You can pick it up around two months later and take it home. As ceramics are fragile, we unfortunately cannot ship finished pieces.

◆Cost: $60 per person (❺includes 53 ounces of clay and choice of over 50 types of glaze)
◆When: Fridays: 6:00 P.M., Saturdays: 10:00 A.M., Sundays: 2:00 P.M.
◆❻Reservations: Click here and fill in the reservation form.

From:	Maeda Pottery Studio
To:	Estella Garcia
Date:	July 25
Subject:	Pottery pickup

Dear Estella,

Thank you for attending our introductory class on May 21. ❼The aroma pot you made is now available for pickup at the studio. ❽Please drop by on Friday between 9:00 A.M. and 8:00 P.M. or on the weekend between 9:00 A.M. and 6:00 P.M. We will hold your piece for one month, but after that it may be disposed of without notification unless you make special arrangements. We appreciate your understanding.

Maeda Pottery Studio
www.maedapotterystudio.com

https://www.maedapotterystudio.com/one-off-class

Maeda陶芸工房で90分間の1日体験教室

陶芸に興味はあるけど通常の講座に取り組む準備はできていない方々，これはあなたにぴったりの教室です！　こちらは誕生日パーティーや社内のチームワークを育むための活動としても最適な機会です（空き状況とスペースの制限に左右されます）。

この楽しく安全で，実践的な体験教室には過去の経験は必要ありません。受賞歴のある陶芸家のKanako Maeda氏の指導のもと，さまざまな陶芸用の道具を使用してあなた自身でデザインしたカップかお椀を作ります。もし違う種類のものを作りたい場合は，Maeda氏宛てに，request@maedapotterystudio.comまで事前にEメールを送ってください。特別なご要望にも極めて柔軟に対応します。

教室の後，あなたの作品はあなたの指示に基づいて，スタッフによって整えられ，うわぐすりをかけられ，工房の窯で焼かれます。約2カ月後に作品を取りに来ていただき，ご自宅にお持ち帰りいただけます。陶器は割れやすいため，残念ながら仕上がった作品を郵送することはできません。

費用：1人当たり60ドル（53オンスの粘土と50種類以上から選べるうわぐすりを含みます）
日時：金曜日：午後6時，土曜日：午前10時，日曜日：午後2時
予約：こちらをクリックし，予約フォームに記入してください。

送信者：Maeda陶芸工房
宛先：Estella Garcia
日付：7月25日
件名：陶器の引き取り

Estella様

5月21日の体験教室にご参加いただきありがとうございました。あなたが作ったアロマポットの工房での引き取りが可能になりました。金曜日の午前9時から午後8時の間，または週末の午前9時から午後6時までの間にお立ち寄りください。私たちはあなたの作品を1カ月間保管しますが，その後は特別な手配をしない限り，告知なしで破棄させていただく可能性があります。ご理解のほどよろしくお願い申し上げます。

Maeda陶芸工房
www.maedapotterystudio.com

語句　【ウェブページ】　□one-off 1度限りの　□introductory class 体験教室，入門コース　□pottery 陶器
□commit to ～ ～に深く関わる　□occasion 場面　□team-building チームビルディング
□subject to ～ ～次第である　□availability 空き　□space limitation スペース制限
□hands-on 実体験できる　□award-winning 受賞歴のある　□potter 陶芸家　□tool 道具
□piece 作品　□trim ～を整える　□glaze ～にうわぐすりをかける，うわぐすり　□fire ～を焼く
□kiln 窯　□ceramic 陶磁器　□fragile もろい　□ship ～を送付する
□clay 粘土　□fill in ～ ～に記入する
【Eメール】　□drop by ～ ～に立ち寄る　□notification 通知　□arrangement 手配

176.

According to the Web page, what is NOT indicated about the class?

(A) It is aimed at novices.
(B) It is suitable for group events.
(C) It provides participants with materials.
(D) It should be reserved two months in advance.

ウェブページによると，教室について示されていないことは何ですか。

(A) 初心者向けである。
(B) グループイベントに適している。
(C) 参加者に材料を提供する。
(D) 2カ月前に予約するべきである。

正解 (D)

解説 NOT問題で，ウェブページの中で教室について示されていないことが問われています。❶の「パーティーや社内の活動などに適している」が(B)に，❷の「体験教室は過去の経験を問わない」が(A)に，❺の「粘土や50種類以上から選べるうわぐすりを含む」が(C)にそれぞれ合致しています。残った(D)の「2カ月前に予約するべき」が本文に書かれておらず，正解となります。

言い換え birthday parties or office team-building activities
→ group events
require no previous experience
→ aimed at novices

語句 □*be* aimed at ～ ～に向けた □novice 初心者 □*be* suitable for ～ ～に適している □in advance 前もって

177.

What are the participants able to do during the class?

(A) Use different types of equipment
(B) Receive textbooks for free
(C) Look at some samples
(D) Take a certification exam

教室の間，参加者は何をすることができますか。

(A) さまざまな種類の備品を使う
(B) 無料で教科書を受け取る
(C) いくつかのサンプルを見る
(D) 資格試験を受ける

正解 (A)

解説 参加者が体験教室の間に何ができるかが問われています。ウェブページの❸で「さまざまな陶芸用の道具を使用」という記載があるので，これをUse different types of equipmentと言い換えた(A)が正解です。

言い換え a variety of pottery tools
→ different types of equipment

語句 □certification exam 資格試験

178.

What is suggested about Maeda Pottery Studio?

(A) Participants can book classes via their Web site.
(B) They are open every day of the week.
(C) Participants are allowed to take pictures.
(D) They have various instructors.

Maeda陶芸工房について何が示されていますか。

(A) 参加者はウェブサイト経由で教室を予約できる。
(B) 週の全ての日に開いている。
(C) 参加者は写真を撮ることが許されている。
(D) さまざまな講師がいる。

正解 (A)

解説 Maeda陶芸工房について何が示されているかを問う問題です。ウェブページ❻で「こちらをクリックし予約フォームに記入を」と，読み手を予約用のリンクへと誘導しているので，(A)が正解です。ウェブページの問題でClick here「ここをクリック」とある場合は，「オンラインで何かできるんだな」と把握しておきましょう。ほかの選択肢はどれも根拠となる記載がないため不正解です。

言い換え fill in the reservation form → book classes

語句 □via ～を通じて □*be* allowed to *do* ～することを許可されている □instructor 講師

179.

What did Ms. Garcia most likely do before joining the class?

(A) She invited some friends to the class.
(B) She sent an e-mail to Ms. Maeda.
(C) She checked the safety guidelines on a Web site.
(D) She paid the fee by credit card.

Garciaさんは教室に参加する前におそらく何をしましたか。

(A) 教室に何人かの友人を誘った。
(B) MaedaさんにEメールを送った。
(C) ウェブサイトで安全規約を確認した。
(D) 料金をクレジットカードで支払った。

正解 (B)

解説 Garciaさんが教室に参加する前におそらく何をしたかが問われています。ウェブページの❹で、「違う種類のものを作りたい場合は事前にEメールを」と述べられています。この「違う種類のもの」とは、❸の「あなた自身でデザインしたカップかお椀」以外のものだと分かります。次にEメールの❼を見ると、「あなたが作ったアロマポット」との言及があります。ここからGarciaさんは、ウェブページに記載されたものとは異なるものを作った、つまり、事前に講師であるMaedaさんにEメールで相談した、ということが考えられます。よって、(B)が正解です。Eメールに書かれている「アロマポット」がウェブページの「違う種類のもの」に該当すると気付けば正解を導くことができる、クロスリファレンス問題でした。

語句 □safety guidelines 安全規約

180.

According to the e-mail, what is Ms. Garcia asked to do?

(A) Verify the time of a class
(B) Notify the studio of a pickup date
(C) Provide a shipping address
(D) Collect an item before a deadline

Eメールによると、Garciaさんは何をするよう頼まれていますか。

(A) 教室の時間を確かめる
(B) 引き取り日を工房に知らせる
(C) 送付先の住所を提供する
(D) 期日までに品物を回収する

正解 (D)

解説 EメールでGarciaさんが頼まれていることが問われています。Eメールの❼で「あなたが作ったアロマポットの工房での引き取りが可能になった」、❽で「金曜日か週末に立ち寄るように」「作品を1カ月間保管するが、特に手配しない限り、告知なしで破棄する可能性がある」と述べられています。つまりGarciaさんは、期限までに作品を引き取るか、不可能な場合は特別な手配を求められていることが分かります。この前者に相当し、1カ月の期間をdeadlineで表現した(D)が正解です。(B)も正解になりそうですが、「具体的な引き取り日を工房に知らせる」ことは求められていないため、ここでは不正解です。

言い換え pickup → collect
piece → item

語句 □verify ～を検証・確認する □notify *A* of *B* AにBのことを知らせる □pickup date 引き取り日
□shipping address 送付先住所 □deadline 期限

176, 180の設問は、According to ～ 「～によると」から始まっています。このタイプの設問は、to以下で指定された文書の中に必ず正解の根拠があることを示しています。解答時間が足りない場合には、このタイプの問題を見つけて優先的に解答してもよいですね。

Questions 181-185 refer to the following advertisement and form.

❶Brondson Towers — Luxury Apartments
Opening Soon!

Brondson Towers is a newly constructed apartment building in Brisbane's city center. The building's grand opening will take place on 23 March, but it is already possible to sign a lease agreement for one of these luxury apartments. There are more than 200 one-, two-, and three-bedroom apartments to choose from. All have wonderful views of the botanical garden and the Brisbane River. Get in quick so that you don't ❷miss this opportunity.

❸While we are still unable to give prospective tenants tours of the actual building, we can show you around our temporarily constructed display apartments at 37 Frampton Street in East Brisbane. They are fully functional and identical to the real thing. The display apartments are open between 9:00 A.M. and 7:00 P.M. seven days a week. No appointments are necessary, but you are welcome to call our customer support staff at 071-555-8348 to make an inquiry. Please note that the display apartments will be dismantled after the opening ceremony.

Registered tenants are welcome to attend the grand opening, which will feature a performance by the Brisbane City Symphony Orchestra and ❹a speech by a special guest, Melanie Wendt. Ms. Wendt is the leader of the team that planned, designed and oversaw our work for Brondson Towers.

Brondson Towers — Lease Agreement

Tenancy Details

Address of Rental Premises: Apartment 405, 32344 Colonial Road, Brisbane City 4001

Lessor: Brondson Towers Management Office

Address: 1871 Stefani Avenue, Coorparoo QLD
TEL: 073 555 9593

❺**Tenant:** Ralph Larusso
Lease start date: 23 March
Rent: $760 per week
❼**Pets:** Allowed

E-mail: rlarusso@princemail.com
Mobile telephone: 090 555 8398
❻**Term:** 12 months
Number of occupants: 1

❽Brondson Towers Management Office is responsible for the upkeep of the property and any repairs that become necessary as a result of regular wear and tear. Any damage caused by rough use or minor accidents, however, must be professionally repaired at the tenant's expense.

If for any reason the tenant chooses to leave the premises before the term of the agreement has expired, he or she will be required to continue to pay rent until another tenant moves into the apartment.

Brondsonタワー ― 高級マンション
間もなくオープン!

Brondsonタワーは Brisbane 市の中心街に新しく建設されるマンションです。建物のグランドオープンは3月23日に行われますが, これらの高級マンションの1室の賃貸借契約書に署名することはすでに可能です。200以上の1,2または3つのベッドルームがある居室から選ぶことができます。全ての部屋から植物園と Brisbane 川の素晴らしい景色を見ることができます。この機会を逃さないようお急ぎください。

賃貸をお考えの方に実際の建物をご案内することはまだできませんが, 東 Brisbane の Frampton 通り37番地に一時的に建設された展示用マンションをご案内することはできます。それらは完全に機能しており, 本物と全く同じです。展示用マンションは午前9時から午後7時まで年中無休で開いています。予約は必要ありませんが, お問い合わせは071-555-8348のカスタマーサポートのスタッフまでいつでもお電話ください。オープニングセレモニーの後, 展示用マンションは取り壊されることをご承知おきください。

登録済の賃貸人の方は, グランドオープンにどうぞご出席ください。それは Brisbane 市交響楽団による演奏と, 特別ゲストの Melanie Wendt さんのスピーチを目玉としています。Wendt さんは, Brondson タワーの計画, 設計, そして建設作業を監督したチームのリーダーです。

Brondsonタワー―賃貸借契約書	
借用詳細	
賃貸物件住所:マンション405号室, Colonial通り32344番地, Brisbane市4001	
賃貸人:Brondsonタワー 管理事務所	住所:Stefani通り1871番地, Coorparoo QLD
	電話:073 555 9593
賃借人:Ralph Larusso	Eメール:rlarusso@princemail.com
賃貸借開始日:3月23日	携帯電話:090 555 8398
賃料:週760ドル	期間:12カ月
ペット:可	居住者数:1人

Brondsonタワー管理事務所は, 物件の維持, 通常使用による損傷の結果必要となる修理に責任を負います。ただ, 乱暴な使用やささいな事故による損傷は賃借人負担で, 専門家の手によって修理されなければなりません。

いかなる理由であれ, 賃借人が契約期間満了前に物件から退去することを選択した場合, 別の賃借人がマンションに引っ越してくるまで賃料を支払うことが要求されます。

語句 【広告】　□luxury apartment 高級マンション　□newly constructed 新設の
□grand opening 施設・建物のグランドオープン　□lease agreement 賃貸借契約書
□botanical garden 植物園　□prospective 見込みのある　□tenant 居住人　□actual 実際の
□show ~ around ~を案内して回る　□temporarily 一時的に　□display apartment 展示用マンション
□fully functional 完全に機能している　□identical to ~ ~と同一である　□real thing 実物
□inquiry 問い合わせ　□note that ~ ~だと承知する　□dismantle ~を取り壊す　□registered 登録した
□oversee ~を監督する
　　　　【フォーム】　□premises 敷地　□management office 管理事務所　□rent 賃料　□upkeep 維持　□property 不動産
□wear and tear 摩耗, 損傷　□rough 乱暴な, 粗い　□expire 期限が切れる　□move into ~ ~に入居する

181.

What is implied about the apartments at Brondson Towers?

(A) They are open for inspection.
(B) They are reasonably priced.
(C) They are very comfortable.
(D) They are remotely located.

Brondsonタワーのマンションについて何が示唆されていますか。

(A) 点検のため開いている。
(B) 手頃な価格である。
(C) とても快適である。
(D) 遠く離れた場所にある。

正解 (C)

解説 Brondsonタワーのマンションについて何が示唆されているかを問う問題です。広告の冒頭❶で，「Brondsonタワー，高級マンション」と述べられています。ここで登場する単語luxuryは，「豪華さ，（経済的に余裕があり）快適な状態」という意味を持っています。よって，これをcomfortableと表した (C) が正解と判断できます。comfortableにも，「（身体的・精神的に）快適な」という基本的な意味に加え，「（経済的にとても余裕があるため）快適な」という意味があります。今回は，こちらと同義になっていることが正解の根拠となります。

言い換え luxury → comfortable

語句 □inspection 点検 □reasonably priced 手頃な値段である □comfortable 快適な □remotely 離れて

182.

In the advertisement, the word "miss" in paragraph 1, line 5, is closest in meaning to

(A) desire
(B) mistake
(C) notice
(D) lose

広告の第1段落・5行目にある "miss" に最も意味が近いのは

(A) 〜を強く望む
(B) 〜を間違える
(C) 〜に注意する
(D) 〜を失くす

正解 (D)

解説 同義語問題です。問われているのは広告の❷「（チャンス）を逃す」の部分で，「何かを逃したり，何かをし損ねる」，という意味で用いられています。よって，これと同じ意味となるのは(D)です。

183.

According to the advertisement, who most likely will give a speech at the grand opening?

(A) A politician
(B) A head architect
(C) A local celebrity
(D) An apartment resident

広告によると，グランドオープンでスピーチをするのはおそらく誰ですか。

(A) 政治家
(B) 建築家のリーダー
(C) 地元の著名人
(D) マンションの住民

正解 (B)

解説 広告によると，グランドオープンでスピーチをするのはおそらく誰かが問われています。広告の❹からWendtさんという人物がスピーチをすることが分かり，「WendtさんはBrondsonタワーの計画，設計，建設作業の監督をしたチームのリーダーだ」と述べられているので，スピーチをする人物は建築家のリーダーだと推測できます。以上より，これをheadという表現を使って表した(B)が正解です。

言い換え leader → head

語句 □head 組織の長 □architect 建築家 □celebrity 有名人

184.

What is probably true about Mr. Larusso?

(A) He inspected an apartment at 32344 Colonial Road.
(B) He visited 37 Frampton Street.
(C) He moved into his apartment before March 23.
(D) He chose a three-bedroom apartment.

Larussoさんについておそらく何が正しいですか。

(A) 彼はColonial通り32344番地のマンションを点検した。
(B) 彼はFrampton通り37番地を訪れた。
(C) 彼は3月23日より前にマンションに引っ越した。
(D) 彼は3つのベッドルームがある居室を選んだ。

正解 (B)

解説 Larussoさんについておそらく何が正しいかが問われています。まずフォーム❺を見ると，Brondsonタワーの賃貸借契約書の賃借人がLarussoさんとなっています。ここでBrondsonタワーの広告❸に戻ると，「賃貸希望者へ実際の建物案内はまだできないが，Frampton通り37番地に一時的に建設された展示用マンションなら案内できる」と述べられています。これらの情報から，Larussoさんは契約を締結する前に展示用マンションを案内してもらったと考えられるので，「展示用マンションの住所を訪問した」という意味を表す(B)が正解です。Larussoさんが展示用マンションを訪れたと直接的に述べられてはおらず，推測して判断する必要のある少し難しい問題でした。

語句 □inspect ～を点検する

185.

What is NOT covered in the agreement?

(A) The timing of periodical inspections
(B) Approval to have animals in the apartment
(C) The duration of the agreement
(D) Responsibility for maintenance work

契約書に含まれていないものは何ですか。

(A) 定期点検のタイミング
(B) マンション内で動物を飼うことの承認
(C) 契約の期間
(D) メンテナンス作業の責任

正解 (A)

解説 NOT問題で，契約書に含まれていないものは何かが問われています。フォームの❻の期間が(C)に，❼のペット可が(B)に，❽の管理事務所のメンテナンスに関する責任事項が(D)にそれぞれ合致しています。残った(A)は契約書に含まれていない内容なので，これが正解です。

言い換え pets → animals
allowed → approval
responsible for the upkeep
→ responsibility for maintenance work

語句 □timing 時期 □periodical inspection 定期点検 □duration 期間 □responsibility 責任

リーディングセクションを時間内に解き終えるには？

（濱：濱﨑先生／大：大里先生）

大： もし500点以下の初心者であれば，最初から181-200問目の問題に適当にマークしておいてもいいと思っています。

濱： 900点を取るようなレベルの人でも，制限時間内に解き終えることができない場合が多々ありますからね。

大： その通りです。たとえ高得点者であっても，一定時間考えても正解が出ない場合は適当にマークするクセを付けたほうがよいです。

濱： 必ずしも200問全て解くことをゴールにする必要はないということですよね。

大： はい。この問題は必ず解く，この問題は〇分ぐらい考えて分からなければ適当にマークする，というように，最初から決めておくとよいと思います。

濱： そうですね。具体的には700点を目指すレベルであれば185問目ぐらいをゴールに設定し，800～900点以上を目指すレベルになって初めて「完走」を意識すれば十分だと思います。

Questions 186-190 refer to the following e-mails and table.

🎵 220 🇺🇸

From:	Jerry Roberts <jroberts@btrevents.com>
To:	Wendy Knight <wknight@btrevents.com>
Subject:	Film festival
Date:	June 18
Attachment:	📎 Locations

Wendy,

❶Following your request, I have been in discussion with a number of regional leaders about the idea of holding a film festival. All of them were very eager to be chosen as the location and they all made very convincing presentations. I have brought back all of the material they supplied for us, which we can review as we make our decision. I created a simple table to show the various strengths and weaknesses of each location.

❷Of all the locations, I think the one with ocean views will be the most likely to succeed. I believe that people in the movie business will really enjoy the scenery during their stay there. Without them, the festival will not work. ❸Next month, I will visit the production companies and try to get their input before we make a final decision. Before then, however, ❹I would like you to meet me at the location I suggested to see the various venues they offer. I'm sure you will agree with me about its suitability.

Jerry Roberts

🎵 221 🇬🇧

Town	Hotel room availability	Feature	Airport	Population
Corden	20,000	City	International / Domestic	1.2 million
Santana Marias	42,000	❺Ocean views	Domestic	700 thousand
Dulaint	35,000	Farming	❻Domestic	670 thousand
Rentan	24,000	Desert	International / Domestic	520 thousand

🎵 222 🇺🇸

From:	Peta Yeardley <pyeardley@squarelightproductions.com>
To:	Jerry Roberts <jroberts@btrevents.com>
Subject:	Re: Film festival
Date:	July 8

Dear Jerry,

Thank you for coming to meet with me to discuss the plans for a film festival. I found the idea exciting and would certainly be interested in ❼entering some films from Square Light Productions. I think you should find somewhere with enough hotel rooms. In order for an event like this to succeed financially, it must attract a large number of visitors. From my experience at other events, I would suggest that you should not consider anywhere with less than 30 thousand hotel rooms. ❽Another requirement would be that there is an international airport. As you mentioned in your presentation, the festival is for local and foreign films, and many international stars who have busy schedules may not be willing to travel to a location without an international airport.

Let me know if I can be of any help.

Peta Yeardley, President of Square Light Productions

設問 186-190 は次の 2 通のＥメールと表に関するものです。

送信者：Jerry Roberts <jroberts@btrevents.com>
宛先：Wendy Knight <wknight@btrevents.com>
件名：映画祭
日付：6月18日
添付：候補地

Wendy さん

あなたの要望に沿って，映画祭を開催するアイデアについて多くの地域のリーダーと話し合ってきました。全員が開催場所に選ばれることを強く望み，とても説得力のあるプレゼンテーションをしてくれました。彼らが提供してくれた全ての資料を持って帰ってきたので，私たちが決断を下す際にそれらをよく吟味しましょう。それぞれの場所のさまざまな長所と短所を示す簡単な表を作りました。

全ての候補地の中で，海辺の景色がある場所が最もうまくいく可能性が高いと思います。映画業界の人々は滞在中に，そこで景色を満喫すると確信しています。彼らなしでは，映画祭は機能しないでしょう。来月，最終決定をする前に，私は制作会社を訪れて彼らの考えを聞いてみる予定です。しかし，その前に，彼らが提供するさまざまな会場を見るために，私が提案した場所で私と会ってほしいです。その場所のふさわしさについて，きっとあなたは私に同意してくれると思います。

Jerry Roberts

町名	ホテルの 利用可能部屋数	特色	空港	人口
Corden	20,000	都市	国際線/国内線	120万
Santana Marias	42,000	海辺の景色	国内線	70万
Dulaint	35,000	農業	国内線	67万
Rentan	24,000	砂漠	国際線/国内線	52万

送信者：Peta Yeardley <pyeardley@squarelightproductions.com>
宛先：Jerry Roberts <jroberts@btrevents.com>
件名：Re: 映画祭
日付：7月8日

Jerry 様

映画祭の計画について話し合うために私に会いにきてくださってありがとうございます。そのアイデアにはわくわくしますし，Square Light プロダクションから映画を何作か出品することには間違いなく興味を持っています。どこか十分に部屋数のある場所を探すべきだと思います。このようなイベントが金銭的に成功するためには，多数の訪問者を引き付けなければなりません。ほかのイベントでの経験から，3万室以下のホテルがある場所は検討すべきではないことをお伝えしたいと思います。もう1つの条件は，国際空港があることです。あなたがプレゼンテーションでおっしゃった通り，映画祭は地元と海外の映画のためのものであり，多くの多忙な国際的スターは国際空港がない場所に行きたいとは思わないでしょう。

何かお手伝いできることがあればお知らせください。

Peta Yeardley, Square Light プロダクション 社長

語句 【Ｅメール①】 □film festival 映画祭　□following 〜に従い　□be in discussion with 〜 〜と議論する
　　　　　□a number of 〜 多くの〜　□regional 地域の　□eager to do 〜したいと熱望する
　　　　　□convincing 説得力のある　□bring back 〜 〜を持ち帰る　□strengths and weaknesses 長所と短所
　　　　　□ocean view 海の見える景色　□movie business 映画業界　□scenery 景色　□input アイデア，意見提供
　　　　　□venue 開催地　□suitability 適性
　　【表】　　□domestic 国内の　□farming 農場
　　【Ｅメール②】 □certainly 確かに　□in order for A to do A が〜するためには　□a large number of 〜 多数の〜
　　　　　□requirement 条件，要求事項　□as A mentioned A が言及した通り　□foreign film 外国映画
　　　　　□star スター俳優　□willing to do 〜しようとする

186.

What is suggested about Mr. Roberts?

(A) He is investigating possible locations for an event.
(B) He is required to make some travel arrangements for Ms. Knight.
(C) He is planning on sending some representatives to various festivals.
(D) He has been selected to present an award at a ceremony.

Robertsさんについて何が示されていますか。

(A) イベントのための候補地を調査している。
(B) Knightさんのために旅行の手配をするよう要請されている。
(C) さまざまな祭りに担当者を派遣することを計画している。
(D) 授賞式で賞を授与するよう選ばれた。

正解 (A)

解説 Robertsさんについて何が示されているかを問う問題です。Robertsさんは1通目のEメールの❶で「映画祭開催のアイデアについて，多くの地域のリーダーと話し合ってきた」「全員が開催場所に選ばれることを強く望み，とても説得力のあるプレゼンテーションをした」と述べています。これらの情報をinvestigateを用いて「候補地の調査をしている」とまとめた(A)が正解です。

言い換え film festival → event

語句 □investigate ～を調査する　□travel arrangements 旅行の手配　□representative 担当者，代表者

187.

What is Mr. Roberts planning on doing next month?

(A) Taking a vacation with his family
(B) Preparing publicity material for a festival
(C) Attending a conference on filmmaking
(D) Meeting production company representatives

Robertsさんは来月何をする予定ですか。

(A) 家族と休暇を取る
(B) 祭りのための宣伝材料を用意する
(C) 映画制作に関する会議に出席する
(D) 制作会社の担当者たちと会う

正解 (D)

解説 Robertsさんが来月何をする予定かが問われています。Robertsさんは1通目のEメールの❸で「来月（複数の）制作会社を訪問して意見を聞いてから最終決定する」と述べており，制作会社の担当者と会うことが分かります。よって，(D)が正解です。文書からnext monthを見つけられれば，解答しやすい問題でした。

語句 □publicity material 宣伝材料　□filmmaking 映画制作

188.

Where does Mr. Roberts suggest he and Ms. Knight meet?

(A) In Corden
(B) In Santana Marias
(C) In Dulaint
(D) In Rentan

RobertsさんはKnightさんにどこで彼と会うよう提案していますか。

(A) Corden
(B) Santana Marias
(C) Dulaint
(D) Rentan

正解 (B)

解説 RobertsさんがKnightさんとどこで会うよう提案しているかが問われています。Robertsさんは，1通目のEメールの❷で「海辺の景色がある場所が最もうまくいく可能性が高いと思う」，❹で「私が提案した場所で会ってほしい」と述べています。ここから，Robertsさんは最終決定はしていないものの，海の見える場所を会場の第一候補とし，そこでKnightさんと会うことを提案していると分かります。次に表を見ると，❺よりSanta Mariasが海辺の景色がある場所であると分かります。よって，(B)が正解です。Eメールで述べられた候補地の特徴（ocean views）をヒントにして，条件に合う候補地名を表から選ぶクロスリファレンス問題でした。

189.

In the second e-mail, the word "entering" in paragraph 1, line 2, is closest in meaning to

(A) submitting
(B) accessing
(C) joining
(D) typing

2通目のEメールの第1段落・2行目にある"entering"に最も意味が近いのは

(A) 〜を提出すること
(B) 〜に接近すること
(C) 〜に参加すること
(D) 〜を打つこと

 正解 (A)

解説 同義語問題です。問われている2通目のEメールの❼は「(映画を)出品する」という意味で、ここで使われているenterは、「相手へ何かを差し出す」というニュアンスを持っています。これと同義語になるのは(A)のsubmittingです。enterは、「(場所に)入る」という一般的な意味だけでなく、「こちらから他者へ何かを渡す」という意味も押さえておきましょう。

✦✦✦

 普段から英英辞典などを引いてその単語が持つ複数の意味を調べておくと、同義語問題を解く際に役立ちます。

190.

Why would Ms. Yeardley object to holding a festival in Dulaint?

(A) There are too few hotel rooms.
(B) Farming areas are not associated with films.
(C) There is no international airport.
(D) The population is not large enough.

YeardleyさんはなぜDulaintで祭りを開催するのに反対しますか。

(A) ホテルの部屋が少なすぎるから。
(B) 農業地帯は映画と関連性がないから。
(C) 国際空港がないから。
(D) 人口が十分に多くないから。

正解 (C)

解説 YeardleyさんがDulaintでの祭り開催に反対するであろう理由が問われています。Yeardleyさんは2通目のEメールの❽で、「国際空港があること」を映画祭の開催地要件として挙げています。次に表の❻を見ると、Dulaintには国際線がなく、Domestic「国内線」のみであることが分かります。ここからYeardleyさんは、国際空港がないためDulaintでの祭りの開催に反対する、ということが判断できます。よって、(C)が正解です。(A)のホテルの部屋数については、❽の直前の文でYeardleyさんが述べる開催条件の3万室を満たしていることが表から分かるので不適です。

語句 □farming area 農業地帯　□be associated with 〜 〜と関連がある

Bistornach's

Hours
❶Mondays 7:00 A.M. — 10:00 A.M.   6:00 P.M. — 10:30 P.M.
Tuesdays-Fridays 7:00 A.M. — 10:30 P.M.
Saturdays 7:00 A.M. — 11:30 P.M.
❷Sundays 11:00 A.M. — 9:30 P.M.
Only the breakfast menu is available between 7:00 A.M. and 11:00 A.M.

Beverages
Espresso — $4.20
Macchiato — $3.80
Hot tea — $3.20
All sodas and juices — $2.50

Breakfast
Fried Chicken and Waffle — $4.50
Breakfast Pie — $4.00
**Corned Beef Hash with Poached Eggs
and Toast** — $4.30

Lunch and Dinner
(All served with bread and coffee)
Crispy Honey Mustard Chicken Salad
— $14.00
Crispy chicken tenders on a bed of mixed greens

❸**Grilled Turkey Skewers** — $7.00
Marinated turkey skewers flame-broiled and
served over flatbread with greens

❹**Baked Scrod** — $12.00
Best-selling dish at Bistornach's. A fillet crusted
with seasoned breadcrumbs and baked until
tender and flaky.

Gourmet review — Bistornach's

The Moody Food Review typically reviews restaurants based on their lunch service. ❺On the day I visited Bistornach's around 12:00 P.M., I was surprised to find that lunch was not being served and I was asked to come back at dinnertime. With so many wonderful shops, galleries, and theaters in the area, I passed the time easily. I was extremely hungry by the time the restaurant opened and ❻decided to treat myself to the most popular dish that June Hill, a chef and owner of this restaurant, makes. The price was a bargain. It was cooked to perfection, and served with a large salad and fried potatoes. In fact, I would say that all of the menu items are underpriced. In short, the staff was courteous, and the menu, while limited, contained some very interesting offerings. This is certainly a restaurant to visit when you are in the Flanders area.

By Regent Armitage

To:	Max Davies <mdavies@selectshinedesign.com>
From:	June Hill <jhill@bistornachs.com>
Date:	July 5
Subject:	Menu update
Attachment:	📎 updates

Dear Mr. Davies,

At present, we serve the same dishes for lunch and dinner and they are priced the same. I would like to keep offering the current selection as the lunch menu, but add some more dishes to be served in the evenings. Please see the attachment for a list of these new items and their prices. Also, for the sake of simplicity, please make all beverages the same price: $3.50. ❼Finally, we should do away with the least expensive lunch and dinner item. Few people ever seem to order it.

After Select Shine Design staff have updated the menu, ❽please send me a digital copy to check before you send it to the printer as I may request some other changes.

Sincerely,

June Hill

設問 191-195は次のメニュー，レビュー，Eメールに関するものです。

Bistornach's
営業時間
月曜日　午前7時－午前10時　午後6時－午後10時30分
火曜日－金曜日　午前7時－午後10時30分
土曜日　午前7時－午後11時30分
日曜日　午前11時－午後9時30分
午前7時から午前11時までの間は朝食メニューのみ利用可能です。

飲み物
エスプレッソ－4.2ドル
マキアート－3.8ドル
ホットティー－3.2ドル
全てのソーダとジュース―2.5ドル

朝食
フライドチキンとワッフル－4.5ドル
ブレックファーストパイ－4ドル
ポーチドエッグを添えた
コンビーフハッシュとトースト―4.3ドル

ランチとディナー
（全てパンとコーヒー付き）

クリスピーハニーマスタードチキンサラダ－14ドル
グリーンサラダにサクサクの鶏のささみのフライを乗せて

七面鳥の串焼き－7ドル
マリネした七面鳥の串刺しのあぶり焼きに
フラットブレッドと青野菜を添えて

鱈のオーブン焼き－12ドル
Bistornach'sで最も売れているメニュー。切り身に味の付いたパン粉をまぶし，柔らかくサクサクになるまで焼きました。

グルメレビューーー Bistornach's

Moody Foodレビューは，一般的にランチサービスに基づいてレストランを批評します。その日に私がBistornach'sを訪れたのは午後12時頃でしたが，ランチが提供されていないことを知り驚きました。私はディナータイムに戻ってくるよう言われました。その地域には素敵なお店や美術館，劇場があって，簡単に暇をつぶすことができました。レストランが開店するころには私はとてもお腹が空いていて，自分へのご褒美に，この店のシェフでありオーナーであるJune Hillさんが作る最も人気の料理を食べることにしました。料理の出来は完璧で，大きなサラダとフライドポテトが付いてきました。実際，メニューの全ての商品は安すぎると言いたいです。手短に言うと，スタッフは礼儀正しく，メニューは限りがありながらも，とても興味をそそるものがありました。Flanders地方にいるときには，必ず訪れるべきレストランです。

Regent Armitage著

宛先：Max Davies <mdavies@selectshinedesign.com>
送信者：June Hill <jhill@bistornachs.com>
日付：7月5日
件名：新メニュー
添付：最新版

Davies様

現在，私たちはランチとディナーで同じ料理を提供しており，それらの価格は同じです。私は現在の品揃えをランチメニューとして提供し続けたいと思っていますが，夜提供される料理をいくつか増やしたいと思っています。添付した新しい商品とそれぞれの価格のリストをご覧ください。また，分かりやすくするために，飲み物を全て同価格，3.5ドルにしてください。最後に，最も安いランチとディナー商品はなくすべきです。注文する人はほとんどいないようです。

私がいくつかほかの変更をお願いするかもしれないので，Select Shineデザイン会社のスタッフがメニューを更新した後，印刷業者にそれを送る前に，私が確認できるようにデジタルコピーを送ってください。

敬具

June Hill

語句

【メニュー】
□ corned beef hash コンビーフとじゃがいもの料理　□ poached egg ポーチドエッグ
□ mustard マスタード　□ chicken tender 鶏のささみ　□ on a bed of ～ ～を敷いた上に
□ skewer 串焼き　□ marinated マリネした　□ flame-broil ～をあぶり焼きにする　□ flatbread 平たいパン
□ scrod 鱈　□ best-selling 一番売れている　□ fillet (肉や魚などの) 切り身　□ crust ～をまぶす
□ breadcrumb パン粉　□ tender 柔らかい　□ flaky サクサクの

【レビュー】
□ gourmet review 食事の感想（食レポ）　□ typically 一般的には　□ based on ～ ～に基づいて
□ pass the time 時間をつぶす　□ treat *one*self to ～ ～という贅沢をする　□ bargain お値打ち
□ to perfection 完璧に　□ underpriced 割安である　□ courteous 礼儀正しい

【Eメール】
□ for the sake of ～ ～のために　□ simplicity 明快，簡単

191.

What is true about Bistornach's?

(A) It is planning to relocate to a new address.
(B) There is no breakfast service on Sundays.
(C) Some menu items are only available at certain times of the year.
(D) The dinner hours have been extended.

Bistornach'sについて何が正しいですか。

(A) 新しい住所に移る予定である。
(B) 日曜日に朝食サービスがない。
(C) 一部のメニューは一年の特定の時期にしか利用できない。
(D) 夕食の提供時間が延長された。

正解 (B)

解説 Bistornach'sについて正しいものを選ぶ問題です。メニュー❷の「日曜日の営業時間は午前11時から午後9時半」、「午前7時から11時までは朝食メニューのみ」という情報から、日曜日には朝食が提供されないことが分かります。よって、(B)が正解です。

語句 □relocate to ～ ～に移転する　□at certain times 特定の時期に　□extend ～を延長する

192.

What is indicated about Mr. Armitage?

(A) He visited Bistornach's on a Monday.
(B) He lives near Bistornach's.
(C) He brought a coupon to Bistornach's.
(D) He had a reservation for lunch.

Armitageさんについて何が示されていますか。

(A) 月曜日にBistornach'sを訪れた。
(B) Bistornach'sの近くに住んでいる。
(C) Bistornach'sにクーポン券を持って行った。
(D) ランチの時間に予約していた。

正解 (A)

解説 Armitageさんについて示されていることを問う問題です。レビュー❺でArmitageさんは、「先日12時頃レストランに行くと、ランチが提供されておらず、ディナータイムに戻って来るように言われた」と述べています。ここでランチが提供されていない日をメニューから見てみると、❶より月曜日にランチを提供していないことが分かります。Armitageさんは月曜日にレストランを訪問したと判断できるので、正解は(A)です。月曜日にレストランを訪問したことの根拠となる情報が2つの文書にまたがっている、クロスリファレンス問題でした。

193.

Which meal did Mr. Armitage have?

(A) Crispy honey mustard chicken salad
(B) Grilled turkey skewers
(C) Baked scrod
(D) Fried chicken and waffle

Armitageさんはどの食事を食べましたか。

(A) クリスピーハニーマスタードチキンサラダ
(B) 七面鳥の串焼き
(C) 鱈のオーブン焼き
(D) フライドチキンとワッフル

正解 (C)

解説 Armitageさんがどの食事を食べたかが問われています。Armitageさんはレビュー❻で「シェフ兼オーナーのHillさんが作る最も人気の料理を食べることにした」と述べています。この情報をもとにメニューを見ると、❹に「最も売れている」と書かれたメニュー名があります。よって、(C)が正解です。

194.

What does Ms. Hill suggest in the e-mail?

(A) Raising the price of a macchiato
(B) Adding a vegetarian dish to the menu
(C) Offering a wider selection of lunch options
(D) Deleting grilled turkey skewers from the menu

Hillさんは E メールで何をすることを提案していますか。

(A) マキアートの価格を上げること
(B) メニューにベジタリアンメニューを追加すること
(C) ランチメニューの選択肢をより豊富に取り揃えること
(D) メニューから七面鳥の串焼きを削除すること

正解 (D)

解説 Hill さんが E メールで何を提案しているかが問われています。Hill さんは E メール❼で，「最も安いランチとディナー商品は注文する人がほとんどいないようなのでなくすべき」と述べています。ここでメニューで一番安い商品を探すと，❸が 7 ドルと最も安いことが分かります。ここから，このメニューを削除する，と言い換えている (D) が正解です。この問題では Hill さんが E メールで述べている提案が問われていますが，提案内容の詳細はメニューに戻って確認する必要があります。足りない情報に気付き，複数文書を参照する必要のあるクロスリファレンス問題でした。

言い換え do away with → deleting

語句 □add *A* to *B* A を B に加える　□vegetarian dish ベジタリアン用の食事

195.

What is implied about Select Shine Design?

(A) It has not worked for Bistornach's before.
(B) It will send a representative to Bistornach's.
(C) It arranges printing for its clients.
(D) It published Mr. Armitage's review.

Select Shine デザイン会社について何が示唆されていますか。

(A) Bistornach's と以前働いたことがない。
(B) Bistornach's に担当者を派遣する予定だ。
(C) 顧客のために印刷の手配をする。
(D) Armitage さんのレビューを出版した。

正解 (C)

解説 Select Shine デザイン会社について示唆されていることを問う問題です。Hill さんが Select Shine デザイン会社の社員宛てに送信している E メールを見ると，❽で「変更をお願いするかもしれないので，印刷業者に送る前に私にデジタルコピーを送ってほしい」と，顧客として印刷手配までの流れの希望を伝えていることが分かります。以上から，Select Shine デザイン会社は印刷を手配する会社であると分かるので，(C) が正解です。

読解力アップのためのトレーニング法

（濱：濱﨑先生／大：大里先生）

濱： まずは「速さ」のことは置いておき「正確に読めること」を第一にしてください。

大： 最初から速く読む，というのは不可能ですからね。

濱： はい。いくら速く読めても，「正しく」読めなければ正解を選ぶことはできません。

大： ひとつひとつ丁寧に読む「精読」を心がけ，単語・文法・文の構造をチェックすることが重要です。

濱： 自分が「正しく読める文」を何回も読むことにより，読む速度は速くなります。

大： 単語・文法・文の構造を理解しているだけで，似たような文に出会ったときにあまり時間をかけずに読むことができますからね。

濱： 「正しく速く読める文」のストックをコツコツと貯めていきたいですね。

大： 慣れた教材を使って語数と時間を測定し，1 分当りどれくらい読んだか（wpm＝words per minute）を計算してみるのもよいと思います。Part 7 の文書と設問を時間内に全て読んで解答するには，130wpm 程度であれば十分です。

Questions 196-200 refer to the following book review, letter, and receipt.

Greta Jeffries' new book, *Property for Profit* is Fiveways Online Shopping's best-selling book in the financial advice category this month and for good reason. Ms. Jeffries is widely recognized as one of the most knowledgeable people in Australia when it comes to investing in real estate, and ❶this book is a collaboration between her and Stephen Wang, both of whom are currently senior lecturers at Gibraltar Heart University. The two started writing the 12 chapters just 18 months ago, each providing six chapters. ❷Each of Ms. Jeffries' chapters contains anecdotes from her time as a property investor. This is Stephen Wang's first book and while his chapters are very helpful, they rely heavily on statistics and are, therefore, less interesting to read than Ms. Jeffries'. ❸In the past, Ms. Jeffries has partnered with other writers such as *The Financial Occasion's* Helen Patel and Tim Rice from Channel 10's *The Finance Show*. They wrote *Getting into Wealth* and *Finding Finance* respectively. While both of these books were successful, the most compelling parts always seem to be attributed to Ms. Jeffries and one cannot help thinking that she would do better if she wrote a book on her own.

Ultimately, the book is a necessary read for anyone interested in investing in real estate and at ❹just $25 for the hardcover and $21 for the paperback, it really is a good deal.

Walt Needles, Editor
Veekines Publishing

19 March

Walt Needles
Veekines Publishing
199 Hatton Street
Karori, Wellington 6012

Dear Mr. Needles,

I always enjoy reading your book reviews and make it a rule to read any book you recommend. ❺Nevertheless, I have to disagree with you about Mr. Rice's contribution. I found it to be wildly entertaining and it contained some of the most relevant advice I have ever read. I suggest that anyone interested in this topic ❻pick up a copy.

Sincerely,

Joanne Harper
Joanne Harper

Customer Receipt

Date: March 23
Customer Name: Randy Kreese

Fiveways
Online Shopping

Item	Quantity	Price
❼*Property for Profit*	1	$21.00
Making the Grade	1	$23.00
Renovation Kings	1	$17.00
New Finance	1	$16.00
Shipping		$6.40
Total		$83.40

設問196-200は次の本のレビュー，手紙，レシートに関するものです。

Greta Jeffries氏の新刊である『Property for Profit』は，Fivewaysオンラインショッピングの金融アドバイスのカテゴリーで今月最も売れている本であり，それは正当な理由によるものです。Jeffries氏は，不動産の投資に関してオーストラリアで最も知識のある1人として広く知られており，本書は彼女とStephen Wang氏の共同制作によるものです。両者は共にGibraltar Heart大学で現在上級講師を務めています。2人はたった18カ月前に12章分を書き始め，それぞれ6章ずつ書きました。Jeffries氏の各章は資産投資家としての時期の秘話を含んでいます。この本はStephen Wang氏の初めての本であり，彼の章はとても有益ですが，統計的な数字に大きく依存しているため，Jeffries氏の章より読んでいて面白さに欠けます。過去に，Jeffries氏は『The Financial Occasion』のHelen Patel氏やChannel 10の『The Finance Show』のTim Rice氏と組んでいました。彼らはそれぞれ『Getting into Wealth』と『Finding Finance』を書きました。これら両方の本はどちらも成功しましたが，最も説得力のある部分は常にJeffries氏によるものと思われ，彼女は1人で本を書いたほうがいいと思わずにはいられません。

最後に，この本は不動産投資に興味がある人の必読書であり，ハードカバーはわずか25ドル，ペーパーバックは21ドルで，本当にお買い得です。

Walt Needles，編集者
Veekines出版

3月19日

Walt Needles
Veekines出版
Hatton通り199番地
Karori，Wellington 6012

Needles様

私はいつもあなたの本のレビューを読むことを楽しんでおり，あなたが推薦する本は何でも読むことにしています。それにも関わらず，Rice氏の貢献に関してはあなたに反対せざるを得ません。私はそれが非常に面白いと思いましたし，私が今まで読んだ中で最も適切なアドバイスのいくつかを含んでいました。この話題に興味のある人は，1部手に取ることをお勧めします。
敬具
Joanne Harper
Joanne Harper

お客様用レシート
日付：3月23日　　　　　　　　　　　　　　　　**Fivewaysオンラインショッピング**
お客様氏名：Randy Kreese

商品	数量	価格
『Property for Profit』	1	21.00 ドル
『Making the Grade』	1	23.00 ドル
『Renovation Kings』	1	17.00 ドル
『New Finance』	1	16.00 ドル
送料		6.40 ドル
合計金額		83.40 ドル

語句 【本のレビュー】 □property 土地，不動産　□financial advice 金融アドバイス
□widely recognized as ～ ～として広く認められている　□when it comes to ～ ～の話題になると
□invest in ～ ～に投資する　□collaboration between A and B AとBの共同制作
□senior 上級の，上席の　□anecdote 逸話　□rely heavily on ～ 強く～に頼っている　□statistics 統計学
□partner with ～ ～と共同で働く　□get into ～ ～になる　□wealth 富　□compelling 引き付ける
□be attributed to ～ ～のおかげである　□read 読み物　□hardcover ハードカバータイプの本
□paperback ペーパーバック，紙表紙の本　□good deal お買い得
【手紙】 □make it a rule to do ～するようにしている　□contribution 貢献　□wildly 極めて
□relevant 適切な，関連する　□copy （本などの）部数
【レシート】 □shipping 送料

196.

Who is Mr. Wang?

(A) A TV host
(B) A real estate agent
(C) Ms. Jeffries' colleague
(D) Ms. Jeffries' editor

Wangさんとは誰ですか。

(A) テレビ番組の司会者
(B) 不動産会社の社員
(C) Jeffriesさんの同僚
(D) Jeffriesさんの編集者

正解 (C)

解説 Wangさんとは誰かが問われています。レビューの❶に「本書（＝『Property for Profit』）は，Gibraltar Heart大学で現在上級講師を務めている彼女（＝Jeffriesさん）とWangさんの2人の共同制作本」と述べられています。ここから，2人は大学で講師として働く，同僚同士の関係であることが分かります。よって，(C)が正解です。❶の文中の whom が目的格の関係代名詞となり，以降の文が「Jeffriesさんと Wangさんが同僚である」ことを説明しています。この部分を文法的に正しく読めるかが重要なカギとなります。

語句 □host 司会者　□colleague 同僚　□editor 編集者

197.

What is true about *Property for Profit*?

(A) It has been revised several times.
(B) It contains an author's personal experiences.
(C) It has been released in several countries.
(D) It uses many diagrams and pictures.

『Property for Profit』について何が正しいですか。

(A) 何回か改訂されている。
(B) 著者個人の経験を含んでいる。
(C) 複数の国で発売されている。
(D) たくさんの図や写真を使用している。

正解 (B)

解説 『Property for Profit』について何が正しいかが問われています。レビューの❷で「（『Property for Profit』を執筆した）Jeffries氏の各章は資産投資家としての時期の秘話を含んでいる」と述べられています。これを「著者個人の経験を含んでいる」と表した(B)が正解です。ほかの選択肢の記載はなく，いずれも不正解です。

言い換え anecdotes → contain *one*'s personal experiences

語句 □revise ～を改訂する　□contain ～を含む　□diagram 図

198.

Which publication does Ms. Harper refer to in her letter?

(A) *Property for Profit*
(B) *Finding Finance*
(C) *Getting into Wealth*
(D) *The Financial Occasion*

Harperさんが彼女の手紙の中で言及しているのはどの出版物ですか。

(A) 『Property for Profit』
(B) 『Finding Finance』
(C) 『Getting into Wealth』
(D) 『The Financial Occasion』

正解 (B)

解説 Harperさんが手紙の中で言及している出版物について問われています。レビュー❸でJeffriesさんの過去の共著について触れられており，「Jeffries氏は Helen Patel氏と『Getting into Wealth』を，Tim Rice氏と『Finding Finance』をそれぞれ書いたが，彼女は1人で本を書いたほうがよかった」と述べられています。一方Harperさんは，手紙の❺で「レビューのRice氏の貢献についてはあなたに同意できない」と述べています。つまりHarperさんは，RiceさんとJeffriesさんの共著の出版物『Finding Finance』について言及していることが分かるので，正解は(B)です。❸の2文目の文末にあるrespectively「それぞれ」に着目し，誰がどの本を書いたのかを読み取る必要があるクロスリファレンス問題でした。

199.

In the letter, the phrase "pick up" in paragraph 1, line 4, is closest in meaning to

(A) obtain
(B) resume
(C) get better
(D) lift up

手紙の第1段落・4行目にある"pick up"に最も意味が近いのは

(A) ～を入手する
(B) ～を再開する
(C) 好転する
(D) ～を持ち上げる

正解 (A)

解説 同義語問題です。問われている❻は「(本を)1部手に入れる」という意味で用いられているので，「～を入手する」という意味となる(A)のobtainが正解です。(C)は自動詞なので，目的語を後ろに伴うことができません。(B)(D)はここでは文意に合わず，不正解です。

200.

What is indicated about Mr. Kreese?

(A) He used a voucher for his purchase.
(B) He had his novel published at Veekines Publishing.
(C) He is a student at Gibraltar Heart University.
(D) He chose a paperback copy of *Property for Profit*.

Kreeseさんについて何が示されていますか。

(A) 買い物でクーポン券を使用した。
(B) 自分の小説をVeekines出版から出版した。
(C) Gibraltar Heart大学の学生である。
(D) 『Property for Profit』のペーパーバックを選んだ。

正解 (D)

解説 Kreeseさんについて示されていることを問う問題です。まずKreeseさんのレシートを見ると，❼に『Property for Profit』を21ドルで1冊購入したことが記載されています。ここでレビューの❹に戻ると，「(『Property for Profit』の)ハードカバーは25ドル，ペーパーバックは21ドル」と述べられています。この2文書の情報から，Kreeseさんはペーパーバック版の『Property for Profit』を購入したことが分かるので，(D)が正解です。

語句 □voucher クーポン券，金券

* * *

Part 7の解答時間は1問平均1分以内，つまり54問を54分以内で解答することが推奨されます。時間が残った場合は，マークミスがないかを確認したり，迷った問題があれば考え直したりします。「試験終了」の合図まで，自分のできることを最大限行いましょう。

TEST 5

解答解説

正解一覧

設問番号	正解	設問番号	正解	設問番号	正解	設問番号	正解
□□□ 101	A	□□□ 126	B	□□□ 151	B	□□□ 176	A
□□□ 102	D	□□□ 127	D	□□□ 152	A	□□□ 177	D
□□□ 103	C	□□□ 128	C	□□□ 153	B	□□□ 178	B
□□□ 104	B	□□□ 129	A	□□□ 154	C	□□□ 179	C
□□□ 105	D	□□□ 130	A	□□□ 155	D	□□□ 180	C
□□□ 106	A	□□□ 131	A	□□□ 156	B	□□□ 181	A
□□□ 107	C	□□□ 132	D	□□□ 157	C	□□□ 182	B
□□□ 108	A	□□□ 133	C	□□□ 158	A	□□□ 183	D
□□□ 109	B	□□□ 134	B	□□□ 159	B	□□□ 184	D
□□□ 110	B	□□□ 135	B	□□□ 160	D	□□□ 185	B
□□□ 111	C	□□□ 136	C	□□□ 161	C	□□□ 186	A
□□□ 112	A	□□□ 137	A	□□□ 162	A	□□□ 187	B
□□□ 113	D	□□□ 138	C	□□□ 163	D	□□□ 188	D
□□□ 114	A	□□□ 139	D	□□□ 164	A	□□□ 189	C
□□□ 115	B	□□□ 140	B	□□□ 165	B	□□□ 190	A
□□□ 116	B	□□□ 141	A	□□□ 166	C	□□□ 191	A
□□□ 117	D	□□□ 142	C	□□□ 167	C	□□□ 192	C
□□□ 118	B	□□□ 143	C	□□□ 168	C	□□□ 193	D
□□□ 119	B	□□□ 144	B	□□□ 169	D	□□□ 194	C
□□□ 120	D	□□□ 145	D	□□□ 170	C	□□□ 195	D
□□□ 121	C	□□□ 146	A	□□□ 171	B	□□□ 196	A
□□□ 122	A	□□□ 147	A	□□□ 172	D	□□□ 197	A
□□□ 123	B	□□□ 148	D	□□□ 173	A	□□□ 198	D
□□□ 124	C	□□□ 149	B	□□□ 174	A	□□□ 199	B
□□□ 125	A	□□□ 150	C	□□□ 175	B	□□□ 200	D

Part 5

101. 🎵 229 🇺🇸

All the apartments of Keeneck are ------- equipped with necessary appliances and modern furniture.

(A) fully
(B) fullness
(C) full
(D) fuller

Keeneckの全てのアパートは，必要な電化製品とモダンな家具が完備されています。

(A) 副詞「完全に」
(B) 名詞「満ちていること」
(C) 形容詞「いっぱいの」
(D) 形容詞の比較級

語句 □be equipped with ～ ～を備えている

正解 (A)

解説 選択肢には形容詞fullの変化形や派生語が並んでいます。空所の前後には受動態を表す〈be動詞＋過去分詞〉のare equippedがあります。受動態の間に置くことができるのは副詞です。よって，正解は(A)です。

✦ ✦ ✦

be fully equipped with ～ 「～が完備されている」は頻出の表現で，ほかのパートでも登場します。

102. 🎵 230 🇺🇸

The head of Pelmug Associates actively proposes new ideas ------- rather than just provide direction for his subordinates.

(A) he
(B) his
(C) him
(D) himself

Pelmug Associatesの社長は，ただ部下に指示を与えるよりも，彼自身が積極的に新しいアイデアを提案しています。

(A) 主格「彼は」
(B) 所有格「彼の」
(C) 目的格「彼を[に]」
(D) 再帰代名詞「彼自身」

正解 (D)

解説 選択肢には代名詞のさまざまな格が並んでいます。空所がなくても文は完成されているため，空所には主格や所有格，目的格は入りません。よって，正解は(D)です。主部のThe head of Pelmug Associatesを再帰代名詞のhimselfで受け，「彼自身がアイデアを提案している」という意味を表します。

103. 🎵 231 🇺🇸

Having received media exposure, Rissel Restaurant came to attract ------- people than before.

(A) most
(B) very
(C) more
(D) much

メディアの注目を浴びたので，Risselレストランは以前よりもより多くの人々を引き付けるようになりました。

(A) 大半の
(B) とても
(C) より多くの
(D) たくさんの

語句 □exposure さらされること　□come to do ～するようになる

正解 (C)

解説 選択肢には形容詞の比較表現と副詞が並んでいます。問題文後半のthanとペアとなるのは比較級の(C)です。比較の問題は，ペアとなる表現の存在が正解のカギとなります。Having received media exposureは分詞構文で，Because Rissel Restaurant had received media exposure「Rissel Restaurantはメディアの注目を浴びたので」という文から接続詞と主語が省略され，hadが-ing形に変わっています。

104. 🎵 232 🇺🇸

Before the planning session started, employees were given ------- of time to brainstorm with mind maps.

(A) quarter　　(C) mass
(B) plenty　　(D) figure

企画会議が始まる前に，従業員はマインドマップを使ってブレーンストーミングをする十分な時間を与えられました。

(A) 4分の1　　(C) 大部分
(B) 十分　　(D) 数字

語句 □brainstorm ブレーンストーミングする

正解 (B)

解説 選択肢には数量に関連する名詞が並んでいます。空所の後ろにある前置詞のofとセットで使い，文意の通る(B)が正解です。plenty of ～は「十分な～」を表します。また，空所の前にはwere givenという受動態があります。giveは目的語を2つ取る動詞なので，受動態になっても目的語が1つ動詞の後ろに続き，ここではplenty of timeがこの目的語にあたります。

105. 🎵 233 🇺🇸

Galla, Inc., has officially announced it ------- Spu Associates next month to expand their business opportunities.

(A) will be acquired
(B) acquiring
(C) has acquired
(D) is acquiring

Galla社はビジネスの機会を拡大するために，来月Spu Associatesを買収することを正式に発表しました。

(A) 助動詞＋動詞acquire「～を買収する」の受動態
(B) 動詞の現在分詞・動名詞
(C) 現在完了形
(D) 現在進行形

正解 (D)

解説 選択肢には動詞acquireのさまざまな形が並んでいます。空所の前のannouncedとitの間には，接続詞のthatが省略されていると考えます。そのthat以下の節には未来を表すnext month，空所の後ろには空所に入る動詞の目的語となるSpu Associatesがあります。未来の予定を表す現在進行形で，目的語を後ろに取る能動態の(D)が正解です。

106. ♪ 234 🇬🇧

Companies ------- money to the Green Music Day are all listed in the program.

(A) donating
(B) are donating
(C) will donate
(D) donate

そのプログラムには，お金をGreen Music Day社に寄付している企業が全て記載されています。

(A) 動詞donate「〜を寄付する」の現在分詞・動名詞
(B) 現在進行形
(C) 助動詞＋動詞の原形
(D) 動詞の原形

語句 □be listed in 〜 〜に記載されている

正解（A）

解説 選択肢には動詞donateのさまざまな形が並んでいます。問題文にはすでに述語動詞のare listedがあります。空所からDayまでが主語のCompaniesを後ろから修飾していると考えると，適切なのは現在分詞の(A)です。Companies donating money to the Green Music Dayは「お金をGreen Music Day社に寄付している企業」という意味です。donate A to Bで「AをBに寄付する」を表します。

---

107. ♪ 235 🇬🇧

Thanks to Anne Walkers' popularity among younger generations, her ------- with Iber Cosmetics was a huge success.

(A) collaborate
(B) collaboratively
(C) collaboration
(D) collaborative

若い世代間でのAnne Walkerの人気のおかげで，彼女のIber Cosmeticsとのコラボレーションは大成功でした。

(A) 動詞collaborate「協力する」の原形
(B) 副詞「協力して」
(C) 名詞「コラボレーション，協力」
(D) 形容詞「協力による」

語句 □popularity 人気

正解（C）

解説 選択肢には動詞collaborateの派生語が並んでいます。空所の前には代名詞の所有格herが，後ろには前置詞のwithが続いています。所有格と前置詞の間には所有格が修飾する名詞が入るため，正解は(C)です。collaboration with 〜で「〜とのコラボレーション」を意味します。

❖ ❖ ❖

この文の述語動詞はbe動詞のwasで，主語が欠けています。ここからも空所に主語となる名詞collaborationが入ることが分かりますね。

---

108. ♪ 236 🇬🇧

City library is currently ------- renovation, so those planning to return books should use the external returns chute located by the entrance door.

(A) under   (C) by
(B) from   (D) through

市立図書館は現在改装中なので，本の返却を予定している方は入り口近くにある外の返却口を利用する必要があります。

(A) 〜中で   (C) 〜によって
(B) 〜から   (D) 〜を通して

語句 □external 外の　□returns chute 返却口

正解（A）

解説 選択肢には前置詞が並んでいます。空所の後ろにあるrenovationの前に置き，under renovation「改装中」という表現を作る(A)が正解です。前置詞underを使ったunder construction「工事中」も頻出表現です。また，問題文後半のlocated「位置する」はsituatedに言い換えられます。

---

109. ♪ 237 🇬🇧

Since Lanne Inc., requires employees to work overseas, it's desirable that applicants are ------- in multiple languages.

(A) ample   (C) crucial
(B) proficient (D) compatible

Lanne社は従業員に海外で働くことを求めるため，応募者は多言語に堪能であることが望ましいです。

(A) 豊富な   (C) 決定的な
(B) 堪能な   (D) 互換性のある

正解（B）

解説 選択肢には形容詞が並んでいます。最初の節は「Lanne社は従業員に海外で働くことを求めるので」という意味で，その結果として「応募者は多言語に〜であることが望ましい」という節が続いています。空所に入れて文意が通るのは(B)です。be proficient in 〜は「〜に堪能である」という意味です。

---

110. ♪ 238 🇬🇧

KTDN Electronics ensures product quality and avoids malfunctions by executing five levels of inspection on ------- single item.

(A) few   (C) many
(B) every   (D) most

KTDNエレクトロニクスでは，ひとつひとつの製品全てに対して5段階の検査を実施することで，製品の品質を保証し，機能不良を避けています。

(A) ほとんど〜ない (C) たくさんの
(B) 全ての   (D) 大半の

語句 □malfunction 機能不良　□execute 〜を実施する

正解（B）

解説 選択肢には数に関する形容詞が並んでいます。空所の後ろに続くsingleの前に置きevery single 〜「ひとつひとつの〜」という表現を作る(B)が正解です。every「全ての」，each「各」，another「もう一つの」は，いずれも後ろに単数形の名詞が続きます。

---

111. 🎵 239 🇺🇸

For changing the departure date for the ------- seat tickets for Chicago Railway, simply login to our Web site.

(A) analyzed   (C) reserved
(B) constructed   (D) reflected

Chicago鉄道の座席指定券の出発日を変更するには，ただ当社のウェブサイトにログインしてください。

(A) 分析された   (C) 予約された
(B) 組み立てられた   (D) 映された

正解 (C)

解説 選択肢には動詞の-ed形が並んでいます。空所はtheとseat tickets「座席券」の間にあり，空所に入る語はseat ticketsを修飾するのに適切な過去分詞です。seat ticketsとセットになって「座席指定券」という表現を作る(C)が正解です。

語句 □departure 出発 □login to ～ ～にログインする

---

112. 🎵 240 🇺🇸

------- reduce waste, a large number of food companies are trying to address the issue of excessive packaging.

(A) In order to   (C) Owing to
(B) As much as   (D) At least

廃棄物を減らすために，多数の食品会社が過剰包装の問題に対処しようとしています。

(A) ～するために   (C) ～のために
(B) ～と同じ程度に   (D) 少なくとも

正解 (A)

解説 選択肢にはさまざまな表現が並んでいます。空所の後ろにはreduce waste「廃棄物を減らす」という，動詞の原形とその目的語が続いています。動詞の原形の前に置くことができ，なおかつ文意が通るのは(A)です。in order toの後ろには動詞の原形が続きます。(C)のowing to ～は「原因」や「理由」を表す群前置詞で，直後に名詞や動名詞が続くため不適です。

語句 □address ～に対処する □excessive 過剰な □packaging 包装

---

113. 🎵 241 🇺🇸

------- at a year-end banquet are required to write down their names and professional affiliations at the front desk.

(A) Participation
(B) Participate
(C) Participates
(D) Participants

年末の宴会の参加者は，フロントで氏名と所属を記入するよう求められます。

(A) 名詞「参加」
(B) 動詞participate「参加する」の原形
(C) 動詞の3人称単数現在形
(D) 名詞participant「参加者」の複数形

正解 (D)

解説 選択肢には動詞participateの変化形や派生語が並んでいます。are requiredがこの文の述語動詞なので，それより前が主部となります。従って，空所には主語となる名詞が入ります。選択肢のうち名詞は(A)と(D)ですが，この文の主語は「記入するよう求められる」立場なので，人が主語になります。よって，正解は(D)です。

***

participantやstudent「学生」，attendant「接客係」のように，語尾に-antや-entが付く名詞は「人」を表す場合が多いです。

語句 □year-end 年末の □professional affiliation 所属

---

114. 🎵 242 🇺🇸

After a long period of negotiations, Webixa and Montanas, Inc., agreed to make ------- to the Web design contract.

(A) amendments   (C) precautions
(B) translations   (D) restrictions

長期間の交渉の末，Webixa社とMontanas社はウェブデザイン契約を修正することに合意しました。

(A) 修正   (C) 用心
(B) 翻訳   (D) 制限

正解 (A)

解説 選択肢には名詞の複数形が並んでいます。空所の前後にある語句と共にmake amendments to ～「～を修正する」という表現を作る(A)を空所に入れると文意が通ります。問題文のagree to do「～することに合意する」も重要な表現なので押さえておいてください。

語句 □negotiation 交渉 □contract 契約

---

115. 🎵 243 🇺🇸

Hoyoda Cars is taking the ------- in promoting electric vehicles in the domestic market.

(A) initiate
(B) initiative
(C) initiation
(D) initiating

Hoyoda Carsは率先して国内市場に電気自動車を売り込んでいます。

(A) 動詞initiate「～を始める」の原形
(B) 名詞「主導権」
(C) 名詞「開始」
(D) 動詞の現在分詞・動名詞

正解 (B)

解説 選択肢には動詞initiateの変化形や派生語が並んでいます。空所の前には冠詞のthe，後ろには前置詞のinが続いています。空所の前後の語句と共にtake the initiative in doing「率先して～する」という表現を作る(B)を空所に入れると文意が通ります。

語句 □electric vehicle 電気自動車 □domestic 国内の

116. 🎵 244 🇬🇧

Company rulebooks and ID badges are handed to new employees ------- the training session.

(A) among
(B) during
(C) while
(D) therefore

研修中に，会社のルールブックとIDバッジが新入社員に配布されます。

(A) 前置詞「（多くの場合3者以上）の間で」
(B) 前置詞「〜の間」
(C) 接続詞「〜している間」
(D) 副詞「それゆえ」

正解 (B)

解説 選択肢には前置詞や接続詞，副詞が並んでいます。空所の後ろにはthe training sessionという名詞句があるため，空所には接続詞ではなく前置詞が入ることが分かります。時や出来事を表す名詞句の前に置いて文意が通るのは(B)です。amongの後には人などを表す語句が続きます。問題文のbe handed to〜「〜に配布される」は，be distributed to〜に言い換えられます。

---

117. 🎵 245 🇬🇧

Visit Clozies' Web site ------- and download a limited gift voucher.

(A) immediacy
(B) more immediate
(C) immediate
(D) immediately

Cloziesのウェブサイトに今すぐアクセスして，限定のギフト券をダウンロードしてください。

(A) 名詞「即時性」
(B) 形容詞 immediate「即時の」の比較級
(C) 形容詞
(D) 副詞「すぐに」

正解 (D)

解説 選択肢には形容詞immediateの変化形や派生語が並んでいます。問題文は，接続詞andを挟み，Visitから空所までの動詞句とdownloadから文末までの動詞句で成り立つ命令文です。前半のVisit Clozies' Web siteは命令文として完成しているので，空所には副詞が入ります。(D)を入れると，動詞Visitを後ろから説明でき文意も通ります。問題文のlimitedは，be limited to〜「〜に制限される」の形でも使われます。

語句 □limited 限られた □gift voucher ギフト券

---

118. 🎵 246 🇬🇧

Edanep offers various online programming workshops, most of ------- are intended for beginners.

(A) them   (C) what
(B) which   (D) where

Edanepはさまざまなオンラインのプログラミングワークショップを提供しており，そのほとんどは初心者向けです。

(A) 彼らを[に]   (C) （関係代名詞）
(B) （関係代名詞）   (D) （関係副詞）

正解 (B)

解説 選択肢には代名詞や関係詞が並んでいます。問題文は2つの節から成っており，これらをつなぐ接続詞か関係詞が必要です。空所の前にあるmost ofの目的語となり，2つの節をつなぐのは(B)です。このwhichはworkshopsを先行詞としています。(C)のwhatは先行詞が不要で，(D)のwhereは〈場所＋where＋完全な節〉の語順で使います。

語句 □be intended for〜 〜向けである

---

119. 🎵 247 🇬🇧

At Nanchaiz's Clearance Sale, all clothing items and shoes will be ------- by 30 percent.

(A) held back   (C) set aside
(B) marked down   (D) followed up

Nanchaizのクリアランスセールでは，全ての衣料品と靴が30パーセント値引きされます。

(A) 隠された   (C) わきに置かれた
(B) 値引かれた   (D) 追求された

正解 (B)

解説 選択肢には句動詞の過去分詞が並んでいます。主部となるall clothing items and shoesが「値引きされる」とすれば文意が通るため，正解は(B)です。by 30 percentのbyは「差異」を表す前置詞です。marked down by 30%で「30パーセントオフ」という意味を表しています。

語句 □clothing item 衣料品

---

120. 🎵 248 🇬🇧

It is important that speakers make ------- understood by talking in a clear voice with an appropriate attitude toward listeners.

(A) they
(B) their
(C) them
(D) themselves

話し手は，明瞭な声と聞き手に対する適切な態度で話すことによって，自分自身を理解してもらうことが大切です。

(A) 主格「彼らは」
(B) 所有格「彼らの」
(C) 目的格「彼らを[に]」
(D) 再帰代名詞「彼ら自身」

正解 (D)

解説 選択肢には代名詞のさまざまな格が並んでいます。空所の前後にある語とセットでmake oneself understood「〜自身を理解してもらう」という表現を作る，再帰代名詞の(D)が正解です。再帰代名詞は，基本的に「同じ節内の主語が再登場する場合に使われる」と覚えておいてください。

語句 □appropriate 適切な □toward 〜に対して

---

121. 🎵249 🇺🇸

Established in 1975, the ------- has been specializing in illustrated reference books for a long time.

(A) publishment
(B) publish
(C) publisher
(D) published

1975年に設立されて以来，その出版社は長い間図鑑を専門としています。

(A) 名詞「出版」
(B) 動詞publish「～を出版する」の原形
(C) 名詞「出版社」
(D) 動詞の過去形・過去分詞

語句 □illustrated reference book 図鑑

正解 (C)

解説 選択肢には動詞publishの変化形や派生語が並んでいます。〈the＋空所〉がhas been以下の主語となるので，「長い間図鑑を専門としています」の主語としてふさわしいのは(C)の「出版社」です。Established in 1975は，Since the publisher was established in 1975「出版社が設立された1975年以来」の接続詞と主語，be動詞が省略されています。

122. 🎵250 🇺🇸

The accounting manager ------- that each employee submit a completed form by this Friday to claim travel expenses.

(A) demanded   (C) cared
(B) wanted   (D) refused

経理部長は，出張費を請求するために，各職員に今週の金曜日までに完成した用紙を提出するよう要求しました。

(A) ～を要求した (C) 気にした
(B) ～を欲した   (D) ～を断った

語句 □travel expense 出張費

正解 (A)

解説 選択肢には動詞の過去形が並んでいます。空所の後ろにあるthat節の主語each employeeは3人称単数ですが，対応する動詞はsubmitと原形になっているのがポイントです。that節の直前にある述語動詞が依頼・提案・要求・勧誘・命令などを表す場合，that節内の述語動詞は原形になります。よって，空所に入るのは「要求」を表す(A)です。

123. 🎵251 🇺🇸

At Shine Fine Cooking Studio, the ------- course is the most popular because teachers explain the cooking process step by step.

(A) introducer
(B) introductory
(C) introduce
(D) introducing

Shine Fine クッキングスタジオでは，先生が調理過程を順を追って説明するので，入門コースが最も人気です。

(A) 名詞「紹介者」
(B) 形容詞「入門の」
(C) 動詞introduce「～を紹介する」の原形
(D) 動詞の現在分詞・動名詞

語句 □step by step 順を追って，一歩一歩

正解 (B)

解説 選択肢には動詞introduceの変化形や派生語が並んでいます。the ------- courseがis以下の主語になり，空所には名詞courseを前から修飾する形容詞が入ることが分かります。よって，正解は(B)です。introductory courseで「入門コース」という意味になります。「中級コース」はintermediate course，「上級コース」はadvanced courseと表します。

124. 🎵252 🇺🇸

------- the reason may be, Sannai Clothing doesn't accept returns or exchanges for sale items.

(A) Where
(B) Whose
(C) Whatever
(D) Which

理由が何であろうと，Sannai衣装品店はセール品の返品および交換を受け付けません。

(A) （関係副詞）
(B) （関係代名詞）
(C) （複合関係代名詞）
(D) （関係代名詞）

正解 (C)

解説 選択肢には関係詞が並んでいます。空所の後ろに続くthe reason may beの前に置くことができ，なおかつ2つの節をつなぐことができる，先行詞を含んだ関係代名詞は(C)です。〈Whatever（＋主語）＋動詞〉で「たとえ（主語が）～であろう[しよう]と」という意味を表します。

125. 🎵253 🇺🇸

------- administrative skills are concerned, Mr. Aida is the most qualified among all the candidates.

(A) As far as
(B) Even if
(C) Provided that
(D) Rather than

管理技術に関しては，Aidaさんが全ての候補者の中で最も適任です。

(A) ～する限りでは
(B) たとえ～だとしても
(C) ただし～ならば
(D) ～よりはむしろ

語句 □administrative skill 管理技術 □be qualified 適任である

正解 (A)

解説 選択肢には群接続詞が並んでいます。空所のある節のare concernedとセットでas far as ～ be concerned「～に関する限り」という意味を表す(A)が正解です。文後半には最上級の表現the mostに加えてamong ～「～の間で」がありますが，最上級の後ろには〈in＋単数形〉または〈of[among]＋複数形〉が「何の中で一番なのか」を示す表現としてよく使われます。

126. ♪254 🇬🇧

The marketing director's analysis shows that YAB Mover's high customer retention rate is ------- a result of the excellent service their staff provides.

(A) closely
(B) largely
(C) mutually
(D) consistently

マーケティング部長の分析は，YAB引っ越し業者の高い顧客維持率が，主に従業員が提供する素晴らしいサービスの結果であることを示しています。

(A) 入念に
(B) 主に
(C) 互いに
(D) 一貫して

正解 (B)

解説 選択肢には副詞が並んでいます。that節内の主語はYAB Mover's high customer retention rate「YAB引っ越し業者の高い顧客維持率」で，------- a result of the excellent service their staff provides「～従業員が提供する素晴らしいサービスの結果」がその主語を説明しています。largelyを入れると「高い顧客維持率は主に従業員が提供する素晴らしいサービスの結果である」となり，文意が通ります。よって，(B)が正解です。問題文後半のservice とtheirの間には，目的格の関係代名詞that[which]が省略されています。

語句 □analysis 分析 □customer retention rate 顧客維持率

127. ♪255 🇬🇧

At Warangs, job interviews other than the final one can be conducted ------- the phone.

(A) amid   (C) within
(B) across   (D) over

Warangsでは，最終面接以外は電話で面接を行うことができます。

(A) ～の真ん中で (C) ～以内で
(B) ～を横切って (D) ～によって

正解 (D)

解説 選択肢には前置詞が並んでいます。空所の後ろにあるthe phoneの前に置き，over the phone「電話で」という表現を作る(D)が正解です。「電話で」はby phoneを使って表すこともできます。

128. ♪256 🇬🇧

If anyone aspires ------- a specialist, acquiring additional qualifications in the field will be beneficial.

(A) become
(B) becoming
(C) to become
(D) became

誰でも専門家になることを目指すなら，その分野のさらなる資格取得が有益となるでしょう。

(A) 動詞become「～になる」の原形・過去分詞
(B) 動詞の現在分詞・動名詞
(C) to不定詞
(D) 動詞の過去形

正解 (C)

解説 選択肢には動詞becomeのさまざまな形が並んでいます。空所の前にあるaspiresの後ろには不定詞が続きます。aspire to doで「～することを熱望する」という意味になり文意も通るため，正解は(C)です。

語句 □additional 追加の □qualification 資格 □beneficial 有益な

129. ♪257 🇬🇧

When installing several applications -------, LDN computers might start running slowly.

(A) simultaneously (C) functionally
(B) inadequately   (D) watchfully

複数のアプリケーションを同時にインストールするとき，LDNコンピューターの動作が遅くなり始めることがあります。

(A) 同時に   (C) 機能的に
(B) 不十分に   (D) 用心して

正解 (A)

解説 選択肢には副詞が並んでいます。空所を含む節はWhen installing several applicationsですが，(A)を空所に入れるとinstallingを説明し，続く節の内容ともつながります。よって，正解は(A)です。

語句 □run 作動する

130. ♪258 🇬🇧

Museum members can enter the permanent exhibition for free, though non-members are not ------- for it.

(A) eligible   (C) reasonable
(B) unfortunate   (D) efficient

博物館の会員は常設展に無料で入場できますが，非会員の方にはその資格がありません。

(A) 資格のある (C) 分別のある
(B) 不運な   (D) 効果的な

正解 (A)

解説 選択肢には形容詞が並んでいます。空所の前後にある語句とセットになってbe eligible for ～「～の資格がある」という表現を作る(A)が正解です。関連表現として，be eligible to do「～する資格がある」，be entitled to ～「～の資格がある」，be entitled to do「～する資格がある」も押さえておいてください。

語句 □permanent exhibition 常設展 □for free 無料で

Part 6

♪ 259

Questions 131-134 refer to the following e-mail.

To: Jane White <jwhite@gregory_associates.com>
From: Pete Chiang <pchiang@gregory_associates.com>
Subject: Meeting room reservation
Date: June 10

Dear Jane,

I noticed that you have reserved Meeting Room A from 2:30 P.M. to 4:00 P.M. tomorrow. We currently have a shortage of meeting space in the building. It is important that you ------- the
131.
room by 4:00 P.M. It should be left tidy with the furniture to its original position. Recently, some departments have been forced to wait for ------- because other users have been going over
132.
time. -------. Issues like this can cause disruptions to the workflow. I ------- a memo to all
133.   134.
employees reminding them of this requirement. Unfortunately, you were absent last week.

Sincerely,

Pete Chiang

設問131-134は次のEメールに関するものです。

宛先：Jane White <jwhite@gregory_associates.com>
送信者：Pete Chiang <pchiang@gregory_associates.com>
件名：会議室の予約
日付：6月10日

Jane様

明日の午後2時30分から午後4時まで会議室Aをご予約いただいていることに気付きました。現在，社内のミーティングスペースが不足しております。午後4時までに部屋を空けることが大切です。家具は元の位置にきちんと戻してください。最近，ほかの部署が時間を超過するので，いくつかの部署が利用を待たされています。今は一年で最も忙しい時期です。このような問題はワークフローを妨げる可能性があります。私は全従業員にこの要求を念押しするためのメモを送りました。残念ながら，あなたは先週お休みでした。

よろしくお願いいたします。

Pete Chiang

語句 □currently 現在　□shortage 不足　□tidy きちんとした　□furniture 家具　□original 元の　□position 位置
□be forced to do ～させられる　□go over time 時間を超過する　□disruption 中断
□workflow ワークフロー，仕事の流れ　□remind A of B AにBを思い出させる　□requirement 要求

131.

(A) vacate
(B) complete
(C) evaluate
(D) furnish

(A) 〜を空ける
(B) 〜を完成させる
(C) 〜を評価する
(D) 〜を備え付ける

正解 (A)

解説 選択肢には動詞が並んでいます。空所を含む文はIt is important that you ------- the room by 4:00 P.M.「午後4時までに部屋を〜することが大切です」となっており，空所の前の文ではWe currently have a shortage of meeting space in the building.「現在，社内のミーティングスペースが不足しております」と書かれているので，空所に(A)を入れると文意が通ります。

132.

(A) accessed
(B) accessibility
(C) accessible
(D) access

(A) 動詞access「〜に近づく」の過去形・過去分詞
(B) 名詞「利用しやすさ」
(C) 形容詞「利用できる」
(D) 名詞「利用，接近」，動詞の原形

正解 (D)

解説 選択肢には動詞accessの変化形や派生語が並んでいます。空所の前には前置詞のforがあるため，空所には名詞が入ります。名詞は(B)と(D)ですが，文意より(D)が適切です。accessは他動詞「〜に近づく」と不可算名詞「利用，接近」としての使い方があります。access to 〜で「〜の利用，〜への接近」という意味になることも押さえておきましょう。

133.

(A) The expansion has made things easier.
(B) It should be ready for you by then.
(C) This is our busiest time of year.
(D) You don't need to rearrange the tables and chairs.

(A) その拡大は物事をより簡単にしました。
(B) そのときまでに用意されるべきです。
(C) 今は一年で最も忙しい時期です。
(D) テーブルや椅子を並べ直す必要はありません。

正解 (C)

解説 文挿入問題です。空所の前にはRecently, some departments have been forced to wait for access because other users have been going over time.「最近，ほかの部署が時間を超過するので，いくつかの部署が利用を待たされています」とあります。また空所の後ろには，Issues like this can cause disruptions to the workflow.「このような問題はワークフローを妨げる可能性があります」と，ほかの部署が時間を超過していることをthisで受け忠告しています。空所には，「忙しいときなのでこのような問題が起こってはならない」という流れになる(C)を入れると文意が通ります。

134.

(A) will be sent
(B) sent
(C) was sent
(D) was sending

(A) 助動詞＋動詞send「〜を送る」の受動態
(B) 動詞の過去形・過去分詞
(C) 受動態の過去形
(D) 過去進行形

正解 (B)

解説 選択肢には動詞sendのさまざまな形が並んでいます。空所を含む文の次の文にUnfortunately, you were absent last week.「残念ながら，あなたは先週お休みでした」とあります。ここから，読み手のJaneさんが先週休んでいたため，書き手のPeteさんは社内のミーティングスペースが不足していることを伝えられなかったものの，ほかの従業員には過去にメモで伝えた，ということが判断できます。空所の後ろには目的語a memoがあるため，態は能動態となります。「（メモを）送った」のは過去のある一時点での出来事なので，(B)が正解です。(D)は継続した動作を表すため不適です。

学習のモチベーションを維持するには？

（濱：濱﨑先生／大：大里先生）

大：「昨日に比べて今日はこれができた！」と，日々の積み重ねを感じ，自分に自信を持つことですかね。具体的な成果が見えづらくても，プラス思考でいることが大切です。

濱： その通りですね。SNSで頑張っている学習者をフォローし刺激を受けるのも手だと思います。その際は，自分と同じレベルの人や近い目標を持つ人を探すといいです。

大： それもいいですね。あとは「△△をやったらチョコを食べる！」のように，何らかのインセンティブもあるといいと思います。ただし，自分を甘やかしすぎるのは禁物です！

Questions 135-138 refer to the following advertisement.

Branson Productions

Branson Productions specializes in the production of ------- for television and online streaming.
135.
We have over 40 years in the business and have won a large number of industry awards. We

can handle every aspect of your promotional campaign. This ------- the script, casting, editing,
136.
and direction.

Over the years, we have built strong relationships with major television stations and online video

channels. -------. Call one of our helpful customer service representatives today to discuss
137.
your -------.
138.

TEL 389-555-9490

設問135-138は次の広告に関するものです。

Branson プロダクション

Branson プロダクションは，テレビおよびオンラインストリーミングのための広告制作を専門としています。40年以上の実績があり，多くの業界賞を受賞しています。当社はあなたの販促キャンペーンのあらゆる面を扱うことができます。これには，台本，配役，編集，およびディレクションが含まれます。
当社は長年にわたり，主要テレビ局やオンラインビデオチャンネルと強固な関係を築いてきました。<u>当社のコネクションを使用し，最良の料金でご利用いただけることを保証します</u>。すぐにあなたのご要望について話し合うために，当社の頼れる顧客サービス担当者にお電話ください。

電話番号　389-555-9490

語句 □specialize in ～ ～を専門とする　□production 制作　□online streaming オンラインストリーミング
□a large number of ～ 多くの～　□award 賞　□handle ～を取り扱う　□aspect 側面
□promotional campaign 販促キャンペーン　□script 台本　□casting 配役　□editing 編集
□build a relationship 関係を築く　□representative 担当者

135.

(A) documentaries
(B) advertisements
(C) compartments
(D) manuals

(A) ドキュメンタリー
(B) 広告
(C) 客室
(D) マニュアル

正解 (B)

解説 選択肢には名詞の複数形が並んでいます。空所を含む文は，Branson Productions specializes in the production of ------- for television and online streaming. 「Branson プロダクションは，テレビおよびオンラインストリーミングのための〜の制作を専門としています」という意味です。ここで空所を含む文から2つ先の文を見ると，We can handle every aspect of your promotional campaign. 「当社はあなたの販促キャンペーンのあらゆる面を扱うことができます」とあります。ここから，この会社が扱っているのはpromotional campaign「販促キャンペーン」，つまり(B)のadvertisements「広告」であることが分かります。

136.

(A) inclusion
(B) inclusive
(C) includes
(D) including

(A) 名詞「包括」
(B) 形容詞「〜を含めた」
(C) 動詞include「〜を含む」の3人称単数現在形
(D) 動詞の現在分詞・動名詞

正解 (C)

解説 選択肢には動詞includeの変化形や派生語が並んでいます。空所を含む文には述語動詞がないため，空所には述語動詞となる(C)のincludes「〜を含む」が入ります。対義語のexclude「〜を排除する」もセットで覚えておいてください。

137.

(A) We will use our contacts to ensure you get the best rates.
(B) You can choose from five different models.
(C) All customer inquiries should be sent by e-mail.
(D) Our camera operators handle wedding projects exclusively.

(A) 当社のコネクションを使用し，最良の料金でご利用いただけることを保証します。
(B) 5種類の異なるモデルから選ぶことができます。
(C) 全てのお客様の問い合わせをEメールでお送りください。
(D) 当社のカメラオペレーターは結婚式のプロジェクトのみを扱っています。

正解 (A)

解説 文挿入問題です。空所の前にはOver the years, we have built strong relationships with major television stations and online video channels. 「当社は長年にわたり，主要テレビ局やオンラインビデオチャンネルと強固な関係を築いてきました」とあります。「テレビ局などとの強固な関係」をcontacts「コネクション」と言い換え，話の流れを汲んでいる(A)が正解です。

contactは「〜に連絡する」という動詞のほかに，今回のように名詞で「助けてくれる人とのつながり（=コネクション）」という意味を表すこともあります。

語句 □contact コネクション　□rate 料金　□inquiry 問い合わせ　□exclusively もっぱら

138.

(A) needed
(B) needing
(C) needs
(D) needy

(A) 動詞need「〜を必要とする」の過去形・過去分詞
(B) 動詞の現在分詞・動名詞
(C) 名詞「要望」の複数形・動詞の3人称単数現在形
(D) 形容詞「貧しい」

正解 (C)

解説 選択肢には動詞needのさまざまな形が並んでいます。空所の前には代名詞の所有格your「あなたの」があるため，空所には名詞が入ります。よって，正解は(C)です。

needは動詞と名詞の形が同じで，動詞の3人称単数現在形と名詞の複数形も同じ形をしています。

Questions 139-142 refer to the following memo.

From: Paula Anton
Date: April 14
Subject: Performance Reviews

To all supervisors:

It is time again for our annual performance reviews. I expect each of you to meet ------- with all

the employees you supervise. As usual, you will provide each of them with -------. This should

139.

140.

contain information on their key strengths as well as on areas requiring improvement.

------- meeting with you, the employees will fill out a self-appraisal form and list their

141.

achievements. This will prepare them for their conversation with you beforehand. -------.

142.

If you have any questions, please let me know.

Paula

設問139-142は次のメモに関するものです。

差出人：Paula Anton
日付：4月14日
件名：業績評価

責任者各位

年次業績評価のときが再びやってきました。あなた方一人一人が，あなた方が監督する全ての従業員と個別に面談することを期待しています。通常通り，彼ら一人一人にフィードバックを与えます。これには，彼らの主な長所および改善が必要な分野に関する情報を含む必要があります。

あなたと面談する前に，従業員は自己評価用紙に記入し，自分の業績をリストアップします。これにより，彼らは事前にあなた方との会話の準備ができます。また，それは彼らが自分たちの業績をどう見ているかをあなた方が確認する助けにもなります。

何かご質問があれば，どうぞお知らせください。

Paula

- -

語句 □supervisor 責任者　□annual 年に1度の　□performance 業績　□review 評価　□supervise 〜を監督する
□key strengths 主な長所　□improvement 改善　□fill out 〜 〜に記入する　□self-appraisal 自己評価　□form 用紙
□list 〜をリストアップする　□achievement 業績　□prepare A for B AにBの準備をさせる
□conversation with 〜 〜との会話　□beforehand 事前に

139.

(A) individual
(B) individuals
(C) individuality
(D) individually

(A) 名詞「個人」，形容詞「個人の」
(B) 名詞の複数形
(C) 名詞「個性」
(D) 副詞「個別に」

正解 (D)

解説 選択肢には形容詞individualの派生語が並んでいます。空所の前後にあるmeet withは「～と面談する」という意味の句動詞です。句動詞の間に入りそれを修飾するのは副詞なので，正解は(D)のindividually「個別に」です。

140.

(A) transportation
(B) feedback
(C) equipment
(D) nutrition

(A) 交通機関
(B) フィードバック
(C) 備品
(D) 栄養

正解 (B)

解説 選択肢には名詞が並んでいます。まず，空所を含む文にはyou will provide each of them with ------- 「彼ら一人一人に～を与えます」とあります。また，次の文を見ると，This should contain information on their key strengths as well as on areas requiring improvement.「これには，彼らの主な長所および改善が必要な分野に関する情報を含む必要があります」と述べられています。ここから，従業員たちにprovide「提供する」のは(B)のfeedback「フィードバック」であると分かります。

141.

(A) Prior to
(B) Hardly
(C) Whenever
(D) Soon after

(A) ～の前に
(B) ほとんど～ない
(C) ～するときはいつでも
(D) ～の後すぐに

正解 (A)

解説 選択肢にはさまざまな表現が並んでいます。空所の後ろにはmeeting with you「あなたと面談すること」という動名詞から始まる名詞句があるため，(A)と(D)が正解候補として残ります。後ろに名詞句を取り，なおかつ次の文にある，beforehand「事前に」につながる表現として適切なのは(A)です。

142.

(A) Only then will we consider changing the evaluation schedule.
(B) Nevertheless, the new employees will be trained next week.
(C) It will also help you see how they view their own performance.
(D) But the main purpose is to provide customers with a great experience.

(A) そのときだけ，私たちは評価予定を変更することを考慮します。
(B) しかしながら，新入社員には来週研修が行われます。
(C) また，それは彼らが自分たちの業績をどう見ているかをあなた方が確認する助けにもなります。
(D) しかし，主な目的はお客様に素晴らしい体験を提供することです。

正解 (C)

解説 文挿入問題です。空所の前ではthe employees will fill out a self-appraisal form and list their achievements「従業員は自己評価用紙に記入し，自分の業績をリストアップします」，そしてThis will prepare them for their conversation with you beforehand.「これにより，彼らは事前にあなた方との会話の準備ができます」と述べられています。これらの話題を受けている選択肢は(C)です。Itは「従業員が自己評価用紙に記入し，自分の業績をリストアップする」ことを指します。(C)を入れると「従業員たちが自己評価を行うことは，責任者たちが従業員たちの自己評価を確認できるということでもある」という内容になり，文意が通ります。

 (C)にあるalso「また」は，前の内容を受けてさらに情報を並列・追加する役割を担います。今回は「従業員が自己評価用紙を記入すると可能になること」の例が，alsoを挟んで空所直前の文と空所を含む文で1つずつ挙げられています。

語句 □evaluation 評価　□train ～を訓練する　□view ～を見る

---

139. 品詞問題 応用編　**140.** 語彙問題　**141.** 前置詞 vs 接続詞 vs 副詞問題　**142.** 文挿入問題 | 251

TEST 5 | Part 6 | 139▶142

Questions 143-146 refer to the following article.

Some construction work ------- out on the underground water pipes on the section of Main
143.
Street between Wadley Avenue and Hope Lane.　According to a post on the city council Web
site, the work should commence on Friday, 19 May, and finish on Tuesday, 23 May.　-------. This
144.
will make it necessary to temporarily turn off the water supply.　-------, businesses on that
145.
section of road will lose access to town water for much of that time.　To enable ------- to
146.
continue to serve customers, the council will be connecting the buildings to a mobile water
tank.

設問143-146は次の記事に関するものです。

Wadley通りとHope通り間の大通りの区間で，地下水道管の工事が行われる予定です。市議会のウェブサイトの投稿によると，工事は5月19日の金曜日に始まり，5月23日の火曜日に終了する予定です。水道管はより幅の広いものに交換されます。このため，一時的に水の供給を止める必要があります。従って，その区間の道路に面している事業主は，そのほとんどの時間，町の水道を使用できなくなります。彼らが顧客にサービスを提供し続けられるよう，市議会は建物と可動式の貯水槽を接続する予定です。

語句 □construction work 工事　□underground 地下の　□section 区間　□post 投稿　□city council 市議会
□commence 始まる　□temporarily 一時的に　□turn off ～ ～を止める　□supply 供給　□business 事業所，事業
□access to ～ ～へのアクセス　□for much of that time そのほとんどの時間　□serve ～にサービスを提供する
□connect A to B AをBに接続する　□mobile 可動式の　□water tank 貯水槽

143.

(A) was carried
(B) has carried
(C) will be carried
(D) will carry

(A) 動詞carry「〜を持ち運ぶ」の受動態の過去形
(B) 現在完了形
(C) 助動詞＋受動態
(D) 助動詞＋動詞の原形

正解 (C)

解説 選択肢には動詞carryのさまざまな形が並んでいます。carryは空所の後ろにあるoutとセットでcarry out 〜「〜を行う」という意味を表し，後ろには目的語となる名詞（句）が続きますが，outの後ろには目的語がないため，正解候補は受動態の(A)か(C)です。ここで空所のある文の次の文を見ると，the work should commence on Friday, May 19「工事は5月19日の金曜日に始まる」とあるため，工事はこれから行われることが分かります。よって，正解は未来を示す表現を使った受動態の(C)です。

144.

(A) That part of the street is completely residential.
(B) The water pipes will be replaced with wider ones.
(C) Businesses will be forced to close until the project is complete.
(D) The council failed to provide any information about its plans.

(A) 通りのその区画は完全に住宅街です。
(B) 水道管はより幅の広いものに交換されます。
(C) その計画が完了するまで，事業主は閉店することを強いられるでしょう。
(D) 市議会はこの計画に関するいかなる情報も提供しませんでした。

正解 (B)

解説 文挿入問題です。空所の後ろにはThis will make it necessary to temporarily turn off the water supply.「このため，一時的に水の供給を止める必要があります」とあるため，空所には「水の供給を止める原因となること」が述べられている文が入ります。よって，正解は(B)です。

 文挿入問題では，空所前後にある代名詞に特に注目しましょう。今回は空所が「原因」，直後のThisがその「原因」を受け，空所後の文は「結果」を表しています。

語句 □residential 住居に適した　□replace 〜を交換する　□fail to *do* 〜しない

145.

(A) However
(B) Fortunately
(C) Similarly
(D) Therefore

(A) しかし
(B) 幸運にも
(C) 同様に
(D) 従って

正解 (D)

解説 選択肢には副詞が並んでいます。空所の前にはThis will make it necessary to temporarily turn off the water supply.「このため，一時的に水の供給を止める必要があります」とあり，後ろにはbusinesses on that section of road will lose access to town water for much of that time「その区間の道路の事業主は，そのほとんどの時間，町の水道を使用できなくなります」とあります。空所の前後の内容が原因と結果の関係となっているため，正解は(D)のTherefore「従って」です。

146.

(A) them
(B) us
(C) you
(D) me

(A) 「彼らを[に]」
(B) 「私たちを[に]」
(C) 「あなた（たち）を[に]」，「あなた（たち）は」
(D) 「私を[に]」

正解 (A)

解説 選択肢には代名詞の目的格や主格が並んでいます。まず，空所の前の文にbusinesses on that section of road will lose access to town water for much of that time「その区間の道路に面している事業主は，そのほとんどの時間，町の水道を使用できなくなります」とあります。そこで空所を含む文を見ると，To enable ------- to continue to serve customers「〜が顧客にサービスを提供し続けられるよう」とあります。「顧客にサービスを提供し続ける」のはbusinesses on that section of road「その区間の道路の事業主（複数形）」であると分かるため，これを代名詞に言い換えた(A)が正解です。enable *A* to *do*で「Aが〜することを可能にする」という意味を表します。

Part 7

Questions 147-148 refer to the following invoice.

Spinan Waste Removal

294 Pemberton Ave., Millersburg, NY 12505

Date: June 2	**Bill to:** Doris Chamberlain
Invoice Number: 83839 Invoice for trash can related services at Franklin Food Processing during the month of April	Franklin Food Processing 377 Plum Ave., Millersburg, NY 12505

Item / Service	Rate	Total
Delivery and Removal Fee x 3	$129.00	$387.00
141 Cubic Foot Trash Can Rental (One week) x 2	$389.00	$778.00
210 Cubic Foot Trash Can Rental (One week) x 1	$540.00	$540.00
❶24 hour additional rental x 3	$13.00	$39.00
	TOTAL	$1,744.00

Payment Due by: June 30
❷There is an early payment discount of $25 if the invoice is paid before June 12.

設問147-148は次の請求書に関するものです。

Spinan Waste Removal社
Pemberton 大通り 294番地, Millersburg, NY 12505

日付：6月2日	請求先：Doris Chamberlain
請求書番号：83839 4月中におけるFranklin食品加工会社の ゴミ箱関連のサービスの請求書	Franklin食品加工会社 Plum通り 377番地, Millersburg, NY 12505

品目 / サービス	料金	合計
配達料と除去料×3	129.00 ドル	387.00 ドル
141立方フィートのゴミ箱レンタル（1週間）× 2	389.00 ドル	778.00 ドル
210立方フィートのゴミ箱レンタル（1週間）× 1	540.00 ドル	540.00 ドル
24時間の追加レンタル× 3	13.00 ドル	39.00 ドル
	合計	1,744.00 ドル

支払期限：6月30日
請求書が6月12日より前に支払われる場合は，25ドルの早期支払割引があります。

語句 □waste removal 廃棄物の除去　□trash can ゴミ箱　□food processing 食品加工
　□delivery and removal fee 配送および除去費用　□rental レンタル，貸し出し　□payment due by ～ 支払期限は～まで
　□early payment discount 早期支払割引

147.

What is implied about Franklin Food Processing?

(A) It needed to extend the rental period.
(B) It paid for waste removal services in advance.
(C) It used Spinan Waste Removal's service in multiple locations.
(D) It has used Spinan Waste Removal previously.

Franklin食品加工会社について何が示唆されていますか。

(A) レンタル期間を延長する必要があった。
(B) 廃棄物除去サービスの費用を前払いした。
(C) 複数の場所でSpinan Waste Removal社のサービスを利用した。
(D) 以前にSpinan Waste Removal社を利用したことがある。

正解 (A)

解説 Franklin食品加工会社について示唆されていることを問う問題です。請求書の明細を見ると，品目の❶に「24時間の追加レンタル」とあります。ここから，レンタル期間を延長する必要があったことが判断できます。よって，これを言い換えた(A)が正解です。

語句 □extend ～を延長する　□rental period レンタル期間　□in advance 前もって　□previously 以前に

148.

According to the invoice, how can Franklin Food Processing get a price reduction?

(A) By presenting a membership card
(B) By paying by bank transfer
(C) By signing up for a monthly service
(D) By paying the bill before the specified date

請求書によると，どのようにしてFranklin食品加工会社は割引を受けることができますか。

(A) 会員証を提示することによって
(B) 銀行振込で支払うことによって
(C) 月額制のサービスに申し込むことによって
(D) 指定期日より前に請求額を支払うことによって

正解 (D)

解説 請求書によると，Franklin食品加工会社はどうやって割引を受けることができるかが問われています。請求書の最下段❷に支払いに関する記載があり，「6月12日より前に支払われる場合は，早期支払割引がある」と述べられています。❷から指定期日より早く料金を支払うと早期割引があることが分かるので，6月12日を the specified dateと言い換えた(D)が正解です。

言い換え invoice is paid before June 12
→ paying the bill before the specified date

語句 □bank transfer 銀行振込　□sign up for ～ ～を申し込む　□bill 請求（書）　□specified date 指定期日

✢ ✢ ✢

2問付きの請求書の問題は，最下段欄の記載がテスティングポイント（正解の根拠として狙われる箇所）になることが多いです。最後までしっかり読むようにしましょう。

Questions 149-150 refer to the following text-message chain.

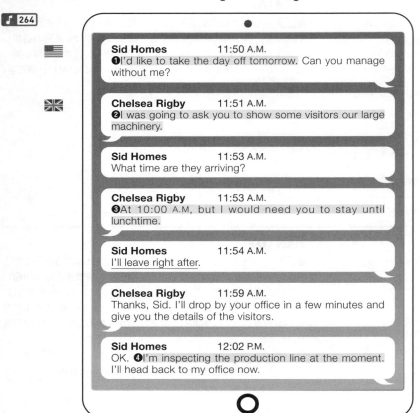

♪ 264

Sid Homes　　　　11:50 A.M.
❶I'd like to take the day off tomorrow. Can you manage without me?

Chelsea Rigby　　　　11:51 A.M.
❷I was going to ask you to show some visitors our large machinery.

Sid Homes　　　　11:53 A.M.
What time are they arriving?

Chelsea Rigby　　　　11:53 A.M.
❸At 10:00 A.M, but I would need you to stay until lunchtime.

Sid Homes　　　　11:54 A.M.
I'll leave right after.

Chelsea Rigby　　　　11:59 A.M.
Thanks, Sid. I'll drop by your office in a few minutes and give you the details of the visitors.

Sid Homes　　　　12:02 P.M.
OK. ❹I'm inspecting the production line at the moment. I'll head back to my office now.

設問149-150は次のテキストメッセージのやり取りに関するものです。

Sid Homes　　　　午前11時50分
明日は休みを取りたいんだ。僕がいなくてもなんとかできるかな？

Chelsea Rigby　　　　午前11時51分
訪問客に私たちの大型機械を見せるよう，頼もうとしていたのだけど。

Sid Homes　　　　午前11時53分
彼らは何時に到着するの？

Chelsea Rigby　　　　午前11時53分
午前10時だけど，あなたには昼食時まではいてほしいわ。

Sid Homes　　　　午前11時54分
その後すぐに帰るよ。

Chelsea Rigby　　　　午前11時59分
ありがとう，Sid。数分後にあなたのオフィスに寄って，訪問客の詳細を伝えるわ。

Sid Homes　　　　午後12時2分
分かった。今生産ラインの点検をしているんだけど，これからオフィスに戻るよ。

- -

語句　□take the day off 休暇を取る　□large machinery 大型機械　□in a few minutes 数分後に　□detail 詳細
　　　□inspect 〜を点検する・検査する　□production line 生産ライン　□at the moment 現在　□head back to 〜 〜に戻る

149.

Where most likely do the writers work?

(A) At an accounting firm
(B) At a manufacturing plant
(C) At a consultancy
(D) At a restaurant

書き手たちはおそらくどこで働いていますか。

(A) 会計事務所
(B) 製造工場
(C) コンサルティング会社
(D) レストラン

正解 (B)

解説 書き手たちがおそらくどこで働いているかが問われています。❷の後半に「大型機械」という単語があり，その後❹に「生産ラインの点検をしている」とあります。ここから，書き手たちは何かの製造を行う工場で働いていることが推測できます。よって，正解は(B)です。質問にmost likelyとある場合は，本文中にはっきりとした根拠が書かれておらず，本文中の単語や表現から正解のヒントを探す必要があります。

語句 □firm 会社　□consultancy コンサルティング（相談・依頼ごとを受ける）会社

150.

At 11:54 A.M., what does Mr. Homes mean when he writes, "I'll leave right after"?

(A) He will accompany Ms. Rigby on a trip.
(B) He will attend a lunch meeting.
(C) He will do some work tomorrow morning.
(D) He will keep a doctor's appointment.

午前11時54分にHomesさんが"I'll leave right after"と書く際，何を意図していますか。

(A) Rigbyさんの旅行に同行する。
(B) 昼食会議に参加する。
(C) 明日の午前中に仕事をする。
(D) 医師との約束を守る。

正解 (C)

解説 意図問題です。問われている文は，Homesさんによる「その後すぐに帰るよ」という発言です。問われている文より前を見ると，❶でHomesさんが「明日休みを取りたい」と述べているのに対し，Rigbyさんが❷で「訪問客に大型機械を見せるよう（Homesさんに）頼もうとしていた」，❸で「（訪問客が来るのは）午前10時だけど，昼食時までいてほしい」と返しています。以上から，Homesさんは「来客対応が終了した昼食後にすぐに帰る」，つまり「明日の午前中は勤務する」，という意図で発言していると分かるので，正解は(C)です。

語句 □accompany 〜に同行する

「テキストメッセージ・チャット問題」に正解するコツ　（濱：濱﨑先生／大：大里先生）

大： 登場人物がどんな状況にいるか，を理解することが大事です。

濱： 登場人物が2人の場合はあまり複雑ではありませんが，3人以上が登場する場合には注意が必要ですね。

大： そうですね。今発言しているのは誰なのかに注意したいところです。

濱： 3人以上のやり取りだと，チャットの流れがA→B→A→B→Cのように変則的な順番になることがあります。この場合，Cさんは直前のBさんではなく，最初のAさんの問いかけへ返事をしていることもしばしばです。

大： 誰が誰に応答しているか，気を付けなければいけないということですね。「誰が・いつ・どこで・どうやって・何する」ということを意識して読むことも大切だと思います。

濱： その通りです。

大： 苦手な方はリスニング問題のPart 3のスクリプトを読んで解くのもいい勉強になりますよ。

Questions 151-152 refer to the following memo.

MEMO

To: All employees
From: Greyson Dunn
Date: July 7
Subject: Confidential

Dear All,

❶We are planning a party to mark Mr. Kline's 30th year at Dudley and Waters. We would like to invite everyone who has worked with Mr. Kline over the years to come and honor his devotion by attending a banquet at the Morrison Hotel on July 30.

We would also like to invite people who have retired from the company or changed jobs. ❷If you have the contact details for any of our past employees, especially those who worked with Mr. Kline when he started out here as a janitor, please ask them if they are willing to join us. Please do not discuss this with Mr. Kline. He does not know that he is the guest of honor.

We will provide further details of the event at a later date.

Sincerely,

Greyson Dunn
President — Dudley and Waters

設問151-152は次のメモに関するものです。

メモ

宛先：従業員各位
差出人：Greyson Dunn
日付：7月7日
件名：社外秘

皆様へ

Dudley and Waters社でのKlineさんの30周年を記念したパーティーを計画しています。長年Klineさんと一緒に仕事をしてきた皆様をお招きして，7月30日にMorrisonホテルで開催される宴会に出席し，Klineさんの献身を称えたいと思います。

退職された方や転職された方もご招待したいと思います。過去の従業員の連絡先をお持ちの方，特にKlineさんがここで管理人として働き始めたころに一緒に働いていた過去の従業員の連絡先をお持ちの方は，参加の意志があるか聞くようお願いいたします。この件についてKlineさんには相談しないでください。彼は自分が主賓であることを知らないのですから。

イベントのさらなる詳細は後日ご案内いたします。

敬具

Greyson Dunn
Dudley and Waters社　社長

語句 □mark ～を記念する　□honor ～を称える　□devotion 献身，貢献　□contact details 連絡先
□janitor 管理人，用務員　□be willing to do ～しようとする意志がある　□further さらなる　□at a later date 後日

151.

What is one purpose of the memo?

(A) To announce a senior staff member's retirement
(B) To invite employees to a celebration
(C) To thank employees for their hard work
(D) To request assistance with job recruitment

メモの目的の1つは何ですか。

(A) 上席の職員の退職を発表すること
(B) 従業員を祝賀会に招待すること
(C) 従業員の努力に感謝すること
(D) 採用のお手伝いを依頼すること

正解 (B)

解説 メモの目的の1つが問われています。まず，この文書がKlineさんを除く全従業員に宛てられたものであることを理解します。ここで冒頭❶を見ると，「Klineさんの30周年を記念したパーティーを計画しており，一緒に仕事をしてきた皆を招いてKlineさんの献身を称えたい」と述べられています。ここから従業員をお祝い事に招待することが目的の1つであると分かるので，(B)が正解です。

言い換え party, banquet → celebration

語句 □thank A for B AにBのことで感謝する □hard work 努力

152.

What was Mr. Kline's position when he first joined Dudley and Waters?

(A) Custodian
(B) President
(C) Secretary
(D) Receptionist

Dudley and Waters社に入社したときのKlineさんの職は何でしたか。

(A) 管理人
(B) 社長
(C) 秘書
(D) 受付係

正解 (A)

解説 Dudley and Waters社に入社したときのKlineさんの職は何だったかが問われています。❷を見ると「Klineさんがここで管理人として働き始めたころに一緒に働いていた過去の従業員の連絡先をお持ちの方は」とあります。このjanitor「管理人」と同義語である(A)が正解です。

言い換え janitor → custodian

✢ ✢ ✢

janitorを使った表現には，building janitor「ビルの管理人」やapartment house janitor「アパートの管理人」などがあります。イギリス英語ではcaretakerと表しますが，caretakerはアメリカ英語では「介護者，ヘルパー」という意味になります。

語句 □custodian 管理人 □receptionist 受付係

🎵 266 🇬🇧

Treeline Workwear Warranty

Before any product leaves the factory, it is inspected to ensure it meets our extremely strict standards. Nevertheless, errors do occur from time to time. ❶Treeline Workwear provides a 12-month warranty on footwear and a six-month warranty on clothing. ❷The warranty only covers manufacturing defects. Examples of these may include ❸sewing errors, ❹poor adhesion of glue, or ❺missing parts such as buttons or fasteners. In accordance with the policy, problems caused by other reasons are not covered.

Please take any defective footwear or clothing items back to the store for a refund or replacement.

設問153-154は次の案内に関するものです。

Treeline Workwear社の保証

いかなる製品も工場を出る前に，当社の非常に厳しい基準を満たしているかどうかを確認するために検査されます。それにも関わらず，時折ミスが発生することがあります。Treeline Workwear社では，履物には12カ月間，衣料品には6カ月間の保証を提供しています。保証が適用されるのは製造上の欠陥のみです。これらの例としては，縫製ミス，接着剤の付着不足，ボタンやファスナーなどの部品の欠落などが挙げられます。規約に従い，そのほかの理由が原因で起こる問題は保証の対象外となります。

不良品の履物や衣料品は店舗に再度お持ちいただき，返金や交換をお願いいたします。

語句 □warranty 保証（書） □inspect ～を検査する □ensure ～を確実にする □meet ～を満たす □extremely 非常に □from time to time 時折 □footwear 履物 □cover ～に適用される □manufacturing defect 製造上の欠陥 □sewing 縫製 □poor 不十分な □adhesion 接着 □glue 接着剤 □missing 欠落している □fastener ファスナー □in accordance with ～ ～に従って □caused by ～ ～が原因で起こる

153.

What is indicated about Treeline Workwear products?

(A) They are shipped internationally.
(B) They have varying warranty periods.
(C) They are all made by hand.
(D) They are sold in online stores.

Treeline Workwear 社の製品について何が示されていますか。

(A) 海外発送されている。
(B) さまざまな保証期間がある。
(C) 全て手作業で作られている。
(D) オンラインストアで販売されている。

正解 (B)

解説 Treeline Workwear 社の製品について示されていることを問う問題です。❶で「(種類に応じて) 12カ月間や6カ月間の保証を提供している」と述べられています。ここから，これを「さまざまな保証期間」と言い換えた (B) が正解です。(A) の海外発送や (C) の製造方法について，また (D) のオンラインストアでの販売の有無については言及がないため，いずれも不正解です。

語句 □varying さまざまな □warranty period 保証期間 □by hand 手作業で

154.

According to the information, what is NOT a suitable reason for returning a Treeline Workwear garment?

(A) Imperfect sewing
(B) A lack of components
(C) Incorrect size
(D) Adhesion failure

案内によると，Treeline Workwear 社の衣類を返品するのに適していない理由は何ですか。

(A) 不完全な縫製
(B) 部品の不足
(C) 誤ったサイズ
(D) 接着不良

正解 (C)

解説 NOT問題で，案内によると Treeline Workwear 社の衣類を返品するのに適していない理由は何かが問われています。❷に「保証が適用されるのは製造上の欠陥のみ」とあり，❸以降に保証の対象となる例が書かれています。❸の縫製ミスが (A) に，❹の接着剤の付着不足が (D) に，また❺のボタンやファスナーなどの部品欠落が (B) にそれぞれ対応すると判断できます。(C) の「誤ったサイズ」は製造上の欠陥に当てはまらず，保証の対象例としても説明されていないため，これが正解です。

言い換え sewing errors → imperfect sewing
poor adhesion of glue → adhesion failure
missing parts such as buttons or fasteners
→ a lack of components

語句 □imperfect 不完全な □lack of ~ ~の不足 □incorrect 正しくない □failure 不良，故障

Questions 155-157 refer to the following notice.

❶EIGHTH SEASON IS CLOSED FOR RENOVATION

❷Please understand that Eighth Season will be closed from July 2 as we are having some renovation work done inside and out. We will reopen on September 22. We plan to have a completely new theme, ❸an outdoor dining section, and an improved menu. All of your favorites will remain, but we will be adding some exciting ❹new dishes.

❺Until we reopen, we will be offering a catering service. You can contact our booking manager at 555-8383 to discuss menu plans, group sizes, and rates. We have an arrangement with Clarendon Function Rooms on Davis Street whereby customers of Eighth Season can get a 20 percent discount on room rental. Our booking manager will check availability when you call to discuss your event.

❻When we reopen, we will need additional staff in the dining room and the kitchen. If you are interested in working at Eighth Season, please fill out an application form on our Web site — www.orlandoeighthseason.com.

設問155-157は次のお知らせに関するものです。

改装のため Eighth Season は休業いたします

7月2日より，Eighth Season は店内外の改装工事を行うため休業させていただくことをご理解ください。9月22日に再開し，全く新しいテーマ，屋外食事スペース，改良されたメニューをご用意する予定です。皆様に人気のメニューは全て残りますが，心躍る新しい料理を加える予定です。

再開するまでは，ケータリングサービスを行う予定です。メニュープラン，グループの規模，料金についてのご相談は，予約担当者555-8383までお問い合わせください。当店は Davis 通りにある Clarendon Function Rooms と提携しており，Eighth Season のお客様はお部屋のレンタルにおいて20パーセントの料金割引を受けることができます。お電話でイベントのご相談をされる際には，予約担当者が空室状況を確認させていただきます。

再開の際には，ダイニングルームとキッチンのスタッフが追加で必要となります。Eighth Season で働くことにご興味のある方は，当店ウェブサイト― www.orlandoeighthseason.com にて応募フォームにご記入ください。

語句 □renovation 改装 □inside and out 屋内外で □reopen 再開する □completely new 完全に新しい
□dining section 食事スペース □improved 改良された □remain 残ったままである □dish 料理 □whereby それにより
□availability 空き状況 □additional 追加の □fill out ～ ～に記入する □application form 応募フォーム

155.

Where most likely would this notice be seen?

(A) In an industry journal
(B) In the lobby of a hotel
(C) On a list of vacant properties
(D) On the door of a restaurant

このお知らせはおそらくどこで見られますか。

(A) 業界誌
(B) ホテルのロビー
(C) 空き物件の一覧表
(D) レストランのドア

正解 (D)

解説 このお知らせがおそらくどこで見られるかが問われています。冒頭❶に「改装のため休業」というタイトルがあり，❸に「屋外食事スペースや改良されたメニュー」，❹に「新しい料理」，また❺に「再開するまではケータリングサービスを行う予定で，メニュープランなどの相談は予約担当者まで」と記載されていることから，レストランが客に対して通知をしている文書だと判断できます。よって，(D)が正解です。

語句 □industry 業界　□a list of ～ ～の一覧表　□vacant property 空き物件

156.

Why will Eighth Season be closed?

(A) The location is not popular enough.
(B) The interior is being remodeled.
(C) The running costs are too high.
(D) The building is being sold.

Eighth Seasonはなぜ休業しますか。

(A) 十分人気のある場所ではないから。
(B) 内装が改装される予定だから。
(C) 維持費が高すぎるから。
(D) 建物が売却される予定だから。

正解 (B)

解説 Eighth Seasonがなぜ休業するのかが問われています。❷に「店内外の改装工事を行うため休業する」と書かれているので，ここから「店内の改装」を意味する(B)が正解です。この問題のように，根拠となる情報が選択肢に一部しか含まれていない場合でも正解になり得ます。「外装に触れられていないので(B)は不正解」という判断をしないように注意しましょう。もちろん，選択肢がほぼ正しい内容でも，一部に誤った情報や本文に記述がない情報が含まれている場合は不正解になるため，その点にも注意が必要です。

言い換え having some renovation work done inside
→ The interior is being remodeled.

✦ ✦ ✦

 選択肢の (B)と (D) は受動態の進行形になっていますが，この進行形は少し先の未来を表し，「～される予定」という意味を持ちます。

語句 □remodel ～を改装する　□running cost 維持費

157.

What is indicated about Eighth Season?

(A) It has been in business for a long time.
(B) It has a large number of locations.
(C) It is looking to hire more workers.
(D) It is being considered for an award.

Eighth Seasonについて何が示されていますか。

(A) 長年にわたって営業している。
(B) たくさんの店舗がある。
(C) より多くの労働者を雇用しようとしている。
(D) 表彰候補に挙がっている。

正解 (C)

解説 Eighth Seasonについて何が示されているかを問う問題です。❻で「(レストラン) 再開の際にはスタッフが追加で必要となるため，興味のある人はウェブサイトで応募を」と述べられています。この「追加の従業員を雇おうとしている」ことを言い換えた(C)が正解です。(A)の長年にわたる営業，(B)の店舗数，(D)の表彰については記載がないためいずれも不正解です。

言い換え additional staff → more workers

語句 □look to *do* ～しようとしている

Questions 158-160 refer to the following advertisement.

DeMuro Tour Company

▶ ▶ ▶

Melbourne, Australia

❶DeMuro Tour Company has been in business for eleven years now. ❷To celebrate this milestone, we are offering our two most popular tour packages at 10 percent off. Visit our Web site at www.demurotc.com.au to reserve your seat before we're fully booked. We are already at 80 percent capacity for tours during the April holidays.

Discounts are available on the following two tours.

▶ **The Richmond Tour:** You will start your three-day adventure in Central Melbourne by boarding a luxury DeMuro tour bus at the Glen Street Bus Terminal. The trip along the Richmond includes ❸a visit to the Cremorne Historical Village, ❹a helicopter trip over picturesque Apollo Bay, and ❺a chance to swim with dolphins at Queenscliff Boat Harbor.

▶❻ **The Mildura Fruit Farm Tour:** This is the perfect tour for someone looking for a short day trip to enjoy with family members. It leaves from the Glen Street Bus Terminal at 12:00 P.M. and visits a number of fruit farms in the Mildura region. This is a gourmet tour, which includes taste testing at each stop.

If you have any questions, you may call our office at 555-8489 between 9:00 A.M. and 5:00 P.M., seven days a week.

設問158-160は次の広告に関するものです。

DeMuro 旅行会社

Melbourne，オーストラリア

DeMuro 旅行会社は創業11年目を迎えました。この節目を記念して，当社の最も人気のある2つのパッケージツアーを10パーセントオフでご提供しています。満席になる前にウェブサイトwww.demurotc.com.auをご覧になり，お席をご予約ください。4月の連休中のツアーはすでに定員の80パーセントに達しております。

割引は以下の2つのツアーでご利用いただけます。

▶**Richmond ツアー**：Melbourne中心部での3日間の冒険は，Glen通りバスターミナルでDeMuro社の高級ツアーバスに乗車してスタートします。Richmondを行く旅には，Cremorne歴史村を見学したり，絵のように美しいApollo湾の上空をヘリコプターで移動したり，Queenscliff Boat港でイルカと一緒に泳ぐ機会などが含まれます。

▶**Mildura果樹園ツアー**：家族で楽しむ短い日帰り旅行をお探しの方にぴったりのツアーです。Glen通りバスターミナルを午後12時に出発し，Mildura地方のいくつかの果樹園を訪問します。各滞在場所での試食付きのグルメツアーです。

ご質問がございましたら，毎日午前9時から午後5時までの間に当社の事務所555-8489までお電話ください。

語句 □*be* in business 事業を行っている　□milestone 節目，マイルストーン　□fully booked 予約でいっぱいである　□capacity 定員，収容能力　□following 以下の〜　□adventure 冒険　□luxury 高級な　□picturesque 絵に描いたように美しい　□dolphin イルカ　□harbor 港　□day trip 日帰り旅行　□a number of 〜 複数の〜　□region 地域　□gourmet グルメの，食通の　□taste testing 試食　□stop 滞在場所，停留所

158.

What is indicated about DeMuro Tour Company?

(A) It was founded about a decade ago.
(B) It is based in Cremorne.
(C) It is a family-owned business.
(D) It will be closed in April.

DeMuro旅行会社について何が示されていますか。

(A) 約10年前に設立された。
(B) Cremorneを拠点としている。
(C) 家族経営である。
(D) 4月に休業する。

正解 (A)

解説 DeMuro旅行会社について示されていることを問う問題です。❶で「創業11年目を迎えた」と述べられているため、これを「約10年前に設立された」と言い換えている(A)が正解です。Part 7では、9年や11年の期間をabout a decade「約10年」と言い換えることがあります。よくあるパターンなので、慣れておきましょう。

言い換え eleven years → about a decade

語句 □decade 10年 □*be* based in ~ ~を拠点としている □family-owned 家族経営の

159.

What is NOT included in the Richmond Tour?

(A) An opportunity to interact with wildlife
(B) A ticket to a theatrical performance
(C) A scenic flight along the coast
(D) A stop at a small historical town

Richmondツアーに含まれていないものは何ですか。

(A) 野生動物と触れ合う機会
(B) 演劇のチケット
(C) 海岸沿いの遊覧飛行
(D) 小さな歴史的な町への立ち寄り

正解 (B)

解説 NOT問題で、Richmondツアーに含まれていないものが問われています。❸～❺にRichmondツアーの具体的な内容が述べられており、❸の「Cremorne歴史村を見学」が(D)に、❹の「美しいApollo湾の上空をヘリコプターで移動」が(C)に、❺の「イルカと一緒に泳ぐ機会」が(A)にそれぞれ該当します。残った(B)が述べられておらず、これが正解です。

言い換え visit to ~ → stop at ~
helicopter trip → flight
chance to swim with dolphins
→ opportunity to interact with wildlife

語句 □wildlife 野生動物 □theatrical 演劇の □scenic flight 遊覧飛行 □coast 海岸 □stop 立ち寄り

160.

What is mentioned about the Mildura Fruit Farm Tour?

(A) It is more expensive than the Richmond Tour.
(B) It includes a stay at a luxury hotel.
(C) It runs several times a day.
(D) It is one of the company's most popular tours.

Mildura果樹園ツアーについて何が述べられていますか。

(A) Richmondツアーよりも値段が高い。
(B) 高級ホテルでの宿泊も含まれている。
(C) 一日に数回行われる。
(D) この会社で最も人気のツアーの1つである。

正解 (D)

解説 Mildura果樹園ツアーについて何が述べられているかを問う問題です。❷に「(11周年の)節目を記念し、当社の最も人気のある2つのツアーを割引提供する」とあります。第2段落冒頭に「割引は以下の2つのツアーで利用できる」と述べられていることから、❻に記載されているMildura果樹園ツアーが、1つ前の段落にあるRichmondツアーと共に、この会社の最も人気のあるツアーであるということが分かります。以上から、(D)が正解です。質問の形から❻以降のMildura果樹園ツアーの内容を照合して解く問題かと思いきや、文書の最初に解答のヒントがあるという、「分散した情報を結び付けられるか」が問われている問題です。

Questions 161-163 refer to the following letter.

Dr. Samantha Day
Freeman Science Museum
Ridgemont, NY 10267

Dear Dr. Day,

I am interested in filling the vacancy at the Freeman Science Museum. I have been a frequent visitor to the museum since I was a child and my experiences there influenced my decision to study environmental science at university. — [1] — . ❶By working in the museum's education unit, I hope to help other young people become more interested in science as a subject.

I understand that the museum is planning on running week-long environmental awareness programs for high school students during the summer holidays. — [2] — . ❷Having helped run similar seminars for first-year students at Bradman University, this is something that I think I would be particularly suited to. — [3] — .

❸I am available for an interview at a time of your choosing. — [4] — . Please find my résumé enclosed with this letter. You may contact me by e-mail at jhutton@novabluel.com or by telephone at 555-7842. Thank you for considering my application and I look forward to meeting with you soon.

Sincerely,

James Hutton

James Hutton

設問161-163は次の手紙に関するものです。

Samantha Day 博士
Freeman 科学博物館
Ridgemont, NY 10267

Day博士

私はFreeman科学博物館の欠員を埋めることに興味があります。子どものころから博物館をよく訪れており，そこでの経験が大学で環境科学を学ぶという決断に影響を与えました。博物館の教育課で働くことで，ほかの若者が教科としての科学にもっと興味を持つよう助けになりたいと思っています。

Freeman科学博物館では，夏休みに高校生を対象にした1週間の環境啓発プログラムを実施する予定だと理解しています。Bradman大学で1年生を対象にした同様のセミナー運営を手伝ったことがあるので，これは特に私に向いていると思います。

ご希望の時間帯に面接を受けることができます。ただスケジュールが重なってしまう可能性を避けるため，1週間前にはお知らせいただけるとありがたいです。この手紙に同封されている履歴書をご覧ください。ご連絡は，Eメールでjhutton@novabluel.comまで，または電話で555-7842までお願いします。私の応募をご検討いただきありがとうございます。近いうちにお会いできることを楽しみにしています。

敬具

James Hutton
James Hutton

- -

語句 □fill a vacancy 欠員を埋める □frequent 頻繁の □influence ～に影響を与える □environmental science 環境科学 □education unit 教育課 □week-long 1週間にわたる □awareness 啓発，気付き □*be* suited to ～ ～に向いている □particularly 特に

161.

What does Mr. Hutton want to do?

(A) Take a group of university students to the museum
(B) Work with a highly respected researcher
(C) Promote science as a field of study
(D) Write a paper about science

Huttonさんは何をしたいと望んでいますか。

(A) 大学生のグループを博物館に連れて行く
(B) 非常に尊敬されている研究者と一緒に仕事をする
(C) 学問分野としての科学を推進する
(D) 科学についての論文を書く

正解 (C)

解説 Huttonさんは何をしたいと望んでいるかが問われています。Huttonさんは第1段落❶で、「博物館の教育課で働くことで、ほかの若者が教科としての科学にもっと興味を持つよう助けになりたい」と述べています。ここから、他者に科学という学問分野を広めたいと望んでいることが分かります。よって、これを表した(C)が正解です。

言い換え subject → field of study

語句 □highly respected 非常に尊敬された　□as a field of study 学問分野として

162.

What did Mr. Hutton assist with at Bradman University?

(A) Organizing some programs
(B) Hiring new employees
(C) Marketing some courses
(D) Setting up a committee

HuttonさんがBradman大学で手伝ったことは何ですか。

(A) 一部のプログラムを運営すること
(B) 新しい従業員を採用すること
(C) いくつかの講座を売り込むこと
(D) 委員会を組織すること

正解 (A)

解説 HuttonさんがBradman大学で手伝ったことは何かが問われています。環境啓発プログラムを実施する予定のFreeman科学博物館に対し、Huttonさんは❷で「Bradman大学で1年生を対象にした同様のセミナー運営を手伝ったことがある」と述べています。よって、これを言い換えた(A)が正解です。❷は分詞構文で、もともとはBecause I have helped run...という形です。分詞構文で意味が取りづらい場合は、接続詞を補って読んでみてください。

言い換え help → assist with
run → organizing
seminars → programs

語句 □market 〜を売り込む　□course 講座

163.

In which of the positions marked [1], [2], [3], and [4] does the following sentence best belong?
"However, to avoid potential scheduling conflicts, I would appreciate it if you could give me a week's notice."

(A) [1]
(B) [2]
(C) [3]
(D) [4]

[1], [2], [3], [4]と記載された箇所のうち、次の文が入るのに最もふさわしいのはどれですか。
「ただスケジュールが重なってしまう可能性を避けるため、1週間前にはお知らせいただけるとありがたいです」

(A) [1]
(B) [2]
(C) [3]
(D) [4]

正解 (D)

解説 文挿入位置問題です。挿入文は、「スケジュールが重なってしまう可能性を避けるため、1週間前には連絡がほしい」という意味です。打ち合わせなど、何かアポを取る際の条件を伝えていると判断でき、この直前にアポ取りに関する内容が来ることが考えられます。その視点で読んでいくと、❸で「希望の時間帯に面接を受けられる」と、時間設定が必要な面接に関する話に触れています。この後に挿入文を入れると、「希望の時間帯に面接を受けることは可能だが、スケジュール調整の都合上、1週間前には連絡がほしい」という流れとなります。よって、正解は(D)です。

語句 □potential 可能性のある　□scheduling conflict スケジュールが重なること

Questions 164-167 refer to the following article.

[♪ 270] 🇬🇧

Virginia Beach (August 19) —❶When Sid Valiant took over his father's car repair shop in Virginia Beach five years ago, the business was moderately successful with a staff of three and a loyal clientele. Now, Valiant Auto Repair has five locations in three different towns and a permanent staff of 33 employees. The company's success can be attributed to a number of factors. ❷Immediately after taking charge, Sid Valiant contacted taxi and truck drivers running their own small businesses. He offered them competitive servicing contracts, which ensured that the garage would have a certain amount of work each month. This now accounts for about 70 percent of the garage's work.

❸To improve productivity and morale, he introduced a system whereby employees' pay increases in line with company profitability. This resulted in a 25 percent growth in profits in the first year.

Interestingly, despite its growth, ❹the company is spending less on advertising. According to Mr. Valiant, satisfied clients have been recommending Valiant Auto Repair to their friends, family, and business contacts. "Our reputation for excellent service and value for money is all we need," explains Mr. Valiant. "We can afford to charge less because we spend less."

設問164-167は次の記事に関するものです。

Virginia Beach（8月19日）— 5年前，Sid Valiant氏がVirginia Beachにある父親の自動車修理工場を引き継いだとき，その事業は3人のスタッフと常連客を抱え，まずまずの成功を収めていました。今となっては，Valiant自動車修理工場は3つの町に5つの拠点を持ち，33人の正社員がいます。同社の成功には，いくつかの要因があると考えられます。Sid Valiant氏は責任者になって間もなく，中小企業を経営するタクシーやトラックの運転手に連絡を取りました。彼は彼らに他社に負けないサービス契約を提案し，自動車修理工場が毎月一定量の作業を行うことを保証しました。現在では，これが工場の仕事の約70パーセントを占めるようになりました。

生産性と士気を高めるために，彼は会社の収益性に応じて社員の給料が上がる制度を導入しました。これにより，初年度の利益は25パーセント増となりました。

興味深いことに，その成長にも関わらず，同社は広告費の支出をより少なくしています。Valiant氏によると，満足した顧客は，友人や家族，仕事仲間にValiant自動車修理工場を推薦しているそうです。「優れたサービスと金額に見合う価値の評判があれば，それだけで十分です」とValiant氏は説明します。「支出が少ないので，料金を抑える余裕があるのです」

語句 □take over ～ ～を引き継ぐ　□moderately まずまずの，適度な　□loyal clientele 常連の顧客　□permanent staff 正社員
□*A* is attributed to *B* AはBによるものである　□immediately after ～ ～のすぐ後に　□take charge 責任を負う
□competitive 価格競争力のある　□account for ～ ～を占める　□morale やる気　□in line with ～ ～に応じて
□profitability 収益性　□spend less on ～ ～にあまり費用をかけない　□business contact 仕事関連の人
□afford to *do* ～する余裕がある

164.

What is the purpose of the article?

(A) To describe the fortunes of a local business
(B) To explain a change in repair procedures
(C) To promote a new business strategy
(D) To announce a company's promotional campaign

記事の目的は何ですか。

(A) 地元企業の繁栄を記述すること
(B) 修理手順の変更について説明すること
(C) 新たな事業戦略を推進すること
(D) 企業の販売促進活動を発表すること

正解 (A)

解説 この記事の目的が問われています。第1段落の❶に「（Valiant氏が）自動車修理工場を父親から引き継いだときは，3人のスタッフと常連客がいた」，「今となっては3つの町に5つの拠点を持ち，33人の正社員がいる」とあり，現在は規模が大きくなり繁栄していることが分かります。よって，(A)が正解です。「ある企業の繁栄」をテーマにした記事はよく出題されます。「規模が拡大した」や「業績がよくなった」などの情報は，「企業の繁栄を表しているな」と考えて読み進めましょう。

語句 □business strategy 事業戦略
□promotional campaign 販売促進活動

165.

Who are Valiant Auto Repair's main customers?

(A) Motorcycle enthusiasts
(B) Professional drivers
(C) Car manufacturers
(D) Used car dealers

Valiant自動車修理工場の主な顧客は誰ですか。

(A) オートバイの愛好家
(B) プロの運転手
(C) 自動車製造業者
(D) 中古車販売業者

正解 (B)

解説 Valiant自動車修理工場の主要顧客は誰かが問われています。❷に「中小企業を経営するタクシーやトラックの運転手に連絡を取った」「他社に負けないサービス契約を提案した」「この仕事が現在の約70パーセントを占める」とあります。ここから，Valiant自動車修理工場の現在の主な顧客は「タクシーやトラックの運転手」であり，これを「プロの運転手」と言い換えた(B)が正解です。

言い換え taxi and truck drivers → professional drivers

語句 □motorcycle オートバイ □enthusiast 愛好家

166.

What is implied about employees of Valiant Auto Repair?

(A) They own shares in the company.
(B) Their cars are repaired for free.
(C) Their wages have increased.
(D) They live in the same town.

Valiant自動車修理工場の従業員について何が示唆されていますか。

(A) 会社の株式を所有している。
(B) 車は無料で修理される。
(C) 賃金が上がった。
(D) 同じ町に住んでいる。

正解 (C)

解説 Valiant自動車修理工場の従業員について示唆されていることを問う問題です。❸より，「会社の収益性に応じて社員の給料が上がる制度を導入した結果，利益が25パーセント増となった」とあります。業績連動型の給与制度を用いるということは，会社の利益が上がる＝社員の賃金も上がる，ということを意味します。ここから(C)が正解と判断できます。この問題を解くカギは，in line with 〜「〜に応じて」という語句を見て，「給与を業績連動型にした」と読み取ることです。

語句 □share 株式 □wage 賃金

167.

According to the article, how has Valiant Auto Repair reduced its expenses?

(A) By conducting its own training
(B) By hiring family members
(C) By reducing its marketing expenditure
(D) By sharing its premises

記事によると，Valiant自動車修理工場はどのようにして支出を減らしてきましたか。

(A) 自分たちで研修を実施することによって
(B) 家族を雇うことによって
(C) マーケティング活動への支出を減らすことによって
(D) 自社の敷地を共有することによって

正解 (C)

解説 記事によると，Valiant自動車修理工場がどうやって支出を減らしてきたかが問われています。最終段落の❹を見ると，「広告費の支出をより少なくしている」とあります。ここから広告，つまりマーケティング活動の費用を少なくして支出を減らしてきたことが分かるので，(C)が正解です。

言い換え spending less on 〜 → reducing 〜 expenditure
advertising → marketing

語句 □expenditure 支出 □premises 敷地

Questions 168-171 refer to the following online chat discussion.

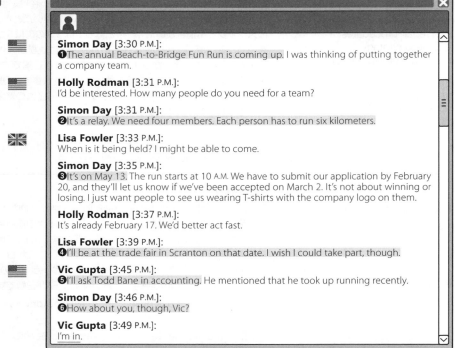

Simon Day [3:30 P.M.]:
❶The annual Beach-to-Bridge Fun Run is coming up. I was thinking of putting together a company team.

Holly Rodman [3:31 P.M.]:
I'd be interested. How many people do you need for a team?

Simon Day [3:31 P.M.]:
❷It's a relay. We need four members. Each person has to run six kilometers.

Lisa Fowler [3:33 P.M.]:
When is it being held? I might be able to come.

Simon Day [3:35 P.M.]:
❸It's on May 13. The run starts at 10 A.M. We have to submit our application by February 20, and they'll let us know if we've been accepted on March 2. It's not about winning or losing. I just want people to see us wearing T-shirts with the company logo on them.

Holly Rodman [3:37 P.M.]:
It's already February 17. We'd better act fast.

Lisa Fowler [3:39 P.M.]:
❹I'll be at the trade fair in Scranton on that date. I wish I could take part, though.

Vic Gupta [3:45 P.M.]:
❺I'll ask Todd Bane in accounting. He mentioned that he took up running recently.

Simon Day [3:46 P.M.]:
❻How about you, though, Vic?

Vic Gupta [3:49 P.M.]:
I'm in.

設問168-171は次のオンラインチャットの話し合いに関するものです。

Simon Day [午後3時30分]:
毎年恒例のBeach-to-Bridge市民マラソンが近づいてきたよ。会社のチームを作ろうと思っていたんだけど。

Holly Rodman [午後3時31分]:
私は興味あるわ。チームには何人必要なの？

Simon Day [午後3時31分]:
リレー式で，メンバーは4人必要だよ。それぞれが6キロ走らないといけないんだ。

Lisa Fowler [午後3時33分]:
いつ開催されるの？　私，行けるかもしれない。

Simon Day [午後3時35分]:
5月13日だよ。マラソンは午前10時に始まる。2月20日までに申込書を提出する必要があって，承認されたかどうか3月2日に連絡があるんだ。勝ち負けは関係なくて，会社のロゴが入ったTシャツを着ているところをただ人々に見てもらいたいだけなんだ。

Holly Rodman [午後3時37分]:
もう2月17日だから，早く行動したほうがいいわね。

Lisa Fowler [午後3時39分]:
私はその日はScrantonでの展示会に行くの。できれば参加したいけどね。

Vic Gupta [午後3時45分]:
経理部のTodd Baneに聞いてみるよ。最近ランニングを始めたと言っていたから。

Simon Day [午後3時46分]:
Vic，君はどうするの？

Vic Gupta [午後3時49分]:
僕は参加するよ。

語句 □annual 毎年恒例の　□fun run 市民マラソン大会　□come up 近づく，やってくる
　　　□put together ~ ~を作る・編成する　□relay リレー形式の競走　□logo ロゴ　□take up ~ ~を始める

168.

What is the online chat discussion mainly about?

(A) A product launch
(B) A team-building exercise
(C) An athletic competition
(D) A theatrical performance

オンラインチャットの話し合いは主に何に関するものですか。

(A) 製品の発売
(B) チーム育成の訓練
(C) 運動競技会
(D) 劇場公演

正解 (C)

解説 この話し合いが主に何に関するものかが問われています。Dayさんは❶で「市民マラソンが近づいてきた」, ❷で「リレー式で, メンバー4人それぞれが6キロ走る必要がある」と述べています。ここからマラソン大会について話し合っていることが分かるので, (C)が正解です。(B)のteam-buildingは「会社の部署やチームなどがうまく機能するようマネジメントすること」を指すので, マラソン大会に参加するためのチームを構成することとは異なります。

言い換え Fun Run → athletic competition

- -

語句 □team-building チーム育成の　□theatrical 劇場の

169.

When will Ms. Fowler attend a trade fair?

(A) On February 17
(B) On February 20
(C) On March 2
(D) On May 13

Fowlerさんはいつ展示会に参加しますか。

(A) 2月17日
(B) 2月20日
(C) 3月2日
(D) 5月13日

正解 (D)

解説 Fowlerさんがいつ展示会に参加するかが問われています。まず, マラソン大会の日程について, Dayさんが❸で「5月13日だよ」と述べています。ここで❹を見ると, Fowlerさんが「その日は展示会に行く, できれば参加したいけど」と返答しています。ここからFowlerさんが参加する展示会はマラソン大会と同日だ, ということが分かるので, 正解は(D)です。話し合いには複数の日付が出てきます。ここでは, on that dateがマラソン大会当日の5月13日を意味することを理解する必要があります。

170.

Who most likely is Mr. Bane?

(A) A product designer
(B) A professional athlete
(C) A bookkeeper
(D) A driver

Baneさんとはおそらく誰ですか。

(A) 製品デザイナー
(B) プロのスポーツ選手
(C) 簿記係
(D) 運転手

正解 (C)

解説 Baneさんがおそらく誰なのかを問う問題です。Guptaさんが❺で「経理部のTodd Bane」と述べています。ここから, Baneさんは経理関係者だということが分かるので, 経理に関連する(C)が正解です。bookkeeperはaccountant「会計担当者」やXX in accounting「経理部のXXさん」などの言い換えとして使われる場合があります。

171.

At 3:49 P.M., what does Mr. Gupta mean when he writes, "I'm in"?

(A) He has arrived at the office.
(B) He will be present at an event.
(C) He previously organized a trade show.
(D) He works with Mr. Bane.

午後3時49分にGuptaさんが"I'm in"と書く際, 何を意図していますか。

(A) 会社に到着した。
(B) イベントに参加する。
(C) 以前に展示会を企画した。
(D) Baneさんと一緒に仕事をしている。

正解 (B)

解説 意図問題です。問われている文はGuptaさんの発言で, 直訳すると「私はそこに入ります」という意味です。ここまでの内容は, 「会社のチームでマラソン大会に参加すること」です。Dayさんが❻で「君は（参加するかしないか）どうする？」と尋ね, それに対しGuptaさんが"I'm in."で応じているので, チームに入ってマラソン大会に参加する, という意図でこの返答をしたことが分かります。よって, 正解は(B)です。"I'm in."は意図問題で時折出現する表現です。

Questions 172-175 refer to the following letter.

Burton Humane Society
1117 Powers Rd, Seven Hills

October 2

Ms. Breeze Haliday,
36 Olyphant Way
Lambert 59243

Dear Ms. Haliday,

❶Thank you for subscribing to the Burton Humane Society (BHS) newsletter. This connection with the community enables us to publicize the work we do to protect local wildlife. — [1] — . ❷The generous donation you made when you visited last month will be used to care for many native animals, which can cost as much as $700 a day.

— [2] — . ❸The carers who feed the animals, the groundskeepers, and even the veterinarians who provide important medical care donate their time to the society week after week. — [3] — . Their efforts have helped preserve the natural environment of Seven Hills, which is one of the main reasons travelers visit the area. Indeed the tourism industry is one of our main employers and an important source of income.

BHS not only takes care of wildlife but also works to preserve their habitats. While BHS' success is hard to measure, ❹a recent study by students at Sterling University showed that there has been a 40 percent increase in the population of native wildlife in the area since we started. — [4] — .

To learn more about the work of the Burton Humane Society, its event schedule, and becoming an active member, please visit our Web site at www.burtonhs.com.

Sincerely,

Mel Stanhope

Mel Stanhope
President – Burton Humane Society

設問172-175は次の手紙に関するものです。

Burton 動物愛護協会
Powers通り1117番地，Seven Hills

10月2日
Breeze Haliday様
Olyphant 通り 36番地
Lambert 59243

Haliday様

Burton動物愛護協会（BHS）の会報をご購読いただきありがとうございます。このような地域とのつながりを持つことで，私たちが地元の野生動物を保護するために行っている活動を広く知ってもらうことができます。先月の訪問時に寄せていただいた寛大な寄付金は，多くの在来動物の保護に使われ，その費用は1日700ドルもかかることがあります。

BHSのスタッフが全員ボランティアであることをご存知ないかもしれません。動物たちの飼育係，管理人，そして重要な治療を提供する獣医師までもが，毎週のように協会に時間を捧げてくれています。彼らの努力は，Seven Hillsの自然環境を維持するのに役立っており，旅行者がこの地域を訪れる主な理由の1つになっています。実際，観光産業は私たちの主要な雇用主の1つであり，重要な収入源です。

BHSは野生動物の保護だけでなく，その生息地の保護にも取り組んでいます。BHSの成功を評価することは難しいですが，Sterling大学の学生による最近の調査によると，活動を開始して以来，この地域に生息する野生動物の個体数が40パーセント増加していることが分かりました。

Burton動物愛護協会の活動，イベントスケジュール，正会員になることについて詳しく知りたい方は，ウェブサイト www.burtonhs.comをご覧ください。

敬具

Mel Stanhope

Mel Stanhope
Burton動物愛護協会，会長

語句 □humane society 動物愛護協会　□wildlife 野生動物　□native 在来の　□as much as 〜 〜もの　□carer 飼育係
□feed 〜に食事やエサを与える　□groundskeeper 土地管理人　□veterinarian 獣医師　□donate A to B AにBを捧げる
□week after week 毎週のように　□natural environment 自然環境　□indeed 実際に　□tourism industry 観光産業
□employer 雇用主　□source of income 収入源　□habitat 生息地

172.

What is one purpose of the letter?

(A) To apologize for a recent closure
(B) To explain a reimbursement process
(C) To request articles for a newsletter
(D) To express gratitude to a patron

手紙の目的の1つは何ですか。

(A) 最近の休業について謝罪すること
(B) 払い戻しの手順について説明すること
(C) 会報に載せる記事を依頼すること
(D) 後援者に感謝の気持ちを伝えること

正解 (D)

解説 手紙の目的の1つが問われています。冒頭❶で「動物愛護協会の会報の購読をありがとう」と，会報の購読者に感謝の意を述べています。さらにその後の第1段落全体では，購読者のおかげで活動を広く知ってもらえることや，購読者からの寛大な寄付金について触れていることから，(D)が正解と分かります。patronはある商品やサービスを継続的に利用する常連の人を指します。これが「会報を購読している人」を表していると捉えましょう。

語句 □reimbursement process 払い戻し手順
□patron 後援者，常連

173.

What is implied about the Burton Humane Society?

(A) It is very expensive to maintain.
(B) It was visited by a government official.
(C) It is one of the country's oldest tourist destinations.
(D) It hosts an annual cultural festival.

Burton動物愛護協会について何が示唆されていますか。

(A) 維持費が非常に高い。
(B) 政府職員によって訪問された。
(C) 国内で最も古い観光地の1つである。
(D) 年に1度の文化祭を開催している。

正解 (A)

解説 Burton動物愛護協会について示唆されていることを問う問題です。❷を見ると，「寄せられた寄付金は多くの在来動物の保護に使われ，その費用は1日700ドルもかかることがある」と述べられています。ここから動物の保護費用，つまりBurton動物愛護協会の維持費が高額であることが示唆されていると判断できます。よって，(A)が正解です。❷の文中のas much as ～「（金額や量などに対して）～もの」という表現が，「700ドル」という金額を強調し，高額であることを示唆しています。

語句 □government official 政府職員

174.

What does the study by Sterling University suggest?

(A) The Burton Humane Society has been successful.
(B) The university requires more public funding.
(C) The tourism industry has had a negative impact on the environment.
(D) The cost of preserving the environment can be lowered.

Sterling大学による調査は何を示唆していますか。

(A) Burton動物愛護協会は成功している。
(B) 大学はより多くの公的資金を必要としている。
(C) 観光産業は環境に悪影響を与えている。
(D) 環境を保全するためのコストは下げることができる。

正解 (A)

解説 Sterling大学による調査が示唆していることを問う問題です。❹でSterling大学の最近の調査内容について触れており，「最近の調査によると，(BHSが)活動を開始して以来，この地域に生息する野生動物の個体数が増加していることが分かった」とあります。この直前の文ではBHSが野生動物の生息地の保護に取り組んでいることが述べられ，個体数の増加はこの取り組みの成功を示していると考えられるので，正解は(A)です。

語句 □lower ～を下げる

175.

In which of the positions marked [1], [2], [3], and [4] does the following sentence best belong?

"You may not be aware that BHS is staffed entirely by volunteers."

(A) [1] (B) [2] (C) [3] (D) [4]

[1]，[2]，[3]，[4]と記載された箇所のうち，次の文が入るのに最もふさわしいのはどれですか。

「BHSのスタッフが全員ボランティアであることをご存知ないかもしれません」

(A) [1] (B) [2] (C) [3] (D) [4]

正解 (B)

解説 文挿入位置問題です。挿入文は「あなた（文書の読み手）は，スタッフが全員ボランティアであると知らないかもしれない」という意味で，ボランティアの具体的な事例がこの文の後に来ると推測できます。第2段落❸で「動物たちの飼育係，管理人，そして獣医師までもが，協会に時間を捧げてくれている」とあり，この直前に入れると文意が通ります。よって，正解は(B)です。

語句 □be staffed by ～（人）を配置している □entirely 完全に

SHINY CLEAR GLASS REPAIR

Shiny Clear services Boise's western suburbs, providing 24-hour emergency repairs to commercial, domestic, and automotive doors and windows. ❶Our state-of-the-art training program ensures that all our repairers take part in ongoing training to keep up with the latest fitment technologies. They all have fully mobile workshops, where they can repair or replace almost any pane of glass in minutes.

Minimum Service Call Fees

❷5:00 A.M. – 10:00 A.M. **$60** (Early morning)   6:00 P.M. – 10:00 P.M. **$50** (Evening)
10:00 A.M. – 6:00 P.M. **$40** (Daytime)   10:00 P.M. – 5:00 A.M. **$80** (Late night)

Naturally, the price of replacement glass fluctuates widely depending on grade, size, availability, and window type. The operator will quickly give you a quotation when you request service.

❸Company president Rick Planner can be contacted at rplanner@shinyclear.com. Don't hesitate to e-mail him directly if you have any comments or queries regarding the service you received from Shiny Clear.

From:	Clarice Jobs <cjobs@fitnow.com>
To:	❹Rick Planner <rplanner@shinyclear.com>
Date:	September 27
Subject:	My experience

Dear Mr. Planner,

I am writing about my experience as a customer of Shiny Clear this morning. At around 4:00 A.M., a glass door was accidentally broken by one of the cleaners who visit our office every morning. ❺It was impossible to lock the building, which had so many sensitive legal documents stored inside, so the cleaner decided to wait by the door until a reasonable hour before calling me. ❻I got to the office at 7:00 A.M. and called Shiny Clear immediately. I was informed that a repairperson would be here in under 20 minutes, but it actually took about an hour. When the repairperson finally came, she was able to fix the door very quickly, and ❼I was very happy with the price. I only wish someone had given me an update because I was waiting in the freezing cold for a long time.

Regards,

Clarice Jobs

Shiny Clear社 ガラス修理

Shiny Clear社はBoiseの西部郊外でサービスを提供しており，商業用，家庭用，自動車用のドアと窓の24時間緊急修理を提供しています。当社の最先端の研修プログラムでは，最新の備品技術についていけるように必ず修理工たち全員が継続的な研修に参加するようにしています。修理工たちは皆，ほぼ全ての窓ガラスを数分で修理または交換することができる完全移動式の車内作業場を持っています。

訪問修理依頼最低料金

午前5時00分 – 午前10時00分 — **60ドル**（早朝）　　午後6時00分 – 午後10時00分 — **50ドル**（夜）

午前10時00分 – 午後6時00分 — **40ドル**（日中）　　午後10時00分 – 午前5時00分 — **80ドル**（深夜）

当然のことながら，ガラス交換の価格は等級やサイズ，在庫状況，窓の種類に応じて大きく変動します。サービスを依頼すると，オペレーターが迅速に見積もりを提示してくれます。

社長であるRick Plannerには rplanner@shinyclear.com よりご連絡いただけます。Shiny Clear社から受けたサービスについてご意見やご質問がありましたら，遠慮なくEメールで直接お問い合わせください。

送信者：Clarice Jobs <cjobs@fitnow.com>
宛先：Rick Planner <rplanner@shinyclear.com>
日付：9月27日
件名：私の体験

Planner様

今朝，Shiny Clear社の客として体験したことを書かせていただきます。午前4時ごろ，毎朝オフィスを訪れている清掃員の1人が誤ってガラス扉を割ってしまいました。建物に鍵をかけることができず，内部には機密性の高い法律文書がたくさん保管されていたので，清掃員は私に電話をする前に，妥当な時間になるまでドアのそばで待つことにしました。私は午前7時にオフィスに到着し，すぐにShiny Clear社に電話をしました。私は20分以内に修理人がここに来ると聞かされたのですが，実際には1時間ほどかかりました。ようやく修理人が来たときには，とても早くドアを直してくれて，値段にも大満足でした。凍えるような寒さの中で長時間待っていたので，誰かが最新情報を教えてくれればよかったと思うだけです。

敬具

Clarice Jobs

語句 【パンフレット】 □emergency repair 緊急修理　□commercial 商業用の　□domestic 家庭の　□state-of-the-art 最新の
　　　　　　　　□repairer 修理工　□ongoing 継続的な　□keep up with ～ ～についていく　□fitment 備品
　　　　　　　　□mobile 移動式の，車に取り付けた　□workshop 作業場　□pane 窓ガラス　□fluctuate 変動する
　　　　　　　　□widely 激しく　□depending on ～ ～による　□grade 等級　□quotation 見積もり　□query 質問
　　【Eメール】　□accidentally うっかり　□cleaner 清掃業者　□sensitive 機密性の高い　□legal document 法律文書
　　　　　　　　□be informed that ～ ～を知らされる　□freezing cold 凍てつく寒さ

176.

What is indicated about Shiny Clear?

(A) It trains its own employees.
(B) It manufactures its own glass.
(C) It has offices in multiple cities.
(D) It provides a quality guarantee.

Shiny Clear社について何が示されていますか。

(A) 自社で従業員を研修している。
(B) 自社でガラスを製造している。
(C) 複数の都市にオフィスを構えている。
(D) 品質保証を提供している。

正解 (A)

解説 Shiny Clear社について何が示されているかを問う問題です。パンフレットの❶で「最新の備品技術についていくための当社の最先端の研修プログラム」について言及されているので、(A)が正解です。(C)については、「修理工たちは作業場（workshops）を持っている」という記述はありますが、これはオフィス（offices）とは異なります。また、複数の都市という記述もありません。

言い換え our repairers → employees

語句 □train ～を研修する　□manufacture ～を製造する　□quality guarantee 品質保証

177.

Who has Ms. Jobs written the e-mail to?

(A) A dispatcher
(B) The manager of her office
(C) A repairperson
(D) The head of Shiny Clear

Jobsさんは誰にEメールを書きましたか。

(A) 配車係
(B) 彼女の事務所のマネージャー
(C) 修理工
(D) Shiny Clear社の社長

正解 (D)

解説 Jobsさんが誰にEメールを送ったのかが問われています。Eメールの❹より、JobsさんはPlannerさんという人物宛てにEメールを送っていることが分かります。ここでパンフレットの❸に戻ると、「社長であるRick Plannerにはrplanner@shinyclear.comより連絡できるので、Shiny Clear社のサービスについての意見や質問はEメールで直接問い合わせを」とあります。ここから、JobsさんがEメールを送った相手はShiny Clear社の社長であることが分かります。「社長」をhead「組織の長」と言い換えた(D)が正解です。

言い換え president → head

語句 □dispatcher 配車係

178.

What kind of business does Ms. Jobs most likely work for?

(A) A pet store
(B) A law firm
(C) An office supply store
(D) A cleaning company

Jobsさんはおそらくどんな会社で仕事をしていますか。

(A) ペットショップ
(B) 法律事務所
(C) 事務用品店
(D) 清掃会社

正解 (B)

解説 Jobsさんがおそらくどんな会社で仕事をしているかが問われています。Eメール❺の「機密性の高い法律文書が建物内部にたくさん保管されていた」という内容から、Jobsさんは法律関係の会社に勤めていると推測できます。よって、正解は(B)です。(D)については前の文にone of the cleaners「清掃員の1人」が出てきますが、これはJobsさんの会社に清掃に来てガラスを割ってしまった人であり、Jobsさんの仕事とは異なるため注意しましょう。

語句 □law firm 法律事務所　□office supply 事務用品

179.

What most likely was the service call fee for the work Ms. Jobs requested?

(A) $40
(B) $50
(C) $60
(D) $80

Jobsさんが依頼した訪問修理料金はおそらくいくらでしたか。

(A) 40ドル
(B) 50ドル
(C) 60ドル
(D) 80ドル

正解 (C)

解説 Jobsさんが依頼した訪問修理料金はおそらくいくらだったかが問われています。Eメールの❻に「午前7時にオフィスに到着し，すぐにShiny Clear社に電話をした」「20分以内に来ると聞いていたが，修理担当者は1時間ほどかかって到着した」とあり，その後すぐに修理をしてもらったことが述べられています。ここから，午前7時から10時の間に修理作業は終了していたものと推測できます。次にパンフレットを見ると，❷にこの時間帯の修理料金は60ドルと書かれているので，(C)が正解です。修理が行われた時間から，料金を調べるクロスリファレンス問題でした。

180.

What does Ms. Jobs mention about the service she received?

(A) The repairperson arrived early.
(B) The work was not completed.
(C) The price was reasonable.
(D) The paperwork was not ready.

Jobsさんは自分が受けたサービスについて何と言及していますか。

(A) 修理人が早く到着した。
(B) 作業が完了しなかった。
(C) 価格が妥当だった。
(D) 事務手続きの準備ができていなかった。

正解 (C)

解説 Jobsさんは自分が受けたサービスについて何と言及しているかが問われています。Shiny Clear社の客として体験したことを書いたEメールの❼で，Jobsさんは「値段に大満足だ」と述べているので，これをreasonableと表した(C)が正解です。(A)の修理人については，❻の2文目で「20分以内に来ると聞いていたが実際には1時間ほどかかった」とあり，予定より早く到着していないため不正解です。

語句 □paperwork 事務手続き

TOEIC学習を通じて得たもの

（濵：濵﨑先生／大：大里先生）

濵： TOEICのスコアが上がるにつれてできるようになったことはたくさんあります。

大： 私は，TOEICのスコアが上がるとモチベーションも上がり，さらに高みを目指そうと思うようになりました。より質の高い学習を追求するようになったんです。

濵： なるほど，それはいいですね。

大： 私自身は海外で英語を使うことを目標にしていたんですよ。TOEICで学んだ表現を使って，話す・書くというアウトプットにも応用することができました。

濵： 学習過程でTOEIC L&Rテストにはない，スピーキングとライティングの基礎力も着実に向上していきますよね。

大： はい。もっと学習しないとな，という向学心も生まれました。

濵： 僕は英語でいろいろなことができるようになったので，自分の好きな分野に関するより多くの情報や，素敵な人間関係を手に入れることができたと思います。

大： 素晴らしいですね。

濵： 英語でできることが増えたから比例してスコアも伸びた，という方が正しいかもしれません。

Questions 181-185 refer to the following press release and survey.

Press Release

La Trobe Playhouse — Upcoming Production

In May, the La Trobe Playhouse will host the drama, *Luscious Daisies*. The production will be directed by Cole Western, whom you might ❶recognize from other successful productions such as *Happy Nights* and *Cool Heads*. ❷The cast includes performers from those two productions; Lance Boyle and Pedro Sanchez respectively. On May 21, a special preview performance will be held. ❸We are accepting reservations from members of the general public for that performance. Interested people should call the box office between 9 A.M. and 5 P.M., on Tuesday, May 6. Tickets are heavily discounted, and ❹patrons who fill out a survey at the end of the performance receive a complimentary ticket for a future performance.

Audience Survey

❺**Name:**	Gad Moore				
Performance:	*Luscious Daisies*				
❻**Age group:**	14-18	19-27	28-40	41-55	(56 and over)
What was your overall level of enjoyment of the performance?	Low		Satisfactory		High
	1	2	3	4	(5)
How did you learn about the performance?	I am a member of the La Trobe Playhouse Appreciation Society and read about *Luscious Daisies* in the newsletter.				
❼**Why did you attend this preview performance?**	I will write a review of the performance for my theater club's newsletter.				
❽**What changes do you think should be made to the performance?**	The background didn't change much. I would have liked to see more locations. Many of the actors looked similar. Perhaps you could give them more distinctive costumes.				

報道発表

La Trobe劇場 — 今後の作品

5月にLa Trobe劇場で劇『Luscious Daisies』が主催されます。この作品は『Happy Nights』や『Cool Heads』などの成功した作品で知られるCole Westernが監督を務めます。キャストには，これら2つの作品からそれぞれ役者のLance BoyleとPedro Sanchezが出演します。5月21日には特別プレビュー公演が開催されます。その公演には一般の方からのご予約を受け付けております。ご興味のある方は，5月6日火曜日午前9時から午後5時の間にチケット売り場にお電話ください。チケットは大幅に割引され，公演終了時にアンケートにご記入いただいた後援者は，次回以降の公演の無料チケットをもらえます。

<table>
<tr><td colspan="6" align="center">観客アンケート</td></tr>
<tr><td>名前：</td><td colspan="5">Gad Moore</td></tr>
<tr><td>公演：</td><td colspan="5">『Luscious Daisies』</td></tr>
<tr><td>年齢層：</td><td>14–18</td><td>19–27</td><td>28–40</td><td>41-55</td><td>(56以上)</td></tr>
<tr><td rowspan="2">総合評価として公演はどれくらい楽しめましたか。</td><td colspan="2">低い</td><td colspan="2">満足</td><td>高い</td></tr>
<tr><td>1</td><td>2</td><td>3</td><td>4</td><td>(5)</td></tr>
<tr><td>公演のことはどのようにして知りましたか。</td><td colspan="5">私はLa Trobe劇場振興会の会員で，会報で『Luscious Daisies』について読みました。</td></tr>
<tr><td>なぜこのプレビュー公演に参加しましたか。</td><td colspan="5">自分の劇場クラブの会報に公演のレビューを書くつもりだからです。</td></tr>
<tr><td>公演に対してどんな変更をすべきだと思いますか。</td><td colspan="5">背景がほとんど変わりませんでした。もっと多くの場所を見たかったです。多くの俳優が同じように見えました。彼らにもっと特徴的な衣装を与えたらよかったかもしれません。</td></tr>
</table>

語句 【プレスリリース】 □upcoming production 今後の作品　□directed by 〜 〜によって監督されている　□cast キャスト，配役　□preview（映画などの）試写会，予告　□general public 一般　□box office チケット売り場　□heavily discounted 大幅値引きされている　□complimentary 無料の
　　　　【アンケート】　□enjoyment 楽しさ，享受　□distinctive 特徴ある　□costume 衣装

181.

In the press release, the word "recognize" in paragraph 1, line 2, is closest in meaning to

(A) remember
(B) appreciate
(C) consider
(D) reward

プレスリリースの第1段落・2行目にある"recognize"に最も意味が近いのは

(A) ～を覚えている
(B) ～に感謝する
(C) ～をよく考える
(D) ～に褒美を与える

正解 (A)

解説 同義語問題です。問われている語は❶で「（ほかの成功した作品から人物を）覚えている」という意味で使われているので，(A)が正解です。recognizeは「自分が見聞きしたものが何か分かっている」という意味があります。

182.

What is implied about Mr. Sanchez?

(A) He appeared in *Happy Nights*.
(B) He will perform at La Trobe Playhouse on May 21.
(C) He helped direct *Luscious Daisies*.
(D) He will meet with Mr. Moore at La Trobe Playhouse.

Sanchezさんについて何が示唆されていますか。

(A) 『Happy Nights』に出演した。
(B) 5月21日にLa Trobe劇場で演じる。
(C) 『Luscious Daisies』の演出を手伝った。
(D) La Trobe劇場でMooreさんと会う。

正解 (B)

解説 Sanchezさんについて何が示唆されているかを問う問題です。La Trobe劇場のプレスリリースを見ると，❷より，Sanchezさんとは作品に出演する役者で，5月21日に出演する公演が開催されるということが分かります。よって，(B)が正解と判断できます。(A)の作品はBoyleさんが出演したものなので不正解です。

語句 □help (to) direct ～の演出を手伝う

183.

How can people reserve tickets for the preview performance?

(A) By filling out a survey
(B) By getting an invitation from a cast member
(C) By applying via a Web site
(D) By contacting the box office

人々はどのようにしてプレビュー公演のチケットを予約できますか。

(A) アンケートに記入することによって
(B) 出演者から招待状をもらうことによって
(C) ウェブサイト経由で申し込むことによって
(D) チケット売り場に連絡することによって

正解 (D)

解説 人々がどのようにしてプレビュー公演のチケットを予約できるかについて問われています。プレスリリースの❸に「予約を受け付けており，興味のある人は5月6日の午前9時から午後5時の間にチケット売り場に電話を」とあります。よって，(D)が正解です。

言い換え call → contacting

語句 □fill out ～ ～に記入する　□cast member 出演者　□via ～経由で

184.

What is suggested about Mr. Moore?

(A) He will see *Luscious Daisies* a second time.
(B) He went to the La Trobe Playhouse with a friend.
(C) He has experience as a costume designer.
(D) He has the right to attend a performance for free.

Mooreさんについて何が示されていますか。

(A) もう1度『Luscious Daisies』を見る。
(B) La Trobe劇場に友人と行った。
(C) 衣装デザイナーとしての経験がある。
(D) 公演に無料で参加する権利がある。

正解 (D)

解説 Mooreさんについて示されていることを問う問題です。❺の氏名欄より，Mooreさんとは観客アンケートを書いた人物です。ここでプレスリリースの❹に戻ると，「公演終了時にアンケートに記入した後援者は，次回以降の公演の無料チケットをもらえる」と書かれています。ここから，Mooreさんはプレビュー公演を鑑賞しアンケートに記入したため，次回以降の公演を無料で見ることができる，ということが分かります。よって，(D)が正解です。複数の文書問題にsurvey「アンケート」が含まれている場合，アンケートの回答者には特典が用意されていることが多くあります。文書中に特典の記述がないか，アンテナを張っておくとよいでしょう。

言い換え complimentary → for free

語句 □have the right to *do* ～する権利がある

185.

What information is NOT requested in the survey?

(A) The respondent's age
(B) The date of a performance
(C) A purpose for attending a performance
(D) The respondent's opinion about the production

アンケートで求められていない情報は何ですか。

(A) 回答者の年齢
(B) 公演の日付
(C) 公演を見に来る目的
(D) 作品に対する回答者の意見

正解 (B)

解説 NOT問題で，アンケートで求められていない情報は何かが問われています。アンケートを見ると，❻の年齢層の記載欄が(A)に，❼の「なぜプレビュー公演に参加したのか」が(C)に，❽の「変更すべき事項」が(D)にそれぞれ該当し，残った(B)の記載はなく正解です。アンケートの回答項目のみから根拠を見つける，少し易しめの問題でした。

語句 □respondent 回答者

Questions 186-190 refer to the following Web site and e-mails.

https://www.gatsbyrareplants.co.nz

Gatsby Rare Plants

Gatsby Rare Plants is New Zealand's largest rare plant dealer. ❶We started the business some 30 years ago. ❷Joe and Stan Gatsby began selling rare native plant species that they found growing on their property in the mountains of New Zealand. With the increasing popularity of gardening as a hobby, the brothers received more and more orders and decided to form a company. The business was one of the first gardening stores in New Zealand to move online and quickly became popular with enthusiasts all around the country. Over the years, the brothers have worked steadily to build up their stock by growing plants in their own greenhouses. To this day, Joe Gatsby personally verifies the health of all the plants and oversees packing and delivery.

❸We offer a discount of 15 percent on plants grown in our greenhouse. These include astelia, corokia, and nikau palms.

E-Mail Message

To: ❹Joe Gatsby <jgatsby@gatsbyrareplants.co.nz>
From: ❺Liam Johnson <ljohnson@mymail.com>
Subject: Native astelias
Date: 2 February

Dear Mr. Gatsby,

❻I came across your Web site while searching for some native astelia plants for my rock garden. I am also looking for a coprosma plant. ❼Unfortunately, it is not listed in your online catalog. I understand that with so many plants in your inventory, it may not be possible to list every item in the catalog. Please let me know if you actually have any coprosma plants currently in stock.

Sincerely,

Liam Johnson

E-Mail Message

To: Liam Johnson <ljohnson@mymail.com>
From: Joe Gatsby <jgatsby@gatsbyrareplants.co.nz>
Subject: RE: Native astelias
Date: 2 February

Dear Mr. Johnson,

Thank you for contacting me about the native astelia and coprosma plants. While we do not have any coprosma on the shelf in our greenhouse, there is a very good chance that there are some on our property in Alexandra. ❽Once a month, my brother Stan Gatsby leads a group of enthusiasts around the property to look for various plant species. I encourage you to join him and try to find the plant you want. ❾Please find information about the location of the Alexandra property and the tour dates and times on our Web site. ❿You should also find a signup page there. The expeditions are popular so I encourage you to register early.

Regards,

Joe Gatsby

https://www.gatsbyrareplants.co.nz

Gatsby Rare Plants社

Gatsby Rare Plants社は，珍しい植物を扱うニュージーランド最大の販売業者です。私たちは約30年前にこの事業を始めました。Joe GatsbyとStan Gatsbyは，ニュージーランドの山中にある自分たちの敷地内に生えていた，珍しい在来種の植物の販売を始めました。趣味としてのガーデニングの人気が高まるにつれ，その兄弟はますます多くの注文を受けるようになり，会社を作ることを決意しました。この会社はニュージーランドで最初にオンラインに移行したガーデニングショップの1つで，瞬く間に国内のガーデニング愛好家に人気を博しました。何年にもわたって，その兄弟は自分たちの温室で植物を育てることにより着実に在庫を作ってきました。今日に至るまで，Joe Gatsbyは全ての植物の健康状態を自分で確認し，梱包と配送も監督しています。

当社温室で栽培した植物は15パーセント割引で販売しています。これらの植物には，アステリア，コロキア，ニカウヤシなどが含まれます。

宛先：Joe Gatsby <jgatsby@gatsbyrareplants.co.nz>
送信者：Liam Johnson <ljohnson@mymail.com>
件名：在来種アステリア
日付：2月2日

Gatsby様

ロックガーデン用に在来種アステリアを探しているときに，あなたの会社のウェブサイトを見つけました。私は，コプロスマも探しています。残念ながら，それはあなたの会社のオンラインカタログには掲載されていません。在庫にとてもたくさんの植物があるので，全ての商品をカタログに掲載することはできないのかもしれないと理解しています。実際に現在コプロスマの在庫があるかどうか，教えていただけますでしょうか。

敬具

Liam Johnson

宛先：Liam Johnson <ljohnson@mymail.com>
送信者：Joe Gatsby <jgatsby@gatsbyrareplants.co.nz>
件名：RE: 在来種アステリア
日付：2月2日

Johnson様

在来種のアステリアとコプロスマについてのご連絡ありがとうございます。当社の温室の棚にはコプロスマはありませんが，Alexandraにある私たちの敷地内にある可能性は非常に高いです。月に1度，兄のStan Gatsbyは愛好家のグループを率いて敷地内を回ってさまざまな植物種を探しに行きます。ぜひ彼と一緒に，お求めの植物を探してみることをお勧めします。Alexandraの敷地の場所や，ツアーの日時などの情報は，ウェブサイトをご覧ください。そこには申し込み登録のページもあるはずです。探検ツアーは人気があるので，早めの申し込みをお勧めします。

敬具

Joe Gatsby

語句 【ウェブサイト】 □dealer 販売業者，取扱者　□native plant species 在来植物種　□grow（草木が）生える
□property 所有地，土地　□increasing 増えつつある　□enthusiast 愛好家　□steadily 堅調に
□build up *one*'s stock 在庫を作る　□greenhouse 温室　□to this day 今日まで　□personally 個人的に
□verify 〜を検証する　□oversee 〜を監督する　□palm ヤシの木

【Eメール①】 □come across 〜 〜を偶然見つける　□*be* listed 掲載されている　□inventory 在庫　□currently 現在

【Eメール②】 □signup 登録　□expedition 探検，遠征

186.

What is implied about Gatsby Rare Plants?

(A) It has been in business for a long time.
(B) It will open a new location soon.
(C) It has recently received an award.
(D) It has greenhouses in multiple cities.

Gatsby Rare Plants社について何が示唆されていますか。

(A) 長く事業を行っている。
(B) 近日中に新店舗をオープンする予定である。
(C) 最近賞をとった。
(D) 複数の都市に温室を持っている。

正解 (A)

解説 Gatsby Rare Plants社について何が示唆されているかを問う問題です。ウェブサイトの❶に「約30年前に事業を始めた」とあり，長きにわたって事業を行ってきたということが判断できます。よって，(A)が正解です。ほかの選択肢の内容はいずれも述べられておらず，不正解です。a long timeが何年くらいを指すのかという定義は曖昧ですが，TOEIC L&Rテストでは，およそ10年くらいの期間からこのような言い換えが使われることがあります。

言い換え started the business some 30 years ago
→ has been in business for a long time

語句 □multiple 複数の

187.

To whom does Mr. Johnson send the e-mail?

(A) A food supplier
(B) A business owner
(C) A curator
(D) A parts manufacturer

Johnsonさんは誰にEメールを送っていますか。

(A) 食品の供給業者
(B) 事業主
(C) 学芸員
(D) 部品製造業者

正解 (B)

解説 Johnsonさんが誰にEメールを送っているかが問われています。1通目のEメール❹・❺より，JohnsonさんはJoe Gatsbyさん宛てにEメールを送っていることが分かります。ここでJoe Gatsbyさんがどのような人物かを見ていくと，ウェブサイトの❷に「(兄弟である) Joe GatsbyとStan Gatsbyは珍しい在来種の植物の販売を始めた」，「ますます多くの注文を受けるようになり，会社を作ることを決意した」とあります。❷以降は起業し現在も経営を続けている会社についての話が続いていることから，Joe Gatsbyさんは事業主であると分かります。よって，(B)が正解です。

語句 □business owner 事業主　□manufacturer 製造業者，メーカー

188.

What is indicated about the plant Mr. Johnson mentions seeing on the Web site?

(A) It is imported from another country.
(B) It is not suitable for his area.
(C) It cannot be delivered in February.
(D) It qualifies for a discount.

Johnsonさんがウェブサイトで見たと言及している植物について何が示されていますか。

(A) ほかの国から輸入されている。
(B) 彼の地域に適していない。
(C) 2月中は配達できない。
(D) 割引対象である。

正解 (D)

解説 Johnsonさんがウェブサイトで見たと言及している植物について何が示されているかを問う問題です。Johnsonさんは1通目のEメール❻で，「ロックガーデン用に在来種アステリアを探しているときに，あなたの会社のウェブサイトを見つけた」と述べています。次にウェブサイトの❸を見ると，割引の案内があり，アステリアが対象になっていることが分かります。Johnsonさんがウェブサイトで見た植物は割引対象のため，(D)が正解です。2つの文書から共通する植物名を見つけ情報を整理する，クロスリファレンス問題でした。輸入国や適さない地域，配達時期については記載がないため，いずれも不正解です。

語句 □be imported from ～ ～から輸入される　□be suitable for ～ ～に適している　□qualify for ～ ～の資格がある

189.

According to the second e-mail, what does Mr. Gatsby recommend that Mr. Johnson do?

(A) Attend a seminar
(B) Change some plans
(C) Join an expedition
(D) Get some advice

2通目のEメールによると，Gatsbyさんは，Johnsonさんに何をするように勧めていますか。

(A) セミナーに参加する
(B) 計画を変更する
(C) 探検ツアーに参加する
(D) 助言を受ける

正解 (C)

解説 2通目のEメールによると，GatsbyさんがJohnsonさんに勧めていることは何かが問われています。Gatsbyさんは❽で，「月に1度，兄が愛好家のグループを率いて敷地内を回って植物種を探している。これに加わり求めている植物を探してみることを勧める」とアドバイスしています。ここから，植物を探しに見て回ることをexpeditionと表した(C)が正解です。expeditionは辞書で「遠征」という言葉で訳されており，「組織化され，あまり行き慣れていない旅」を指します。「ちょっとした旅行」を指すこともあるので，trip くらいに捉えておけばよいでしょう。

190.

What is NOT mentioned as being available on the Web site?

(A) Customer reviews
(B) A registration form
(C) A product catalog
(D) Access information

ウェブサイトで手に入ると言及されていないものは何ですか。

(A) 客のレビュー
(B) 登録用紙
(C) 製品カタログ
(D) アクセス情報

正解 (A)

解説 NOT問題で，ウェブサイトで手に入ると言及されていないものは何かが問われています。1通目のEメールの❼にある「オンラインカタログ」が(C)に，2通目のEメール❾の「Alexandraの敷地の場所」が(D)に，続く❿の「申し込み登録のページ」が(B)にそれぞれ該当するため，残った(A)が正解です。ウェブサイトに商品のレビューが掲載されているサイトもありますが，この問題の文書にはレビューに関する情報がありません。思い込みで判断せず，文書に書かれていることのみを根拠に解答するようにしましょう。

言い換え information about the location → access information
signup page → registration form

語句 □registration form 登録用紙

Questions 191-195 refer to the following advertisement, article, and online review.

Sail the Caribbean for as little as $99 a day with Mariana Cruise Lines!

- Four cabin categories to choose from: Single, Regular, Deluxe, or Suite
- ❶Regular sailings from eight different selectable departure ports in the Caribbean region
- Wide range of on-board restaurants, entertainment, and leisure facilities
- ❷Extensive shore excursions to Barbados organized by a local tour company (extra charge)
- 12 different cruise ships including the brand-new Leviathan

❸Please note that a special price can be applied for the off-season (November-February only), and it is a rate per person for a regular cabin, based on double occupancy.

To book your dream vacation today, visit www.marianacruiselines.com/booking, call 877-555-3896, or speak to your travel agent.

---

❹October 25—Travelers will get their first taste of Mariana Cruise Lines' new ship, the Leviathan, next week. It will set sail on its maiden voyage on November 1. With a capacity of 4,200 passengers, it features state-of-the-art facilities, unique on-board entertainment, and a cruising speed of 37 knots per hour.

Since starting operations eight years ago, Mariana has proven very popular with cruise-goers. The Leviathan's launch has been highly anticipated for months. The first sailing, a seven-day cruise departing from Fort Lauderdale, was fully booked by February 1. Most sailings for the next six months are close to capacity, too.

---

https://cruisereviews.com/marianacruiselines

Region: Caribbean   ❺**Ship:** Leviathan   ❻**Cruise dates:** November 1-7
❼**Reviewed by:** Thea Ashton   **Posted on:** November 10

The Leviathan has taken traveling with Mariana Cruise Lines to another level! I've been on three other Mariana ships before and enjoyed them all, so I was excited to hear about the opportunity to have another cruise experience for as little as $99. The new vessel was extraordinary. The cabins are bigger and better, and there's no way to cover all the activities and live shows in one week. The restaurants are all top quality, too. The destinations are fairly standard for the Caribbean, although ❽I greatly enjoyed the shore excursion to Barbados offered by Poinciana Travel. But on this cruise, it's the ship itself that's the star. They offer exceptional service for tourists. If you're going to sail with Mariana, I strongly recommend making the effort to get a cabin on the Leviathan. ❾I'm also looking forward to getting on the Colossus, which Mariana Cruise Lines plans to introduce next year!

**Mariana Cruise Lines社で
1日たった99ドルでカリブ海を航海しましょう！**

・4つの船室区分から選べます：シングル，レギュラー，デラックス，スイート
・カリブ海地域にある8カ所の選択可能な出港地からの定期便
・幅広い船上のレストラン，エンターテインメント，レジャー施設
・地元のツアー会社によって企画されるBarbadosでの広範囲に及ぶ寄港地観光ツアー（別料金）
・最新のLeviathan号を含む12種類の異なるクルーズ船

オフシーズン（11月から2月のみ）に特別料金が適用され，それは1室2人使用に基づく，レギュラー船室の1名様当たりの料金であることにご注意ください。

本日夢の休暇を予約するには，www.marianacruiselines.com/bookingにアクセスするか，877-555-3896に電話をかける，または旅行代理店の担当者にお申し付けください。

10月25日―参加者は来週，Mariana Cruise Lines社の新しい船，Leviathan号に初乗船します。Leviathan号は11月1日に初航海に出発します。4,200人の乗客を収容でき，最先端の設備や独自の船上エンターテインメント，時速37ノットの速さを特徴としています。

8年前に創業して以来，Mariana社はクルーズ愛好家の間で大変人気があることを示してきました。Leviathan号の進水は何カ月もの間，大いに期待されていました。最初の航海である，Fort Lauderdaleから出港する7日間のクルーズは，2月1日までに予約が埋まりました。次の6カ月間のほとんどの航海についても，ほぼ予約が埋まっています。

---

https://cruisereviews.com/marianacruiselines

地域：カリブ海	**船**：Leviathan号	**クルーズ日程**：11月1日から7日	
レビュー者：Thea Ashton		**投稿日**：11月10日	

Leviathan号はMariana Cruise Lines社での旅行をもう1段階引き上げました！　私は以前別の3つのMariana社の船に乗船したことがあり，それら全てを楽しんだため，たった99ドルでまたクルーズを体験することができる機会のことを聞いて興奮しました。新しい船は並外れていました。船室はより広く素晴らしいものであり，1週間で全てのアクティビティや生演奏を見尽くすことはできません。レストランも全て最高品質のものでした。目的地はカリブ海にしてはわりと標準的なものでしたが，私はPoinciana Travel社が提供するBarbadosの寄港地観光ツアーを大いに楽しみました。しかしこのクルーズでは，その船自体が見どころです。観光客に対して，類を見ないサービスを提供しています。もしあなたがMariana社を使って航海するなら，Leviathan号の船室をとる努力をすることを私は強くお勧めします。私は来年Mariana Cruise Lines社が導入する予定のColossus号に乗船することも楽しみにしています！

語句	【広告】	□sail ～を航海する　□as little as ～ ほんの～ほどで　□cabin 船室　□category 区分
		□selectable 選択可能な　□port 港　□wide range of ～ 幅広い～　□on-board 乗り物の中にある
		□leisure レジャー，余暇　□shore （海などに対して）陸　□excursion 小旅行，遠足　□extra charge 別料金
		□off-season 閑散期　□based on ～ ～に基づく　□double occupancy 2人用の部屋
	【記事】	□maiden 未経験の　□capacity 収容能力　□prove ～であると分かる
		□cruise-goer クルーズ船によく乗る人　□highly anticipated 高く期待されて
		□fully booked 予約がいっぱいで
	【オンラインレビュー】	□post 掲載する　□take A to B AをBに持って行く　□vessel 船　□extraordinary 素晴らしい
		□there's no way to do ～することはできない　□top quality 最上質　□exceptional 並外れた，素晴らしい
		□strongly recommend doing ～ ～することを強く勧める　□make the effort to do ～する努力をする

191.

According to the advertisement, what is one benefit of traveling with Mariana Cruise Lines?

(A) Travelers can choose from various starting points.
(B) Live music concerts will be held every other night.
(C) The on-board gym is available 24 hours a day.
(D) Travelers can charter their ships for parties.

広告によると，Mariana Cruise Lines社を使って旅行すること の長所の1つは何ですか。

(A) 旅行者はさまざまな出発地点を選ぶことができる。
(B) 生演奏の音楽コンサートが1夜おきに開催される。
(C) 船上のジムが24時間使用可能である。
(D) 旅行者はパーティー用に船を貸し切ることができる。

正解 (A)

解説 広告によると，Mariana Cruise Lines社を使って旅行する ことの長所の1つは何かが問われています。広告❶に「カリブ海地 域にある8カ所の選択可能な出港地からの定期便」という記載があ り，出港する地点を複数から選べることが分かります。よって， これを言い換えた(A)が正解です。

言い換え selectable → can choose
departure ports → starting points

語句 □starting point 出発地点 □every other night 1夜おきに □charter ～を貸し切る・チャーターする

192.

How can passengers qualify for the special price?

(A) By booking a cabin before November 1
(B) By staying in a single room
(C) By traveling outside of peak times
(D) By using an online promotional code

乗客はどのようにして特別料金の資格を得ることができますか。

(A) 11月1日より前に船室を予約することによって
(B) 1人用の船室に泊まることによって
(C) ピーク時期を外して旅行することによって
(D) オンラインの特典コードを使用することによって

正解 (C)

解説 乗客がどのように特別料金の資格を得ることができるかが 問われています。広告❸に「オフシーズンである11月から2月の みに特別料金が適用される」とあるので，ピーク時期を避けた旅行 が特別料金の対象となると分かります。よって，これを言い換え た(C)が正解です。

言い換え off-season → outside of peak times

語句 □peak times 繁忙期 □promotional code 特典コード

193.

What is suggested about Ms. Ashton?

(A) She traveled with her grandfather.
(B) She has a vessel license.
(C) She wrote a newspaper article about the Leviathan.
(D) She got on the Leviathan on its first day of voyage.

Ashtonさんについて何が示されていますか。

(A) 祖父と旅行した。
(B) 船舶免許を持っている。
(C) Leviathan号について新聞記事を書いた。
(D) Leviathan号の航海初日に乗船した。

正解 (D)

解説 Ashtonさんについて何が示されているかを問う問題です。 Ashtonさんに関する記述を探すと，レビューの❺～❼に， Ashtonさんが11月1日から7日にかけてLeviathan号に乗船し たことが書かれています。ここで10月25日付けの記事❹に戻る と，「参加者は来週，Mariana Cruise Lines社の新しい船， Leviathan号に初乗船する。それは11月1日に初航海に出発する」 と述べられています。ここから，AshtonさんはLeviathan号の航 海初日に乗船したと判断できるので，(D)が正解です。この問題は 日付を照合しながら解くクロスリファレンス問題です。複数の日 付が出てくる場合は，時系列をきちんと整理しながら読み進める ようにしましょう。

言い換え maiden voyage → first day of voyage

語句 □license 免許 □get on ～ ～に乗る

194.

What is most likely true about Poinciana Travel?

(A) It acquired Mariana Cruise Lines in November.
(B) It offers a seasonal discount.
(C) It organizes optional tours for Mariana Cruise Lines.
(D) It opened a new branch a month ago.

Poinciana Travel社についておそらく何が正しいですか。

(A) 11月にMariana Cruise Lines社を買収した。
(B) 季節割引を提供している。
(C) Mariana Cruise Lines社のオプションツアーを企画している。
(D) 1カ月前に新支店をオープンした。

正解 (C)

解説 Poinciana Travel社についておそらく正しいと考えられるものは何かを問う問題です。レビューの❽でAshtonさんは，Mariana Cruise Lines社のクルーズ旅行に対し，「Poinciana Travel社が提供するBarbadosの寄港地観光ツアーを楽しんだ」と述べており，現地で別会社の企画を楽しんだことが読み取れます。次に広告❷を見ると，「寄港地観光ツアー（別料金）」という記載があります。ここから，寄港地観光ツアーに参加するかどうかは参加者の希望次第のオプションであると判断できます。よって，この寄港地観光ツアーはPoinciana Travel社が提供するMariana Cruise Lines社のオプションツアーであることが推測できるので，正解は (C) です。extra charge「別料金」がオプションツアーにつながることを見抜けないと正解にたどり着けない，少し難しめのクロスリファレンス問題でした。

語句 □acquire 〜を買収する □seasonal 季節の □branch 支店

✦✦✦

 most likely「おそらく」を含む設問は，「現行犯（=はっきりとした根拠）で捕まえるのではなく，状況証拠をひとつひとつ集めて犯人（=正解）を特定する」イメージで解いていきます。

195.

What is true about Mariana Cruise Lines?

(A) It sells old ships to buyers.
(B) It was founded by Ms. Ashton.
(C) It celebrated its ten-year anniversary.
(D) It will launch another ship next year.

Mariana Cruise Lines社について何が正しいですか。

(A) 古くなった船を買い手に売り出している。
(B) Ashtonさんによって設立された。
(C) 10周年を記念した。
(D) 来年別の船を導入する。

正解 (D)

解説 Mariana Cruise Lines社について正しいことは何かを問う問題です。Ashtonさんはレビュー❾で「来年Mariana Cruise Lines社が導入予定のColossus号に乗るのを楽しみにしている」と述べているので，ここからMariana Cruise Lines社は，来年別の新しい船を導入するということが分かります。よって，(D)が正解です。ほかの選択肢は根拠となる記載がなく，いずれも不正解です。

言い換え introduce → launch

語句 □found 〜を設立する

Questions 196-200 refer to the following newsletter article, memo, and schedule.

 The next recruit into Allaco Industries' Hall of Excellence will be Peter Vanderhaus.

❶According to the nomination submitted by factory manager Charles Gardner, Peter spotted a design flaw in our new TK90 electric saw during its initial production run. "Despite the work of our best engineers and a computer-aided design, it took a highly trained quality control inspector to notice the problem, ❷possibly saving Allaco Industries millions of dollars in losses," Gardner wrote.

Company founder Darcy Thomas established the Hall of Excellence originally to praise engineer Lou Chen's design improvements to ❸Allaco Industries' popular VR450 cordless drill. ❹Allaco Industries' Vice President will announce the induction and present a commemorative plaque at the year-end party in December.

MEMO

To: All Personnel
From: Genia Labrov
Subject: Year-end Party
Date: December 12

Hi all,

We have confirmed that the highly acclaimed Lébré Bistro will once again provide the catering, and live music will be performed by the Tune Masters during the event.

❺The venue is also hosting a convention on December 18, so parking will be limited. However, ❻this should not be an issue because we have hired a shuttle service. The shuttle will depart from our office promptly at 5:45 P.M.

Genia Labrov
Office Manager, Allaco Industries

ALLACO INDUSTRIES YEAR-END PARTY
❼**Date:** Saturday, December 18
Time: 6:00 P.M. to 9:30 P.M.
❽**Place:** Sparkling Suites Hotel, Sapphire Ballroom

6:00 P.M. -	Welcoming address by Darcy Thomas
6:15 P.M. -	Video presentation celebrating company achievements throughout the past year
6:45 P.M. -	Dinner banquet
7:45 P.M. -	Presentation of the Employee of the Year Award
8:00 P.M. -	❾Special induction ceremony for Allaco Industries' Hall of Excellence by Roberto Alvarez
8:15 P.M. -	Music and dancing

設問196-200は次のニュースレターの記事，メモ，スケジュールに関するものです。

Allaco Industries 社の Hall of Excellence に新たに迎え入れられるのは，Peter Vanderhaus さんです。

工場長の Charles Gardner 氏によって提出された推薦状によると，Peter さんは最初の製造工程において，当社の新しい TK90 電動のこぎりの設計上の欠陥に気付きました。「当社の最高の技術者たちの努力とコンピューターの力を借りた設計をもってしてでも，その問題に気付くにはよく訓練された品質管理検査員が必要であり，Allaco Industries 社が何百万ドルもの損害を出すのを食い止めたかもしれません」と Gardner 氏は記しました。

会社の創設者である Darcy Thomas 氏はもともと，技術者の Lou Chen 氏が Allaco Industries 社の人気の VR450 コードレスドリルの設計を改善したことを称える目的で Hall of Excellence を創設しました。12月の年末パーティーで，Allaco Industries 社の副社長が Hall of Excellence 入りを発表し，記念の盾を贈呈する予定です。

メモ

宛先：全社員
差出人：Genia Labrov
件名：年末パーティー
日付：12月12日

皆さんへ

高く評価されている Lébré Bistro がまたケータリングを担当し，イベントの間 Tune Masters によって生演奏が行われることを承認いたしました。

会場では12月18日に会議も行われるため，駐車スペースは限られます。しかし，当社はシャトルサービスを手配したため，これは問題にはならないはずです。シャトルは午後5時45分ちょうどにオフィスを出発します。

Genia Labrov
Allaco Industries 社，事務長

Allaco Industries 社　年末パーティー
日付：12月18日　土曜日
時間：午後6時から午後9時30分
場所：Sparkling Suites ホテル，Sapphire 宴会場

午後6時00分 - Darcy Thomas 氏による開会のあいさつ
午後6時15分 - 過去1年間を通しての会社の業績を祝う映像プレゼンテーション
午後6時45分 - 晩餐会
午後7時45分 - 年間最優秀従業員賞の贈呈
午後8時00分 - Roberto Alvarez 氏による Allaco Industries 社の Hall of Excellence 入り特別式典
午後8時15分 - 音楽とダンス

語句【ニュースレターの記事】□recruit 採用者　□nomination 推薦　□spot ～に気付く　□flaw 欠陥　□electric saw 電動のこぎり
□initial 初期の　□run 作動　□computer-aided コンピューターを利用した
□highly trained よく訓練された　□inspector 検査員，調査担当者　□founder 創設者，設立者
□establish ～を確立・設立する　□praise ～を称賛する　□cordless drill コードレスタイプのドリル
□induction 引き入れること　□commemorative 記念となる　□plaque 盾
【メモ】□highly acclaimed 高く評価されている　□venue 会場　□convention 会議
□shuttle service 往復のシャトルサービス　□depart from ～ ～を出発する　□promptly 時間ちょうどに
【スケジュール】□address あいさつ，スピーチ　□achievement 業績

196.

According to the newsletter article, what did Peter Vanderhaus do?

(A) He discovered a potentially costly error.
(B) He assisted in the design of a computer.
(C) He led a training program for engineers.
(D) He suggested a successful new product.

ニュースレターの記事によると、Peter Vanderhausは何をしましたか。

(A) 損失が見込まれる欠陥を発見した。
(B) コンピューターの設計を手伝った。
(C) エンジニアの研修プログラムを主導した。
(D) 売れるであろう新製品を提案した。

正解 (A)

解説 ニュースレターの記事によると、Vanderhausさんが何をしたのかが問われています。記事の❶に「Peterさんは会社の新製品の欠陥に気付いた」とあり、その後❷で「何百万ドルもの損害を出すのを食い止めたかもしれない」と述べられています。ここからVanderhausさんは、多額の損害を出す可能性のあった欠陥を発見したということが分かります。よって、この2つの情報を表す(A)が正解です。

語句 □potentially 潜在的に　□costly お金のかかる

197.

What type of product most likely does Allaco Industries mainly manufacture?

(A) Power tools
(B) Automobile engines
(C) Industrial computers
(D) Assembly line machinery

Allaco Industries社はおそらくどんな製品を主に製造していますか。

(A) 電動工具
(B) 自動車エンジン
(C) 工業用コンピューター
(D) 組立ライン用機械

正解 (A)

解説 Allaco Industries社がおそらくどんな製品を主に製造しているかが問われています。記事❶の文後半から「電動のこぎり」、❸から「コードレスドリル」を製造していると分かるので、主に電動工具を製造する会社であると推測できます。よって、(A)が正解です。

言い換え electric saw, cordless drill → power tools

✦ ✦ ✦

 power tool はPart 1の写真描写問題でも出題されることがあります。

語句 □power tool 電動工具　□industrial 工業用の　□assembly line 組立ライン

198.

In the memo, the word "issue" in paragraph 2, line 2, is closest in meaning to

(A) publication
(B) result
(C) episode
(D) concern

メモの第2段落・2行目にある"issue"に最も意味が近いのは

(A) 刊行物
(B) 結果
(C) 話
(D) 懸念

正解 (D)

解説 同義語問題です。問われているissueは、❻で「(これは)問題(にはならないはず)」という意味で使われています。ここから、マイナスの「事柄、(懸念)事項」という意味を持つ(D)が正解です。

199.

What is suggested about Sparkling Suites Hotel?

(A) It does not have a parking area for guests.
(B) It will hold a conference on December 18.
(C) It offers a shuttle bus service.
(D) It accommodates more than 1,000 guests.

Sparkling Suites ホテルについて何が示されていますか。

(A) 宿泊客用の駐車場がない。
(B) 12月18日に会議を開催する。
(C) シャトルバスサービスを提供している。
(D) 1,000人以上の宿泊客を収容できる。

正解 (B)

解説 Sparkling Suites ホテルについて何が示されているかを問う問題です。Sparkling Suites ホテルとは，スケジュールの❼・❽より，12月18日に（Allaco Industries社が）行う年末パーティーの会場であることが分かります。ここで年末パーティーに関する内容のメモ❺に戻ると，「（年末パーティーの）会場では12月18日に会議も行われる」と述べられています。ここから12月18日に Sparkling Suites ホテルにて会議が行われることが分かるので，(B)が正解です。シャトルサービスについてメモの後半に言及はありますが，ホテルが提供していると述べられてはいないため(C)は不正解です。

語句 □shuttle bus シャトルバス □accommodate 〜を収容する

200.

Who most likely is Mr. Alvarez?

(A) An event organizer
(B) An award recipient
(C) A member of a band
(D) A company executive

Alvarez さんとはおそらく誰ですか。

(A) イベント企画者
(B) 賞の受賞者
(C) バンドのメンバー
(D) 会社の重役

正解 (D)

解説 Alvarez さんとはおそらく誰かが問われています。Alvarez さんに関する記述を探すと，スケジュールの❾に「Roberto Alvarez氏によるAllaco Industries社のHall of Excellence入り特別式典」とあります。ここで記事の❹に戻ると，「Allaco Industries社の副社長が12月の年末パーティーでHall of Excellence入りを発表し，記念の盾を贈呈する予定」と述べられています。ここから，Alvarez さんはAllaco Industries社の副社長，つまり会社の重役であると推測できます。よって，(D)が正解です。2文書に共通して登場する induction「引き入れること」という語を手がかりに答えを導くクロスリファレンス問題でした。

語句 □organizer 企画者 □award recipient 受賞者 □executive 重役

読者へのメッセージ

（濱：濱﨑先生／大：大里先生）

大： 本書は，「学習者が壁を越えるにはこの問題を」と，検討に検討を重ねた珠玉の模試と言ってよいと思っています。

濱： 本書を誰よりも使い込み，英文を聞いた瞬間，読んだ瞬間に理解できる状態を目指してください。

大： 問題を解く過程で壁にぶつかったら，「なぜ間違えたんだろう？」「なぜ分からなかったんだろう？」という気持ちを大切にして，ひとつひとつ確実に理解する力をつけましょう。

濱： 「全部聞いて全部読む」。これを繰り返すことで，あなたの英語力は着実に飛躍的に伸びていきます。「誰よりも速い速度で英文を読める」と胸を張って言えるようになるまで，繰り返し学習してみてください。

大： 必要に応じてパート別の問題集『壁越えトレーニング Part 5-6』『同 Part 7』も参考にしながら，「壁を乗り越えるチカラ」を身に付け，夢を叶えていってください。応援しています！

濱： 努力を重ねれば，目標達成の瞬間は必然的にあなたの元に訪れます。頑張っていきましょう，応援しています！

TEST 1

正解数	スコア	正解数	スコア	正解数	スコア
100	495	66	335	32	205
99	490	65	330	31	200
98	485	64	325	30	200
97	480	63	320	29	195
96	475	62	315	28	195
95	470	61	310	27	190
94	465	60	305	26	190
93	460	59	300	25	185
92	455	58	295	24	185
91	450	57	290	23	180
90	445	56	285	22	180
89	440	55	280	21	175
88	435	54	275	20	175
87	430	53	270	19	170
86	425	52	265	18	170
85	420	51	260	17	165
84	415	50	255	16	165
83	410	49	250	15	160
82	405	48	245	14	160
81	400	47	240	13	155
80	395	46	240	12	155
79	390	45	235	11	150
78	385	44	235	10	145
77	380	43	230	9	
76	375	42	230	8	
75	370	41	225	7	
74	365	40	225	6	
73	360	39	220	5	測定不能
72	355	38	220	4	
71	350	37	215	3	
70	350	36	215	2	
69	345	35	210	1	
68	345	34	210	0	
67	340	33	205		

TEST 2

正解数	スコア	正解数	スコア	正解数	スコア
100	495	66	345	32	210
99	495	65	340	31	205
98	495	64	335	30	205
97	490	63	330	29	200
96	485	62	325	28	200
95	480	61	320	27	195
94	475	60	315	26	195
93	470	59	310	25	190
92	465	58	305	24	190
91	460	57	300	23	185
90	455	56	295	22	185
89	450	55	290	21	180
88	445	54	285	20	180
87	440	53	280	19	175
86	435	52	275	18	175
85	430	51	270	17	170
84	425	50	265	16	170
83	420	49	260	15	165
82	415	48	255	14	165
81	410	47	250	13	160
80	405	46	245	12	160
79	400	45	240	11	155
78	395	44	240	10	155
77	390	43	235	9	
76	385	42	235	8	
75	380	41	230	7	
74	375	40	230	6	
73	370	39	225	5	測定不能
72	365	38	225	4	
71	360	37	220	3	
70	355	36	220	2	
69	350	35	215	1	
68	350	34	215	0	
67	345	33	210		

TEST 3

正解数	スコア	正解数	スコア	正解数	スコア
100	495	66	340	32	205
99	495	65	335	31	205
98	490	64	330	30	200
97	485	63	325	29	200
96	480	62	320	28	195
95	475	61	315	27	195
94	470	60	310	26	190
93	465	59	305	25	190
92	460	58	300	24	185
91	455	57	295	23	185
90	450	56	290	22	180
89	445	55	285	21	180
88	440	54	280	20	175
87	435	53	275	19	175
86	430	52	270	18	170
85	425	51	265	17	170
84	420	50	260	16	165
83	415	49	255	15	165
82	410	48	250	14	160
81	405	47	245	13	160
80	400	46	240	12	155
79	395	45	240	11	155
78	390	44	235	10	150
77	385	43	235	9	
76	380	42	230	8	
75	375	41	230	7	
74	370	40	225	6	
73	365	39	225	5	測定不能
72	360	38	220	4	
71	355	37	220	3	
70	350	36	215	2	
69	350	35	215	1	
68	345	34	210	0	
67	345	33	210		

TEST 4

正解数	スコア	正解数	スコア	正解数	スコア
100	495	66	340	32	205
99	495	65	335	31	205
98	490	64	330	30	200
97	485	63	325	29	200
96	480	62	320	28	195
95	475	61	315	27	195
94	470	60	310	26	190
93	465	59	305	25	190
92	460	58	300	24	185
91	455	57	295	23	185
90	450	56	290	22	180
89	445	55	285	21	180
88	440	54	280	20	175
87	435	53	275	19	175
86	430	52	270	18	170
85	425	51	265	17	170
84	420	50	260	16	165
83	415	49	255	15	165
82	410	48	250	14	160
81	405	47	245	13	160
80	400	46	240	12	155
79	395	45	240	11	155
78	390	44	235	10	150
77	385	43	235	9	
76	380	42	230	8	
75	375	41	230	7	
74	370	40	225	6	
73	365	39	225	5	測定不能
72	360	38	220	4	
71	355	37	220	3	
70	350	36	215	2	
69	350	35	215	1	
68	345	34	210	0	
67	345	33	210		

TEST 5

正解数	スコア	正解数	スコア	正解数	スコア
100	495	66	335	32	205
99	490	65	330	31	200
98	485	64	325	30	200
97	480	63	320	29	195
96	475	62	315	28	195
95	470	61	310	27	190
94	465	60	305	26	190
93	460	59	300	25	185
92	455	58	295	24	185
91	450	57	290	23	180
90	445	56	285	22	180
89	440	55	280	21	175
88	435	54	275	20	175
87	430	53	270	19	170
86	425	52	265	18	170
85	420	51	260	17	165
84	415	50	255	16	165
83	410	49	250	15	160
82	405	48	245	14	160
81	400	47	240	13	155
80	395	46	240	12	155
79	390	45	235	11	150
78	385	44	235	10	145
77	380	43	230	9	
76	375	42	230	8	
75	370	41	225	7	
74	365	40	225	6	
73	360	39	220	5	測定不能
72	355	38	220	4	
71	350	37	215	3	
70	350	36	215	2	
69	345	35	210	1	
68	345	34	210	0	
67	340	33	205		

TEST 1

解答時間 🕐 **75**分

- **解答用紙**   **p. 151**

※ Web サイトからダウンロードもできます
（本冊 p. 7参照）

- **正解一覧** 【本冊】 **p. 15**

- **解答解説** 【本冊】 **p. 16～69**

旺文社 TOEIC® L&R テスト対策書
「自動採点サービス」対応　オンラインマークシート

- サイトから本書「TEST 1」を選択の上、ご利用ください。
- PC からも利用できます。（本冊 p. 6参照）

※各Partの指示文（Directions）は旺文社作成のものです。

In the Reading test, you will read several different kinds of texts and answer a variety of reading comprehension questions. The entire Reading test will be 75 minutes long. The test has three parts, with directions given for each of them. It is recommended that you answer as many questions as you can within the time limit.

Your answers must be marked on the answer sheet which is provided separately. The answers must not be written in the test book.

PART 5

Directions: In each sentence below, there is a word or phrase that is missing. After each sentence, there are four answer choices given. Choose the answer that best completes the sentence. Then mark (A), (B), (C), or (D) on the answer sheet.

101. Professor Rosario received widespread acclaim for ------- work in the field of physics.
    (A) he
    (B) his
    (C) him
    (D) himself

102. Nutritional supplements from Alever Foods provide broad health ------- to consumers.
    (A) benefits
    (B) beneficial
    (C) beneficially
    (D) beneficiaries

103. The latest market research proved to be the key ------- in Cookerp's decision to launch a new line of stainless steel cookware.
    (A) linkage
    (B) target
    (C) effect
    (D) factor

104. *The Daily Inquirer* is committed to reporting news and information ------- interest to its readers.
    (A) on
    (B) for
    (C) of
    (D) with

105. Goodsons is a family-run company that ------- in business for four generations.
    (A) is being
    (B) has been
    (C) was being
    (D) will be being

106. Thanks to the timely help of Mr. Howell, the Home Renovation team ------- managed to meet its deadline.
    (A) narrowly
    (B) closely
    (C) slightly
    (D) highly

107. Kowood National Museum, ------- newly opened in the center of Midnay City, has attracted more than 3,000 visitors so far.
    (A) what
    (B) which
    (C) that
    (D) where

108. Pia Na's résumé was ------- enough to earn her a job offer without being interviewed.
    (A) potential
    (B) measurable
    (C) impressive
    (D) apparent

109. All branches of Playbig Sportswear aside ------- the Kenner Valley location were profitable last quarter.

(A) from
(B) to
(C) at
(D) in

110. At Carong Groceries, we ------- our customer needs by always providing fresh fruits and vegetables from local farms.

(A) are met
(B) meet
(C) to meet
(D) meeting

111. Thousands of investors across the country ------- on Gellard & Associates for sound financial advice.

(A) depend
(B) depends
(C) dependently
(D) dependent

112. The team leaders have come up with a solution to the budget shortfall, ------- it is a temporary one.

(A) regardless
(B) although
(C) which
(D) as if

113. In celebration of Fluffs Aroma's opening, ------- will distribute fruit scented lip balms on the street.

(A) whom
(B) there
(C) which
(D) it

114. Next year Paxiton Consolidated will ------- new strategies for broadening its customer base.

(A) remain
(B) emit
(C) employ
(D) compete

115. Loan applicants were asked to provide a telephone number ------- any issues may be resolved quickly.

(A) so that
(B) in case
(C) therefore
(D) meanwhile

116. The drop in revenue forced Nackmeg International to implement ------- on spending during business travel.

(A) reduced
(B) reduces
(C) reductions
(D) reductively

117. Low-cost airline Arriva Airways ------- checked luggage to a single piece.

(A) restricts
(B) restricting
(C) restriction
(D) restrictive

118. For the sake of employee safety, inspections are conducted at the assembly facility -------.

(A) expectantly
(B) recently
(C) carelessly
(D) frequently

119. The Guillford Group's annual company-wide conference will take place ------- a period of five days.

(A) over
(B) about
(C) along
(D) between

120. While a few board members voiced opposition, ------- were in favor of the marketing proposal.

(A) the most
(B) almost
(C) almost all of
(D) most

GO ON TO THE NEXT PAGE

121. Traffic in the downtown area was slow earlier today ------- malfunctioning traffic signals.

(A) instead of
(B) due to
(C) since
(D) while

122. Many companies have headquarters in Montealbon or La Cruz, ------- districts on the west side of the city.

(A) commercial
(B) commercials
(C) commercialize
(D) commercially

123. Registration forms are posted on the bulletin board for ------- wishing to take part in the cleanup at Timothy Lake.

(A) those
(B) who
(C) which
(D) themselves

124. Candidates for the position will be asked to demonstrate their ------- in computer graphics.

(A) clarity
(B) resource
(C) application
(D) competence

125. The financial consultant Mr. Lamirez found that Finer Beverage's business model needed to be ------- changed.

(A) fundamentally
(B) unanimously
(C) simultaneously
(D) fruitfully

126. Ms. Owen is staying late at the office tomorrow to make sure she ------- for her presentation to the executives.

(A) preparing
(B) prepare
(C) is prepared
(D) to prepare

127. According to online sources, the Terio4 will be ------- of recording videos using a high-definition rear-facing camera.

(A) able
(B) afraid
(C) proud
(D) capable

128. In general, the management at Brentwell is ------- to ideas put forth by company employees.

(A) essential
(B) receptive
(C) authentic
(D) noteworthy

129. The low prices of some of Fulton Fashions' offerings initially led to ------- that their clothing was not durable.

(A) perceive
(B) perceiving
(C) perceptive
(D) perceptions

130. Ms. Everton was greatly thanked, for she pointed out some mistakes that her coworker -------.

(A) overlooked
(B) included
(C) consented
(D) discarded

PART 6

Directions: You will read the texts that follow, and in different parts of them, there is a word, phrase, or sentence that is missing. Look below each part of the texts and you will find a question, with four answer choices. Choose the answer that best completes the text. Then mark (A), (B), (C), or (D) on the answer sheet.

Questions 131-134 refer to the following e-mail.

To: Amy Marshall
From: Gems Galorise
Subject: Return Policy
Date: July 8

Dear Ms. Marshall,

We ------- your request for return for the order you placed with our online store on July 2.
    131.
However, ------- sanitary reasons neither returns nor exchanges can be made on our silver
        132.
earrings. -------. We apologize, but we cannot comply with your wishes.
       133.

As a token of our goodwill, we would like to offer you a 10% discount on your next purchase.

After selecting your items in our online store, simply enter promo code EARRING18 at the

checkout page. -------, the discount will be applied to the item you selected.
       134.

Yours sincerely,

Anna Wise

Gems Galorise –Customer Services

131. (A) consider
(B) have considered
(C) are considered
(D) will be considering

132. (A) for
(B) of
(C) from
(D) by

133. (A) We hope you enjoy this beautiful jewelry.
(B) This is clearly stated on our Web page.
(C) Only online purchases can be refunded.
(D) The products may differ from the photos.

134. (A) Instead
(B) Then
(C) Regardless
(D) On the contrary

GO ON TO THE NEXT PAGE

The Arkenton Park Initiative is a local ------- that ensures our city parks and green spaces
135.
remain clean and green. In addition to regular maintenance, we ------- monitor the health of
136.
plants and trees in these areas. This allows us to discover any pests or diseases quickly before
serious damage can be done. -------.
137.

------- a nonprofit organization, we rely on volunteers and donations to carry out our work. We
138.
therefore need your help in protecting Arkenton City's environment. To learn how you can make

a contribution, please visit arkentonparkinitiative.org.

135. (A) merchandise
(B) group
(C) competitor
(D) clinic

136. (A) previously
(B) originally
(C) noticeably
(D) continuously

137. (A) Furthermore, we help to preserve the
ecosystems of local ponds and rivers.
(B) Whether or not that is the case,
residents should always be careful.
(C) However, flowers will soon be planted
in the floral gardens along East Street.
(D) As a result, more facilities should be
made available for public use.

138. (A) Even
(B) To
(C) As
(D) Such

To: Harris Chen
From: Stephen White
Date: 20 February
Subject: Consulting opportunity

Dear Harris,

I just contacted you about a consulting opportunity. In brief, our marketing team is having

difficulty ------- an effective way to advertise our refreshing new beverage. Therefore, we need
   139.

------- to help us build a powerful marketing strategy to make our product more appealing to
   140.

customers.

Much of the information is ------- since we have not launched the product yet. Thus, I cannot
                          141.

write more at the present time. If you are interested, please let me know by e-mail when you are

free for a teleconference. -------.
                        142.

I hope you will consider this offer positively.

Best regards,

Stephen White

Bizdey AP – Hong Kong

---

139. (A) finding
    (B) found
    (C) has been found
    (D) to find

140. (A) whomever
    (B) someone
    (C) them
    (D) both

141. (A) distinctive
    (B) confidential
    (C) useful
    (D) expected

142. (A) Unfortunately, I am not available at that
       time.
    (B) We wish you the best of luck in your
       endeavors.
    (C) We need about an hour for detailed
       explanations.
    (D) Otherwise, you may continue to use it
       at no charge.

GO ON TO THE NEXT PAGE ▶

Livura's ProVent Range Hood for Commercial Kitchens

Our ventilation hood is perfect for the needs of commercial kitchens in places such as restaurants or cafeterias. -------- with a state-of-the-art exhaust system and an integrated
143.
turbine fan, it's easy to control and maintain. The ProVent exhaust system uses our patented technology to efficiently eliminate smoke, steam, and grease generated by --------.
144.

-------- other hood can match our combination of safety, convenience, and performance. If you
145.
want to know about prices, visit our Web site www.livurasproventranges.com. --------.
146.

143. (A) Equip
(B) Equipped
(C) Equipping
(D) Equipment

144. (A) experiments
(B) productions
(C) installation
(D) cooking

145. (A) Any
(B) Never
(C) No
(D) Each

146. (A) A three-year-warranty is provided with all cooking appliances.
(B) Make sure you take notes during online meetings.
(C) The banquet hall accommodates more than 100 people.
(D) You will be surprised by some of the great deals you'll find there.

PART 7

Directions: In this part you will read a variety of selected texts. Examples include magazine and newspaper articles, e-mails, and instant messages. There will be several questions that follow each text or group of texts. Choose the answer that is the best for each question and mark (A), (B), (C), or (D) on the answer sheet.

Questions 147-148 refer to the following invoice.

INVOICE for SERVICES

▶Claymore Asphalt, 654 Brand Street, Louisville, KY 40255

Client: Lodger's Antiques
89 Industry Lane
Louisville, KY 40018

Invoice number: H348783
Date of invoice: July 3

For the following services:

June 17	Removal of broken parking lot surface	$1,145.00
June 23	Installation of new asphalt	$1,564.00
June 30	Marking of additional parking spaces	$220.00
	Total	$2,929.00

Due by: August 2

147. What is suggested about Lodger's Antiques?

(A) It has moved to a new address.
(B) It acquired Claymore Asphalt.
(C) It has extended its parking lot.
(D) It hired multiple companies for a project.

148. When is the payment deadline?

(A) June 17
(B) June 30
(C) July 3
(D) August 2

GO ON TO THE NEXT PAGE

Questions 149-150 refer to the following text-message chain.

Peter Wheatstraw   12:50 P.M.
I'm waiting for you at the bookstore. Will you be much longer?

Ariel Spring   12:51 P.M.
Sorry, Peter. There's a line at the bank and it's taking a long time to get served.

Peter Wheatstraw   12:53 P.M.
No problem. Shall I meet you there?

Ariel Spring   12:53 P.M.
No, I'm planning on getting a couple of books myself.

Peter Wheatstraw   12:54 P.M.
OK. I'm in the technical books section.

Ariel Spring   12:56 P.M.
Great. I'll meet you there soon.

Peter Wheatstraw   12:57 P.M.
Remember, we have to be back at the office for our meeting with Ms. Dole by 2:00 P.M.

Ariel Spring   12:59 P.M.
I haven't forgotten.

---

149. What does Mr. Wheatstraw offer to do?

(A) Buy a book
(B) Call a client
(C) Reschedule a meeting
(D) Go to the bank

150. At 12:59 P.M., what does Ms. Spring mean when she writes, "I haven't forgotten"?

(A) She remembers how to get to the bookstore.
(B) She knows what books Mr. Wheatstraw needs.
(C) She will be in time for a meeting.
(D) She is familiar with some technical topics.

Notice to Barnaby City Residents

This year, the city has had less rainfall than usual. As a result, we will be placing restrictions on the amount of water each household may use. Starting this week, homes using more than 50 cubic feet per week will be charged at higher than normal rates. Detailed information about the rates and ways to cut down on water usage are available on the municipal Web site at www.barnabycity.gov. There, you will also find contact information for the head of our Sustainable Living Department.

151. What is the purpose of the notice?

(A) To notify residents of changed operating hours
(B) To provide information about construction plans
(C) To announce a new policy
(D) To introduce a service

152. What is NOT available on the municipal Web site?

(A) Advice on conserving water
(B) Updated information about rates
(C) Contact details for a city office worker
(D) Employment application forms

GO ON TO THE NEXT PAGE

Thank you for subscribing to OpensCoder, the most comprehensive online source for computer coding instruction available for working professionals. As part of your subscription, you have access to our smartphone application where you can view live streaming lectures, as well as all the contents on our Web site, www.openscoder.com. Our lessons are concise—designed to keep you on track and making steady progress day by day. Subscribers also have access to our global online community of graduates and mentors who are ready to answer your questions. The OpensCoder program comes with a guarantee—if you don't love learning with us, simply cancel your order within the first month for a full refund.

153. What is included with the subscription?

(A) A monthly magazine
(B) A free textbook
(C) Live video lessons
(D) A referral program

154. What is suggested about OpensCoder?

(A) It is free of charge.
(B) It has users around the world.
(C) It is targeted at beginners.
(D) It recently added new courses.

TEST 1

Hollister Vehicle Rental

39 Jones Street, Cartersville, IA 50469

We provide all kinds of vehicles for use in the Cartersville area.

Thank you for renting an automobile from Hollister Vehicle Rental. We rent everything from compact cars to 24-seater shuttle buses. We even have 10-ton trucks with a 350 cubic feet carrying capacity. No matter what size vehicle you rent, you can take comfort from knowing that Hollister Vehicle Rental is Cartersville's highest-rated vehicle rental company.

Please take a moment to help us improve the rental experience for you and other customers. You can indicate your opinion by placing a "✓" in the appropriate box below. If you provide your name and reservation number, you will get 20% off on your next rental.

Name: **Louise Jeffries**   Reservation Number: **7347838**

	Unsatisfactory	Reasonable	Excellent
Value for money		✓	
Helpfulness of rental staff	✓		
Cleanliness of the vehicle			✓
Availability of vehicles		✓	

Have you rented a Hollister vehicle before?   Yes ☑ No ☐
How did you learn about Hollister Vehicle Rental?   **Through an online search.**

Additional comments: **The rental process took far longer than I had expected. I was in line at the rental desk for almost an hour. The vehicle itself was very new and clean. It was the model I was hoping for, which was an executive class sedan. My traveling companions and I got to our corporate engagements quickly and comfortably thanks to the satellite navigation system that was included.**

155. What is mentioned about Hollister Vehicle Rental?

(A) It will be closed for renovation.
(B) It has recently changed ownership.
(C) It has a wide variety of automobiles.
(D) It shares information with other businesses.

156. What will be offered to Ms. Jeffries?

(A) A vehicle upgrade
(B) A future discount
(C) A satellite navigation system
(D) A fuel allowance

157. What is NOT indicated about Ms. Jeffries?

(A) She introduced Hollister Vehicle Rental's service to her friends.
(B) She was displeased with customer service.
(C) She reserved a luxury vehicle.
(D) She took part in a business trip.

GO ON TO THE NEXT PAGE ➡

The Gregory Art Gallery is Moreton Bay's oldest and most successful art gallery. It first opened its doors almost 80 years ago. Since it was founded, it has hosted exhibitions from many outstanding painters. Its permanent collection has continued to grow and now attracts almost a million visitors a year. To accommodate its ever-increasing inventory of artwork and the art enthusiasts who come to see it, the gallery owners have decided to move to a larger building on Radford Road in Brisbane. The gallery will be closed for two weeks from 13 June to 27 June so that employees can make the transition to the new location. When it reopens, the gallery will have an additional 5,000 square feet of floor space, a new restaurant, and much easier access to the bus and train lines. The grand reopening will be held on 28 June and will be attended by the mayor, Mr. Grimsby.

158. What is the purpose of the article?
- (A) To comment on a publicity campaign
- (B) To explain an upcoming relocation
- (C) To introduce a successful local artist
- (D) To recommend a little-known holiday destination

159. The word "outstanding" in paragraph 1, line 6, is closest in meaning to
- (A) exceptional
- (B) overdue
- (C) explicit
- (D) unsolved

160. According to the article, who will visit Gregory Art Gallery on June 28?
- (A) An architect
- (B) An art critic
- (C) A city official
- (D) A police officer

MEMO

To: Design Staff
From: Randolph Lane
Date: August 11
Subject: New department head

Dear Design Staff,

I am writing to inform you all that I have selected a new person to lead the design department. It is important that we have someone with a lot of experience, and also that we bring in someone with new ideas. Marie Valdez satisfies both of these requirements. —[1]—. She has been on the design teams at several leading companies. Most recently she worked at Mycroft Toys, and Comsware Entertainment Company before that. I plan on introducing her to the design team on Friday afternoon. —[2]—. We will mark the occasion with a special lunch. Of course, the lunch will be provided, so you need not bring your own on that day. If you have any special dietary requirements, please let me know today. —[3]—.

I know that you will all do your best to make Ms. Valdez feel welcome on her first day. —[4]—. She is moving to Scranton from Chicago, and I imagine this is a very stressful time for her.

161. What is the purpose of the memo?

(A) To announce the appointment of a new manager
(B) To outline the requirements of a client
(C) To explain an application procedure
(D) To suggest holding an event

162. What is implied about Comsware Entertainment Company?

(A) It has been very successful.
(B) It is based in Scranton.
(C) It is a popular catering firm.
(D) It has advertised a position online.

163. In which of the positions marked [1], [2], [3], and [4] does the following sentence best belong?
"I will be calling the caterer with our order this evening."

(A) [1]
(B) [2]
(C) [3]
(D) [4]

GO ON TO THE NEXT PAGE

Questions 164-167 refer to the following online chat discussion.

Marty Stephenson [10:30 A.M.]:
Is anyone using the company car this afternoon? I'm hoping to use it to take all of the materials to the information session at the Kilroy Hotel.

Blair Jocelynn [10:31 A.M.]:
It's still at the garage. I took it in yesterday to get some routine maintenance carried out. Sorry, Marty. I didn't know you would need it.

Luisa Wu [10:31 A.M.]:
Marty, I'm at Starbig Shopping Center now. It's right near the garage. Shall I drop in and see if it's ready? I could bring it back to the office if it is.

Marty Stephenson [10:33 A.M.]:
Would you? It would really help me out. If it's not ready, I'll have to get a taxi.

Marty Stephenson [10:34 A.M.]:
Blair, never mind. It's my fault. I should have reserved it.

Luisa Wu [10:47 A.M.]:
Marty. It's ready. I'm on my way back with it now. Would you like a hand setting up for the information session?

Marty Stephenson [10:49 A.M.]:
That'd be great, Luisa. Let's go after lunch.

Blair Jocelynn [10:49 A.M.]:
Luisa, make sure you drop off the receipt from the garage at my office when you get back. I'll reimburse you.

164. What is the purpose of the online chat discussion?

(A) To remind employees of a schedule change
(B) To request assistance with a report
(C) To confirm the availability of a car
(D) To suggest that people use a reservation system

165. At 10:33 A.M., what does Mr. Stephenson mean when he writes, "Would you"?

(A) He hopes Ms. Wu will return from a shopping trip soon.
(B) He expects Ms. Wu to go on a business trip.
(C) He would like Ms. Wu to take another employee's place.
(D) He wants Ms. Wu to check if some work is finished.

166. Where will Ms. Wu go after lunch?

(A) To a repair garage
(B) To an accommodation facility
(C) To a client's office
(D) To a shopping center

167. What does Ms. Jocelynn invite Ms. Wu to do?

(A) Reimburse some expenses
(B) Submit a receipt
(C) Complete a report
(D) Purchase some office supplies

GO ON TO THE NEXT PAGE

Questions 168-171 refer to the following Web page.

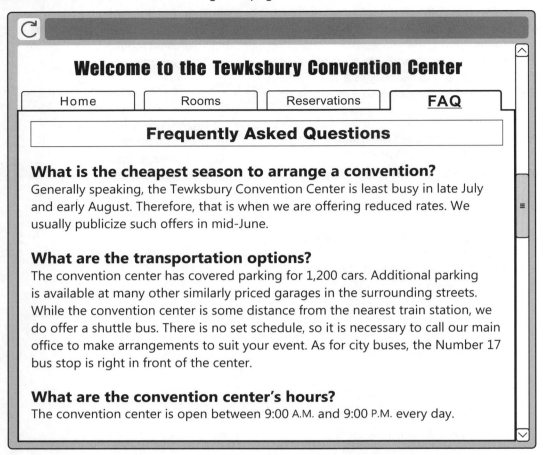

Welcome to the Tewksbury Convention Center

| Home | Rooms | Reservations | **FAQ** |

Frequently Asked Questions

What is the cheapest season to arrange a convention?
Generally speaking, the Tewksbury Convention Center is least busy in late July and early August. Therefore, that is when we are offering reduced rates. We usually publicize such offers in mid-June.

What are the transportation options?
The convention center has covered parking for 1,200 cars. Additional parking is available at many other similarly priced garages in the surrounding streets. While the convention center is some distance from the nearest train station, we do offer a shuttle bus. There is no set schedule, so it is necessary to call our main office to make arrangements to suit your event. As for city buses, the Number 17 bus stop is right in front of the center.

What are the convention center's hours?
The convention center is open between 9:00 A.M. and 9:00 P.M. every day.

168. According to the Web page, how can people get a discount?

(A) By holding events at certain times of the year
(B) By subscribing to a newsletter
(C) By introducing other clients
(D) By making a group booking

169. What is mentioned about vehicle parking?

(A) The location is inconvenient.
(B) Only outdoor parking is provided.
(C) Bus parking is in a separate location.
(D) There are extra parking facilities near the center.

170. What is implied about the Tewksbury Convention Center?

(A) It is open 24 hours a day.
(B) It is far from the nearest station.
(C) It will have its grand opening in the near future.
(D) It has been relocated.

171. Why should people contact the main office?

(A) To ask about lost items
(B) To arrange transportation
(C) To cancel an order
(D) To donate money

FOR IMMEDIATE RELEASE

September 28
www.columbineproductions.com

NEW YORK, NY—Columbine Productions is happy to announce that it has completed the second season of its popular television drama *Wild Boys*. Production of the drama was halted for a year after the popular online streaming service Linevid decided not to fund a second season. —[1]—. This year, we were able to sign an agreement with Firetubes. The increased budget has enabled us to film *Wild Boys* in more locations and improve the special effects. —[2]—. The show's writers used the downtime to create a really amazing script with plenty of surprises for fans.

All of the actors from the original series have returned. This year, they have been joined by some very talented people including none other than Keith Renson. —[3]—. His role in the drama is being kept a secret until the season debut on October 10.

A third season has already been ordered by Firetubes, and filming should start in early November. —[4]—.

172. What is indicated about *Wild Boys*?

(A) It was temporarily canceled.
(B) It received some awards.
(C) It had a famous director.
(D) It is based on a true story.

173. What is probably true about Firetubes?

(A) It has relocated its headquarters to New York.
(B) It has a larger library of programs than Linevid does.
(C) It offered Columbine Productions more money than Linevid did.
(D) It demanded that Keith Renson be involved with the production.

174. What is suggested about Mr. Renson?

(A) He is one of the new cast members.
(B) He will play a main character.
(C) He debuted as an actor a year ago.
(D) He used to work for a film production company.

175. In which of the positions marked [1], [2], [3], and [4] does the following sentence best belong?
"Before that, the cast and crew will enjoy a couple of weeks off."

(A) [1]
(B) [2]
(C) [3]
(D) [4]

GO ON TO THE NEXT PAGE

Avalon Back in Fashion

Avalon was once known as a tourist destination, and people from around the country would travel there for their holidays. Over time, people stopped coming. One of the most obvious reasons is that there were no amusement parks, heritage sites, or cultural events to draw visitors. Of course, there were other causes, such as the area's seclusion.

Recently, the Avalon Town Council, led by Mayor Tina Rigby, launched a tourism campaign called Real Experiences. The campaign's goal is to attract visitors back to the area to enjoy more traditional holiday activities. I was invited to come to Avalon and review some of their experiences. One that I particularly enjoyed was a river rafting experience that involved camping on the beach and catching our own dinner.

Avalon — Real Experiences

Come and see what Avalon has to offer!
Avalon now has four new tour companies ready to offer *real experiences* for real people.

Avalon Nature Discoveries

Avalon Nature Discoveries' expert guides provide educational tours where people can learn about the local flora and fauna. Stay in a log cabin in our 12-hectare wilderness retreat.

Web site: www.avalonnaturediscoveries.com

Angler Adventure

We offer a fishing adventure with a night on the Avalon shoreline. Have the fish you caught cooked by our qualified chef or you can cook it yourself over an open fire.

Web site: www.angleradventure.com

Dreamstays

Dreamstays offers glamping experiences in some of the region's most beautiful locations. Stay in a huge tent with luxury amenities and enjoy views of the picturesque Avalon Valley.

Web site: www.dreamstays.com

Coast the Coast

Coast the Coast offers the perfect vacation for cycling enthusiasts of all ages. Choose from one of five amazing cycling courses with a variety of difficulty levels. In the evening, rest your tired legs with a massage from one of our excellent masseuses.

Web site: www.coastthecoast.com

Contact the individual companies directly or call in at our helpful visitor's information bureau for information about other things to do in beautiful Avalon.   **Published by the Avalon Town Council**

176. What is suggested about Avalon?

(A) It has a fashion industry.
(B) It lacked tourist attractions.
(C) It was featured on a TV show.
(D) It is visited by many international guests.

177. In the article, the word "causes" in paragraph 1, line 7, is closest in meaning to

(A) ideals
(B) desires
(C) explanations
(D) results

178. Which company operates the tour mentioned in the article?

(A) Avalon Nature Discoveries
(B) Angler Adventure
(C) Dreamstays
(D) Coast the Coast

179. According to the brochure, how can people learn more about Avalon?

(A) By accessing the Avalon Town Council Web site
(B) By watching an online video
(C) By reporting to an information office
(D) By speaking with a travel agent

180. What is implied about the brochure?

(A) It was authorized by Ms. Rigby.
(B) It was distributed in a newspaper.
(C) It has been used for many years.
(D) It is handed to tour participants.

GO ON TO THE NEXT PAGE

Afraid you'll miss out on an issue? Get a subscription to *Tiny Boats*

Tiny Boats is a magazine for small boat enthusiasts. We cover the latest boats and motors from manufacturers here and abroad. The magazine features regular articles by Jaidon McDonald, who is an invaluable source of information on collectible and classic small boats. There are articles about great rivers and lakes to enjoy around the world and excellent tips and advice for people looking to buy a new or secondhand small boat. Our reviews of boating gear such as outboard motors, trailers, and canopies will ensure you get the most value for your money when buying gear.

From now until February 6 next year, a six-month subscription costs only $58, which means a single issue will be delivered to your door for under $10. This offer is only available for new subscriptions. If you miss this opportunity, you will still be able to subscribe at our regular rate of $70 for six months.

You can subscribe by calling 544-555-8782 or by visiting our Web site at www.stallardspublishing.com/tinyboatssub.

Stallards Publishing Online Store

Customer name: Reg Buxton
Account number: 546546
Date: February 4

Quantity	Description	Price
1	Six-month subscription to *Tiny Boats* magazine	$70.00
1	Six-month subscription to *Garden Green* magazine	$62.00
	Total	$132.00

You will receive a hard copy of this receipt with your order. Stallards Publishing will provide a partial refund if you cancel this subscription before it expires. Please call our customer service section at 544-555-8432 if there are any problems with your order. These may include late delivery, incorrect items, or damaged items.

181. What is the purpose of the advertisement?

(A) To encourage people to buy a magazine on a routine basis
(B) To sell advertising space to corporate sponsors
(C) To notify subscribers of a change in format
(D) To recruit writers for a publishing company

182. Who most likely is Mr. McDonald?

(A) An athlete
(B) A spokesperson for the publisher
(C) A client representative
(D) An expert on boats

183. What is NOT featured in *Tiny Boats*?

(A) Sports commentary
(B) Product reviews
(C) Travel suggestions
(D) Shopping tips

184. What is implied about Mr. Buxton?

(A) He has previously purchased a subscription to *Tiny Boats*.
(B) He qualified for a discount subscription to *Tiny Boats*.
(C) He subscribed to *Garden Green* over the telephone.
(D) He contributed an article to *Garden Green*.

185. According to the receipt, what should customers do if they receive the wrong magazine?

(A) Send it back
(B) Call the helpline
(C) Access a Web site
(D) Fill out a form

GO ON TO THE NEXT PAGE

Green Spot Mobile Network

Choose one of our prepaid monthly data plans.

Entry Data Plan Get 2 gigabytes of data each month! **$12**	**Budget Data Plan** Get 4 gigabytes of data each month! **$20**
Standard Data Plan Get 8 gigabytes of data each month! **$30**	**Premium Data Plan** Get 16 gigabytes of data each month! **$45**

Note: Customers are welcome to use mobile phones they have purchased from sources other than Green Spot Mobile Network. If you have been on our network for longer than four years, we will provide you with a free upgrade to one of the latest phones from our catalog.

⬛ E-Mail Message ⬛

To: Customer Support
From: Ingrid Humphries
Subject: Please help
Date: June 6

To whom it may concern,

I have recently been required to move to a new city for work. My mobile phone Internet usage has been much higher than usual in the past month as I have not yet had the Internet connected at my apartment. I have already used up my allocation of four gigabytes for this month. I would like to increase my data quota for the month, but I am unsure of how to do so.

Sincerely,

Ingrid Humphries

To:	Ingrid Humphries
From:	Customer Support
Subject:	Re: Please help
Date:	June 7

Dear Ms. Humphries,

Thank you for choosing Green Spot Mobile Network. You can put in a request for additional data through our application. Last month we sent you a free upgrade in accordance with our policy for loyal customers. You will find that the Green Spot Me application has been preinstalled. The options as well as the associated costs are clearly explained in the app. Let me know if I can be of any further assistance.

Best regards,

Glen Cho
Green Spot Mobile Network — Customer Support

186. What is true about Green Spot Mobile Network's data plans?

(A) Customers can use another carrier's mobile phone.
(B) Customers can receive a free screen protector.
(C) The monthly rates change regularly.
(D) There is a special deal for new customers.

187. Why has Ms. Humphries' Internet usage increased?

(A) She is using her mobile phone for work.
(B) She has traveled overseas many times.
(C) She has installed a video streaming application.
(D) She does not have Internet access at home.

188. How much did Ms. Humphries pay for her mobile network connection?

(A) $12
(B) $20
(C) $30
(D) $45

189. What is the purpose of the first e-mail?

(A) To complain about a poor connection
(B) To inquire about obtaining additional data
(C) To suggest a way to improve a service
(D) To express gratitude to a technician

190. What is implied about Ms. Humphries?

(A) She has been hired by a new employer.
(B) She removed a piece of software from her mobile phone.
(C) She has used Green Spot Mobile Network for over four years.
(D) She has read the Green Spot Mobile Network instruction manual.

GO ON TO THE NEXT PAGE

Real Estate for Beginners

Lara Looijengoed previously wrote about making a profit by selling secondhand goods online. It received excellent reviews, and has been credited with the huge increase in the number of secondhand stores operating online. This time, she writes about the ways people can get started buying and selling real estate to make money. In her most recent book, *Real Estate for Beginners*, she explains some innovative ways in which young people with limited funds can get into real estate. She explains ways to finance projects, where to buy property, and strategies for minimizing risk. The book goes on sale on November 21.

Ms. Looijengoed will be in Philadelphia for an event to celebrate the release. She will be discussing *Real Estate for Beginners* with visitors, and if you buy a copy of the book, she will sign it for you.

---

www.llooijengoedappearances.com ✕

Lara Looijengoed Upcoming Appearances

My appearances for the fourth quarter of this year are outlined below. The organizers of the respective events are responsible for admission and ticketing. Please contact the venues directly for inquiries about seat availability or cost of entry.

October 11	Manhattan Enterprise Hall (New York, NY)	Topic: Saving Money
November 17	Sycamore Conference Rooms (Seattle, WA)	Presenting Award at the National Business Writer's Awards
November 21	McRae Books and Magazines (Philadelphia, PA)	Book Launch — Introducing *Real Estate for Beginners* / Question and Answer Session / Book Signing
December 7	Gettysburg School of Business (Boston, MA)	Topic: The Future of Small Business

Please note:
Kerry Natividad at Natividad Celebrity Management handles all negotiations with event organizers wishing to hire me for appearances and speaking engagements. She can be contacted at (873)555-6464.

Reviews of *Real Estate for Beginners*
Reviewer: Fred Rautanen — November 29

I attended a seminar by Ms. Looijengoed earlier this year. It was before *Real Estate for Beginners* was published, and she was talking about the topics covered in her second book. During the seminar, she mentioned a few of the topics that she was researching for *Real Estate for Beginners*. I was intrigued and ordered a copy online. It arrived the day after the official release. I was not disappointed. I think this book will inspire many people to get into real estate in the future.

Rating: 5 out of 5 stars. ★★★★★

191. What is Ms. Looijengoed's previous book about?

(A) Motivating salespeople
(B) Starting an online business
(C) Investing in property
(D) Obtaining useful qualifications

192. Why will people contact the venues mentioned on the Web site?

(A) To learn about access routes
(B) To confirm eligibility for discount offers
(C) To register as a frequent visitor
(D) To see if seats are available

193. Where will the event mentioned in the article be held?

(A) At Manhattan Enterprise Hall
(B) At Sycamore Conference Rooms
(C) At McRae Books and Magazines
(D) At Gettysburg School of Business

194. What is implied about Ms. Looijengoed's appearance at the National Business Writer's Awards?

(A) It was negotiated by Ms. Natividad.
(B) It was held at Manhattan Enterprise Hall.
(C) It was sponsored by her publishing company.
(D) It was postponed due to a scheduling conflict.

195. When did Mr. Rautanen's copy of *Real Estate for Beginners* arrive?

(A) On November 17
(B) On November 21
(C) On November 22
(D) On November 28

GO ON TO THE NEXT PAGE ➡

To:	Glen Dunn
From:	Iwona Love
Date:	September 23
Subject:	Staff shortage

Dear Mr. Dunn,

We need some more people to work on the assembly line. At the moment, we are barely managing, and if anyone leaves, it will affect our production capacity. This is our only factory, so Amstutz Baths retailers throughout the country will be affected.

If it is possible, could you prepare an advertisement to put in the newspaper and start the hiring process? I would appreciate it if you could handle this as soon as possible.

Sincerely,

Iwona Love
Factory Manager — Amstutz Baths

JOIN OUR TEAM

Amstutz Baths has a position available on its assembly line. If you have experience in plastic molding and fiberglass fabrication, you are welcome to apply. Applicants with a state-recognized certification in power tool safety and a dangerous chemical handler's license will be given preference. The factory is in Bahama. Applicants must live within a sixty-minute drive of the plant. We offer a very attractive benefits package, including 20 days' paid leave each year and private health insurance. The application deadline is October 27. Please send an e-mail with your résumé and cover letter to hr@amstutzbaths.com.

MEMO

To: All staff
From: Iwona Love
Date: November 20
Subject: New Hire

Dear All,

We have hired a new factory hand. His name is Dean McAnthony, and he will be starting work on November 25. While he has factory experience, he has not worked in bathtub manufacturing. It is important that he gets experience in each section of the factory so that he can fill in when another employee is away. Please consider how you will train him when he comes to your section. He will spend his first week in Material Preparation, and then a week in each of the other sections; Forming, Finishing, and Cleaning.

Sincerely,

Iwona Love
Factory Manager— Amstutz Baths

196. What kind of company is Amstutz Baths?

(A) A film production company
(B) A manufacturer
(C) A real estate agency
(D) A construction firm

197. Which department does Mr. Dunn most likely work in?

(A) The personnel department
(B) The IT department
(C) The accounting department
(D) The purchasing department

198. What is implied about Ms. Love?

(A) She introduced Mr. McAnthony to the company.
(B) She is employed in Bahama.
(C) She will be transferred to a new section.
(D) She is planning on retiring soon.

199. What is indicated about the advertised position?

(A) It is for temporary employment.
(B) It requires a lot of business trips.
(C) It provides great employee benefits.
(D) Its applicants must live in Bahama.

200. What is true about Mr. McAnthony?

(A) He attended a job fair.
(B) He applied for Amstutz Baths in the past.
(C) He will lead a training program.
(D) He will be involved in various work processes.

Stop! You have reached the end of the test.
You may go back to Parts 5, 6, and 7 and check your work if you have extra time.

TEST 2

解答時間 🕐 **75** 分

- **解答用紙**　　　　　**p. 153**

※ Web サイトからダウンロードもできます
（本冊 p. 7参照）

- **正解一覧**　【本冊】**p. 71**

- **解答解説**　【本冊】**p. 72～125**

旺文社 TOEIC® L&R テスト対策書
「自動採点サービス」対応　オンラインマークシート

- サイトから本書「TEST 2」を選択の上，ご利用ください。
- PC からも利用できます。（本冊 p. 6参照）

※各Partの指示文（Directions）は旺文社作成のものです。

In the Reading test, you will read several different kinds of texts and answer a variety of reading comprehension questions. The entire Reading test will be 75 minutes long. The test has three parts, with directions given for each of them. It is recommended that you answer as many questions as you can within the time limit.

Your answers must be marked on the answer sheet which is provided separately. The answers must not be written in the test book.

PART 5

Directions: In each sentence below, there is a word or phrase that is missing. After each sentence, there are four answer choices given. Choose the answer that best completes the sentence. Then mark (A), (B), (C), or (D) on the answer sheet.

101. Ms. Luzon ------- to the Seoul branch's accounting department last year.

(A) transfers
(B) transferring
(C) transferred
(D) will transfer

102. Ms. Spink is on a three-day business trip in Taiwan and will return to ------- office tomorrow.

(A) she
(B) her
(C) hers
(D) herself

103. The tour group will proceed to the airport by bus ------- checking out of the hotel.

(A) because of
(B) during
(C) after
(D) from

104. The concepts introduced in the management seminar will be reinforced by ------- instruction in individual weekly sessions with a personal coach.

(A) supplement
(B) supplemental
(C) supplements
(D) supplementally

105. Before the personnel director began promoting Cason Industries' investment program, ------- of the employees had enrolled in it.

(A) few
(B) every
(C) little
(D) other

106. Visit nepshen.com for an updated list of suppliers that carry ------- cartridges for the Nepshen N1000 color copier.

(A) replace
(B) replaced
(C) replacing
(D) replacement

107. *The Barington Times* ------- letters and e-mails to the editor about important issues affecting our community.

(A) pictures
(B) welcomes
(C) expresses
(D) visits

108. The elevator will be out of ------- from 10:00 to 11:00 A.M. tomorrow for a routine safety inspection.

(A) service
(B) expectation
(C) schedule
(D) place

109. List the ------- of your package in detail and fill out the address label before bringing it to the postal counter.

(A) explanations
(B) members
(C) ingredients
(D) contents

110. Passengers may park only in ------- areas at the Mobile Bay Ferry Landing.

(A) designate
(B) designating
(C) designated
(D) designator

111. Ms. Blake made arrangements for the annual meeting to be held at the Country Lodge, ------- it was conducted a year ago.

(A) where
(B) when
(C) which
(D) that

112. Undercover.com does not share its users' contact information with any third party ------- their consent.

(A) along
(B) without
(C) even
(D) unless

113. Project leaders must hold ------- meetings with their supervisors to update them on developments and problems with their projects.

(A) notable
(B) prompt
(C) recent
(D) regular

114. At least 100 additional employees ------- in Riztech Industries' assembly plant to fulfill orders from clients.

(A) will need
(B) to be needed
(C) to need
(D) will be needed

115. SK Lost and Found asks people to describe ------- of lost items in detail on an online form.

(A) characteristics
(B) facilities
(C) workshops
(D) instructions

116. The personnel department is developing a new payroll system, which it plans to ------- next quarter.

(A) depart
(B) invest
(C) reimburse
(D) implement

117. Special discounts are applied ------- to Gold members of the Lazone Department Store.

(A) exclude
(B) exclusion
(C) exclusively
(D) exclusive

118. These sharp tools and materials used for the repairs should be ------- with care.

(A) planned
(B) handled
(C) completed
(D) scheduled

119. All the computer devices in the office ------- get locked after being idle for a certain amount of time.

(A) objectively
(B) automatically
(C) partially
(D) exceptionally

120. The peak tourist season in Nobaiz city lasts ------- early April to late September.

(A) until
(B) within
(C) to
(D) from

GO ON TO THE NEXT PAGE

121. Houton-Rogg Consulting employees who demonstrate strong leadership ------- may be selected for special management training.

(A) qualify
(B) qualities
(C) qualitative
(D) qualifier

122. Mr. Tanaka won't be ------- the post-seminar party as he will be out of town for an international conference.

(A) discussing
(B) joining
(C) negotiating
(D) lending

123. ------- at the World Electronics Expo in Seattle costs $95 per day for a basic package.

(A) Attendees
(B) Attended
(C) Attend
(D) Attendance

124. Dietrich Data will analyze the information ------- from the employee work-flow surveys to help determine whether reorganization should be done or not.

(A) gathered
(B) is gathered
(C) was gathered
(D) gathering

125. ------- the fast pace of technological advancement, the continued popularity of the old TR450 tablet is remarkable.

(A) Whereas
(B) Given
(C) In that
(D) Because

126. Kevin Marchon's training courses teach business professionals how ------- their time effectively can help increase their productivity.

(A) manage
(B) manages
(C) managing
(D) managed

127. Gerbell Foods' decision to raise its prices by 5% led to a ------- decrease in sales.

(A) detached
(B) responsive
(C) comparable
(D) confidential

128. Yeung Electronics has once again exceeded ------- with its latest innovative smartphone technology.

(A) expected
(B) expecting
(C) expectations
(D) expectedly

129. ------- Ms. Kemala or her assistant will meet the visitors at the station and accompany them to their headquarters.

(A) Either
(B) Whether
(C) While
(D) Although

130. As a ------- to other Regall Gym members, please bring a small towel to wipe down equipment after use.

(A) respect
(B) standard
(C) warning
(D) courtesy

PART 6

Directions: You will read the texts that follow, and in different parts of them, there is a word, phrase, or sentence that is missing. Look below each part of the texts and you will find a question, with four answer choices. Choose the answer that best completes the text. Then mark (A), (B), (C), or (D) on the answer sheet.

Questions 131-134 refer to the following article.

SEATTLE (October 19) —The Galsworth Art Museum has announced that its remodeled 28,000-square-foot building will open on March 2. The institution has been closed for the past two years while ------- extensive renovations. -------.
　　　　　　　　　　131.　　　　　　　　　　　　132.

The revamped space will allow the museum to exhibit more artworks and offer users a wider range of facilities. -------, the fourth floor has been converted into an event space for activities
　　　　　　　　　　133.
such as lectures, workshops, and social functions. The museum will mark its reopening with a group exhibition ------- "New Directions", featuring a number of prominent local artists.
　　　　　　　134.

131. (A) planning
(B) decorating
(C) undergoing
(D) postponing

132. (A) Visitors have been impressed with the carefully restored artworks.
(B) Finding a new location took longer than expected.
(C) We are going to release the latest model in early September.
(D) Management now believes the project has been a success and is ready for its debut.

133. (A) For example
(B) Otherwise
(C) Conversely
(D) Even so

134. (A) entitles
(B) entitling
(C) entitled
(D) entitle

GO ON TO THE NEXT PAGE

Misshin Auto
877 Dong Fang Road, Pudong, Shanghai

14 October
Dear Mr. Nittapon Thipsing,

We looked through your résumé regarding the in-house counsel position. We think you have the qualifications ------- our team here at Misshin Auto. My name is Dan Tomes, Director of the
135.
Legal Department at Misshin Auto. -------.
136.

We were originally seeking a candidate with five years of experience in intellectual property law. Because of your language skills, however, we are willing to make an ------- in your case.
137.

Please contact me so we can discuss details regarding the ------- at our headquarters in
138.
Shanghai.

Best regards,

Dan Tomes
e-mail: dantomes@misshinauto.com.cn
Tel: +86 21 5081 0663

135. (A) join
(B) joins
(C) joined
(D) to join

136. (A) We at Misshin Auto truly appreciate your loyalty as a customer.
(B) I would like to invite you to our headquarters to explore this possibility.
(C) Please find enclosed our invoice for last month's services.
(D) Thank you for helping our work the other day.

137. (A) extension
(B) impression
(C) exception
(D) estimate

138. (A) interview
(B) ceremony
(C) revisions
(D) results

Questions 139-142 refer to the following notice.

PLEASE NOTE

The Clyde Street branch of Blue Birds Café will be cashless effective July 1. As of that date, all purchases must be made by means of debit cards or credit cards. -------.
                                                                                                    139.

We have taken this decision in order to make our operations more -------. Using cards only will
                                                                    140.
speed up payment and reduce waiting times, especially during peak periods. The transaction process will be smoother for both our employees and our customers, the vast majority of -------
                                                                                        141.
prefer card-based payment.

Other branches of Blue Birds Café have already made the ------- successfully, so we're
                                                        142.
confident that it will likewise improve our business. Thank you for your understanding.

---

139. (A) These will be exchanged free of charge.
(B) Cash will no longer be handled on the premises.
(C) Normal opening hours will resume on July 2.
(D) Please indicate your preference prior to that date.

140. (A) complicated
(B) quiet
(C) traditional
(D) efficient

141. (A) which
(B) whom
(C) whose
(D) those

142. (A) offer
(B) request
(C) transition
(D) installation

GO ON TO THE NEXT PAGE ➤

To: Team Leaders
From: Greg Loew
Subject: Environmental Awareness Seminars
Date: 2 March

Inviting our outside counsel at SY law firm, we ------- several Environmental Awareness
143.
Seminars in March and April. These seminars will assist employees in ------- basic
144.
environmental law issues. -------. Attendance is not mandatory, but I strongly believe this will be
145.
a good opportunity for almost ------- employee, especially for team leaders. All the materials
146.
used in seminars will be uploaded to our shared folder at the end of each month, so those who

cannot attend will be able to download them later.

Greg Loew, CEO

143. (A) were organizing
(B) are organizing
(C) are organized
(D) have been organized

144. (A) understand
(B) understanding
(C) understands
(D) understandings

145. (A) Employees must sign up for health
coverage before then.
(B) These renovations have largely been
completed.
(C) We are committed to full compliance
with all regulations.
(D) A guide to psychology is being
compiled now.

146. (A) any
(B) many
(C) little
(D) much

PART 7

Directions: In this part you will read a variety of selected texts. Examples include magazine and newspaper articles, e-mails, and instant messages. There will be several questions that follow each text or group of texts. Choose the answer that is the best for each question and mark (A), (B), (C), or (D) on the answer sheet.

Questions 147-148 refer to the following advertisement.

Baguette Bakery is seeking a full-time French Bakery Chef for its off-site production center. The successful candidate will work under the Head Bakery Chef. He or she will be responsible for preparing a wide range of artisanal breads and pastries for our downtown shop as well as larger catering orders for various kinds of events.

The candidate must have a minimum of five years of experience making French breads and pastries. Holders of a culinary arts degree will be given preference. Candidates must be able to prepare a wide variety of baked goods following standardized recipes as well as create new and seasonal items.

If interested, please send your résumé to info@baguettebakery.com.

147. What is indicated about Baguette Bakery?

(A) It provides food for events.
(B) It opened a week ago.
(C) It holds some workshops every week.
(D) It features a sale regularly.

148. What is required for the job being advertised?

(A) Proficiency in French
(B) A driver's license
(C) Previous work experience
(D) A college degree

GO ON TO THE NEXT PAGE

Questions 149-150 refer to the following text-message chain.

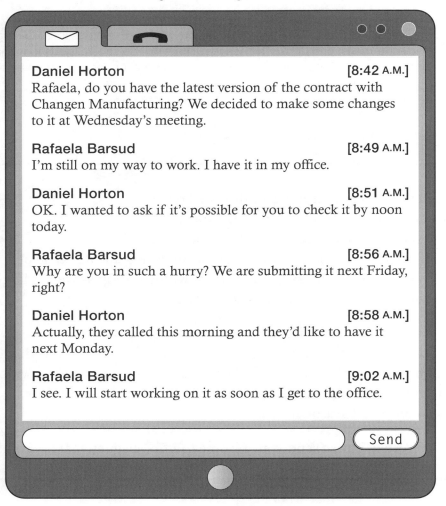

Daniel Horton [8:42 A.M.]
Rafaela, do you have the latest version of the contract with Changen Manufacturing? We decided to make some changes to it at Wednesday's meeting.

Rafaela Barsud [8:49 A.M.]
I'm still on my way to work. I have it in my office.

Daniel Horton [8:51 A.M.]
OK. I wanted to ask if it's possible for you to check it by noon today.

Rafaela Barsud [8:56 A.M.]
Why are you in such a hurry? We are submitting it next Friday, right?

Daniel Horton [8:58 A.M.]
Actually, they called this morning and they'd like to have it next Monday.

Rafaela Barsud [9:02 A.M.]
I see. I will start working on it as soon as I get to the office.

Send

149. At 8:49 A.M., what does Ms. Barsud mean when she writes, "I'm still on my way to work"?

(A) Her home is far from her office.
(B) Her train has been delayed.
(C) She will not arrive at the office on time.
(D) She does not have a document with her.

150. When will Mr. Horton submit the contract to Changen Manufacturing?

(A) On Monday
(B) On Wednesday
(C) On Thursday
(D) On Friday

iGroceries

Shop for groceries online at iGroceries! Choose from thousands of products—from local farm fresh produce and organic products to everyday household items—and we will deliver them to your door.

Step 1: Make your choices.

We offer specialty and familiar brand name products that suit your lifestyle, including gluten-free, vegan, sports nutrition, and prepared foods (including ready-made hot foods).

Step 2: Schedule your delivery time.

Select a delivery time from 7:00 A.M. to 10:00 P.M.

Step 3: Sit back and let us do the work.

We'll hand-select, carefully pack, and deliver your groceries.

Free delivery with any purchase over $40.

First-time shoppers receive 20% off their entire initial purchase. Visit our Web site at www.igroceries.com to become a member and start shopping now!

151. What does iGroceries offer its customers?

(A) Cooking classes
(B) Organic food recipes
(C) Nutrition and diet advice
(D) Home delivery of groceries

152. What is true about iGroceries?

(A) It offers free shopping bags.
(B) It gives new members a discount.
(C) It charges a membership fee.
(D) It makes deliveries 24 hours a day.

GO ON TO THE NEXT PAGE

Questions 153-154 refer to the following online review.

https://www.cycling2you.com/consumer_reviews

Adventure 2 bicycle

Reviewed by: Peter Sebston

★ ★ ★ ★ ★

"Excellent product and buying experience"

I used to cycle a lot, but stopped doing it regularly 10 years ago, and so I was looking for something easy to ride. The comparison function on the Cycling2you site was useful for figuring out which model would be best for me, and the tips I got from the experienced staff online were helpful as well. Finally, I treated myself to the top-of-the-range Adventure 2 bicycle. It was delivered to my local bike shop, where it was put together for me for a small charge. The gears are smooth and the saddle is very comfortable. The rack has built-in elastic straps, which make it very easy to carry my laptop and files to the office. The Adventure 2 was well worth the money I spent.

153. According to the online review, what does Mr. Sebston like about the Cycling2you site?

(A) The comparatively low prices
(B) Its speed of delivery
(C) The offer of free assembly
(D) Its knowledgeable staff

154. What is most likely true about Mr. Sebston?

(A) He will relocate his office soon.
(B) He will donate his old bike.
(C) He rides his bicycle to work.
(D) He participates in races.

| Home | Register | Search | Contact |

Welcome to SoundX
Professional Quality, Affordable Sounds

SoundX has a massive library of sounds produced by non-professional recording artists for use in small-scale video and audio projects such as online videos, self-produced advertisements for small businesses, and student assignments. We allow users to purchase licenses for a single piece of audio or subscribe and download unlimited content for the duration of their subscription. —[1]—. Subscription rates are $10 per month for students and $20 per month for all other users.

All audio files submitted to the library are evaluated for quality before being categorized and converted to various formats by our team of highly skilled audio engineers. —[2]—. Moreover, the most popular downloads are displayed at the top of the page on each section.

People wishing to browse the library using our excellent search function must register first. —[3]—. To do so, simply click on the tab labeled "Register" above. Taking out a subscription will enable you to listen to entire tracks online as well as download them in any of six formats. Non-subscribers will not be able to download any files and you will only be able to listen to 20 percent of any audio file. Permission to use the audio in private and commercial projects is given to the subscribers automatically. —[4]—.

155. What is indicated about SoundX?

(A) It accepts audio files from amateurs.
(B) It has connections with advertising agencies.
(C) It produces advertisements for small businesses.
(D) It offers free subscriptions for personal use.

156. How can readers use audio in their projects?

(A) By entering a PIN code
(B) By contacting the contributor
(C) By filling out a request
(D) By subscribing to SoundX

157. In which of the positions marked [1], [2], [3], and [4] does the following sentence best belong?
"Contributors receive 50 percent of the proceeds from any sale of a single audio file."

(A) [1]
(B) [2]
(C) [3]
(D) [4]

GO ON TO THE NEXT PAGE

MEMO

From: Lana Dennison
To: Evening Staff
Date: August 8
Re: Apartment regulations

It seems that residents have been using some of the complex's facilities outside posted hours. Please be aware that the pool closes at 7:30 P.M. and the gym at 10:00 P.M. We need to request firmly that residents follow these rules for both noise and safety reasons, as they agreed to do so when they signed their contracts. We have received complaints from the neighbors and do not want that to continue.

Regarding the gym, there have been many requests recently for 24-hour availability. We currently do not have the resources to do this, but I'd like to add this topic to the agenda for our meeting on Thursday. Please bring in ideas for funding, such as introducing a fee to cover the cost of hiring a dedicated staffer for late-night duty. I look forward to discussing these issues with you on Thursday.

158. What is the main purpose of the memo?

(A) To report the use of facilities by non-residents
(B) To announce the upcoming apartment inspection
(C) To share new schedules for the pool and gym
(D) To remind staff of the rules of apartment facilities

159. What is suggested about the gym?

(A) It closes at the same time as the pool.
(B) Its opening hours might change in the future.
(C) It needs to be reserved in advance.
(D) It will be temporarily closed for cleaning.

160. What are readers NOT requested to do?

(A) Review residents' lease agreements
(B) Enforce regulations more strictly
(C) Participate in a meeting on Thursday
(D) Consider ways to increase gym hours

2 March
FOR IMMEDIATE RELEASE

CONTACT: Stephanie Kalinn, Public Relations Officer
(stephanie.kalinn@metrorailsystem.org)

Construction on the Metro Rail System's Parkview Line

Metro Rail System, known as MRS, announced that South Bank Station on the Parkview Line will be upgraded with a new passenger platform and an additional track. The changes will allow for an increase in the number of trains serving at South Bank Station and at Westland Station in order to ease overcrowding.

Construction work will begin on 1 July and continue until the end of next year. Construction will take place from 10:00 P.M. to 4:00 A.M. and occasionally from 8:00 P.M. to 5:00 A.M. Monday to Saturday. "We hope to limit disruption to commuters and the neighboring residents as much as possible," said MRS president Peter Durgham. "However, during construction, there will be some unavoidable interruptions of rail services, for which we'll offer you an alternative way of transportation. Please use replacement bus services free of charge during these planned interruptions."

161. What is indicated about the construction project?

(A) It will take about six months to complete.
(B) It will continue daily until 5:00 A.M.
(C) It will alleviate congestion at two stations.
(D) It will occur after the repair of Westland Station.

162. Who is Peter Durgham?

(A) The head of a railway company
(B) A journalist for a local newspaper
(C) An executive at a construction firm
(D) The president of a public relations agency

163. What are readers encouraged to do during the construction period?

(A) Get a rail pass in advance
(B) Use free transportation
(C) Avoid trains during peak hours
(D) Check updated information on the board

GO ON TO THE NEXT PAGE

TEST 2

From:	Edith Backstrom
To:	Marketing team
Date:	February 28
Subject:	Bulldang Research survey

Hi everyone,

Bulldang Research has completed the survey of Burst Bar consumers they conducted for us this month. Their findings have provided useful insights into why sales of our new product line have been disappointing. I wanted to share some key points so we can start thinking about how to address the issue. —[1]—. A detailed summary will be provided next week.

The research focused on four key issues: brand image, taste, price, and health benefits. —[2]—. In line with our brand messaging, respondents viewed Burst Bar as a nutritional alternative to regular snack bars enhanced with healthy supplements. —[3]—. With regard to taste, consumers generally preferred the Chocolate & Quinoa version, but all flavors received positive reviews. —[4]—. However, many respondents were not convinced by Burst Bar's health claims and were reluctant to pay a higher price as a result. We therefore need to do a better job of demonstrating the product's benefits or revise the pricing strategy.

We will discuss this further in conference room B on March 10. I'm looking forward to hearing your ideas.

Thanks,

Edith

164. For what type of company does Ms. Backstrom most likely work?

(A) A research company
(B) A consulting firm
(C) A food company
(D) A department store chain

165. What is suggested about Burst Bar?

(A) They have only one flavor.
(B) They are health-oriented products.
(C) They are sold at convenience stores.
(D) They have sold more than expected.

166. What is going to be held on March 10?

(A) A product demonstration
(B) An orientation for new employees
(C) A team meeting
(D) A factory tour

167. In which of the positions marked [1], [2], [3], and [4] does the following sentence best belong?
"This suggests that there is no problem with the first issue."

(A) [1]
(B) [2]
(C) [3]
(D) [4]

The Longslip Historical Society
5 Summerfield Lane, Friendswood, TX 75006 Tel:(873)555-1019

April 30

Dear Sarah Langolis,

Thank you for your letter and application to be a summer volunteer. Every year, volunteers make an invaluable contribution to the Longslip Historical Society's popular Naharrel Museum. Their roles include engaging visitors in the historical section while wearing costumes and playing period-specific roles, assisting behind the scenes, and helping to maintain the premises. Volunteers learn diverse skills while working together with a dedicated team. For students, their volunteer experiences will strengthen their CV for university applications.

The entire application process is as follows:

Step 1 – Submit an application form.
Step 2 – Attend an interview at the museum.
Step 3 – We will check the references you have provided.
Step 4 – Schedule your shift with the volunteer coordinator.
Step 5 – We will provide your uniform or costume and train you for your role.
Step 6 – Probationary period of one week, after which you will meet with the volunteer coordinator to assess your role.

I will telephone you within one week to schedule your interview. You additionally asked about expenses and allowances for volunteers. We do not charge fees for costumes, uniforms, or training, and we also provide one free meal per day in the on-site café. We do not cover transportation fees, however. Should you decide to join us, I do hope the distance from your home will not be a hardship for you.

Yours sincerely,

Andrew Durham
Andrew Durham, Assistant Director

---

168. What is one purpose of the letter?
- (A) To announce the interview results
- (B) To explain a modification to an agreement
- (C) To share museum reviews
- (D) To express gratitude for an entry

169. What is NOT suggested about volunteers?
- (A) They wear uniforms.
- (B) They interact with visitors.
- (C) They undergo a trial period.
- (D) They must be university students.

170. What is suggested about the Naharrel Museum?
- (A) It has an eatery inside.
- (B) It is funded by a local artist.
- (C) It provides free parking.
- (D) It is next to a learning institution.

171. What is most likely true about Ms. Langolis?
- (A) She forgot to include some information.
- (B) She submitted her application late.
- (C) She has volunteer experience.
- (D) She lives far from Naharrel Museum.

GO ON TO THE NEXT PAGE

Questions 172-175 refer to the following online chat discussion.

Tina Lightfoot [3:30 P.M.]:
I just read an article about a really nice walking trail on Mt. Bowden. Are any of you interested in joining me on a trek up the mountain?

Greg Peterson [3:31 P.M.]:
When are you thinking of going?

Tina Lightfoot [3:31 P.M.]:
Let's take a look at everyone's schedule.

Lianne Frampton [3:33 P.M.]:
I could go on Saturday morning or Sunday morning. I need to get a new pair of shoes if I'm going.

Dede Smits [3:35 P.M.]:
I'm free at the same times as Lianne. How long does it take to get to Mt. Bowden, though?

Lianne Frampton [3:35 P.M.]:
It's in Kramerville. It will take us about an hour by car from Beaumont. I'll take you there in my car if you like, Dede.

Tina Lightfoot [3:37 P.M.]:
I'm free on Saturday morning and Sunday afternoon.

Greg Peterson [3:45 P.M.]:
Well, it looks like there's only one time when we're all available. I can go then, too.

Lianne Frampton [3:46 P.M.]:
I'll go shopping tonight, then.

Tina Lightfoot [3:49 P.M.]:
OK, let's meet at the mountain at 8 A.M.

172. Why did Ms. Lightfoot start the discussion?

(A) To remind employees about a retreat
(B) To introduce a new employee
(C) To invite people to take part in a hike
(D) To suggest that people read an article

173. What does Ms. Frampton offer to do?

(A) Lend Ms. Smits some equipment
(B) Give Ms. Smits a ride
(C) Send Ms. Smits a map
(D) Take Ms. Smits' shift at work

174. When will the writers most likely meet?

(A) On Saturday morning
(B) On Saturday afternoon
(C) On Sunday morning
(D) On Sunday afternoon

175. At 3:46 P.M., what does Ms. Frampton most likely mean when she writes, "I'll go shopping tonight, then"?

(A) She needs to get some food for a party.
(B) She will receive some money today.
(C) She has agreed to work overtime.
(D) She intends to go to Mt. Bowden.

GO ON TO THE NEXT PAGE

Enrollment is open for Fit-4-Life Gym's Summer Sports Camp at Camp Lackwa in the beautiful Bethany Mountains, 30 minutes from Lancaster. This weekday youth camp program is for ages 5 to 14. Each exciting, activity-packed day lasts from 8:00 A.M. to 5:00 P.M. The cost for the full five days is $190 and $120 for those who have applied for our program in the past. Prices include daily lunches and bus transport mornings and evenings between the camp and Fit-4-Life Gym locations in Lancaster.

Schedule:
24-28 June Swim Camp:
Cool down with water sports and activities for swimmers of all levels, including non-swimmers.

1-5 July Team Sports Camp:
Team sports for all levels, including soccer, basketball, volleyball, and more.

8-12 July Gymnastics Camp:
Gymnastics for all levels to improve strength, flexibility, and coordination.

15-19 July Conditioning Camp:
Activities include obstacle courses, strength and flexibility training, and conditioning circuit training to challenge all levels.

The number of attendees each day is limited, so visit www.fit4lifegym.com now to reserve your child's spot!

From:	Meredith Green <mgreen@fit4life.com>
To:	Andrew Falcon <andrewfalcon@mymail.com>
Date:	1 May
Subject:	Reservation no. 00635

Dear Mr. Falcon,

Thank you for your daughter Alexa's enrollment in Fit-4-Life Gym's Summer Sports Camp program beginning 15 July. Your payment of $120 has been confirmed and processed successfully.

Just in case, as the weather is very unstable in the mountains, we suggest that Alexa bring an umbrella or water-resistant coat from home. Other necessary items are all listed on our Web site, so please check them before your daughter's departure.

We are looking forward to your daughter's participation.

Best regards,

Meredith Green
Fit-4-Life Gym

176. What is offered in the Summer Sports Camp?

(A) A catered breakfast
(B) Swimming suits
(C) A shuttle service
(D) Overnight accommodation

177. According to the advertisement, what is suggested about the reservation?

(A) It can be made online.
(B) A health certificate must be submitted.
(C) It needs to be completed by May 1.
(D) A cancellation fee will be charged.

178. Which program will Alexa join?

(A) Swim Camp
(B) Team Sports Camp
(C) Gymnastics Camp
(D) Conditioning Camp

179. What is implied about Mr. Falcon?

(A) He reserved one of Fit-4-Life Gym's programs before.
(B) He used to be a fitness instructor.
(C) He lives outside of Lancaster.
(D) He has two daughters.

180. What does Ms. Green recommend that Mr. Falcon do?

(A) Renew a gym membership
(B) Have Alexa bring rain gear
(C) Contact the camp manager
(D) Exercise more frequently

GO ON TO THE NEXT PAGE

To:	Dan Kingsley
From:	Michelle Lafayette
Date:	January 30
Subject:	Trade fair

Dear Dan,

Regarding the trade fair coming up this spring, Sarah Woolich cannot deliver the keynote address this year, but Ken Longham from Lideran Business has confirmed his participation. He has landed a huge contract with the textile manufacturer Nordeck Materials to produce fabric for his company's line of sportswear and wants to speak about global fashion sourcing strategies.

I have given the trade fair sponsor the opportunity to appear at a runway show at 11:30 to display their new range of fabrics.

So far, 57 exhibitors have registered and paid. Availability is running low, with only three exhibit booths left unreserved. Online registration for buyers opens tomorrow, and based on last year's figures, we're expecting around 900 to attend.

As for lunch, I've booked a restaurant for 20 people. Please send me a list confirming who you'd like me to invite by the end of the week.

Finally, as it's a tradition for the organizing company, you will be giving the closing speech at 6:30.

If there are any changes you'd like to make to the schedule, be sure to let me know before we post it on our Web site tomorrow.

Best regards,

Michelle Lafayette, Event Coordinator

International Association of Textile Manufacturers Trade Fair Schedule
Venue: Sussex Royal Hotel

Saturday, April 19	
9:00 A.M. – 9:30 A.M.	Reception for buyers
9:30 A.M. – 10:00 A.M.	Keynote address – Ken Longham, President of Lideran Business
10:00 A.M.	Exhibit booths open in main hall
11:30 A.M. – 12:00 noon	Showcase – Tensel Textiles' runway show
12:00 noon – 1:00 P.M.	Lunch for VIPs at the Seaviews Restaurant, Grand Sussex Hotel
1:15 P.M. – 3:00 P.M.	Showcase – Other exhibitors' runway show
3:00 P.M. – 4:30 P.M.	Professional session – Analysis of consumer trends
4:30 P.M. – 6:30 P.M.	Exhibit booths – Networking
6:30 P.M.	Closing speech – CEO of Indio Textiles

181. In the e-mail, the word "address" in paragraph 1, line 2, is closest in meaning to

(A) residence
(B) attire
(C) problem
(D) speech

182. What does Ms. Lafayette ask Mr. Kingsley to provide?

(A) A price table
(B) An invitation list
(C) A map of the venue
(D) A draft of the speech

183. What is indicated about the trade fair?

(A) It will be featured on television.
(B) It will take place over several days.
(C) It will be held at a hotel.
(D) It will include a dinner show.

184. Which company is sponsoring the trade fair?

(A) Lideran Business
(B) Nordeck Materials
(C) Tensel Textiles
(D) Indio Textiles

185. What information will be provided in the afternoon session?

(A) Patterns in current shoppers' preferences
(B) Results of a recent design competition
(C) Safety rules for the textile industry
(D) Career development for designers

GO ON TO THE NEXT PAGE ➤

From:	Mary Willis <maryw@dalstontourismboard.org.uk>
To:	Tom Baring <tomb@erhamcountybc.co.uk>
Date:	5 August
Subject:	Promotion campaign

Dear Tom,

The board has received a grant from the "VisitUK" government program for a promotional video to highlight Dalston's attractions. We want to focus on the slow pace of life in the village, its farm-fresh food, and our heritage, in particular the church and the history museum inside the old schoolhouse.

We appreciate your recent support, especially the TV coverage of our village festival. You have helped to make Dalston a destination for day-trippers from London. Therefore, the board is hoping you will direct our new project for us. Please let me know if this is possible.

Best regards,

Mary Willis
Dalston Tourism Board

From:	Tom Baring <tomb@erhamcountybc.co.uk>
To:	David Longhorn <davidlonghorn@5star.co.uk>
Date:	28 August
Subject:	Dalston PR Video
Attachment:	⬛ DalstonTB_video_schedule

Dear David,

Here is the schedule for the Dalston promo video. We don't have a large budget, so I am trying to keep expenses down. To ensure that we can complete the interior and interview scenes in just one day, we'll visit all the locations and determine camera angles on the 18th. We'll also save money by doing all the scenes with models on the second day only. On the third day, we'll do the scenic shots and most likely finish by lunchtime.

In terms of the models, I'd like a family of four, with older children, about 10 and 12 years old. Becky DiVola will bring the necessary props—she'll be with us for all three days. Could you book the models and a stylist by next week?

Best regards,

Tom Baring
Erham County Broadcasting

Schedule

	18 September Location scouting: All locations	19 September Interior shoots and interviews: church, history museum	20 September Exterior shoots: Shepherd's Hill, village
Director Tom Baring	✓	✓	✓
Producer David Longhorn	✓	✓	✓
Assistant Director	✓	✓	✓
Camera operator 1		✓	
Camera operator 2 (Drone)			✓
Sound Engineer		✓	
Stylist		✓	
Models		✓	

186. Why did Ms. Willis write to Mr. Baring?

(A) To explain a grant application process
(B) To request financial support
(C) To ask him to direct a commercial
(D) To invite him to a local festival

187. In the first e-mail, the phrase "coverage of" in paragraph 2, line 1, is closest in meaning to

(A) feature on
(B) protection of
(C) sphere of
(D) payment for

188. How does Mr. Baring intend to keep the costs down?

(A) By using a local camera crew
(B) By doing the stylist's job himself
(C) By finishing early every day
(D) By hiring models for only one day

189. What will take place on September 19?

(A) The announcement of a grant
(B) A photo shoot for a pamphlet
(C) Filming inside an old schoolhouse
(D) A meeting with Ms. Willis

190. Who most likely is Ms. DiVola?

(A) An assistant director
(B) A camera operator
(C) A stylist
(D) A model

GO ON TO THE NEXT PAGE ▶

https://www.mayburybusinesshub.com/about

Maybury Business Hub

- Home
- **About**
- Events
- Services
- Membership
- Contact

For over 20 years, the Maybury Business Hub has been supporting the success of local entrepreneurs. We've helped launch and grow thousands of small businesses. In addition to free consultations with experienced advisors on each step of the process including planning, financing, start-up, and expansion, Maybury Business Hub offers:

- **Support for creating a business plan**
- **A monthly public lecture series and networking activities**
- **Job fairs where recruiters can meet with students from local universities**

Subscribe to our mailing list to receive updates on upcoming events.

Leveraging Your Web Site
– Ryan Watkins, Dott Solutions

March 8 6:30-8:30 P.M.

This month's Maybury Business Hub monthly lecture features a renowned Web marketer, Ryan Watkins. He will provide you with valuable ideas for selling your products online more efficiently and effectively.

Each talk is followed by a lively networking session where you can discuss relevant issues and explore new opportunities with other businesspeople.

Coming Soon...

- April 12: *Growing Your Workforce* – Tammy Gorman, HR consultant
- May 10: *Creating a Unique Brand* – Miles Polonsky, Bangad Marketing
- June 14: *Managing Your Cash Flow* – Kate Pearson, Whitlock Bank

```
┌─────────────────────────────────────────────────────────────┐
│  ≡≡≡≡≡≡≡≡≡≡≡≡≡≡≡≡  E-Mail Message  ≡≡≡≡≡≡≡≡≡≡≡≡≡≡≡≡  │
├─────────────────────────────────────────────────────────────┤
```

From: jasonsmith@jssolutions.com
To: cmendoza@argosy.com
Date: April 9
Subject: Friday Lecture

Hi Carmen,

I hope all is well with you and your company. Do you still attend the monthly lectures and networking events at the Maybury Business Hub? I haven't been for a few months, but I'm planning to go on Friday since I'm particularly interested in this month's topic. If you plan to be there, I have a business proposition that I'd like to discuss with you. I think it could provide some good opportunities for both our companies. I was hoping we could set aside 15 minutes after the lecture to talk about it. If you're not going, perhaps we could discuss it another time soon.

Kind regards,

Jason Smith

191. What is NOT stated about the Maybury Business Hub?

(A) It sends event information by e-mail.
(B) It holds a recruiting event.
(C) It invests money in local business ventures.
(D) It helps entrepreneurs write business plans.

192. What is indicated about *Leveraging Your Web Site*?

(A) Special discounts will be applied to members.
(B) Registration can be completed online.
(C) It has a short break during the session.
(D) It is open to the general public.

193. What is suggested about Mr. Watkins?

(A) He runs a small business.
(B) He is an expert on online marketing.
(C) He graduated from a local university.
(D) He published a book on programming.

194. Why did Mr. Smith send the e-mail?

(A) To arrange a meeting
(B) To recommend a product
(C) To give feedback on a proposal
(D) To get in touch with a former colleague

195. Which lecture does Mr. Smith plan to attend?

(A) *Leveraging Your Web Site*
(B) *Growing Your Workforce*
(C) *Creating a Unique Brand*
(D) *Managing Your Cash Flow*

GO ON TO THE NEXT PAGE

Manufacturing Giant Aims Smaller

(November 10)—Techguarden, a giant in the systems networking market, will introduce its first smartphone, the TG-3001, at a launch event. The move is part of the company's drive to have a presence in more markets. The event will be broadcast live on the company's Web site on November 20.

The company has recently garnered attention by developing smaller-scale versions of its network systems for retail and small businesses. Their latest products feature user-friendly controls and an innovative platform that can be integrated into a range of networks, increasing their exposure to more potential buyers. Techguarden

president Amanda Flores said in an interview, "We're well known in many industries for our systems for monitoring and controlling manufacturing processes, but we're really excited about creating a product that will let us connect with the public at large."

Flores said that the TG-3001 will be compatible with existing equipment that runs Techguarden's systems software. This would mean, for example, that personnel at factories currently using Techguarden software could control assembly line equipment with their phones, without needing to replace expensive machinery.

E-Mail Message

From: Alex Willard
To: Planning Committee members
Date: November 13
Subject: Launch Event Changes

Hi all,

We were going to have Margaret Nelson from PR deliver the main presentation at our launch event, but since we're going to allow online questions and comments, someone more familiar with our marketing goals would be a better choice. Two supervisors from marketing, Alison Webb and Johan Newton, have been nominated, but we're open to other ideas. Ms. Flores is also considering taking over for Margaret herself. We will have a vote on this at our Launch Planning Committee meeting tomorrow.

Alex

www.techguarden.com/live_events

Thank you for watching our livestream. Please give us your feedback by filling out the form below. Ten respondents will be chosen to win our brand-new smartphone, the TG-3001.

Name:
Marisa Delgado

Comment:
I watched the livestream yesterday! My real estate company uses Techguarden software for our property database. I'm very excited about this smartphone since it will allow agents to work with clients on-site, rather than having to return to our offices.
Ms. Webb showed not only deep knowledge about the product, but also an engaging enthusiasm.

196. What is the purpose of the article?

(A) To report on a product launch
(B) To analyze a potential merger
(C) To profile a new company
(D) To review a software product

197. In the article, the phrase "exposure to" in paragraph 2, line 8, is closest in meaning to

(A) visibility to
(B) influence by
(C) substitution for
(D) risk of

198. What will happen on November 14?

(A) A new marketing supervisor will be appointed.
(B) A presenter will be selected.
(C) A product recall will be conducted.
(D) New smartphones will be manufactured.

199. When did Ms. Delgado fill in the form?

(A) November 10
(B) November 13
(C) November 20
(D) November 21

200. Who most likely talked at the launch event?

(A) Amanda Flores
(B) Alex Willard
(C) Alison Webb
(D) Johan Newton

Stop! You have reached the end of the test.
You may go back to Parts 5, 6, and 7 and check your work if you have extra time.

TEST 3

解答時間 🕐 **75**分

● **解答用紙**　　　p. 155

※ Webサイトからダウンロードもできます
（本冊 p. 7参照）

● **正解一覧**　【本冊】 p. 127

● **解答解説**　【本冊】 p. 128〜181

旺文社 TOEIC® L&R テスト対策書
「自動採点サービス」対応　オンラインマークシート

● サイトから本書「TEST 3」を選択の上，ご利用ください。
● PCからも利用できます。（本冊 p. 6参照）

※各Partの指示文（Directions）は旺文社作成のものです。

READING TEST

In the Reading test, you will read several different kinds of texts and answer a variety of reading comprehension questions. The entire Reading test will be 75 minutes long. The test has three parts, with directions given for each of them. It is recommended that you answer as many questions as you can within the time limit.

Your answers must be marked on the answer sheet which is provided separately. The answers must not be written in the test book.

PART 5

Directions: In each sentence below, there is a word or phrase that is missing. After each sentence, there are four answer choices given. Choose the answer that best completes the sentence. Then mark (A), (B), (C), or (D) on the answer sheet.

101. Dernit is famous for its pottery ------- silver products.

(A) even
(B) both
(C) and
(D) by

102. In ------- of the sharp decline in sales, the sales team at Waleck decided to hold an urgent meeting.

(A) consider
(B) consideration
(C) considerably
(D) considered

103. The sales of the novel *The Small Planet* were ------- the publishers' expectations.

(A) rather
(B) fairly
(C) beyond
(D) whereas

104. Mr. Orivz emphasized that ------- conversations with others does lead to great business ideas.

(A) initials
(B) initiating
(C) initially
(D) initiation

105. Since the first experiment turned up no results, ------- investigation in the underground water pipes will be conducted.

(A) additional
(B) potential
(C) financial
(D) controversial

106. One of the most influential novelists of the year ------- for the grand prize at the Sanzana Best Writer Awards.

(A) have been nominated
(B) is nominated
(C) are nominating
(D) were nominating

107. The marketing chief, Micaela Leed, ------- all salespeople to cooperate as a team to achieve sales goals.

(A) confessed
(B) served
(C) suggested
(D) encouraged

108. No sooner had their first microwave gone on sale ------- Dollin Appliance started developing a new one.

(A) or
(B) in
(C) than
(D) when

109. The 1-hour lunch break must ------- between 11:30 A.M. and 1:00 P.M. unless there are special circumstances.

(A) take
(B) be taking
(C) be taken
(D) taken

110. Unforeseen production difficulties ------- the launch of the Ultra-light Tablet by more than six months.

(A) developed
(B) destroyed
(C) employed
(D) delayed

111. With its new registration system, Yamaz Art Class now can ------- manage enrollment compared with the past.

(A) commonly
(B) deliberately
(C) internationally
(D) effortlessly

112. The Seanut Associates employee manual clearly outlines the ------- procedures that must be followed when applying for another position.

(A) optional
(B) beneficial
(C) strategic
(D) necessary

113. If you are not ------- with the quality of the repairs, please contact the Numata customer service department.

(A) satisfy
(B) satisfying
(C) satisfaction
(D) satisfied

114. The intense ------- for market share between EurosAir and StateLiners has led to the offering of huge discounts to travelers.

(A) equipment
(B) competition
(C) condition
(D) investment

115. Onomo Design pays careful attention to ------- their customers request each time.

(A) who
(B) what
(C) which
(D) that

116. We reserve the right not to allow any bags, parcels or other ------- to be taken onto the plane.

(A) items
(B) entries
(C) kinds
(D) units

117. Knollewood Industries arranged for ------- employees to take aptitude tests, which help them develop their career path.

(A) each
(B) all
(C) every
(D) much

118. Local citizens who are concerned about the planned road ------- in Chesterfield can attend a residents meeting.

(A) expand
(B) expanding
(C) expansion
(D) expanded

119. There is little support for buyers on online auction sites when sellers decide to ------- of the deal.

(A) pull out
(B) cut out
(C) stand out
(D) break out

120. Follow the instructions ------- when completing a form as any mistakes may result in your application being delayed.

(A) care
(B) carefully
(C) careful
(D) carefulness

GO ON TO THE NEXT PAGE

121. Roy Paulson ------- the quarterly sales report at the regional staff meeting next week.

(A) presenting
(B) is presented
(C) has presented
(D) will be presenting

122. The board of directors at Whitmorez decided to relocate their offices to a business park ------- town.

(A) on
(B) for
(C) across
(D) over

123. Their performance was evaluated based on the ------- each employee made to the company throughout the year.

(A) measurement
(B) contribution
(C) interview
(D) blueprint

124. Notify Ms. Green of any concern you might have so that ------- can comprehend and address the problem right away.

(A) she
(B) her
(C) hers
(D) herself

125. Your subscription to *Super Architectural Review* magazine will ------- unless renewed a week before the delivery of the issue of the final month.

(A) assemble
(B) expire
(C) prevent
(D) decline

126. Riccardo Olad and his coworker Haley Pugh were assigned to the project leader and chief designer roles -------.

(A) preferably
(B) privately
(C) keenly
(D) respectively

127. Home Stop placed orders for extra picnic supplies to ensure ------- availability for shoppers throughout the weekend.

(A) so
(B) those
(C) their
(D) each

128. Mr. Parks opened the conference ------- welcoming the participants, and then introduced the keynote speaker.

(A) by
(B) in
(C) at
(D) to

129. Trulwash Automotive is popular in that their ------- costs for a car navigation system are lower than the other rival companies.

(A) installed
(B) install
(C) installation
(D) to install

130. New managers are required to attend two training sessions on public speaking ------- the end of September.

(A) along
(B) with
(C) during
(D) before

PART 6

Directions: You will read the texts that follow, and in different parts of them, there is a word, phrase, or sentence that is missing. Look below each part of the texts and you will find a question, with four answer choices. Choose the answer that best completes the text. Then mark (A), (B), (C), or (D) on the answer sheet.

Questions 131-134 refer to the following e-mail.

From: management@speedwaystarsl.com
To: allstaff@speedwaystarsl.com
Date: July 6
Subject: Let us know what you think!

To All Staff,

We would like everyone to give us feedback on our newly opened company cafeteria. ------- the
131.
facility just two months ago, we think there might be some areas that we need to improve. To

make it better, we want to hear what our ------- have to say.
132.

To answer a quick survey, please follow the link below. -------. After filling out the survey, click
133.
the send button. It only takes a few minutes ------- the whole process. We appreciate it if you
134.
could answer it by next Friday, July 13.

Survey link: www.speedwaystarslteam.com/survey

Regards,

Speedway Star Solutions Management Team

131. (A) Transferring
(B) Seeking
(C) Establishing
(D) Placing

132. (A) students
(B) investors
(C) applicants
(D) employees

133. (A) We hope to meet you again soon.
(B) You need to enter your personnel ID
number first.
(C) It has already produced good results.
(D) This is one of our most popular
products.

134. (A) to complete
(B) completed
(C) to have completed
(D) complete

GO ON TO THE NEXT PAGE

------- book clubs have been around for hundreds of years, you may think they have no
135.

relevance in the modern age. -------. The Internet has made it easier than ever for people to
136.

share opinions and discuss their favorite writers.

We at Curiosity Books invite you to join our free online book club. Each month we select a

fascinating book in digital format for club members to read. We then post topics and open the

forum for -------. Find more details about ------- at www.curiositybooks.com. We look forward
137.   **138.**

to seeing you on the forum!

135. (A) Also
(B) Whenever
(C) Surely
(D) Although

136. (A) The digital revolution might be to
blame.
(B) Fewer people report reading for
pleasure.
(C) In fact, book clubs are thriving
nowadays.
(D) However, book prices have fallen
dramatically.

137. (A) discussed
(B) discussion
(C) discussable
(D) discuss

138. (A) donation
(B) contract
(C) payment
(D) membership

Questions 139-142 refer to the following letter.

June 9

Reeves Iverson
293 Third Place
Ludhiana 141003

Dear Ms. Iverson,

I am very sorry for the problems you encountered last month at the hotel you booked through

our agency. I ------- to the manager at Waikiki Resort regarding the construction noise you had
    139.

described. He told me that the floor above your room was being remodeled ------- your stay.
          140.

Had we known about this, we would have booked your holiday at another resort. -------.
         141.

As a token of apology, we will refund 50% of the cost of your hotel stay to your credit card.

-------, we would like to offer you 20% off the next holiday you book with us.
 142.

Sincerely,

Heather Lowry

Manager, BMG Travel Agency

---

139. (A) speak
(B) was spoken
(C) spoke
(D) will be speaking

140. (A) throughout
(B) rather
(C) until
(D) after

141. (A) The manager has agreed to give you an upgraded room.
(B) I have confirmed your reservation for your desired dates.
(C) We will work more closely with partnered hotels to avoid such mistakes.
(D) Please note that breakfast will be included with your reservation.

142. (A) As a result
(B) Therefore
(C) In addition
(D) Overall

GO ON TO THE NEXT PAGE

Thank you for visiting gameplanetts.com today.

At this moment, all services online have been suspended due to an unexpected network outage. Our team of expert technicians is ------- working on fixing this issue. However, we do
143.
not know when this problem will be fixed. -------.
144.

Please rest assured that your private data has neither been lost nor leaked during this service interruption. ------- all our systems are not accessible from the Internet at the moment, they're
145.
fully functioning. Furthermore, our shipping centers are continuing to send games and consoles, so all ------- orders are being processed as usual.
146.

We appreciate your patience and understanding.

143. (A) currently
(B) recently
(C) shortly
(D) hardly

144. (A) Please check back for updates at regular intervals.
(B) If the machine doesn't work properly, report us right away.
(C) We will reopen our restaurant with a new address soon.
(D) Exciting content is being prepared for launch.

145. (A) Provided
(B) While
(C) Except that
(D) So that

146. (A) existence
(B) existed
(C) exist
(D) existing

PART 7

Directions: In this part you will read a variety of selected texts. Examples include magazine and newspaper articles, e-mails, and instant messages. There will be several questions that follow each text or group of texts. Choose the answer that is the best for each question and mark (A), (B), (C), or (D) on the answer sheet.

Questions 147-148 refer to the following coupon.

Get 20% Off Buffo Frozen Pizzas!

Following the announcement of the new partnership between Buffo Pizzas and Mesa Supermarkets, we're offering a 20% discount.

- Offer valid until December 31 at any Mesa Supermarket location.
- Coupon can be used one time only for any quantity of Buffo individual- or family-size frozen pizza products.
- Coupon must be presented at the time of purchase.
- This coupon may not be used in conjunction with other special offers or discounts, or for online orders.

147. Why is the coupon provided?

(A) To mark the reopening of a store
(B) To promote a new product line
(C) To celebrate a business arrangement
(D) To thank customers who attended an event

148. What is indicated about the discount?

(A) It is valid until the product is out of stock.
(B) It is offered for special members.
(C) It only applies to in-store purchases.
(D) It can be used with other coupons.

GO ON TO THE NEXT PAGE ➤

MEMO

To: All Andretti Landscaping Staff
From: Greg Andretti, President
Date: February 10
Subject: Hamilton Clinic update

Dear All,

The council has announced that it will be performing emergency work on the portion of Carlton Avenue between Danbury Street and Jameson Road. Yesterday, they closed this part of the street off to traffic and it will not reopen until February 19. This is precisely where we are currently carrying out landscaping work for the Hamilton Clinic. The council understands our situation and has agreed to make an exception in our case. Nevertheless, they are enforcing the closure very strictly and it will be necessary to show employee identification to get through. We haven't provided our employees with photo IDs in the past, but due to these unforeseen circumstances, we have no choice but to start now. You will be able to pick your new cards up when you arrive at work tomorrow morning. It is important that you do not forget to do so.

Sincerely,

Greg

149. According to the memo, what is being announced?

(A) The closure of a road
(B) A change in a timetable
(C) The cancellation of a job
(D) The relocation of an office

150. When will identification cards be distributed?

(A) February 10
(B) February 11
(C) February 19
(D) February 20

Carlleton Seafood

"Simply Nashville's finest seafood restaurant"
— Rick Stanforth, *Nashville Standard*

"One of the city's oldest and most respected dining establishments, it never fails to impress!"
— Stephanie Miles, *Dining Out Magazine*

Carlleton Seafood is proud to announce that it has managed to attract one of North America's finest chefs to lead its team of experienced cooks. Glen Tanaka, famous for his work at Sands of Time in Las Vegas, has taken over the role of head chef.

After 20 years running the restaurant, owner Tina Hannity has passed on the responsibility to someone she can trust to carry on the establishment's tradition of fine food and excellent service. She has even given Mr. Tanaka permission to update the menu her father created 30 years ago. Ms. Hannity's family originally ran the Carlleton Seafood Markets and opened the restaurant as a way for her to put her culinary arts degree to good use. The markets are still going strong and Ms. Hannity is looking forward to focusing more on them and her work as head of the Nashville Chamber of Commerce.

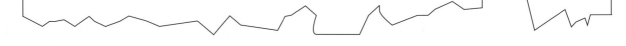

151. What is the purpose of the article?

(A) To promote the opening of a new restaurant
(B) To publicize the hiring of a new chef
(C) To announce a discount offer at a market
(D) To list some new dishes at a restaurant

152. What is indicated about Carlleton Seafood?

(A) It has a long history in Nashville.
(B) It is open seven days a week.
(C) It has won tourism awards.
(D) It is located near the sea.

153. What is NOT true about Tina Hannity?

(A) She worked at Carlleton Seafood.
(B) She has cooking qualifications.
(C) She created the Carlleton Seafood menu.
(D) She is a member of the Nashville Chamber of Commerce.

GO ON TO THE NEXT PAGE ➤

Questions 154-155 refer to the following text-message chain.

Todd Mulaney   8:50 A.M.
Are you coming to the VFR Advertising Awards ceremony this evening?

Ingrid Ortiz   8:51 A.M.
No, I can't this year. I've asked Joan Williams to speak in my place if we win. She's prepared a speech.

Todd Mulaney   8:53 A.M.
OK. I was going to suggest sharing a taxi. I wanted to talk to you about some ideas I had for the Thorpe Soap campaign on the way there.

Ingrid Ortiz   8:53 A.M.
I'd love to hear them. I have a meeting with the clients from Thorpe Soap on Monday.

Todd Mulaney   8:54 A.M.
Shall we meet up for lunch today, then?

Ingrid Ortiz   8:59 A.M.
Let's see. I'm not sure how long my 11:00 appointment will take. I'll send you a text at 12:00 to let you know.

Todd Mulaney   9:02 A.M.
Great. There's a new restaurant on Philip Street that I want to check out.

154. What do the writers most likely produce?

(A) Documentary films
(B) Television commercials
(C) Training videos
(D) Commemorative recordings

155. At 8:59 A.M., what does Ms. Ortiz mean when she writes, "Let's see"?

(A) She is looking forward to watching a video.
(B) She will search for some tickets.
(C) She might not be available.
(D) She is checking a restaurant reservation.

Milton Cambridge's most popular novel, *Fractured Big Dreams*, is to be made into a motion picture. The movie is to star Heather Wilson. The story will be altered slightly for the screen, which may annoy some of Cambridge's fans. However, Renée Light, the screenwriter hired for the project, has won several major awards for her previous projects and she has said in the past that she herself is a fan of Mr. Cambridge.

The film's star is now completing another project in Hawaii. According to a spokesperson for the production, she will arrive in Toronto next week to start preparing for her new role.

156. What is the article mainly about?

(A) The film adaptation of a book
(B) The premiere of a new movie
(C) The schedule of an awards ceremony
(D) The budget for a project

157. What will Ms. Wilson do next week?

(A) Meet with Ms. Light
(B) Collaborate on a screenplay
(C) Buy a home in Hawaii
(D) Begin working on a new project

GO ON TO THE NEXT PAGE

MEMO

To: All Fllur Employees
From: Hannah Sanchez, Fllur Company Manager
Date: June 7
Subject: Maintenance

Fllur computer systems will be updated from June 9 to 12. This annual procedure ensures that all network services are in good working condition. Because of this, our network will be temporarily unavailable for a certain time. Please see below for when the scheduled work will take place in each department.

Day 1 Accounting
Day 2 Marketing
Day 3 General Affairs
Day 4 Human Resources

We strongly advise employees to back up important files beforehand. Should you have any questions regarding this matter, please contact Brian Fulmer of the IT Department.

Thank you,

Hannah Sanchez, Fllur Company Manager

---

158. What is true about the maintenance?

(A) It will take place outside office hours.
(B) It will be conducted by Ms. Sanchez.
(C) It is implemented on a yearly basis.
(D) It requires half a day to complete.

159. When is the work scheduled for the Human Resources department?

(A) June 9
(B) June 10
(C) June 11
(D) June 12

160. According to the memo, why should some people contact Mr. Fulmer?

(A) To ask about saving data
(B) To submit a product proposal
(C) To schedule an interview
(D) To reserve a place for a lunch meeting

Demolition of Hillsgate Shopping Center Gets Under Way

KINGSTON (28 March)— Crews began the work of tearing down the Hillsgate Shopping Center near the Kingston City waterfront today. —[1]—. Since its opening, the center had offered low rents to independent shops, and quickly became a popular shopping and mingling destination for younger residents. —[2]—. After many years of gradually declining revenues, it eventually closed its doors last year.

The removal of the Hillsgate Shopping Center will make room for a new retail, office, and residential complex, which is part of the city government's £100 million regeneration project for the waterfront. —[3]—. The new facility will host premium shops and restaurants. The historic Tudor House and St. Luke's Church will be incorporated into a tree-lined pedestrian street linking the complex's shops with the port. The city hopes this will attract passengers from cruise ships docking at Kingston. —[4]—.

161. What is mentioned about the Hillsgate Shopping Center?

(A) It is the only shopping center in Kingston.
(B) It is situated in the suburbs.
(C) Its annex is being constructed.
(D) It is being demolished.

162. What is suggested about St. Luke's Church?

(A) It has a fairly modern design.
(B) It is located near the waterfront.
(C) It was constructed forty years ago.
(D) It was torn down to build a shopping center.

163. In which of the positions marked [1], [2], [3], and [4] does the following sentence best belong?

"However, with the changing market, the center struggled to stay in business."

(A) [1]
(B) [2]
(C) [3]
(D) [4]

GO ON TO THE NEXT PAGE

Questions 164-167 refer to the following online chat discussion.

Tina Lopez [3:57 P.M.]
Sorry I've been out of the office all day. How is the sample poster for Fernelli Audio coming along?

Ben Adams [4:05 P.M.]
I just sent the layout design to Shelly. She will print it out soon.

Tina Lopez [4:06 P.M.]
That's good to hear. I can pick up the sample tomorrow morning and take it to Fernelli Audio before meeting another client. If they approve it, can we fill an order for the oversized wall poster by Wednesday? They want them for the Pro Audio Convention.

Shelly Owens [4:15 P.M.]
I just printed out the sample as they requested. Actually, I'm a little worried about the font size. It's very small compared to the size of the poster, so it might be hard to read from a distance. If Fernelli Audio wants us to fix it, we might not be able to start printing in time to meet their deadline.

Tina Lopez [4:16 P.M.]
Ben, can you make another sample with larger text to show Fernelli Audio?

Ben Adams [4:18 P.M.]
I'll get on it right away. To be safe, I'll prepare two extra sample designs with larger text.

Shelly Owens [4:19 P.M.]
All right. Tina, I'll print out two more samples before I leave this evening. You'll find all of them on your desk in the morning.

Tina Lopez [4:20 P.M.]
Great.

164. What kind of business do the writers most likely work for?

(A) A printing service
(B) An event planning company
(C) A real estate agency
(D) An audio equipment maker

165. At 4:06 P.M., what does Ms. Lopez most likely mean when she writes, "That's good to hear"?

(A) She is looking forward to meeting Mr. Adams.
(B) She is happy that Ms. Owens was promoted to leader.
(C) She is satisfied with the progress of their work.
(D) She is glad a problem has been resolved.

166. Why is Ms. Owens concerned?

(A) A shipment is delayed.
(B) A client might not like a design.
(C) A printer is malfunctioning.
(D) A client might postpone an event.

167. What does Ms. Owens say she will do for Ms. Lopez?

(A) Transfer a call
(B) Wait for her at the office
(C) Put some samples on her desk
(D) Install some software

GO ON TO THE NEXT PAGE

Main page	Testimonials	Options	Contact

Welcome to Favreau and Rossi

Favreau and Rossi has been preparing meals for events in Montreal for many years. We have a variety of menu options at different price points, and we are able to feed from as few as 10 diners to as many as 500. Naturally, we may require advance notice for events with large numbers of participants. We are especially busy during the summer months, so be sure to book early. Between November and February, on the other hand, we are comparatively free, and we offer substantial discounts to clients holding events then.

Favreau and Rossi has grown from a small business with just five staff to a major local employer with more than 40 people on its payroll. During our two decades of serving Montreal, we have won several local business awards for not only our service quality, value for money, and customer satisfaction, but also our dedication to the local community.

We are renowned for our volunteer work to foster local sporting teams and volunteer groups. We sponsor several junior teams including the Montreal Ducks and the South Bend Long Horns. We provided free meals to the Montreal Green Society at the last three annual riverside cleanups.

If you would like us to help support your group, contact our community outreach officer at co@favreauandrossi.com.

168. How does Favreau and Rossi serve its customers?

(A) By renting out a venue
(B) By offering business advice
(C) By providing a catering service
(D) By leasing office equipment

169. According to the Web page, how can customers get a reduced price?

(A) By joining a loyalty program
(B) By writing a testimonial
(C) By hiring the company at a certain time
(D) By introducing another customer

170. What is indicated about Favreau and Rossi?

(A) It is a family-owned business.
(B) It provides free delivery to local residents.
(C) It has moved to a new location.
(D) It has been in business for twenty years.

171. What is Favreau and Rossi famous for?

(A) Training new recruits
(B) Supporting the local community
(C) Organizing an annual event
(D) Producing its own advertisements

Questions 172-175 refer to the following e-mail.

From:	Ryan Jeffords <jeffords@arkia.com>
To:	Ahmed Hussain <ahussain@dmail.com>
Date:	April 19
Subject:	Re: Order #1015130

Dear Mr. Ahmed Hussain,

Thank you for your e-mail regarding your recent online purchase from Arkia.com. We regret to hear that the Hulo lamp you ordered was damaged when you received it. —[1]—.

In accordance with our return policy, unsatisfactory products can be replaced within 60 days of purchase. —[2]—. You may use either the original packaging or another box.

Once you have sent the lamp, please e-mail us a photo of the receipt that shows the shipping cost. —[3]—. A replacement product will be shipped to you within two business days of receiving the damaged item. A refund for the return postage costs will be issued to your bank account at the same time.

We apologize for any inconvenience. We appreciate your choosing Arkia.com for your home furnishing needs. —[4]—.

Sincerely,

Ryan Jeffords
Customer Support

172. Why did Mr. Jeffords write the e-mail?

(A) To cancel an order
(B) To explain a procedure
(C) To describe a change in policy
(D) To apologize for the closure of a store

173. What does Mr. Jeffords ask Mr. Hussain to do?

(A) Provide a phone number
(B) Send a photograph
(C) Extend a warranty
(D) Pay for gift-wrapping

174. What will Mr. Hussain receive?

(A) A refund for an item
(B) An Arkia-branded credit card
(C) Reimbursement for a shipping fee
(D) A free repair service

175. In which of the positions marked [1], [2], [3], and [4] does the following sentence best belong?

"Simply mail the Hulo lamp to the address indicated on our Web site."

(A) [1]
(B) [2]
(C) [3]
(D) [4]

GO ON TO THE NEXT PAGE

Dr. Lance Tilly's Workshops on Personal Finance

- Plan for your future • Retire early
- Avoid unnecessary expenses • Develop a side income

Dr. Tilly is an expert in personal finance with a master's degree from Scotland's prestigious Sterlington University. He has appeared on several television programs to discuss the economy and ways that people with little financial knowledge can make the most of their income. The series of two workshops will be held over two consecutive days, during which Dr. Tilly will cover a wide variety of topics. On the second day, he will be joined on stage by several previous workshop attendees who will talk about their experiences using his strategies. They will speak frankly about their past and current financial situations and reflect on their financial decisions.

This will be your last chance to see Dr. Tilly speak in California for some time. His national tour will take him to New Mexico in early November and Texas and Florida later in the month.

	Series 1		Series 2
Dates:	September 13 and 14	**Dates:**	September 20 and 21
Time:	10:00 A.M. — 3:00 P.M.	**Time:**	1:00 P.M. — 5:00 P.M.
Location:	Heartland Convention Center 98 Sugarwood Avenue San Francisco, CA 94110	**Location:**	Browning Hotel Ballroom 76 Creek Street San Diego, CA 92037
Cost:	$60	**Cost:**	$60

Testimonials

December 19
By Yeardley Walker

A friend living in California attended Dr. Tilly's workshops at the Heartland Convention Center earlier this year. She said that it changed her life. She insisted that I buy a ticket for his New Mexico workshops. It was the best experience I have ever had. It was held on December 3 and 4, which was a weekend, so it was easy for working people to attend. I learned so much over those two days. I recommend the workshops to anyone who wants to feel peace of mind about their financial future.

176. What is the subject of the workshops?

(A) Learning to manage money better
(B) Applying for professional positions
(C) Building a business network
(D) Volunteering in the community

177. What credentials does Lance Tilly have?

(A) A background in banking
(B) An academic title in finance
(C) Experience in investment
(D) Recognition from a government agency

178. In the advertisement, the word "cover" in paragraph 1, line 5, is closest in meaning to

(A) conceal
(B) defend
(C) discuss
(D) report

179. What is probably true about Ms. Walker's friend?

(A) She paid for Ms. Walker's tickets.
(B) She appeared on stage with Lance Tilly.
(C) She attended a workshop on September 13.
(D) She will visit Ms. Walker in New Mexico.

180. What is implied about Lance Tilly's workshop in New Mexico?

(A) It was intended for college students.
(B) Its date had to be rescheduled.
(C) It attracted more than 100 people.
(D) It was advertised on television.

GO ON TO THE NEXT PAGE

Tiddleworth Village Charity Fun Run

Schedule of Events Sunday, 22 September

7:30 A.M.   Registration Opens
8:30 A.M.   5K Run Start
9:30 A.M.   1K Youth Fun Run Start
10:00 A.M. Awards – Including best costume

Entry Fees

5K Run – Entry received by 17 September (Early entry rate): £14
5K Run – Race day registration or entry received after 17 September: £20
1K Youth Fun Run (Ages 12 and under, no early entry rate): £7

To qualify for early entry rates, entrants must pay fees directly to Jean Bowen, Village Treasurer, at the Tiddleworth Village Hall Office.

All proceeds from the run will help fund the installation of a computerized interactive learning center in the village library. In addition to refreshments and cupcakes provided by Rosie's, our favorite tea, Tiddleworth's Finest, will be on sale. Thirty percent of the proceeds is going to this library fundraising effort.

We are also recruiting volunteers to help with registration and officiating at the start and finish lines, as well as to help organize the refreshment area. Please contact Jean at the Village Hall Office at 02-555-1019 by 31 August. Whether you will be running, volunteering, or just cheering from the sidelines, we hope you will come to show your support and enjoy this community event.

E-Mail Message		
From:	Jean Bowen <jbowen@tddwvillagehall.org.uk>	
To:	Sarah Jackson <sjackson@tiddleworthcouncil.gov.uk>	
Date:	Wednesday, 17 September	
Subject:	Fun Run Update	

Sarah,

We have pretty much the same volunteers as last year, which is great. I've assigned everyone to the same roles they had last year so they should know what needs to be done. However, Ben is the exception. He helped with the adult race last year, but I'm having him help with the kids' run instead this year. If you could give us a hand with registration, that would be great.

We have even more early entrants than last year. Since the Village Hall garden will be too crowded with the registration desk, we'll need to set up the refreshment stands and tables across the road in Naidesh Park.

See you at the volunteer briefing tomorrow evening!

Jean Bowen

181. What is indicated about the early entry rate?

(A) It applies to children only.
(B) It is valid until September 22.
(C) It must be paid in person.
(D) It includes refreshments during the event.

182. What is the purpose of the event?

(A) To promote better physical fitness
(B) To raise money for a local library
(C) To select athletes for a team
(D) To advertise healthcare equipment

183. According to the e-mail, what is suggested about the volunteers?

(A) Many of them are fairly young.
(B) There are not enough of them.
(C) Most are familiar with their roles.
(D) Most are recent arrivals to the area.

184. What is Ms. Jackson asked to do?

(A) Help register attendees
(B) Assist with serving food
(C) Give a talk to the volunteers
(D) Advertise the event more widely

185. Where can people probably purchase products from Rosie's during the event?

(A) In Naidesh Park
(B) In front of the library
(C) At the registration desk
(D) At the Village Hall Office

GO ON TO THE NEXT PAGE

Travel Itinerary for Ms. Bernadette Lockheed

Travel package for: 1 Adult $3,122.00	Taxes and fees: $277.07	Total: $3,399.07

Date/Time	Details	Flight
October 10 - 8:30 A.M.	Depart JFK Airport (New York)	CA838
October 11 - 11:10 A.M.	Arrive Paris International Airport (Paris)	
October 15 - 3:55 P.M.	Depart Paris International Airport (Paris)	CA839
October 16 - 4:00 A.M.	Arrive JFK Airport (New York)	

Hotel Details:
A hotel room has been arranged from October 11 until October 14 at: Le Pure Inn
56, Rue de Sèvres, Paris, France 750007
TEL: +33 1 55 56 54 47

After you clear customs at Paris International Airport, please make your way to the UAP Rental office to pick up the keys to your rental vehicle.

Note: The Calister Airlines luggage allowance is 25 kilograms. The staff at the check-in counter will charge you an additional fee if your luggage goes over this limit.
This itinerary was arranged by Candice Farah. Please contact her if you would like to make any changes.

To:	Bernadette Lockheed <blockheed@gibraltaruniv.com.edu>
From:	Maxime Bisset <mbisset@pinochetrg.com.fr>
Date:	October 4
Subject:	Your visit

Dear Professor Lockheed,

Pinochet Research Group is very excited to welcome you to our Paris facility. We deeply appreciate your sparing us some time to discuss our upcoming project.

I will be waiting for you when you arrive at Paris International Airport with a driver from my company. The vehicle and driver will be available to you to use freely at any time during your stay. If you don't have other plans on the day of your arrival, we would like to invite you to have dinner with our managing director, Baptiste Corben. I have made a reservation at Chez Clements, which is generally regarded as one of Paris's finest restaurants. Of course, we will make other arrangements if this is not suitable for you.

Please let me know if there are any changes to your schedule or accommodation arrangements, and I will forward the updated information to the driver.

Sincerely,

Maxime Bisset
Pinochet Research Group

```
               Calister Airlines
                      Office 45B
             Paris International Airport
               Tel: +33 1 55 56 88 12
                      Receipt

Date: October 15

       Excess Luggage          €33.70

                     Tax         €1.85

                   Total       €35.55

Passenger Name: Bernadette Lockheed
Ticket Number: H848939

Thank you for traveling with Calister
Airlines. We hope you have a great
trip.
```

186. Who most likely is Ms. Farah?

(A) A car salesperson
(B) A researcher
(C) A travel agent
(D) An accountant

187. In the e-mail, the word "sparing" in paragraph 1, line 2, is closest in meaning to

(A) overlooking
(B) economizing
(C) giving
(D) considering

188. Which item in her travel package will Ms. Lockheed most likely cancel?

(A) The rental car
(B) The accommodation
(C) The restaurant reservation
(D) The flight tickets

189. When most likely will Ms. Lockheed meet with Mr. Corben?

(A) On October 10
(B) On October 11
(C) On October 15
(D) On October 16

190. What is suggested about Ms. Lockheed?

(A) She had two suitcases.
(B) Her flight reservation was changed.
(C) She purchased a discount airline ticket.
(D) Her luggage weighed over 25 kilograms.

GO ON TO THE NEXT PAGE

The New York Film Association (NYFA)

cordially invites you to
attend a dinner banquet
to celebrate the career of

Fred Craigie.

Mr. Craigie has recently announced his intention to retire from
his position as Director of the New York Film Association.
The event will also serve as a celebration
of his replacement, who will be announced on the night.

Event Details

Saturday, July 12 6:00 P.M. to 9:00 P.M.
Dunston Memorial Ballroom at the Cavalier Hotel
783 Corolla Street, New York, NY 10071

A buffet including soups, appetizers,
salads, and desserts will be provided.

To:	Paula Tesch <ptesch@cavalierhotel.com>
From:	Randy Day <rday@nyfa.com>
Date:	May 21
Subject:	Dinner banquet for Fred Craigie

Dear Ms. Tesch,

Thank you for calling me this morning to discuss the problem with our reservation. I understand that the issue is out of your control and will let the attendees know that the event has been postponed until the next day. Of course, this will mean resending the invitations, which will cost us around $300. I hope that your hotel will be able to subtract that amount from our bill.

As for the banner announcing the name of the new director, can I ask you to wait a few more days? Traditionally, the departing director names his or her replacement, and I am yet to hear from Mr. Craigie on this issue.

Sincerely,

Randy Day
Secretary — New York Film Association

New York, May 24—The New York Film Association (NYFA) has announced that it will be holding its inaugural awards ceremony at the David Convention Center on August 19. The director of the association, Duc Nguyen, has been working on the awards project since he assumed the position in July last year. It will be a chance for New York's screenwriters, directors, and actors to receive recognition for their work.

According to a press release from the NYFA, more than 1,000 people will attend the event, which is to be hosted by several famous comedians including Rose Chang and Pete Benz.

191. According to the invitation, what is indicated about Mr. Craigie?

(A) He was a founding member of the NYFA.
(B) He is in charge of the NYFA.
(C) He is an organizer of the dinner banquet.
(D) He will receive an award.

192. What information is given in the invitation?

(A) A designated parking space
(B) The price of membership
(C) A description of a meal
(D) The e-mail address of the organizer

193. What does Mr. Day ask Ms. Tesch to provide?

(A) Compensation for an expense
(B) A list of participants
(C) A seating plan
(D) A stage for performances

194. What is mentioned about the New York Film Association?

(A) Its office is located on Corolla Street.
(B) It was founded several decades ago.
(C) Its membership has grown in the last 12 months.
(D) It will hold an awards ceremony for the first time.

195. What is implied about Mr. Nguyen?

(A) He is a famous comedian.
(B) He organized the dinner banquet at the Cavalier Hotel.
(C) He was appointed by Mr. Craigie.
(D) He will give a speech at the NYFA awards ceremony.

GO ON TO THE NEXT PAGE

https://www.epicstartours.co.uk/tours/tilcott-area

Day Trip to Tilcott Area

Firstly, visit the famous Greenhead Lighthouse surrounded by spectacular coastal scenery, followed by an afternoon exploring Tilcott's historical town center, and finally a visit to legendary Blaine Castle. Tours depart from London's Central Terminal at 9:00 A.M. and return at approximately 7:00 P.M.

Epic Star Special Package (£90):

- Admission to Greenhead Lighthouse and Blaine Castle
- Live on-board commentary by a tour guide
- Free time for dining and sightseeing in Tilcott (2.5 to 3 hours, depending on traffic; any costs not covered by the fee above)

Click **here** to book today!

From:	Epic Star Tours <customerservice@epicstartours.co.uk>
To:	Reina Fukui <reinaf@homemail.co.uk>
Date:	27 April
Subject:	Booking no. 41915101
Attachment:	⧆ e-ticket

Dear Ms. Reina Fukui,

This message is to confirm your booking with Epic Star Tours for the 29 April Day Trip to the Tilcott area. If any details in the attached e-ticket are incorrect, notify us by e-mail or by calling 084-555-0198.

Either print out the e-ticket and bring it with you, or present it using your smartphone when boarding. Please arrive at least 15 minutes before the specified departure time and check your bus stop number on the screen at the bus terminal.

After your tour, take a moment to give us your feedback here.

We look forward to traveling with you.

Epic Star Tours

| | https://www.epicstartours.co.uk/feedbackform | ⟳ |

We hope you enjoyed your experience! Please give us your feedback by rating different aspects of your tour below. (Leave blank if not applicable.)

Customer name: Reina Fukui   **Destination:** Tilcott Area
Booking no.: 41915101   **Date of the trip:** 29 April

	Excellent	Good	Average	Poor
Overall		X		
Tour	X			
Transportation				X
Cost		X		
Customer service				

Comments: Overall, I enjoyed the tour. It was amazing that I was able to board by using my own smartphone. Just one thing bothered me. When we were about to leave the second stop, the tour bus had engine trouble and we were stuck there for about an hour. Since that happened, I did not have much time to enjoy the rest of my trip.

196. What is included in the cost of the Epic Star Special Package?

(A) Local souvenirs from Tilcott
(B) A one-night stay at a hotel
(C) Entrance to tourist attractions
(D) Audio guides in multiple languages

197. According to the e-mail, what is Ms. Fukui NOT asked to do?

(A) Arrive early
(B) Verify her booking details
(C) Pay a deposit
(D) Give feedback

198. What is implied on the survey?

(A) The tour cost was changed at the last minute.
(B) Ms. Fukui did not need help from customer service.
(C) The tour guide was not informative.
(D) Ms. Fukui gave the lowest rating to cost.

199. What is most likely true about Ms. Fukui?

(A) She had never traveled by herself before.
(B) She received a discount for the tour package.
(C) She studies history at a university.
(D) She did not print out a ticket.

200. Where did the tour bus have trouble during the trip on April 29?

(A) At Tilcott's historical town center
(B) At Blaine Castle
(C) At Central Terminal
(D) At Greenhead Lighthouse

Stop! You have reached the end of the test.
You may go back to Parts 5, 6, and 7 and check your work if you have extra time.

TEST 4

解答時間 🕙 **75**分

- **解答用紙** **p. 157**

※ Web サイトからダウンロードもできます
（本冊 p. 7参照）

- **正解一覧** 【本冊】 **p. 183**
- **解答解説** 【本冊】 **p. 184〜237**

旺文社 TOEIC® L&R テスト対策書
「自動採点サービス」対応　オンラインマークシート

- サイトから本書「TEST 4」を選択の上，ご利用ください。
- PC からも利用できます。（本冊 p. 6参照）

※各Partの指示文（Directions）は旺文社作成のものです。

READING TEST

In the Reading test, you will read several different kinds of texts and answer a variety of reading comprehension questions. The entire Reading test will be 75 minutes long. The test has three parts, with directions given for each of them. It is recommended that you answer as many questions as you can within the time limit.

Your answers must be marked on the answer sheet which is provided separately. The answers must not be written in the test book.

PART 5

Directions: In each sentence below, there is a word or phrase that is missing. After each sentence, there are four answer choices given. Choose the answer that best completes the sentence. Then mark (A), (B), (C), or (D) on the answer sheet.

101. One of the senior accountants is going to retire this fall, ------- the accounting team needs to hire someone to fill the position.

(A) as of
(B) so
(C) since
(D) except for

102. Kyle Thompson is acknowledged as the most ------- employee of all.

(A) product
(B) production
(C) produced
(D) productive

103. After LD's new speakers ------- to be water-resistant in product demonstrations, they started to sell well.

(A) proving
(B) has proven
(C) proves
(D) were proven

104. The survey for the company retreat suggested that the mountain lodge was ------- to the city hotel.

(A) preferable
(B) likable
(C) suitable
(D) comfortable

105. The new warehousing system has significantly shortened the ------- time for customer orders.

(A) processes
(B) processor
(C) processed
(D) processing

106. Double checking ------- any paper document from being inaccurate or incoherent.

(A) conveys
(B) prevents
(C) performs
(D) ensures

107. Although it ------- rains heavily in Ollang Village, residents prepare emergency supplies just in case it does.

(A) always
(B) seldom
(C) often
(D) generally

108. The entrepreneurship workshop finished earlier ------- originally planned.

(A) than
(B) to
(C) but
(D) for

109. ------- sales were slow this summer, the managers at Craes Corporation expect to meet their goals by the end of the year.

(A) If only
(B) Except that
(C) Ever since
(D) Even though

110. We would like to choose a candidate ------- experience meets our department's requirements.

(A) that
(B) which
(C) what
(D) whose

111. Our proofreaders will ------- check each draft to make sure the content is accurate.

(A) attentively
(B) persuasively
(C) relatively
(D) occasionally

112. Changes in market share ------- extremely drastic over the last decade.

(A) being
(B) have been
(C) is being
(D) to be

113. Rindene Company put in place a rule that requires everyone to only use ------- own cup at lunchtime for sanitary reasons.

(A) they
(B) their
(C) them
(D) theirs

114. Mallarg Corporation will receive job application letters from candidates ------- early September.

(A) beside
(B) at
(C) through
(D) onto

115. The famous curator ------- manages the old collection of artwork in Mastom Gallery appeared in a local newspaper.

(A) how
(B) who
(C) which
(D) as

116. After becoming ------- with a renowned marketer, Mr. Kawai started coming up with more innovative ideas.

(A) organized
(B) acquainted
(C) restored
(D) measured

117. Jigsaw Studio had its biggest revenue ------- last month, due to its successful box office performance.

(A) sometimes
(B) never
(C) ever
(D) rarely

118. Summer resorts like ours ------- difficulties with attracting visitors during the cold season.

(A) exchange
(B) charge
(C) encounter
(D) notify

119. Plume Foods was ------- to publicize the collaboration with a local pastry shop.

(A) thrills
(B) thrilling
(C) thrill
(D) thrilled

120. In addition to money they invest, the research group dedicated plenty of time and effort ------- the environmental research project.

(A) within
(B) from
(C) to
(D) about

GO ON TO THE NEXT PAGE

121. Becoming a member of Belmond Fashions allows shoppers to enjoy ------- savings on all apparel in the store.

(A) signify
(B) signifying
(C) significant
(D) significantly

122. To keep providing great services, every single member of Heart Movers strictly ------- the company motto.

(A) observes
(B) will be observed
(C) have observed
(D) observing

123. Expiration date and ------- method are clearly printed on the label on the Nahaia's canned product.

(A) material
(B) assembly
(C) preservation
(D) subscription

124. The presentation materials Mr. Blues prepared were insufficient, so he had to redo and submit ------- again.

(A) you
(B) it
(C) them
(D) us

125. Joes ------- as a technology consultant in the past, but now he is pursuing a different career path.

(A) will work
(B) worked
(C) works
(D) have worked

126. Employee training methods that the researchers in Indigo University ------- have attracted attention from various industries.

(A) broke up
(B) dropped off
(C) put forward
(D) set aside

127. Juri Kosugi's book *Island Kingdom* is a ------- researched chronicle of Okinawa from prehistory to the present day.

(A) comprehending
(B) comprehension
(C) comprehend
(D) comprehensively

128. According to the result of questionnaires, patients ------- have no complaints about our service, except for our complicated reservation system.

(A) formerly
(B) generally
(C) sharply
(D) unfortunately

129. The hotel manager position requires ------- a Master's in Tourism and at least three years of experience in the hotel industry.

(A) both
(B) such as
(C) neither
(D) in that

130. The audience were required to remain ------- with all electronic devices turned off before the show commenced.

(A) seating
(B) seats
(C) seated
(D) seat

PART 6

Directions: You will read the texts that follow, and in different parts of them, there is a word, phrase, or sentence that is missing. Look below each part of the texts and you will find a question, with four answer choices. Choose the answer that best completes the text. Then mark (A), (B), (C), or (D) on the answer sheet.

Questions 131-134 refer to the following notice.

Dear customers,

Please note that the 771 Cyclamen Street branch of Aylmer Drugstore ------- permanently as of
                                                                          131.
November 1. In line with our upcoming closure, the store will be relocated to 325 Burdock

Street. As it is just a five-minute walk from the current one, it will not be difficult for our

customers to visit us. This will ensure that you continue receiving all pharmacy services without

-------.
132.

Our staff at 771 Cyclamen Street branch has been making huge efforts to provide ------- advice
                                                                                  133.
and excellent service to customers for a long time. -------. Thank you to all our customers for
                                                     134.
their loyalty and business over the past 28 years.

131. (A) closed
    (B) was closed
    (C) has closed
    (D) will be closed

132. (A) reservation
    (B) measurement
    (C) disruption
    (D) replacement

133. (A) profession
    (B) professional
    (C) professionally
    (D) professionalism

134. (A) This is not to change even if you visit
        another branch of ours.
    (B) The expanded services will let us meet
        your needs more effectively.
    (C) Please submit them by e-mail as soon
        as possible.
    (D) The deadline may be extended under
        certain circumstances.

GO ON TO THE NEXT PAGE

Questions 135-138 refer to the following advertisement.

Retail Space for Rent: $30 per square foot

This ground-level vacancy in a three-story commercial building ------- an ideal location in the
135.
heart of Collingford, one of the fastest-growing neighborhoods in Adler City. The property

features 3,450 square feet of prime retail space. It also has a storage area, restrooms, and five

dedicated parking spaces in the back. It is ------- located near Collingford Station and Highway
136.
12. The presence of well-known brands nearby, such as Luka Clothing and Tingle Coffee,

attracts affluent consumers to the area. -------.
137.

Available immediately. Contact Lina Tavares at tavares@brockrealty.com to make inquiries or

arrange a -------.
138.

135. (A) occupies
(B) constructs
(C) appears
(D) determines

136. (A) convenient
(B) convenience
(C) conveniently
(D) more convenient

137. (A) The average has risen by 8% in the
past year.
(B) This is a key factor behind the need for
additional space.
(C) These include residents of several
upscale housing developments.
(D) They are expected to open within the
next few months.

138. (A) demonstration
(B) booking
(C) purchase
(D) viewing

Questions 139-142 refer to the following information.

Important Information

CGEK takes great pride in the reliability and usability of the ------- it produces. Our electric
                139.
lawn mowers, hedge clippers, and handsaws have an excellent reputation for quality. The
guidelines contained in this manual will help you get the maximum ------- from your purchase.
                140.

Before plugging in your device, you should read the following pages to ensure that you
understand the use of safety gear. Gloves, goggles, and shin guards ------- and should be worn
                141.
whenever the device is switched on. If they become worn out or damaged, please purchase
replacements. -------.
      142.

139. (A) equipment
     (B) vehicles
     (C) software
     (D) beverages

140. (A) beneficial
     (B) beneficially
     (C) benefitted
     (D) benefit

141. (A) were providing
     (B) have been provided
     (C) provided
     (D) are providing

142. (A) It must be returned to the rental office
        with a full tank.
     (B) A manual can be downloaded from the
        Web site.
     (C) A complete set can be ordered from
        our online store.
     (D) They are available for free from
        registered stores.

GO ON TO THE NEXT PAGE

To: All Sales Department employees
From: Prakesh Singh
Date: June 14
Re: Effective lunch breaks

As stated in our company handbook, it is ------- that employees take a maximum lunch break of
                                         143.
60 minutes in length each workday. However, over the past few months, several members of

staff ------- to work after the limit. -------, the productivity of those teams has been getting
      144.   **145.**
lower. Please finish your break on time, and return to work as promptly as possible.

-------. If you have such special reasons, please consult with me in advance.
146.

Prakesh Singh, Supervisor

---

143. (A) controversial
(B) customary
(C) unclear
(D) impossible

144. (A) has returned
(B) is returning
(C) were returned
(D) have been returning

145. (A) Consequently
(B) For instance
(C) To the contrary
(D) Nevertheless

146. (A) During the lunch hour, we need to
assist our customers by phone.
(B) I do understand it is occasionally
necessary for you to extend the break
time.
(C) Any request or an additional order must
be made online.
(D) Keep your desk clean and remember to
dress professionally.

PART 7

Directions: In this part you will read a variety of selected texts. Examples include magazine and newspaper articles, e-mails, and instant messages. There will be several questions that follow each text or group of texts. Choose the answer that is the best for each question and mark (A), (B), (C), or (D) on the answer sheet.

Questions 147-148 refer to the following invoice.

Thank you for shopping at Outdoor Supply Depot!
ORDER SUMMARY

Customer name: Izumi Sifuentes
Order number: 98001004
Order date: March 22
Location: Madrid, Aranjuez branch
Payment method: Cash on delivery

Billing address:
Calle de Galileo 11125
28015 Madrid, Spain

Item	Product Number	Quantity	Item Cost	Item Total
10-liter collapsible plastic water tank	JV800087	2	€6.99	€13.98
Windproof one-touch XA tent	JV800012	1	€60.99	€60.99
			Overnight Shipping	€4.25
			Total	**€79.22**

147. What is indicated on Mr. Sifuentes' invoice?

(A) Delivery charges will be waived for the order.
(B) Mr. Sifuentes has an account with Outdoor Supply Depot.
(C) The payment will be due when the item arrives.
(D) More than ten items have been ordered.

148. When will the order most likely be delivered?

(A) March 21
(B) March 22
(C) March 23
(D) March 24

GO ON TO THE NEXT PAGE

Questions 149-150 refer to the following text-message chain.

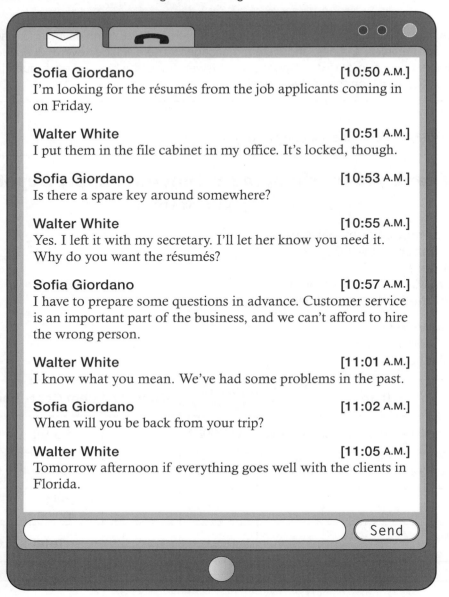

Sofia Giordano [10:50 A.M.]
I'm looking for the résumés from the job applicants coming in on Friday.

Walter White [10:51 A.M.]
I put them in the file cabinet in my office. It's locked, though.

Sofia Giordano [10:53 A.M.]
Is there a spare key around somewhere?

Walter White [10:55 A.M.]
Yes. I left it with my secretary. I'll let her know you need it. Why do you want the résumés?

Sofia Giordano [10:57 A.M.]
I have to prepare some questions in advance. Customer service is an important part of the business, and we can't afford to hire the wrong person.

Walter White [11:01 A.M.]
I know what you mean. We've had some problems in the past.

Sofia Giordano [11:02 A.M.]
When will you be back from your trip?

Walter White [11:05 A.M.]
Tomorrow afternoon if everything goes well with the clients in Florida.

Send

149. What is Ms. Giordano searching for?

(A) A meeting room
(B) Some documents
(C) A car key
(D) Final candidates

150. At 11:01 A.M., what does Mr. White mean when he writes, "I know what you mean"?

(A) He does not want to take a risk.
(B) He thinks some equipment is available.
(C) He is certain that his secretary is absent.
(D) He does not regret going on a business trip.

AAMP Marketing and Fundraising Conference: Early-Bird Registration Available Until 15 March

The Australian Association of Museum Professionals (AAMP) will hold its annual Marketing and Fundraising Conference at the Oceania New Convention Center in Canberra on 13-15 July. With a focus on practical learning, the conference includes various workshops, panel discussions, and other educational activities that provide industry professionals with opportunities to acquire new skills and enhance their professional knowledge. This year's theme is *Digital Technologies Lead to Revenue.* The keynote speaker is Dr. Padma Seth, the director of the National Science Museum.

Registration is $340 until 15 March and $390 from 16 March to 30 June, the last day of application. AAMP members will receive a 20% discount on these rates. As for program information, the online registration form, and other details, they are all available at www.aamp.org.au.

151. What is indicated about the conference?

(A) It is sponsored by the National Science Museum.
(B) It will take place over three days.
(C) It will be held at a new location next year.
(D) It is open to AAMP members only.

152. What will Dr. Seth most likely talk about at the conference?

(A) Making profits by using new technologies
(B) Recruiting talented human resources professionals
(C) Implementing educational activities at museums
(D) Dealing with global environmental problem

153. According to the notice, what will happen after June 30?

(A) A new director will be elected.
(B) Some information will be posted online.
(C) Registration for the conference will close.
(D) A limited-time discount will be introduced.

GO ON TO THE NEXT PAGE

WHILE YOU WERE OUT

For: Max Hedberg

Date: Wednesday, November 9

Time: 3:05 P.M.

Caller: Colleen Marsh

Of: GH Bus Lines

Tel: 304-555-9432

Message: Ms. Marsh would like to schedule a get-together with you to discuss the benefits of signing an exclusive contract with GH Bus Lines. The marketing manager from GH Bus Lines wants to be there as well. The time and venue are up to you. She said that she would be more than happy to reserve a table at a local restaurant at GH Bus Lines' expense.

Taken by: Rosa Perez

154. Why did Ms. Marsh call Mr. Hedberg?

(A) To announce her travel plans
(B) To introduce a new employee
(C) To provide a schedule update
(D) To set up a meeting

155. What does Ms. Marsh offer to do?

(A) Treat a client to a meal
(B) Host an awards ceremony
(C) Make a delivery
(D) Revise the schedule

Construction Begins at Bramwell Northern Conservatory of Music

BRAMWELL (12 April)—Construction of a new wing at the Bramwell Northern Conservatory of Music is underway. The school's North Wing will house a state-of-the-art recording studio and a 350-seat auditorium. — [1] —.

The project, which had been delayed due to a lack of funding, recently got a boost from two major contributors. — [2] —. A spokesperson for the musician Harris Albright confirmed that he made a sizable donation to the conservatory in early March. In addition, Mr. Albright composed a new theme song for the conservatory, which he will perform at its opening ceremony. — [3] —. "Without the generous support of these donors," said Dana Jessop, director of the conservatory, "we would have had to put our expansion plans aside indefinitely." — [4] —. The new wing is expected to be completed by December this year, and the opening ceremony will be held on 10 January.

TEST 4

156. What is the article mainly about?

(A) The expansion of a local institution
(B) Increasing enrollment at a music academy
(C) An upcoming musical performance
(D) Building plans for a new school

157. According to the article, what will happen in January?

(A) The conservatory will appoint a new director.
(B) Ms. Jessop will reveal plans to build a museum.
(C) Construction work will start again at the school.
(D) Mr. Albright will perform his new song.

158. In which of the positions marked [1], [2], [3], and [4] does the following sentence best belong?

"Haley Chan, owner of the Feldstone Hotel in downtown Bramwell, also reportedly made a large donation."

(A) [1]
(B) [2]
(C) [3]
(D) [4]

GO ON TO THE NEXT PAGE

Attention Visitors

We regret that the main gate to the Gleneagles Markets will be shut while upgrades are being carried out. The Douglas Street gate is being widened and we are now improving the drainage system to reduce the amount of water that enters the parking lot from Reedy Creek during times of heavy rain.

Until the work is completed, the only way to enter the markets is through the GHT Auction Yard next door. The management there has kindly allowed visitors to enter the Gleneagles Markets through a temporary gate that has been installed in their south fence on Holsten Avenue.

159. What is the purpose of the notice?
(A) To promote a local food market
(B) To explain the temporary closure of an entrance
(C) To publicize a new clinic opening
(D) To announce a change in business hours

160. Where is the GHT Auction Yard?
(A) Along Reedy Creek
(B) In the southern parking lot
(C) On Holsten Avenue
(D) On Douglas Street

MEMO

To: Jeff Murray, Rudy Day, Terrence Winchester
From: Donna Harris
Date: January 12
Subject: Sponsor

As you know, Joyvid Productions gets most of its profits from advertising. Our online videos usually contain short messages about our sponsors delivered by our announcers. Despite the recent increase in viewership, fewer and fewer companies have been approaching us with offers of sponsorship.

I have scheduled a meeting that I would like all of you to attend in your capacity as senior producers. Please consider the above issue and try to come up with some suggestions before we meet. I have asked Terry Taubman from Gleeson Associates to come and give us some advice. Please keep in mind that her time is not cheap. We should prepare questions for her and take notes on everything she says.

I have tentatively scheduled the meeting for 2:00 P.M. on Friday. Please confirm that you will be available as soon as possible.

161. Why did Ms. Harris send the memo?

(A) To thank employees for their hard work
(B) To announce a new company policy
(C) To explain a new business practice
(D) To draw attention to a problem

162. What is suggested about Mr. Day?

(A) He holds a high position at the company.
(B) He is a temporary worker.
(C) He will be absent on Friday evening.
(D) He will meet with a sponsor this week.

163. Who most likely is Ms. Taubman?

(A) A consultant
(B) A corporate sponsor
(C) A subscriber
(D) An insurance agent

GO ON TO THE NEXT PAGE

TEST 4

Questions 164-167 refer to the following online chat discussion.

Davis Freed [9:12 A.M.]:
The delegation from Vancek International still hasn't arrived. Their flight from London was delayed for thirty minutes. According to the arrivals board here, they should land around 9:40.

Herbert Choy [9:15 A.M.]:
In that case, the earliest we can expect them here is 10:30. We'll have to make some changes to the schedule.

Andrea Berger [9:16 A.M.]:
Mr. Svensson was supposed to greet them here at 10:00. He had another appointment right after that, so someone else may have to meet them when they arrive.

Herbert Choy [9:16 A.M.]:
This could be a major new client for us. Shouldn't it be the president?

Andrea Berger [9:17 A.M.]:
Let me check with Mr. Svensson to see if he can rearrange his schedule first.

Herbert Choy [9:18 A.M.]:
By the way, we'll need to shorten some activities as well to fit everything in.

Davis Freed [9:19 A.M.]:
So far, we are supposed to start with a morning presentation and have a lunch session after that. We also have the plant tour and technology demonstration following that.

Herbert Choy [9:20 A.M.]:
Hmm, okay. Then, let's trim the first activity by thirty minutes. We can do the other activities as originally scheduled.

Andrea Berger [9:22 A.M.]:
Good news—Mr. Svensson will push back his 10:30 appointment and greet the delegation when they arrive.

Herbert Choy [9:23 A.M.]:
Perfect. We're all set for now. I'll inform everyone about the changes. Davis, let us know once they've arrived.

164. Where most likely is Mr. Freed?

(A) At a hotel
(B) At the airport
(C) At a restaurant
(D) At a medical center

165. At 9:16 A.M., what does Mr. Choy mean when he writes, "Shouldn't it be the president"?

(A) The president should apologize to the client first.
(B) The president should make a phone call.
(C) The president should pay for a meal.
(D) The president should greet important clients.

166. Which activity will be affected by the schedule change?

(A) The morning presentation
(B) The plant tour
(C) The technology demonstration
(D) The lunch session

167. Who will update colleagues about the revised schedule?

(A) Mr. Choy
(B) Mr. Svensson
(C) Mr. Freed
(D) Ms. Berger

GO ON TO THE NEXT PAGE

Arlboor Industrial

9327 West Street, Cleveland, OH 44287

July 3

Brent Wagner, President
Monton Appliance, Inc.
19555 Hamilton Road,
Portland, OR 97239

Dear Mr. Wagner:

It was a pleasure to meet you at the Metalworks Trade Fair in June and show you our exhibit and latest metal cutting tools. We hope you are still considering using Arlboor Industrial's state-of-the-art products at your factory. — [1] —.

Our updated catalog was released on July 1, and I have enclosed a copy for you to review. Our lineup of stainless steel cutting saws is shown on pages 32 through 39. The T-500X, which I demonstrated for you when we met, is new to this series. — [2] —.

We also provide training on how to operate our saws. — [3] —. This after-sale service supports our customers in the safe and effective use of our products.

Thank you for taking the time to speak with me, and I hope to hear from you soon. — [4] —.

Sincerely,

Jill Ellsworth

Jill Ellsworth
Sales Director
Arlboor Industrial

---

168. What is the main purpose of the letter?

(A) To invite Mr. Wagner to an exhibition
(B) To follow up on a meeting
(C) To schedule some repairs
(D) To inquire about an appliance

169. What is indicated about Mr. Wagner?

(A) He sent a package to Arlboor Industrial.
(B) He considered purchasing some industrial tools.
(C) He recently purchased some cutting tools.
(D) He reported a problem with a device.

170. What does Ms. Ellsworth say her company offers to do?

(A) Provide protective clothing
(B) Send a monthly catalog
(C) Give a factory tour
(D) Explain how to use its merchandise

171. In which of the positions marked [1], [2], [3], and [4] does the following sentence best belong?

"It was designed specifically for cutting metal used in appliances such as those your company manufactures."

(A) [1]
(B) [2]
(C) [3]
(D) [4]

London (12 March)—The popular British fast food chain Potta Reggie's is set to enter the continental European market. The company announced yesterday that it will open 12 locations in France, the Netherlands, and Germany during the next year.

The new European branches will feature the standard Potta Reggie's menu, along with a few items exclusive to each country. The company is looking at expansion into the United States as well. It is conducting market research with the aim of adapting its menu to suit the tastes of consumers there.

In keeping with its slogan "Hearty & Healthy," Potta Reggie's serves a selection of dishes made with organic, nutritious ingredients. These include its signature Potta Reggie's Burger with fresh vegetables on the side. Since its launch five years ago, the chain has grown rapidly. Potta Reggie's currently has over 45 branches in the United Kingdom, mostly in the London area.

Founder and president Reginald Ortega, a former chef at the renowned Spanish restaurant Vivada Vivo, believes the company's success is due to one key factor. "Consumers are becoming more careful about what they eat," he explains. "Compared to the past, now they are more aware of having a well-balanced diet, which we have served since our establishment. "

172. What is the article mainly about?
(A) The expansion of a restaurant chain
(B) The introduction of a new company policy
(C) The acquisition of a European business
(D) The relocation of a company's headquarters

173. According to the article, what does Potta Reggie's plan to do?
(A) Offer its food in supermarkets
(B) Redesign its dining room layout
(C) Publish the results of its research
(D) Tailor its products to local preferences

174. What is indicated about Potta Reggie's?
(A) It has branches in France.
(B) It has operated for half a decade.
(C) It specializes in Spanish cuisine.
(D) It only offers vegetarian dishes.

175. What does Mr. Ortega mention as a reason for Potta Reggie's popularity?
(A) The success of his previous restaurant
(B) Appearances in local newspapers
(C) A change in consumer eating habits
(D) The growth of tourism in Europe

TEST 4

GO ON TO THE NEXT PAGE

https://www.maedapotterystudio.com/one-off-class

90-minute One-Off Introductory Class at Maeda Pottery Studio

If you're curious about pottery but aren't ready to commit to one of our regular courses, this is the class for you! It's also perfect for occasions like birthday parties or office team-building activities (subject to availability and space limitations).

This fun, safe, hands-on introductory class requires no previous experience. Under the instruction of award-winning potter Kanako Maeda, you'll make either a cup or a bowl of your own design using a variety of pottery tools. If you want to make a different kind of item, please e-mail Ms. Maeda at request@maedapotterystudio.com in advance. We are fairly flexible with your special requests.

Following the class, your piece will be trimmed, glazed, and fired in the studio's kiln by our staff, based on your instructions. You can pick it up around two months later and take it home. As ceramics are fragile, we unfortunately cannot ship finished pieces.

◆Cost: $60 per person (includes 53 ounces of clay and choice of over 50 types of glaze)
◆When: Fridays: 6:00 P.M., Saturdays: 10:00 A.M., Sundays: 2:00 P.M.
◆Reservations: Click here and fill in the reservation form.

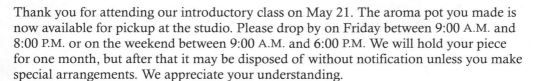

From:	Maeda Pottery Studio
To:	Estella Garcia
Date:	July 25
Subject:	Pottery pickup

Dear Estella,

Thank you for attending our introductory class on May 21. The aroma pot you made is now available for pickup at the studio. Please drop by on Friday between 9:00 A.M. and 8:00 P.M. or on the weekend between 9:00 A.M. and 6:00 P.M. We will hold your piece for one month, but after that it may be disposed of without notification unless you make special arrangements. We appreciate your understanding.

Maeda Pottery Studio
www.maedapotterystudio.com

176. According to the Web page, what is NOT indicated about the class?

(A) It is aimed at novices.
(B) It is suitable for group events.
(C) It provides participants with materials.
(D) It should be reserved two months in advance.

177. What are the participants able to do during the class?

(A) Use different types of equipment
(B) Receive textbooks for free
(C) Look at some samples
(D) Take a certification exam

178. What is suggested about Maeda Pottery Studio?

(A) Participants can book classes via their Web site.
(B) They are open every day of the week.
(C) Participants are allowed to take pictures.
(D) They have various instructors.

179. What did Ms. Garcia most likely do before joining the class?

(A) She invited some friends to the class.
(B) She sent an e-mail to Ms. Maeda.
(C) She checked the safety guidelines on a Web site.
(D) She paid the fee by credit card.

180. According to the e-mail, what is Ms. Garcia asked to do?

(A) Verify the time of a class
(B) Notify the studio of a pickup date
(C) Provide a shipping address
(D) Collect an item before a deadline

GO ON TO THE NEXT PAGE

Brondson Towers — Luxury Apartments
Opening Soon!

Brondson Towers is a newly constructed apartment building in Brisbane's city center. The building's grand opening will take place on 23 March, but it is already possible to sign a lease agreement for one of these luxury apartments. There are more than 200 one–, two–, and three-bedroom apartments to choose from. All have wonderful views of the botanical garden and the Brisbane River. Get in quick so that you don't miss this opportunity.

While we are still unable to give prospective tenants tours of the actual building, we can show you around our temporarily constructed display apartments at 37 Frampton Street in East Brisbane. They are fully functional and identical to the real thing. The display apartments are open between 9:00 A.M. and 7:00 P.M. seven days a week. No appointments are necessary, but you are welcome to call our customer support staff at 071-555-8348 to make an inquiry. Please note that the display apartments will be dismantled after the opening ceremony.

Registered tenants are welcome to attend the grand opening, which will feature a performance by the Brisbane City Symphony Orchestra and a speech by a special guest, Melanie Wendt. Ms. Wendt is the leader of the team that planned, designed and oversaw our work for Brondson Towers.

Brondson Towers — Lease Agreement

Tenancy Details

Address of Rental Premises: Apartment 405, 32344 Colonial Road, Brisbane City 4001

Lessor: Brondson Towers Management Office

Address: 1871 Stefani Avenue, Coorparoo QLD
TEL: 073 555 9593

Tenant: Ralph Larusso
Lease start date: 23 March
Rent: $760 per week
Pets: Allowed

E-mail: rlarusso@princemail.com
Mobile telephone: 090 555 8398
Term: 12 months
Number of occupants: 1

Brondson Towers Management Office is responsible for the upkeep of the property and any repairs that become necessary as a result of regular wear and tear. Any damage caused by rough use or minor accidents, however, must be professionally repaired at the tenant's expense.

If for any reason the tenant chooses to leave the premises before the term of the agreement has expired, he or she will be required to continue to pay rent until another tenant moves into the apartment.

181. What is implied about the apartments at Brondson Towers?

(A) They are open for inspection.
(B) They are reasonably priced.
(C) They are very comfortable.
(D) They are remotely located.

182. In the advertisement, the word "miss" in paragraph 1, line 5, is closest in meaning to

(A) desire
(B) mistake
(C) notice
(D) lose

183. According to the advertisement, who most likely will give a speech at the grand opening?

(A) A politician
(B) A head architect
(C) A local celebrity
(D) An apartment resident

184. What is probably true about Mr. Larusso?

(A) He inspected an apartment at 32344 Colonial Road.
(B) He visited 37 Frampton Street.
(C) He moved into his apartment before March 23.
(D) He chose a three-bedroom apartment.

185. What is NOT covered in the agreement?

(A) The timing of periodical inspections
(B) Approval to have animals in the apartment
(C) The duration of the agreement
(D) Responsibility for maintenance work

GO ON TO THE NEXT PAGE

Questions 186-190 refer to the following e-mails and table.

From:	Jerry Roberts <jroberts@btrevents.com>
To:	Wendy Knight <wknight@btrevents.com>
Subject:	Film festival
Date:	June 18
Attachment:	📎 Locations

Wendy,

Following your request, I have been in discussion with a number of regional leaders about the idea of holding a film festival. All of them were very eager to be chosen as the location and they all made very convincing presentations. I have brought back all of the material they supplied for us, which we can review as we make our decision. I created a simple table to show the various strengths and weaknesses of each location.

Of all the locations, I think the one with ocean views will be the most likely to succeed. I believe that people in the movie business will really enjoy the scenery during their stay there. Without them, the festival will not work. Next month, I will visit the production companies and try to get their input before we make a final decision. Before then, however, I would like you to meet me at the location I suggested to see the various venues they offer. I'm sure you will agree with me about its suitability.

Jerry Roberts

Town	Hotel room availability	Feature	Airport	Population
Corden	20,000	City	International / Domestic	1.2 million
Santana Marias	42,000	Ocean views	Domestic	700 thousand
Dulaint	35,000	Farming	Domestic	670 thousand
Rentan	24,000	Desert	International / Domestic	520 thousand

From:	Peta Yeardley <pyeardley@squarelightproductions.com>
To:	Jerry Roberts <jroberts@btrevents.com>
Subject:	Re: Film festival
Date:	July 8

Dear Jerry,

Thank you for coming to meet with me to discuss the plans for a film festival. I found the idea exciting and would certainly be interested in entering some films from Square Light Productions. I think you should find somewhere with enough hotel rooms. In order for an event like this to succeed financially, it must attract a large number of visitors. From my experience at other events, I would suggest that you should not consider anywhere with less than 30 thousand hotel rooms. Another requirement would be that there is an international airport. As you mentioned in your presentation, the festival is for local and foreign films, and many international stars who have busy schedules may not be willing to travel to a location without an international airport.

Let me know if I can be of any help.

Peta Yeardley, President of Square Light Productions

186. What is suggested about Mr. Roberts?

(A) He is investigating possible locations for an event.
(B) He is required to make some travel arrangements for Ms. Knight.
(C) He is planning on sending some representatives to various festivals.
(D) He has been selected to present an award at a ceremony.

187. What is Mr. Roberts planning on doing next month?

(A) Taking a vacation with his family
(B) Preparing publicity material for a festival
(C) Attending a conference on filmmaking
(D) Meeting production company representatives

188. Where does Mr. Roberts suggest he and Ms. Knight meet?

(A) In Corden
(B) In Santana Marias
(C) In Dulaint
(D) In Rentan

189. In the second e-mail, the word "entering" in paragraph 1, line 2, is closest in meaning to

(A) submitting
(B) accessing
(C) joining
(D) typing

190. Why would Ms. Yeardley object to holding a festival in Dulaint?

(A) There are too few hotel rooms.
(B) Farming areas are not associated with films.
(C) There is no international airport.
(D) The population is not large enough.

GO ON TO THE NEXT PAGE

Bistornach's

Hours

Mondays 7:00 A.M. — 10:00 A.M.   6:00 P.M. — 10:30 P.M.
Tuesdays-Fridays 7:00 A.M. — 10:30 P.M.
Saturdays 7:00 A.M. — 11:30 P.M.
Sundays 11:00 A.M. — 9:30 P.M.
Only the breakfast menu is available between 7:00 A.M. and 11:00 A.M.

Beverages

Espresso — $4.20
Macchiato — $3.80
Hot tea — $3.20
All sodas and juices — $2.50

Breakfast

Fried Chicken and Waffle — $4.50
Breakfast Pie — $4.00
**Corned Beef Hash with Poached Eggs
and Toast** — $4.30

Lunch and Dinner
(All served with bread and coffee)

Crispy Honey Mustard Chicken Salad
— $14.00
Crispy chicken tenders on a bed of mixed greens

Grilled Turkey Skewers — $7.00
Marinated turkey skewers flame-broiled and
served over flatbread with greens

Baked Scrod — $12.00
Best-selling dish at Bistornach's. A fillet crusted
with seasoned breadcrumbs and baked until
tender and flaky.

Gourmet review — Bistornach's

The Moody Food Review typically reviews restaurants based on their lunch service.
On the day I visited Bistornach's around 12:00 P.M., I was surprised to find that lunch
was not being served and I was asked to come back at dinnertime. With so many
wonderful shops, galleries, and theaters in the area, I passed the time easily. I was
extremely hungry by the time the restaurant opened and decided to treat myself to
the most popular dish that June Hill, a chef and owner of this restaurant, makes. The
price was a bargain. It was cooked to perfection, and served with a large salad and
fried potatoes. In fact, I would say that all of the menu items are underpriced. In short,
the staff was courteous, and the menu, while limited, contained some very interesting
offerings. This is certainly a restaurant to visit when you are in the Flanders area.

By Regent Armitage

To:	Max Davies <mdavies@selectshinedesign.com>
From:	June Hill <jhill@bistornachs.com>
Date:	July 5
Subject:	Menu update
Attachment:	📎 updates

Dear Mr. Davies,

At present, we serve the same dishes for lunch and dinner and they are priced the same. I would like to keep offering the current selection as the lunch menu, but add some more dishes to be served in the evenings. Please see the attachment for a list of these new items and their prices. Also, for the sake of simplicity, please make all beverages the same price: $3.50. Finally, we should do away with the least expensive lunch and dinner item. Few people ever seem to order it.

After Select Shine Design staff have updated the menu, please send me a digital copy to check before you send it to the printer as I may request some other changes.

Sincerely,

June Hill

191. What is true about Bistornach's?

(A) It is planning to relocate to a new address.
(B) There is no breakfast service on Sundays.
(C) Some menu items are only available at certain times of the year.
(D) The dinner hours have been extended.

192. What is indicated about Mr. Armitage?

(A) He visited Bistornach's on a Monday.
(B) He lives near Bistornach's.
(C) He brought a coupon to Bistornach's.
(D) He had a reservation for lunch.

193. Which meal did Mr. Armitage have?

(A) Crispy honey mustard chicken salad
(B) Grilled turkey skewers
(C) Baked scrod
(D) Fried chicken and waffle

194. What does Ms. Hill suggest in the e-mail?

(A) Raising the price of a macchiato
(B) Adding a vegetarian dish to the menu
(C) Offering a wider selection of lunch options
(D) Deleting grilled turkey skewers from the menu

195. What is implied about Select Shine Design?

(A) It has not worked for Bistornach's before.
(B) It will send a representative to Bistornach's.
(C) It arranges printing for its clients.
(D) It published Mr. Armitage's review.

GO ON TO THE NEXT PAGE ➡

Greta Jeffries' new book, *Property for Profit* is Fiveways Online Shopping's best-selling book in the financial advice category this month and for good reason. Ms. Jeffries is widely recognized as one of the most knowledgeable people in Australia when it comes to investing in real estate, and this book is a collaboration between her and Stephen Wang, both of whom are currently senior lecturers at Gibraltar Heart University. The two started writing the 12 chapters just 18 months ago, each providing six chapters. Each of Ms. Jeffries' chapters contains anecdotes from her time as a property investor. This is Stephen Wang's first book and while his chapters are very helpful, they rely heavily on statistics and are, therefore, less interesting to read than Ms. Jeffries'. In the past, Ms. Jeffries has partnered with other writers such as *The Financial Occasion's* Helen Patel and Tim Rice from Channel 10's *The Finance Show*. They wrote *Getting into Wealth* and *Finding Finance* respectively. While both of these books were successful, the most compelling parts always seem to be attributed to Ms. Jeffries and one cannot help thinking that she would do better if she wrote a book on her own.

Ultimately, the book is a necessary read for anyone interested in investing in real estate and at just $25 for the hardcover and $21 for the paperback, it really is a good deal.

Walt Needles, Editor
Veekines Publishing

---

19 March

Walt Needles
Veekines Publishing
199 Hatton Street
Karori, Wellington 6012

Dear Mr. Needles,

I always enjoy reading your book reviews and make it a rule to read any book you recommend. Nevertheless, I have to disagree with you about Mr. Rice's contribution. I found it to be wildly entertaining and it contained some of the most relevant advice I have ever read. I suggest that anyone interested in this topic pick up a copy.

Sincerely,

Joanne Harper
Joanne Harper

Customer Receipt		
Date: March 23		
Customer Name: Randy Kreese		

Fiveways Online Shopping

Item	Quantity	Price
Property for Profit	1	$21.00
Making the Grade	1	$23.00
Renovation Kings	1	$17.00
New Finance	1	$16.00
Shipping		$6.40
Total		$83.40

196. Who is Mr. Wang?

(A) A TV host
(B) A real estate agent
(C) Ms. Jeffries' colleague
(D) Ms. Jeffries' editor

197. What is true about *Property for Profit*?

(A) It has been revised several times.
(B) It contains an author's personal experiences.
(C) It has been released in several countries.
(D) It uses many diagrams and pictures.

198. Which publication does Ms. Harper refer to in her letter?

(A) *Property for Profit*
(B) *Finding Finance*
(C) *Getting into Wealth*
(D) *The Financial Occasion*

199. In the letter, the phrase "pick up" in paragraph 1, line 4, is closest in meaning to

(A) obtain
(B) resume
(C) get better
(D) lift up

200. What is indicated about Mr. Kreese?

(A) He used a voucher for his purchase.
(B) He had his novel published at Veekines Publishing.
(C) He is a student at Gibraltar Heart University.
(D) He chose a paperback copy of *Property for Profit*.

Stop! You have reached the end of the test.
You may go back to Parts 5, 6, and 7 and check your work if you have extra time.

TEST 5

解答時間 🕐 **75**分

- **解答用紙**   **p. 159**

※ Webサイトからダウンロードもできます
（本冊 p. 7参照）

- **正解一覧** 【本冊】 **p. 239**

- **解答解説** 【本冊】 **p. 240〜293**

旺文社 TOEIC® L&R テスト対策書
「自動採点サービス」対応　オンラインマークシート

- サイトから本書「TEST 5」を選択の上，ご利用ください。
- PCからも利用できます。（本冊 p. 6参照）

※各Partの指示文（Directions）は旺文社作成のものです。

101. All the apartments of Keeneck are ------- equipped with necessary appliances and modern furniture.

(A) fully
(B) fullness
(C) full
(D) fuller

102. The head of Pelmug Associates actively proposes new ideas ------- rather than just provide direction for his subordinates.

(A) he
(B) his
(C) him
(D) himself

103. Having received media exposure, Rissel Restaurant came to attract ------- people than before.

(A) most
(B) very
(C) more
(D) much

104. Before the planning session started, employees were given ------- of time to brainstorm with mind maps.

(A) quarter
(B) plenty
(C) mass
(D) figure

105. Galla, Inc., has officially announced it ------- Spu Associates next month to expand their business opportunities.

(A) will be acquired
(B) acquiring
(C) has acquired
(D) is acquiring

106. Companies ------- money to the Green Music Day are all listed in the program.

(A) donating
(B) are donating
(C) will donate
(D) donate

107. Thanks to Anne Walkers' popularity among younger generations, her ------- with Iber Cosmetics was a huge success.

(A) collaborate
(B) collaboratively
(C) collaboration
(D) collaborative

108. City library is currently ------- renovation, so those planning to return books should use the external returns chute located by the entrance door.

(A) under
(B) from
(C) by
(D) through

109. Since Lanne Inc., requires employees to work overseas, it's desirable that applicants are ------- in multiple languages.

(A) ample
(B) proficient
(C) crucial
(D) compatible

110. KTDN Electronics ensures product quality and avoids malfunctions by executing five levels of inspection on ------- single item.

(A) few
(B) every
(C) many
(D) most

111. For changing the departure date for the ------- seat tickets for Chicago Railway, simply login to our Web site.

(A) analyzed
(B) constructed
(C) reserved
(D) reflected

112. ------- reduce waste, a large number of food companies are trying to address the issue of excessive packaging.

(A) In order to
(B) As much as
(C) Owing to
(D) At least

113. ------- at a year-end banquet are required to write down their names and professional affiliations at the front desk.

(A) Participation
(B) Participate
(C) Participates
(D) Participants

114. After a long period of negotiations, Webixa and Montanas, Inc., agreed to make ------- to the Web design contract.

(A) amendments
(B) translations
(C) precautions
(D) restrictions

115. Hoyoda Cars is taking the ------- in promoting electric vehicles in the domestic market.

(A) initiate
(B) initiative
(C) initiation
(D) initiating

116. Company rulebooks and ID badges are handed to new employees ------- the training session.

(A) among
(B) during
(C) while
(D) therefore

117. Visit Clozies' Web site ------- and download a limited gift voucher.

(A) immediacy
(B) more immediate
(C) immediate
(D) immediately

118. Edanep offers various online programming workshops, most of ------- are intended for beginners.

(A) them
(B) which
(C) what
(D) where

119. At Nanchaiz's Clearance Sale, all clothing items and shoes will be ------- by 30 percent.

(A) held back
(B) marked down
(C) set aside
(D) followed up

120. It is important that speakers make ------- understood by talking in a clear voice with an appropriate attitude toward listeners.

(A) they
(B) their
(C) them
(D) themselves

GO ON TO THE NEXT PAGE

121. Established in 1975, the ------- has been specializing in illustrated reference books for a long time.
(A) publishment
(B) publish
(C) publisher
(D) published

122. The accounting manager ------- that each employee submit a completed form by this Friday to claim travel expenses.
(A) demanded
(B) wanted
(C) cared
(D) refused

123. At Shine Fine Cooking Studio, the ------- course is the most popular because teachers explain the cooking process step by step.
(A) introducer
(B) introductory
(C) introduce
(D) introducing

124. ------- the reason may be, Sannai Clothing doesn't accept returns or exchanges for sale items.
(A) Where
(B) Whose
(C) Whatever
(D) Which

125. ------- administrative skills are concerned, Mr. Aida is the most qualified among all the candidates.
(A) As far as
(B) Even if
(C) Provided that
(D) Rather than

126. The marketing director's analysis shows that YAB Mover's high customer retention rate is ------- a result of the excellent service their staff provides.
(A) closely
(B) largely
(C) mutually
(D) consistently

127. At Warangs, job interviews other than the final one can be conducted ------- the phone.
(A) amid
(B) across
(C) within
(D) over

128. If anyone aspires ------- a specialist, acquiring additional qualifications in the field will be beneficial.
(A) become
(B) becoming
(C) to become
(D) became

129. When installing several applications -------, LDN computers might start running slowly.
(A) simultaneously
(B) inadequately
(C) functionally
(D) watchfully

130. Museum members can enter the permanent exhibition for free, though non-members are not ------- for it.
(A) eligible
(B) unfortunate
(C) reasonable
(D) efficient

PART 6

Directions: You will read the texts that follow, and in different parts of them, there is a word, phrase, or sentence that is missing. Look below each part of the texts and you will find a question, with four answer choices. Choose the answer that best completes the text. Then mark (A), (B), (C), or (D) on the answer sheet.

Questions 131-134 refer to the following e-mail.

To: Jane White <jwhite@gregory_associates.com>
From: Pete Chiang <pchiang@gregory_associates.com>
Subject: Meeting room reservation
Date: June 10

Dear Jane,

I noticed that you have reserved Meeting Room A from 2:30 P.M. to 4:00 P.M. tomorrow. We currently have a shortage of meeting space in the building. It is important that you ------- the room by 4:00 P.M. It should be left tidy with the furniture to its original position. Recently, some departments have been forced to wait for ------- because other users have been going over time. -------. Issues like this can cause disruptions to the workflow. I ------- a memo to all employees reminding them of this requirement. Unfortunately, you were absent last week.

Sincerely,

Pete Chiang

---

131. (A) vacate
(B) complete
(C) evaluate
(D) furnish

132. (A) accessed
(B) accessibility
(C) accessible
(D) access

133. (A) The expansion has made things easier.
(B) It should be ready for you by then.
(C) This is our busiest time of year.
(D) You don't need to rearrange the tables and chairs.

134. (A) will be sent
(B) sent
(C) was sent
(D) was sending

GO ON TO THE NEXT PAGE

Branson Productions

Branson Productions specializes in the production of ------- for television and online streaming.
135.
We have over 40 years in the business and have won a large number of industry awards. We

can handle every aspect of your promotional campaign. This ------- the script, casting, editing,
136.
and direction.

Over the years, we have built strong relationships with major television stations and online video

channels. -------. Call one of our helpful customer service representatives today to discuss
137.
your -------.
138.

TEL 389-555-9490

---

135. (A) documentaries
(B) advertisements
(C) compartments
(D) manuals

136. (A) inclusion
(B) inclusive
(C) includes
(D) including

137. (A) We will use our contacts to ensure you get the best rates.
(B) You can choose from five different models.
(C) All customer inquiries should be sent by e-mail.
(D) Our camera operators handle wedding projects exclusively.

138. (A) needed
(B) needing
(C) needs
(D) needy

From: Paula Anton
Date: April 14
Subject: Performance Reviews

To all supervisors:

It is time again for our annual performance reviews. I expect each of you to meet ------- with all
139.
the employees you supervise. As usual, you will provide each of them with -------. This should
140.
contain information on their key strengths as well as on areas requiring improvement.

------- meeting with you, the employees will fill out a self-appraisal form and list their
141.
achievements. This will prepare them for their conversation with you beforehand. -------.
142.

If you have any questions, please let me know.

Paula

139. (A) individual
(B) individuals
(C) individuality
(D) individually

140. (A) transportation
(B) feedback
(C) equipment
(D) nutrition

141. (A) Prior to
(B) Hardly
(C) Whenever
(D) Soon after

142. (A) Only then will we consider changing the
evaluation schedule.
(B) Nevertheless, the new employees will
be trained next week.
(C) It will also help you see how they view
their own performance.
(D) But the main purpose is to provide
customers with a great experience.

GO ON TO THE NEXT PAGE

Questions 143-146 refer to the following article.

Some construction work ------- out on the underground water pipes on the section of Main
                              143.
Street between Wadley Avenue and Hope Lane.   According to a post on the city council Web
site, the work should commence on Friday, 19 May, and finish on Tuesday, 23 May. -------.
                                                                                   144.
This will make it necessary to temporarily turn off the water supply. -------, businesses on that
                                                                        145.
section of road will lose access to town water for much of that time. To enable ------- to
                                                                                  146.
continue to serve customers, the council will be connecting the buildings to a mobile water
tank.

143. (A) was carried
     (B) has carried
     (C) will be carried
     (D) will carry

144. (A) That part of the street is completely
         residential.
     (B) The water pipes will be replaced with
         wider ones.
     (C) Businesses will be forced to close until
         the project is complete.
     (D) The council failed to provide any
         information about its plans.

145. (A) However
     (B) Fortunately
     (C) Similarly
     (D) Therefore

146. (A) them
     (B) us
     (C) you
     (D) me

PART 7

Directions: In this part you will read a variety of selected texts. Examples include magazine and newspaper articles, e-mails, and instant messages. There will be several questions that follow each text or group of texts. Choose the answer that is the best for each question and mark (A), (B), (C), or (D) on the answer sheet.

Questions 147-148 refer to the following invoice.

Spinan Waste Removal
294 Pemberton Ave., Millersburg, NY 12505

Date: June 2	**Bill to:** Doris Chamberlain
Invoice Number: 83839 Invoice for trash can related services at Franklin Food Processing during the month of April	Franklin Food Processing 377 Plum Ave., Millersburg, NY 12505

Item / Service	Rate	Total
Delivery and Removal Fee x 3	$129.00	$387.00
141 Cubic Foot Trash Can Rental (One week) x 2	$389.00	$778.00
210 Cubic Foot Trash Can Rental (One week) x 1	$540.00	$540.00
24 hour additional rental x 3	$13.00	$39.00
	TOTAL	**$1,744.00**

Payment Due by: June 30
There is an early payment discount of $25 if the invoice is paid before June 12.

147. What is implied about Franklin Food Processing?

(A) It needed to extend the rental period.
(B) It paid for waste removal services in advance.
(C) It used Spinan Waste Removal's service in multiple locations.
(D) It has used Spinan Waste Removal previously.

148. According to the invoice, how can Franklin Food Processing get a price reduction?

(A) By presenting a membership card
(B) By paying by bank transfer
(C) By signing up for a monthly service
(D) By paying the bill before the specified date

GO ON TO THE NEXT PAGE

Questions 149-150 refer to the following text-message chain.

Sid Homes   11:50 A.M.
I'd like to take the day off tomorrow. Can you manage without me?

Chelsea Rigby   11:51 A.M.
I was going to ask you to show some visitors our large machinery.

Sid Homes   11:53 A.M.
What time are they arriving?

Chelsea Rigby   11:53 A.M.
At 10:00 A.M, but I would need you to stay until lunchtime.

Sid Homes   11:54 A.M.
I'll leave right after.

Chelsea Rigby   11:59 A.M.
Thanks, Sid. I'll drop by your office in a few minutes and give you the details of the visitors.

Sid Homes   12:02 P.M.
OK. I'm inspecting the production line at the moment. I'll head back to my office now.

---

149. Where most likely do the writers work?

(A) At an accounting firm
(B) At a manufacturing plant
(C) At a consultancy
(D) At a restaurant

150. At 11:54 A.M., what does Mr. Homes mean when he writes, "I'll leave right after"?

(A) He will accompany Ms. Rigby on a trip.
(B) He will attend a lunch meeting.
(C) He will do some work tomorrow morning.
(D) He will keep a doctor's appointment.

MEMO

To: All employees
From: Greyson Dunn
Date: July 7
Subject: Confidential

Dear All,

We are planning a party to mark Mr. Kline's 30th year at Dudley and Waters. We would like to invite everyone who has worked with Mr. Kline over the years to come and honor his devotion by attending a banquet at the Morrison Hotel on July 30.

We would also like to invite people who have retired from the company or changed jobs. If you have the contact details for any of our past employees, especially those who worked with Mr. Kline when he started out here as a janitor, please ask them if they are willing to join us. Please do not discuss this with Mr. Kline. He does not know that he is the guest of honor.

We will provide further details of the event at a later date.

Sincerely,

Greyson Dunn
President — Dudley and Waters

TEST 5

151. What is one purpose of the memo?

(A) To announce a senior staff member's retirement
(B) To invite employees to a celebration
(C) To thank employees for their hard work
(D) To request assistance with job recruitment

152. What was Mr. Kline's position when he first joined Dudley and Waters?

(A) Custodian
(B) President
(C) Secretary
(D) Receptionist

GO ON TO THE NEXT PAGE

Treeline Workwear Warranty

Before any product leaves the factory, it is inspected to ensure it meets our extremely strict standards. Nevertheless, errors do occur from time to time. Treeline Workwear provides a 12-month warranty on footwear and a six-month warranty on clothing. The warranty only covers manufacturing defects. Examples of these may include sewing errors, poor adhesion of glue, or missing parts such as buttons or fasteners. In accordance with the policy, problems caused by other reasons are not covered.

Please take any defective footwear or clothing items back to the store for a refund or replacement.

153. What is indicated about Treeline Workwear products?

(A) They are shipped internationally.
(B) They have varying warranty periods.
(C) They are all made by hand.
(D) They are sold in online stores.

154. According to the information, what is NOT a suitable reason for returning a Treeline Workwear garment?

(A) Imperfect sewing
(B) A lack of components
(C) Incorrect size
(D) Adhesion failure

EIGHTH SEASON IS CLOSED FOR RENOVATION

Please understand that Eighth Season will be closed from July 2 as we are having some renovation work done inside and out. We will reopen on September 22. We plan to have a completely new theme, an outdoor dining section, and an improved menu. All of your favorites will remain, but we will be adding some exciting new dishes.

Until we reopen, we will be offering a catering service. You can contact our booking manager at 555-8383 to discuss menu plans, group sizes, and rates. We have an arrangement with Clarendon Function Rooms on Davis Street whereby customers of Eighth Season can get a 20 percent discount on room rental. Our booking manager will check availability when you call to discuss your event.

When we reopen, we will need additional staff in the dining room and the kitchen. If you are interested in working at Eighth Season, please fill out an application form on our Web site — www.orlandoeighthseason.com.

TEST 5

155. Where most likely would this notice be seen?

(A) In an industry journal
(B) In the lobby of a hotel
(C) On a list of vacant properties
(D) On the door of a restaurant

156. Why will Eighth Season be closed?

(A) The location is not popular enough.
(B) The interior is being remodeled.
(C) The running costs are too high.
(D) The building is being sold.

157. What is indicated about Eighth Season?

(A) It has been in business for a long time.
(B) It has a large number of locations.
(C) It is looking to hire more workers.
(D) It is being considered for an award.

GO ON TO THE NEXT PAGE

DeMuro Tour Company

Melbourne, Australia

DeMuro Tour Company has been in business for eleven years now. To celebrate this milestone, we are offering our two most popular tour packages at 10 percent off. Visit our Web site at www.demurotc.com.au to reserve your seat before we're fully booked. We are already at 80 percent capacity for tours during the April holidays.

Discounts are available on the following two tours.
➤ **The Richmond Tour:** You will start your three-day adventure in Central Melbourne by boarding a luxury DeMuro tour bus at the Glen Street Bus Terminal. The trip along the Richmond includes a visit to the Cremorne Historical Village, a helicopter trip over picturesque Apollo Bay, and a chance to swim with dolphins at Queenscliff Boat Harbor.

➤ **The Mildura Fruit Farm Tour:** This is the perfect tour for someone looking for a short day trip to enjoy with family members. It leaves from the Glen Street Bus Terminal at 12:00 P.M. and visits a number of fruit farms in the Mildura region. This is a gourmet tour, which includes taste testing at each stop.

If you have any questions, you may call our office at 555-8489 between 9:00 A.M. and 5:00 P.M., seven days a week.

---

158. What is indicated about DeMuro Tour Company?

(A) It was founded about a decade ago.
(B) It is based in Cremorne.
(C) It is a family-owned business.
(D) It will be closed in April.

159. What is NOT included in the Richmond Tour?

(A) An opportunity to interact with wildlife
(B) A ticket to a theatrical performance
(C) A scenic flight along the coast
(D) A stop at a small historical town

160. What is mentioned about the Mildura Fruit Farm Tour?

(A) It is more expensive than the Richmond Tour.
(B) It includes a stay at a luxury hotel.
(C) It runs several times a day.
(D) It is one of the company's most popular tours.

Dr. Samantha Day
Freeman Science Museum
Ridgemont, NY 10267

Dear Dr. Day,

I am interested in filling the vacancy at the Freeman Science Museum. I have been a frequent visitor to the museum since I was a child and my experiences there influenced my decision to study environmental science at university. — [1] — . By working in the museum's education unit, I hope to help other young people become more interested in science as a subject.

I understand that the museum is planning on running week-long environmental awareness programs for high school students during the summer holidays. — [2] — . Having helped run similar seminars for first-year students at Bradman University, this is something that I think I would be particularly suited to. — [3] — .

I am available for an interview at a time of your choosing. — [4] — . Please find my résumé enclosed with this letter. You may contact me by e-mail at jhutton@novabluel.com or by telephone at 555-7842. Thank you for considering my application and I look forward to meeting with you soon.

Sincerely,

James Hutton

James Hutton

161. What does Mr. Hutton want to do?

(A) Take a group of university students to the museum
(B) Work with a highly respected researcher
(C) Promote science as a field of study
(D) Write a paper about science

162. What did Mr. Hutton assist with at Bradman University?

(A) Organizing some programs
(B) Hiring new employees
(C) Marketing some courses
(D) Setting up a committee

163. In which of the positions marked [1], [2], [3], and [4] does the following sentence best belong?

"However, to avoid potential scheduling conflicts, I would appreciate it if you could give me a week's notice."

(A) [1]
(B) [2]
(C) [3]
(D) [4]

GO ON TO THE NEXT PAGE

TEST 5

Virginia Beach (August 19) —When Sid Valiant took over his father's car repair shop in Virginia Beach five years ago, the business was moderately successful with a staff of three and a loyal clientele. Now, Valiant Auto Repair has five locations in three different towns and a permanent staff of 33 employees. The company's success can be attributed to a number of factors. Immediately after taking charge, Sid Valiant contacted taxi and truck drivers running their own small businesses. He offered them competitive servicing contracts, which ensured that the garage would have a certain amount of work each month. This now accounts for about 70 percent of the garage's work.

To improve productivity and morale, he introduced a system whereby employees' pay increases in line with company profitability. This resulted in a 25 percent growth in profits in the first year.

Interestingly, despite its growth, the company is spending less on advertising. According to Mr. Valiant, satisfied clients have been recommending Valiant Auto Repair to their friends, family, and business contacts. "Our reputation for excellent service and value for money is all we need," explains Mr. Valiant. "We can afford to charge less because we spend less."

164. What is the purpose of the article?

(A) To describe the fortunes of a local business
(B) To explain a change in repair procedures
(C) To promote a new business strategy
(D) To announce a company's promotional campaign

165. Who are Valiant Auto Repair's main customers?

(A) Motorcycle enthusiasts
(B) Professional drivers
(C) Car manufacturers
(D) Used car dealers

166. What is implied about employees of Valiant Auto Repair?

(A) They own shares in the company.
(B) Their cars are repaired for free.
(C) Their wages have increased.
(D) They live in the same town.

167. According to the article, how has Valiant Auto Repair reduced its expenses?

(A) By conducting its own training
(B) By hiring family members
(C) By reducing its marketing expenditure
(D) By sharing its premises

Questions 168-171 refer to the following online chat discussion.

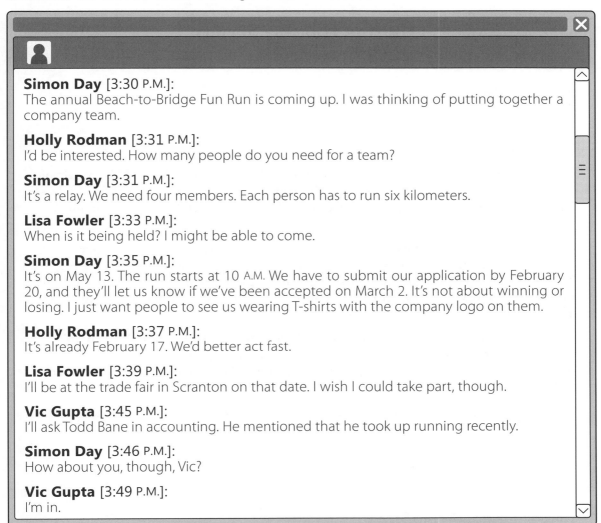

Simon Day [3:30 P.M.]:
The annual Beach-to-Bridge Fun Run is coming up. I was thinking of putting together a company team.

Holly Rodman [3:31 P.M.]:
I'd be interested. How many people do you need for a team?

Simon Day [3:31 P.M.]:
It's a relay. We need four members. Each person has to run six kilometers.

Lisa Fowler [3:33 P.M.]:
When is it being held? I might be able to come.

Simon Day [3:35 P.M.]:
It's on May 13. The run starts at 10 A.M. We have to submit our application by February 20, and they'll let us know if we've been accepted on March 2. It's not about winning or losing. I just want people to see us wearing T-shirts with the company logo on them.

Holly Rodman [3:37 P.M.]:
It's already February 17. We'd better act fast.

Lisa Fowler [3:39 P.M.]:
I'll be at the trade fair in Scranton on that date. I wish I could take part, though.

Vic Gupta [3:45 P.M.]:
I'll ask Todd Bane in accounting. He mentioned that he took up running recently.

Simon Day [3:46 P.M.]:
How about you, though, Vic?

Vic Gupta [3:49 P.M.]:
I'm in.

168. What is the online chat discussion mainly about?

(A) A product launch
(B) A team-building exercise
(C) An athletic competition
(D) A theatrical performance

169. When will Ms. Fowler attend a trade fair?

(A) On February 17
(B) On February 20
(C) On March 2
(D) On May 13

170. Who most likely is Mr. Bane?

(A) A product designer
(B) A professional athlete
(C) A bookkeeper
(D) A driver

171. At 3:49 P.M., what does Mr. Gupta mean when he writes, "I'm in"?

(A) He has arrived at the office.
(B) He will be present at an event.
(C) He previously organized a trade show.
(D) He works with Mr. Bane.

GO ON TO THE NEXT PAGE

Burton Humane Society
1117 Powers Rd, Seven Hills

October 2

Ms. Breeze Haliday,
36 Olyphant Way
Lambert 59243

Dear Ms. Haliday,

Thank you for subscribing to the Burton Humane Society (BHS) newsletter. This connection with the community enables us to publicize the work we do to protect local wildlife. — [1] — . The generous donation you made when you visited last month will be used to care for many native animals, which can cost as much as $700 a day.

— [2] — . The carers who feed the animals, the groundskeepers, and even the veterinarians who provide important medical care donate their time to the society week after week. — [3] — . Their efforts have helped preserve the natural environment of Seven Hills, which is one of the main reasons travelers visit the area. Indeed the tourism industry is one of our main employers and an important source of income.

BHS not only takes care of wildlife but also works to preserve their habitats. While BHS' success is hard to measure, a recent study by students at Sterling University showed that there has been a 40 percent increase in the population of native wildlife in the area since we started. — [4] — .

To learn more about the work of the Burton Humane Society, its event schedule, and becoming an active member, please visit our Web site at www.burtonhs.com.

Sincerely,

Mel Stanhope

Mel Stanhope
President – Burton Humane Society

172. What is one purpose of the letter?

   (A) To apologize for a recent closure
   (B) To explain a reimbursement process
   (C) To request articles for a newsletter
   (D) To express gratitude to a patron

173. What is implied about the Burton Humane Society?

   (A) It is very expensive to maintain.
   (B) It was visited by a government official.
   (C) It is one of the country's oldest tourist destinations.
   (D) It hosts an annual cultural festival.

174. What does the study by Sterling University suggest?

   (A) The Burton Humane Society has been successful.
   (B) The university requires more public funding.
   (C) The tourism industry has had a negative impact on the environment.
   (D) The cost of preserving the environment can be lowered.

175. In which of the positions marked [1], [2], [3], and [4] does the following sentence best belong?

   "You may not be aware that BHS is staffed entirely by volunteers."

   (A) [1]
   (B) [2]
   (C) [3]
   (D) [4]

GO ON TO THE NEXT PAGE

SHINY CLEAR GLASS REPAIR

Shiny Clear services Boise's western suburbs, providing 24-hour emergency repairs to commercial, domestic, and automotive doors and windows. Our state-of-the-art training program ensures that all our repairers take part in ongoing training to keep up with the latest fitment technologies. They all have fully mobile workshops, where they can repair or replace almost any pane of glass in minutes.

Minimum Service Call Fees

5:00 A.M. – 10:00 A.M.	**$60** (Early morning)	6:00 P.M. – 10:00 P.M.	**$50** (Evening)
10:00 A.M. – 6:00 P.M.	**$40** (Daytime)	10:00 P.M. – 5:00 A.M.	**$80** (Late night)

Naturally, the price of replacement glass fluctuates widely depending on grade, size, availability, and window type. The operator will quickly give you a quotation when you request service.

Company president Rick Planner can be contacted at rplanner@shinyclear.com. Don't hesitate to e-mail him directly if you have any comments or queries regarding the service you received from Shiny Clear.

From:	Clarice Jobs <cjobs@fitnow.com>
To:	Rick Planner <rplanner@shinyclear.com>
Date:	September 27
Subject:	My experience

Dear Mr. Planner,

I am writing about my experience as a customer of Shiny Clear this morning. At around 4:00 A.M., a glass door was accidentally broken by one of the cleaners who visit our office every morning. It was impossible to lock the building, which had so many sensitive legal documents stored inside, so the cleaner decided to wait by the door until a reasonable hour before calling me. I got to the office at 7:00 A.M. and called Shiny Clear immediately. I was informed that a repairperson would be here in under 20 minutes, but it actually took about an hour. When the repairperson finally came, she was able to fix the door very quickly, and I was very happy with the price. I only wish someone had given me an update because I was waiting in the freezing cold for a long time.

Regards,

Clarice Jobs

176. What is indicated about Shiny Clear?

(A) It trains its own employees.
(B) It manufactures its own glass.
(C) It has offices in multiple cities.
(D) It provides a quality guarantee.

177. Who has Ms. Jobs written the e-mail to?

(A) A dispatcher
(B) The manager of her office
(C) A repairperson
(D) The head of Shiny Clear

178. What kind of business does Ms. Jobs most likely work for?

(A) A pet store
(B) A law firm
(C) An office supply store
(D) A cleaning company

179. What most likely was the service call fee for the work Ms. Jobs requested?

(A) $40
(B) $50
(C) $60
(D) $80

180. What does Ms. Jobs mention about the service she received?

(A) The repairperson arrived early.
(B) The work was not completed.
(C) The price was reasonable.
(D) The paperwork was not ready.

GO ON TO THE NEXT PAGE

TEST 5

Press Release

La Trobe Playhouse — Upcoming Production

In May, the La Trobe Playhouse will host the drama, *Luscious Daisies*. The production will be directed by Cole Western, whom you might recognize from other successful productions such as *Happy Nights* and *Cool Heads*. The cast includes performers from those two productions; Lance Boyle and Pedro Sanchez respectively. On May 21, a special preview performance will be held. We are accepting reservations from members of the general public for that performance. Interested people should call the box office between 9 A.M. and 5 P.M., on Tuesday, May 6. Tickets are heavily discounted, and patrons who fill out a survey at the end of the performance receive a complimentary ticket for a future performance.

Audience Survey

Name:	Gad Moore				
Performance:	*Luscious Daisies*				
Age group:	14-18	19-27	28-40	41-55	(56 and over)
What was your overall level of enjoyment of the performance?	Low		Satisfactory		High
	1	2	3	4	(5)
How did you learn about the performance?	I am a member of the La Trobe Playhouse Appreciation Society and read about *Luscious Daisies* in the newsletter.				
Why did you attend this preview performance?	I will write a review of the performance for my theater club's newsletter.				
What changes do you think should be made to the performance?	The background didn't change much. I would have liked to see more locations. Many of the actors looked similar. Perhaps you could give them more distinctive costumes.				

181. In the press release, the word "recognize" in paragraph 1, line 2, is closest in meaning to

(A) remember
(B) appreciate
(C) consider
(D) reward

182. What is implied about Mr. Sanchez?

(A) He appeared in *Happy Nights*.
(B) He will perform at La Trobe Playhouse on May 21.
(C) He helped direct *Luscious Daisies*.
(D) He will meet with Mr. Moore at La Trobe Playhouse.

183. How can people reserve tickets for the preview performance?

(A) By filling out a survey
(B) By getting an invitation from a cast member
(C) By applying via a Web site
(D) By contacting the box office

184. What is suggested about Mr. Moore?

(A) He will see *Luscious Daisies* a second time.
(B) He went to the La Trobe Playhouse with a friend.
(C) He has experience as a costume designer.
(D) He has the right to attend a performance for free.

185. What information is NOT requested in the survey?

(A) The respondent's age
(B) The date of a performance
(C) A purpose for attending a performance
(D) The respondent's opinion about the production

GO ON TO THE NEXT PAGE

https://www.gatsbyrareplants.co.nz

Gatsby Rare Plants

Gatsby Rare Plants is New Zealand's largest rare plant dealer. We started the business some 30 years ago. Joe and Stan Gatsby began selling rare native plant species that they found growing on their property in the mountains of New Zealand. With the increasing popularity of gardening as a hobby, the brothers received more and more orders and decided to form a company. The business was one of the first gardening stores in New Zealand to move online and quickly became popular with enthusiasts all around the country. Over the years, the brothers have worked steadily to build up their stock by growing plants in their own greenhouses. To this day, Joe Gatsby personally verifies the health of all the plants and oversees packing and delivery.

We offer a discount of 15 percent on plants grown in our greenhouse. These include astelia, corokia, and nikau palms.

E-Mail Message

To: Joe Gatsby <jgatsby@gatsbyrareplants.co.nz>
From: Liam Johnson <ljohnson@mymail.com>
Subject: Native astelias
Date: 2 February

Dear Mr. Gatsby,

I came across your Web site while searching for some native astelia plants for my rock garden. I am also looking for a coprosma plant. Unfortunately, it is not listed in your online catalog. I understand that with so many plants in your inventory, it may not be possible to list every item in the catalog. Please let me know if you actually have any coprosma plants currently in stock.

Sincerely,

Liam Johnson

```
┌─────────────────────────────────────────────────────────────────┐
│                        E-Mail Message                             │
├─────────────────────────────────────────────────────────────────┤
│  To:        Liam Johnson <ljohnson@mymail.com>                    │
│  From:      Joe Gatsby <jgatsby@gatsbyrareplants.co.nz>           │
│  Subject:   RE: Native astelias                                   │
│  Date:      2 February                                            │
├─────────────────────────────────────────────────────────────────┤
```

Dear Mr. Johnson,

Thank you for contacting me about the native astelia and coprosma plants. While we do not have any coprosma on the shelf in our greenhouse, there is a very good chance that there are some on our property in Alexandra. Once a month, my brother Stan Gatsby leads a group of enthusiasts around the property to look for various plant species. I encourage you to join him and try to find the plant you want. Please find information about the location of the Alexandra property and the tour dates and times on our Web site. You should also find a signup page there. The expeditions are popular so I encourage you to register early.

Regards,

Joe Gatsby

---

186. What is implied about Gatsby Rare Plants?

(A) It has been in business for a long time.
(B) It will open a new location soon.
(C) It has recently received an award.
(D) It has greenhouses in multiple cities.

187. To whom does Mr. Johnson send the e-mail?

(A) A food supplier
(B) A business owner
(C) A curator
(D) A parts manufacturer

188. What is indicated about the plant Mr. Johnson mentions seeing on the Web site?

(A) It is imported from another country.
(B) It is not suitable for his area.
(C) It cannot be delivered in February.
(D) It qualifies for a discount.

189. According to the second e-mail, what does Mr. Gatsby recommend that Mr. Johnson do?

(A) Attend a seminar
(B) Change some plans
(C) Join an expedition
(D) Get some advice

190. What is NOT mentioned as being available on the Web site?

(A) Customer reviews
(B) A registration form
(C) A product catalog
(D) Access information

GO ON TO THE NEXT PAGE

Sail the Caribbean for as little as $99 a day with Mariana Cruise Lines!

- Four cabin categories to choose from: Single, Regular, Deluxe, or Suite
- Regular sailings from eight different selectable departure ports in the Caribbean region
- Wide range of on-board restaurants, entertainment, and leisure facilities
- Extensive shore excursions to Barbados organized by a local tour company (extra charge)
- 12 different cruise ships including the brand-new Leviathan

Please note that a special price can be applied for the off-season (November-February only), and it is a rate per person for a regular cabin, based on double occupancy.

To book your dream vacation today, visit www.marianacruiselines.com/booking, call 877-555-3896, or speak to your travel agent.

October 25—Travelers will get their first taste of Mariana Cruise Lines' new ship, the Leviathan, next week. It will set sail on its maiden voyage on November 1. With a capacity of 4,200 passengers, it features state-of-the-art facilities, unique on-board entertainment, and a cruising speed of 37 knots per hour.

Since starting operations eight years ago, Mariana has proven very popular with cruise-goers. The Leviathan's launch has been highly anticipated for months. The first sailing, a seven-day cruise departing from Fort Lauderdale, was fully booked by February 1. Most sailings for the next six months are close to capacity, too.

https://cruisereviews.com/marianacruiselines ⟳

Region: Caribbean **Ship:** Leviathan **Cruise dates:** November 1-7
Reviewed by: Thea Ashton **Posted on:** November 10

The Leviathan has taken traveling with Mariana Cruise Lines to another level! I've been on three other Mariana ships before and enjoyed them all, so I was excited to hear about the opportunity to have another cruise experience for as little as $99. The new vessel was extraordinary. The cabins are bigger and better, and there's no way to cover all the activities and live shows in one week. The restaurants are all top quality, too. The destinations are fairly standard for the Caribbean, although I greatly enjoyed the shore excursion to Barbados offered by Poinciana Travel. But on this cruise, it's the ship itself that's the star. They offer exceptional service for tourists. If you're going to sail with Mariana, I strongly recommend making the effort to get a cabin on the Leviathan. I'm also looking forward to getting on the Colossus, which Mariana Cruise Lines plans to introduce next year!

191. According to the advertisement, what is one benefit of traveling with Mariana Cruise Lines?

(A) Travelers can choose from various starting points.
(B) Live music concerts will be held every other night.
(C) The on-board gym is available 24 hours a day.
(D) Travelers can charter their ships for parties.

192. How can passengers qualify for the special price?

(A) By booking a cabin before November 1
(B) By staying in a single room
(C) By traveling outside of peak times
(D) By using an online promotional code

193. What is suggested about Ms. Ashton?

(A) She traveled with her grandfather.
(B) She has a vessel license.
(C) She wrote a newspaper article about the Leviathan.
(D) She got on the Leviathan on its first day of voyage.

194. What is most likely true about Poinciana Travel?

(A) It acquired Mariana Cruise Lines in November.
(B) It offers a seasonal discount.
(C) It organizes optional tours for Mariana Cruise Lines.
(D) It opened a new branch a month ago.

195. What is true about Mariana Cruise Lines?

(A) It sells old ships to buyers.
(B) It was founded by Ms. Ashton.
(C) It celebrated its ten-year anniversary.
(D) It will launch another ship next year.

GO ON TO THE NEXT PAGE ➡

The next recruit into Allaco Industries' Hall of Excellence will be Peter Vanderhaus.

According to the nomination submitted by factory manager Charles Gardner, Peter spotted a design flaw in our new TK90 electric saw during its initial production run. "Despite the work of our best engineers and a computer-aided design, it took a highly trained quality control inspector to notice the problem, possibly saving Allaco Industries millions of dollars in losses," Gardner wrote.

Company founder Darcy Thomas established the Hall of Excellence originally to praise engineer Lou Chen's design improvements to Allaco Industries' popular VR450 cordless drill. Allaco Industries' Vice President will announce the induction and present a commemorative plaque at the year-end party in December.

MEMO

To: All Personnel
From: Genia Labrov
Subject: Year-end Party
Date: December 12

Hi all,

We have confirmed that the highly acclaimed Lébré Bistro will once again provide the catering, and live music will be performed by the Tune Masters during the event.

The venue is also hosting a convention on December 18, so parking will be limited. However, this should not be an issue because we have hired a shuttle service. The shuttle will depart from our office promptly at 5:45 P.M.

Genia Labrov
Office Manager, Allaco Industries

ALLACO INDUSTRIES YEAR-END PARTY

Date: Saturday, December 18
Time: 6:00 P.M. to 9:30 P.M.
Place: Sparkling Suites Hotel, Sapphire Ballroom

6:00 P.M. -	Welcoming address by Darcy Thomas
6:15 P.M. -	Video presentation celebrating company achievements throughout the past year
6:45 P.M. -	Dinner banquet
7:45 P.M. -	Presentation of the Employee of the Year Award
8:00 P.M. -	Special induction ceremony for Allaco Industries' Hall of Excellence by Roberto Alvarez
8:15 P.M. -	Music and dancing

196. According to the newsletter article, what did Peter Vanderhaus do?

(A) He discovered a potentially costly error.
(B) He assisted in the design of a computer.
(C) He led a training program for engineers.
(D) He suggested a successful new product.

197. What type of product most likely does Allaco Industries mainly manufacture?

(A) Power tools
(B) Automobile engines
(C) Industrial computers
(D) Assembly line machinery

198. In the memo, the word "issue" in paragraph 2, line 2, is closest in meaning to

(A) publication
(B) result
(C) episode
(D) concern

199. What is suggested about Sparkling Suites Hotel?

(A) It does not have a parking area for guests.
(B) It will hold a conference on December 18.
(C) It offers a shuttle bus service.
(D) It accommodates more than 1,000 guests.

200. Who most likely is Mr. Alvarez?

(A) An event organizer
(B) An award recipient
(C) A member of a band
(D) A company executive

Stop! You have reached the end of the test.
You may go back to Parts 5, 6, and 7 and check your work if you have extra time.

壁越え模試 リーディング TEST 1 ● 解答用紙

「?」の使い方

自信を持って解答できない問題は「?」列の□に✓を入れておき、見直しや復習の際に活用してください。（実際の試験では、この欄はありません）

READING SECTION

Part 5

No.	ANSWER A B C D	?	No.	ANSWER A B C D	?
101	Ⓐ Ⓑ Ⓒ Ⓓ	□	111	Ⓐ Ⓑ Ⓒ Ⓓ	□
102	Ⓐ Ⓑ Ⓒ Ⓓ	□	112	Ⓐ Ⓑ Ⓒ Ⓓ	□
103	Ⓐ Ⓑ Ⓒ Ⓓ	□	113	Ⓐ Ⓑ Ⓒ Ⓓ	□
104	Ⓐ Ⓑ Ⓒ Ⓓ	□	114	Ⓐ Ⓑ Ⓒ Ⓓ	□
105	Ⓐ Ⓑ Ⓒ Ⓓ	□	115	Ⓐ Ⓑ Ⓒ Ⓓ	□
106	Ⓐ Ⓑ Ⓒ Ⓓ	□	116	Ⓐ Ⓑ Ⓒ Ⓓ	□
107	Ⓐ Ⓑ Ⓒ Ⓓ	□	117	Ⓐ Ⓑ Ⓒ Ⓓ	□
108	Ⓐ Ⓑ Ⓒ Ⓓ	□	118	Ⓐ Ⓑ Ⓒ Ⓓ	□
109	Ⓐ Ⓑ Ⓒ Ⓓ	□	119	Ⓐ Ⓑ Ⓒ Ⓓ	□
110	Ⓐ Ⓑ Ⓒ Ⓓ	□	120	Ⓐ Ⓑ Ⓒ Ⓓ	□

No.	ANSWER A B C D	?	No.	ANSWER A B C D	?
121	Ⓐ Ⓑ Ⓒ Ⓓ	□	131	Ⓐ Ⓑ Ⓒ Ⓓ	□
122	Ⓐ Ⓑ Ⓒ Ⓓ	□	132	Ⓐ Ⓑ Ⓒ Ⓓ	□
123	Ⓐ Ⓑ Ⓒ Ⓓ	□	133	Ⓐ Ⓑ Ⓒ Ⓓ	□
124	Ⓐ Ⓑ Ⓒ Ⓓ	□	134	Ⓐ Ⓑ Ⓒ Ⓓ	□
125	Ⓐ Ⓑ Ⓒ Ⓓ	□	135	Ⓐ Ⓑ Ⓒ Ⓓ	□
126	Ⓐ Ⓑ Ⓒ Ⓓ	□	136	Ⓐ Ⓑ Ⓒ Ⓓ	□
127	Ⓐ Ⓑ Ⓒ Ⓓ	□	137	Ⓐ Ⓑ Ⓒ Ⓓ	□
128	Ⓐ Ⓑ Ⓒ Ⓓ	□	138	Ⓐ Ⓑ Ⓒ Ⓓ	□
129	Ⓐ Ⓑ Ⓒ Ⓓ	□	139	Ⓐ Ⓑ Ⓒ Ⓓ	□
130	Ⓐ Ⓑ Ⓒ Ⓓ	□	140	Ⓐ Ⓑ Ⓒ Ⓓ	□

Part 6

(Nos. 131–140 above)

Part 7

No.	ANSWER A B C D	?	No.	ANSWER A B C D	?
141	Ⓐ Ⓑ Ⓒ Ⓓ	□	151	Ⓐ Ⓑ Ⓒ Ⓓ	□
142	Ⓐ Ⓑ Ⓒ Ⓓ	□	152	Ⓐ Ⓑ Ⓒ Ⓓ	□
143	Ⓐ Ⓑ Ⓒ Ⓓ	□	153	Ⓐ Ⓑ Ⓒ Ⓓ	□
144	Ⓐ Ⓑ Ⓒ Ⓓ	□	154	Ⓐ Ⓑ Ⓒ Ⓓ	□
145	Ⓐ Ⓑ Ⓒ Ⓓ	□	155	Ⓐ Ⓑ Ⓒ Ⓓ	□
146	Ⓐ Ⓑ Ⓒ Ⓓ	□	156	Ⓐ Ⓑ Ⓒ Ⓓ	□
147	Ⓐ Ⓑ Ⓒ Ⓓ	□	157	Ⓐ Ⓑ Ⓒ Ⓓ	□
148	Ⓐ Ⓑ Ⓒ Ⓓ	□	158	Ⓐ Ⓑ Ⓒ Ⓓ	□
149	Ⓐ Ⓑ Ⓒ Ⓓ	□	159	Ⓐ Ⓑ Ⓒ Ⓓ	□
150	Ⓐ Ⓑ Ⓒ Ⓓ	□	160	Ⓐ Ⓑ Ⓒ Ⓓ	□

No.	ANSWER A B C D	?	No.	ANSWER A B C D	?
161	Ⓐ Ⓑ Ⓒ Ⓓ	□	171	Ⓐ Ⓑ Ⓒ Ⓓ	□
162	Ⓐ Ⓑ Ⓒ Ⓓ	□	172	Ⓐ Ⓑ Ⓒ Ⓓ	□
163	Ⓐ Ⓑ Ⓒ Ⓓ	□	173	Ⓐ Ⓑ Ⓒ Ⓓ	□
164	Ⓐ Ⓑ Ⓒ Ⓓ	□	174	Ⓐ Ⓑ Ⓒ Ⓓ	□
165	Ⓐ Ⓑ Ⓒ Ⓓ	□	175	Ⓐ Ⓑ Ⓒ Ⓓ	□
166	Ⓐ Ⓑ Ⓒ Ⓓ	□	176	Ⓐ Ⓑ Ⓒ Ⓓ	□
167	Ⓐ Ⓑ Ⓒ Ⓓ	□	177	Ⓐ Ⓑ Ⓒ Ⓓ	□
168	Ⓐ Ⓑ Ⓒ Ⓓ	□	178	Ⓐ Ⓑ Ⓒ Ⓓ	□
169	Ⓐ Ⓑ Ⓒ Ⓓ	□	179	Ⓐ Ⓑ Ⓒ Ⓓ	□
170	Ⓐ Ⓑ Ⓒ Ⓓ	□	180	Ⓐ Ⓑ Ⓒ Ⓓ	□

No.	ANSWER A B C D	?	No.	ANSWER A B C D	?
181	Ⓐ Ⓑ Ⓒ Ⓓ	□	191	Ⓐ Ⓑ Ⓒ Ⓓ	□
182	Ⓐ Ⓑ Ⓒ Ⓓ	□	192	Ⓐ Ⓑ Ⓒ Ⓓ	□
183	Ⓐ Ⓑ Ⓒ Ⓓ	□	193	Ⓐ Ⓑ Ⓒ Ⓓ	□
184	Ⓐ Ⓑ Ⓒ Ⓓ	□	194	Ⓐ Ⓑ Ⓒ Ⓓ	□
185	Ⓐ Ⓑ Ⓒ Ⓓ	□	195	Ⓐ Ⓑ Ⓒ Ⓓ	□
186	Ⓐ Ⓑ Ⓒ Ⓓ	□	196	Ⓐ Ⓑ Ⓒ Ⓓ	□
187	Ⓐ Ⓑ Ⓒ Ⓓ	□	197	Ⓐ Ⓑ Ⓒ Ⓓ	□
188	Ⓐ Ⓑ Ⓒ Ⓓ	□	198	Ⓐ Ⓑ Ⓒ Ⓓ	□
189	Ⓐ Ⓑ Ⓒ Ⓓ	□	199	Ⓐ Ⓑ Ⓒ Ⓓ	□
190	Ⓐ Ⓑ Ⓒ Ⓓ	□	200	Ⓐ Ⓑ Ⓒ Ⓓ	□

旺文社 TOEIC® L&R テスト対策書
「自動採点サービス」対応 オンラインマークシート

- サイトから本書「TEST 1」を選択の上、ご利用ください。
- PCからも利用できます。（本冊 p. 6参照）

壁越え模試 リーディング TEST 2 ● 解答用紙

「?」の使い方

自信を持って解答できない問題は「?」列の□に✓を入れておき、見直しや復習の際に活用してください。（実際の試験では、この欄はありません）

READING SECTION

Part 5

No.	ANSWER A B C D	?
101	Ⓐ Ⓑ Ⓒ Ⓓ	□
102	Ⓐ Ⓑ Ⓒ Ⓓ	□
103	Ⓐ Ⓑ Ⓒ Ⓓ	□
104	Ⓐ Ⓑ Ⓒ Ⓓ	□
105	Ⓐ Ⓑ Ⓒ Ⓓ	□
106	Ⓐ Ⓑ Ⓒ Ⓓ	□
107	Ⓐ Ⓑ Ⓒ Ⓓ	□
108	Ⓐ Ⓑ Ⓒ Ⓓ	□
109	Ⓐ Ⓑ Ⓒ Ⓓ	□
110	Ⓐ Ⓑ Ⓒ Ⓓ	□

No.	ANSWER A B C D	?
111	Ⓐ Ⓑ Ⓒ Ⓓ	□
112	Ⓐ Ⓑ Ⓒ Ⓓ	□
113	Ⓐ Ⓑ Ⓒ Ⓓ	□
114	Ⓐ Ⓑ Ⓒ Ⓓ	□
115	Ⓐ Ⓑ Ⓒ Ⓓ	□
116	Ⓐ Ⓑ Ⓒ Ⓓ	□
117	Ⓐ Ⓑ Ⓒ Ⓓ	□
118	Ⓐ Ⓑ Ⓒ Ⓓ	□
119	Ⓐ Ⓑ Ⓒ Ⓓ	□
120	Ⓐ Ⓑ Ⓒ Ⓓ	□

No.	ANSWER A B C D	?
121	Ⓐ Ⓑ Ⓒ Ⓓ	□
122	Ⓐ Ⓑ Ⓒ Ⓓ	□
123	Ⓐ Ⓑ Ⓒ Ⓓ	□
124	Ⓐ Ⓑ Ⓒ Ⓓ	□
125	Ⓐ Ⓑ Ⓒ Ⓓ	□
126	Ⓐ Ⓑ Ⓒ Ⓓ	□
127	Ⓐ Ⓑ Ⓒ Ⓓ	□
128	Ⓐ Ⓑ Ⓒ Ⓓ	□
129	Ⓐ Ⓑ Ⓒ Ⓓ	□
130	Ⓐ Ⓑ Ⓒ Ⓓ	□

Part 6

No.	ANSWER A B C D	?
131	Ⓐ Ⓑ Ⓒ Ⓓ	□
132	Ⓐ Ⓑ Ⓒ Ⓓ	□
133	Ⓐ Ⓑ Ⓒ Ⓓ	□
134	Ⓐ Ⓑ Ⓒ Ⓓ	□
135	Ⓐ Ⓑ Ⓒ Ⓓ	□
136	Ⓐ Ⓑ Ⓒ Ⓓ	□
137	Ⓐ Ⓑ Ⓒ Ⓓ	□
138	Ⓐ Ⓑ Ⓒ Ⓓ	□
139	Ⓐ Ⓑ Ⓒ Ⓓ	□
140	Ⓐ Ⓑ Ⓒ Ⓓ	□

No.	ANSWER A B C D	?
141	Ⓐ Ⓑ Ⓒ Ⓓ	□
142	Ⓐ Ⓑ Ⓒ Ⓓ	□
143	Ⓐ Ⓑ Ⓒ Ⓓ	□
144	Ⓐ Ⓑ Ⓒ Ⓓ	□
145	Ⓐ Ⓑ Ⓒ Ⓓ	□
146	Ⓐ Ⓑ Ⓒ Ⓓ	□
147	Ⓐ Ⓑ Ⓒ Ⓓ	□
148	Ⓐ Ⓑ Ⓒ Ⓓ	□
149	Ⓐ Ⓑ Ⓒ Ⓓ	□
150	Ⓐ Ⓑ Ⓒ Ⓓ	□

Part 7

No.	ANSWER A B C D	?
151	Ⓐ Ⓑ Ⓒ Ⓓ	□
152	Ⓐ Ⓑ Ⓒ Ⓓ	□
153	Ⓐ Ⓑ Ⓒ Ⓓ	□
154	Ⓐ Ⓑ Ⓒ Ⓓ	□
155	Ⓐ Ⓑ Ⓒ Ⓓ	□
156	Ⓐ Ⓑ Ⓒ Ⓓ	□
157	Ⓐ Ⓑ Ⓒ Ⓓ	□
158	Ⓐ Ⓑ Ⓒ Ⓓ	□
159	Ⓐ Ⓑ Ⓒ Ⓓ	□
160	Ⓐ Ⓑ Ⓒ Ⓓ	□

No.	ANSWER A B C D	?
161	Ⓐ Ⓑ Ⓒ Ⓓ	□
162	Ⓐ Ⓑ Ⓒ Ⓓ	□
163	Ⓐ Ⓑ Ⓒ Ⓓ	□
164	Ⓐ Ⓑ Ⓒ Ⓓ	□
165	Ⓐ Ⓑ Ⓒ Ⓓ	□
166	Ⓐ Ⓑ Ⓒ Ⓓ	□
167	Ⓐ Ⓑ Ⓒ Ⓓ	□
168	Ⓐ Ⓑ Ⓒ Ⓓ	□
169	Ⓐ Ⓑ Ⓒ Ⓓ	□
170	Ⓐ Ⓑ Ⓒ Ⓓ	□

No.	ANSWER A B C D	?
171	Ⓐ Ⓑ Ⓒ Ⓓ	□
172	Ⓐ Ⓑ Ⓒ Ⓓ	□
173	Ⓐ Ⓑ Ⓒ Ⓓ	□
174	Ⓐ Ⓑ Ⓒ Ⓓ	□
175	Ⓐ Ⓑ Ⓒ Ⓓ	□
176	Ⓐ Ⓑ Ⓒ Ⓓ	□
177	Ⓐ Ⓑ Ⓒ Ⓓ	□
178	Ⓐ Ⓑ Ⓒ Ⓓ	□
179	Ⓐ Ⓑ Ⓒ Ⓓ	□
180	Ⓐ Ⓑ Ⓒ Ⓓ	□

No.	ANSWER A B C D	?
181	Ⓐ Ⓑ Ⓒ Ⓓ	□
182	Ⓐ Ⓑ Ⓒ Ⓓ	□
183	Ⓐ Ⓑ Ⓒ Ⓓ	□
184	Ⓐ Ⓑ Ⓒ Ⓓ	□
185	Ⓐ Ⓑ Ⓒ Ⓓ	□
186	Ⓐ Ⓑ Ⓒ Ⓓ	□
187	Ⓐ Ⓑ Ⓒ Ⓓ	□
188	Ⓐ Ⓑ Ⓒ Ⓓ	□
189	Ⓐ Ⓑ Ⓒ Ⓓ	□
190	Ⓐ Ⓑ Ⓒ Ⓓ	□

No.	ANSWER A B C D	?
191	Ⓐ Ⓑ Ⓒ Ⓓ	□
192	Ⓐ Ⓑ Ⓒ Ⓓ	□
193	Ⓐ Ⓑ Ⓒ Ⓓ	□
194	Ⓐ Ⓑ Ⓒ Ⓓ	□
195	Ⓐ Ⓑ Ⓒ Ⓓ	□
196	Ⓐ Ⓑ Ⓒ Ⓓ	□
197	Ⓐ Ⓑ Ⓒ Ⓓ	□
198	Ⓐ Ⓑ Ⓒ Ⓓ	□
199	Ⓐ Ⓑ Ⓒ Ⓓ	□
200	Ⓐ Ⓑ Ⓒ Ⓓ	□

旺文社 TOEIC® L&Rテスト対策書
「自動採点サービス」対応 オンラインマークシート

・サイトから本書「TEST 2」を選択の上、ご利用ください。
・PCからも利用できます。（本冊 p. 6参照）

壁越え模試 リーディング TEST 3 ● 解答用紙

[?] の使い方

自信を持って解答できない問題は「?」列の □ に ✓ を入れておき、見直しや復習の際に活用してください。（実際の試験では、この欄はありません）

READING SECTION

Part 5

No.	ANSWER (A B C D)	?
101	Ⓐ Ⓑ Ⓒ Ⓓ	□
102	Ⓐ Ⓑ Ⓒ Ⓓ	□
103	Ⓐ Ⓑ Ⓒ Ⓓ	□
104	Ⓐ Ⓑ Ⓒ Ⓓ	□
105	Ⓐ Ⓑ Ⓒ Ⓓ	□
106	Ⓐ Ⓑ Ⓒ Ⓓ	□
107	Ⓐ Ⓑ Ⓒ Ⓓ	□
108	Ⓐ Ⓑ Ⓒ Ⓓ	□
109	Ⓐ Ⓑ Ⓒ Ⓓ	□
110	Ⓐ Ⓑ Ⓒ Ⓓ	□

No.	ANSWER (A B C D)	?
111	Ⓐ Ⓑ Ⓒ Ⓓ	□
112	Ⓐ Ⓑ Ⓒ Ⓓ	□
113	Ⓐ Ⓑ Ⓒ Ⓓ	□
114	Ⓐ Ⓑ Ⓒ Ⓓ	□
115	Ⓐ Ⓑ Ⓒ Ⓓ	□
116	Ⓐ Ⓑ Ⓒ Ⓓ	□
117	Ⓐ Ⓑ Ⓒ Ⓓ	□
118	Ⓐ Ⓑ Ⓒ Ⓓ	□
119	Ⓐ Ⓑ Ⓒ Ⓓ	□
120	Ⓐ Ⓑ Ⓒ Ⓓ	□

No.	ANSWER (A B C D)	?
121	Ⓐ Ⓑ Ⓒ Ⓓ	□
122	Ⓐ Ⓑ Ⓒ Ⓓ	□
123	Ⓐ Ⓑ Ⓒ Ⓓ	□
124	Ⓐ Ⓑ Ⓒ Ⓓ	□
125	Ⓐ Ⓑ Ⓒ Ⓓ	□
126	Ⓐ Ⓑ Ⓒ Ⓓ	□
127	Ⓐ Ⓑ Ⓒ Ⓓ	□
128	Ⓐ Ⓑ Ⓒ Ⓓ	□
129	Ⓐ Ⓑ Ⓒ Ⓓ	□
130	Ⓐ Ⓑ Ⓒ Ⓓ	□

Part 6

No.	ANSWER (A B C D)	?
131	Ⓐ Ⓑ Ⓒ Ⓓ	□
132	Ⓐ Ⓑ Ⓒ Ⓓ	□
133	Ⓐ Ⓑ Ⓒ Ⓓ	□
134	Ⓐ Ⓑ Ⓒ Ⓓ	□
135	Ⓐ Ⓑ Ⓒ Ⓓ	□
136	Ⓐ Ⓑ Ⓒ Ⓓ	□
137	Ⓐ Ⓑ Ⓒ Ⓓ	□
138	Ⓐ Ⓑ Ⓒ Ⓓ	□
139	Ⓐ Ⓑ Ⓒ Ⓓ	□
140	Ⓐ Ⓑ Ⓒ Ⓓ	□

No.	ANSWER (A B C D)	?
141	Ⓐ Ⓑ Ⓒ Ⓓ	□
142	Ⓐ Ⓑ Ⓒ Ⓓ	□
143	Ⓐ Ⓑ Ⓒ Ⓓ	□
144	Ⓐ Ⓑ Ⓒ Ⓓ	□
145	Ⓐ Ⓑ Ⓒ Ⓓ	□
146	Ⓐ Ⓑ Ⓒ Ⓓ	□
147	Ⓐ Ⓑ Ⓒ Ⓓ	□
148	Ⓐ Ⓑ Ⓒ Ⓓ	□
149	Ⓐ Ⓑ Ⓒ Ⓓ	□
150	Ⓐ Ⓑ Ⓒ Ⓓ	□

Part 7

No.	ANSWER (A B C D)	?
151	Ⓐ Ⓑ Ⓒ Ⓓ	□
152	Ⓐ Ⓑ Ⓒ Ⓓ	□
153	Ⓐ Ⓑ Ⓒ Ⓓ	□
154	Ⓐ Ⓑ Ⓒ Ⓓ	□
155	Ⓐ Ⓑ Ⓒ Ⓓ	□
156	Ⓐ Ⓑ Ⓒ Ⓓ	□
157	Ⓐ Ⓑ Ⓒ Ⓓ	□
158	Ⓐ Ⓑ Ⓒ Ⓓ	□
159	Ⓐ Ⓑ Ⓒ Ⓓ	□
160	Ⓐ Ⓑ Ⓒ Ⓓ	□

No.	ANSWER (A B C D)	?
161	Ⓐ Ⓑ Ⓒ Ⓓ	□
162	Ⓐ Ⓑ Ⓒ Ⓓ	□
163	Ⓐ Ⓑ Ⓒ Ⓓ	□
164	Ⓐ Ⓑ Ⓒ Ⓓ	□
165	Ⓐ Ⓑ Ⓒ Ⓓ	□
166	Ⓐ Ⓑ Ⓒ Ⓓ	□
167	Ⓐ Ⓑ Ⓒ Ⓓ	□
168	Ⓐ Ⓑ Ⓒ Ⓓ	□
169	Ⓐ Ⓑ Ⓒ Ⓓ	□
170	Ⓐ Ⓑ Ⓒ Ⓓ	□

No.	ANSWER (A B C D)	?
171	Ⓐ Ⓑ Ⓒ Ⓓ	□
172	Ⓐ Ⓑ Ⓒ Ⓓ	□
173	Ⓐ Ⓑ Ⓒ Ⓓ	□
174	Ⓐ Ⓑ Ⓒ Ⓓ	□
175	Ⓐ Ⓑ Ⓒ Ⓓ	□
176	Ⓐ Ⓑ Ⓒ Ⓓ	□
177	Ⓐ Ⓑ Ⓒ Ⓓ	□
178	Ⓐ Ⓑ Ⓒ Ⓓ	□
179	Ⓐ Ⓑ Ⓒ Ⓓ	□
180	Ⓐ Ⓑ Ⓒ Ⓓ	□

No.	ANSWER (A B C D)	?
181	Ⓐ Ⓑ Ⓒ Ⓓ	□
182	Ⓐ Ⓑ Ⓒ Ⓓ	□
183	Ⓐ Ⓑ Ⓒ Ⓓ	□
184	Ⓐ Ⓑ Ⓒ Ⓓ	□
185	Ⓐ Ⓑ Ⓒ Ⓓ	□
186	Ⓐ Ⓑ Ⓒ Ⓓ	□
187	Ⓐ Ⓑ Ⓒ Ⓓ	□
188	Ⓐ Ⓑ Ⓒ Ⓓ	□
189	Ⓐ Ⓑ Ⓒ Ⓓ	□
190	Ⓐ Ⓑ Ⓒ Ⓓ	□

No.	ANSWER (A B C D)	?
191	Ⓐ Ⓑ Ⓒ Ⓓ	□
192	Ⓐ Ⓑ Ⓒ Ⓓ	□
193	Ⓐ Ⓑ Ⓒ Ⓓ	□
194	Ⓐ Ⓑ Ⓒ Ⓓ	□
195	Ⓐ Ⓑ Ⓒ Ⓓ	□
196	Ⓐ Ⓑ Ⓒ Ⓓ	□
197	Ⓐ Ⓑ Ⓒ Ⓓ	□
198	Ⓐ Ⓑ Ⓒ Ⓓ	□
199	Ⓐ Ⓑ Ⓒ Ⓓ	□
200	Ⓐ Ⓑ Ⓒ Ⓓ	□

旺文社 TOEIC® L&Rテスト対策書
「自動採点サービス」対応 オンラインマークシート

• サイトから本書「TEST 3」を選択の上、ご利用ください。
• PCからも利用できます。（本冊 p. 6参照）

壁越え模試 リーディング TEST 4 ● 解答用紙

READING SECTION

Part 5

No.	ANSWER A B C D	?	No.	ANSWER A B C D	?
101	Ⓐ Ⓑ Ⓒ Ⓓ	☐	111	Ⓐ Ⓑ Ⓒ Ⓓ	☐
102	Ⓐ Ⓑ Ⓒ Ⓓ	☐	112	Ⓐ Ⓑ Ⓒ Ⓓ	☐
103	Ⓐ Ⓑ Ⓒ Ⓓ	☐	113	Ⓐ Ⓑ Ⓒ Ⓓ	☐
104	Ⓐ Ⓑ Ⓒ Ⓓ	☐	114	Ⓐ Ⓑ Ⓒ Ⓓ	☐
105	Ⓐ Ⓑ Ⓒ Ⓓ	☐	115	Ⓐ Ⓑ Ⓒ Ⓓ	☐
106	Ⓐ Ⓑ Ⓒ Ⓓ	☐	116	Ⓐ Ⓑ Ⓒ Ⓓ	☐
107	Ⓐ Ⓑ Ⓒ Ⓓ	☐	117	Ⓐ Ⓑ Ⓒ Ⓓ	☐
108	Ⓐ Ⓑ Ⓒ Ⓓ	☐	118	Ⓐ Ⓑ Ⓒ Ⓓ	☐
109	Ⓐ Ⓑ Ⓒ Ⓓ	☐	119	Ⓐ Ⓑ Ⓒ Ⓓ	☐
110	Ⓐ Ⓑ Ⓒ Ⓓ	☐	120	Ⓐ Ⓑ Ⓒ Ⓓ	☐

No.	ANSWER A B C D	?
121	Ⓐ Ⓑ Ⓒ Ⓓ	☐
122	Ⓐ Ⓑ Ⓒ Ⓓ	☐
123	Ⓐ Ⓑ Ⓒ Ⓓ	☐
124	Ⓐ Ⓑ Ⓒ Ⓓ	☐
125	Ⓐ Ⓑ Ⓒ Ⓓ	☐
126	Ⓐ Ⓑ Ⓒ Ⓓ	☐
127	Ⓐ Ⓑ Ⓒ Ⓓ	☐
128	Ⓐ Ⓑ Ⓒ Ⓓ	☐
129	Ⓐ Ⓑ Ⓒ Ⓓ	☐
130	Ⓐ Ⓑ Ⓒ Ⓓ	☐

Part 6

No.	ANSWER A B C D	?
131	Ⓐ Ⓑ Ⓒ Ⓓ	☐
132	Ⓐ Ⓑ Ⓒ Ⓓ	☐
133	Ⓐ Ⓑ Ⓒ Ⓓ	☐
134	Ⓐ Ⓑ Ⓒ Ⓓ	☐
135	Ⓐ Ⓑ Ⓒ Ⓓ	☐
136	Ⓐ Ⓑ Ⓒ Ⓓ	☐
137	Ⓐ Ⓑ Ⓒ Ⓓ	☐
138	Ⓐ Ⓑ Ⓒ Ⓓ	☐
139	Ⓐ Ⓑ Ⓒ Ⓓ	☐
140	Ⓐ Ⓑ Ⓒ Ⓓ	☐

No.	ANSWER A B C D	?
141	Ⓐ Ⓑ Ⓒ Ⓓ	☐
142	Ⓐ Ⓑ Ⓒ Ⓓ	☐
143	Ⓐ Ⓑ Ⓒ Ⓓ	☐
144	Ⓐ Ⓑ Ⓒ Ⓓ	☐
145	Ⓐ Ⓑ Ⓒ Ⓓ	☐
146	Ⓐ Ⓑ Ⓒ Ⓓ	☐
147	Ⓐ Ⓑ Ⓒ Ⓓ	☐
148	Ⓐ Ⓑ Ⓒ Ⓓ	☐
149	Ⓐ Ⓑ Ⓒ Ⓓ	☐
150	Ⓐ Ⓑ Ⓒ Ⓓ	☐

Part 7

No.	ANSWER A B C D	?	No.	ANSWER A B C D	?	No.	ANSWER A B C D	?
151	Ⓐ Ⓑ Ⓒ Ⓓ	☐	161	Ⓐ Ⓑ Ⓒ Ⓓ	☐	171	Ⓐ Ⓑ Ⓒ Ⓓ	☐
152	Ⓐ Ⓑ Ⓒ Ⓓ	☐	162	Ⓐ Ⓑ Ⓒ Ⓓ	☐	172	Ⓐ Ⓑ Ⓒ Ⓓ	☐
153	Ⓐ Ⓑ Ⓒ Ⓓ	☐	163	Ⓐ Ⓑ Ⓒ Ⓓ	☐	173	Ⓐ Ⓑ Ⓒ Ⓓ	☐
154	Ⓐ Ⓑ Ⓒ Ⓓ	☐	164	Ⓐ Ⓑ Ⓒ Ⓓ	☐	174	Ⓐ Ⓑ Ⓒ Ⓓ	☐
155	Ⓐ Ⓑ Ⓒ Ⓓ	☐	165	Ⓐ Ⓑ Ⓒ Ⓓ	☐	175	Ⓐ Ⓑ Ⓒ Ⓓ	☐
156	Ⓐ Ⓑ Ⓒ Ⓓ	☐	166	Ⓐ Ⓑ Ⓒ Ⓓ	☐	176	Ⓐ Ⓑ Ⓒ Ⓓ	☐
157	Ⓐ Ⓑ Ⓒ Ⓓ	☐	167	Ⓐ Ⓑ Ⓒ Ⓓ	☐	177	Ⓐ Ⓑ Ⓒ Ⓓ	☐
158	Ⓐ Ⓑ Ⓒ Ⓓ	☐	168	Ⓐ Ⓑ Ⓒ Ⓓ	☐	178	Ⓐ Ⓑ Ⓒ Ⓓ	☐
159	Ⓐ Ⓑ Ⓒ Ⓓ	☐	169	Ⓐ Ⓑ Ⓒ Ⓓ	☐	179	Ⓐ Ⓑ Ⓒ Ⓓ	☐
160	Ⓐ Ⓑ Ⓒ Ⓓ	☐	170	Ⓐ Ⓑ Ⓒ Ⓓ	☐	180	Ⓐ Ⓑ Ⓒ Ⓓ	☐

No.	ANSWER A B C D	?	No.	ANSWER A B C D	?
181	Ⓐ Ⓑ Ⓒ Ⓓ	☐	191	Ⓐ Ⓑ Ⓒ Ⓓ	☐
182	Ⓐ Ⓑ Ⓒ Ⓓ	☐	192	Ⓐ Ⓑ Ⓒ Ⓓ	☐
183	Ⓐ Ⓑ Ⓒ Ⓓ	☐	193	Ⓐ Ⓑ Ⓒ Ⓓ	☐
184	Ⓐ Ⓑ Ⓒ Ⓓ	☐	194	Ⓐ Ⓑ Ⓒ Ⓓ	☐
185	Ⓐ Ⓑ Ⓒ Ⓓ	☐	195	Ⓐ Ⓑ Ⓒ Ⓓ	☐
186	Ⓐ Ⓑ Ⓒ Ⓓ	☐	196	Ⓐ Ⓑ Ⓒ Ⓓ	☐
187	Ⓐ Ⓑ Ⓒ Ⓓ	☐	197	Ⓐ Ⓑ Ⓒ Ⓓ	☐
188	Ⓐ Ⓑ Ⓒ Ⓓ	☐	198	Ⓐ Ⓑ Ⓒ Ⓓ	☐
189	Ⓐ Ⓑ Ⓒ Ⓓ	☐	199	Ⓐ Ⓑ Ⓒ Ⓓ	☐
190	Ⓐ Ⓑ Ⓒ Ⓓ	☐	200	Ⓐ Ⓑ Ⓒ Ⓓ	☐

壁越え模試 リーディング TEST 5 ● 解答用紙

READING SECTION

Part 5

No.	ANSWER A B C D	?	No.	ANSWER A B C D	?
101	Ⓐ Ⓑ Ⓒ Ⓓ	□	111	Ⓐ Ⓑ Ⓒ Ⓓ	□
102	Ⓐ Ⓑ Ⓒ Ⓓ	□	112	Ⓐ Ⓑ Ⓒ Ⓓ	□
103	Ⓐ Ⓑ Ⓒ Ⓓ	□	113	Ⓐ Ⓑ Ⓒ Ⓓ	□
104	Ⓐ Ⓑ Ⓒ Ⓓ	□	114	Ⓐ Ⓑ Ⓒ Ⓓ	□
105	Ⓐ Ⓑ Ⓒ Ⓓ	□	115	Ⓐ Ⓑ Ⓒ Ⓓ	□
106	Ⓐ Ⓑ Ⓒ Ⓓ	□	116	Ⓐ Ⓑ Ⓒ Ⓓ	□
107	Ⓐ Ⓑ Ⓒ Ⓓ	□	117	Ⓐ Ⓑ Ⓒ Ⓓ	□
108	Ⓐ Ⓑ Ⓒ Ⓓ	□	118	Ⓐ Ⓑ Ⓒ Ⓓ	□
109	Ⓐ Ⓑ Ⓒ Ⓓ	□	119	Ⓐ Ⓑ Ⓒ Ⓓ	□
110	Ⓐ Ⓑ Ⓒ Ⓓ	□	120	Ⓐ Ⓑ Ⓒ Ⓓ	□

No.	ANSWER A B C D	?
121	Ⓐ Ⓑ Ⓒ Ⓓ	□
122	Ⓐ Ⓑ Ⓒ Ⓓ	□
123	Ⓐ Ⓑ Ⓒ Ⓓ	□
124	Ⓐ Ⓑ Ⓒ Ⓓ	□
125	Ⓐ Ⓑ Ⓒ Ⓓ	□
126	Ⓐ Ⓑ Ⓒ Ⓓ	□
127	Ⓐ Ⓑ Ⓒ Ⓓ	□
128	Ⓐ Ⓑ Ⓒ Ⓓ	□
129	Ⓐ Ⓑ Ⓒ Ⓓ	□
130	Ⓐ Ⓑ Ⓒ Ⓓ	□

Part 6

No.	ANSWER A B C D	?
131	Ⓐ Ⓑ Ⓒ Ⓓ	□
132	Ⓐ Ⓑ Ⓒ Ⓓ	□
133	Ⓐ Ⓑ Ⓒ Ⓓ	□
134	Ⓐ Ⓑ Ⓒ Ⓓ	□
135	Ⓐ Ⓑ Ⓒ Ⓓ	□
136	Ⓐ Ⓑ Ⓒ Ⓓ	□
137	Ⓐ Ⓑ Ⓒ Ⓓ	□
138	Ⓐ Ⓑ Ⓒ Ⓓ	□
139	Ⓐ Ⓑ Ⓒ Ⓓ	□
140	Ⓐ Ⓑ Ⓒ Ⓓ	□

No.	ANSWER A B C D	?
141	Ⓐ Ⓑ Ⓒ Ⓓ	□
142	Ⓐ Ⓑ Ⓒ Ⓓ	□
143	Ⓐ Ⓑ Ⓒ Ⓓ	□
144	Ⓐ Ⓑ Ⓒ Ⓓ	□
145	Ⓐ Ⓑ Ⓒ Ⓓ	□
146	Ⓐ Ⓑ Ⓒ Ⓓ	□
147	Ⓐ Ⓑ Ⓒ Ⓓ	□
148	Ⓐ Ⓑ Ⓒ Ⓓ	□
149	Ⓐ Ⓑ Ⓒ Ⓓ	□
150	Ⓐ Ⓑ Ⓒ Ⓓ	□

Part 7

No.	ANSWER A B C D	?
151	Ⓐ Ⓑ Ⓒ Ⓓ	□
152	Ⓐ Ⓑ Ⓒ Ⓓ	□
153	Ⓐ Ⓑ Ⓒ Ⓓ	□
154	Ⓐ Ⓑ Ⓒ Ⓓ	□
155	Ⓐ Ⓑ Ⓒ Ⓓ	□
156	Ⓐ Ⓑ Ⓒ Ⓓ	□
157	Ⓐ Ⓑ Ⓒ Ⓓ	□
158	Ⓐ Ⓑ Ⓒ Ⓓ	□
159	Ⓐ Ⓑ Ⓒ Ⓓ	□
160	Ⓐ Ⓑ Ⓒ Ⓓ	□

No.	ANSWER A B C D	?
161	Ⓐ Ⓑ Ⓒ Ⓓ	□
162	Ⓐ Ⓑ Ⓒ Ⓓ	□
163	Ⓐ Ⓑ Ⓒ Ⓓ	□
164	Ⓐ Ⓑ Ⓒ Ⓓ	□
165	Ⓐ Ⓑ Ⓒ Ⓓ	□
166	Ⓐ Ⓑ Ⓒ Ⓓ	□
167	Ⓐ Ⓑ Ⓒ Ⓓ	□
168	Ⓐ Ⓑ Ⓒ Ⓓ	□
169	Ⓐ Ⓑ Ⓒ Ⓓ	□
170	Ⓐ Ⓑ Ⓒ Ⓓ	□

No.	ANSWER A B C D	?
171	Ⓐ Ⓑ Ⓒ Ⓓ	□
172	Ⓐ Ⓑ Ⓒ Ⓓ	□
173	Ⓐ Ⓑ Ⓒ Ⓓ	□
174	Ⓐ Ⓑ Ⓒ Ⓓ	□
175	Ⓐ Ⓑ Ⓒ Ⓓ	□
176	Ⓐ Ⓑ Ⓒ Ⓓ	□
177	Ⓐ Ⓑ Ⓒ Ⓓ	□
178	Ⓐ Ⓑ Ⓒ Ⓓ	□
179	Ⓐ Ⓑ Ⓒ Ⓓ	□
180	Ⓐ Ⓑ Ⓒ Ⓓ	□

No.	ANSWER A B C D	?
181	Ⓐ Ⓑ Ⓒ Ⓓ	□
182	Ⓐ Ⓑ Ⓒ Ⓓ	□
183	Ⓐ Ⓑ Ⓒ Ⓓ	□
184	Ⓐ Ⓑ Ⓒ Ⓓ	□
185	Ⓐ Ⓑ Ⓒ Ⓓ	□
186	Ⓐ Ⓑ Ⓒ Ⓓ	□
187	Ⓐ Ⓑ Ⓒ Ⓓ	□
188	Ⓐ Ⓑ Ⓒ Ⓓ	□
189	Ⓐ Ⓑ Ⓒ Ⓓ	□
190	Ⓐ Ⓑ Ⓒ Ⓓ	□

No.	ANSWER A B C D	?
191	Ⓐ Ⓑ Ⓒ Ⓓ	□
192	Ⓐ Ⓑ Ⓒ Ⓓ	□
193	Ⓐ Ⓑ Ⓒ Ⓓ	□
194	Ⓐ Ⓑ Ⓒ Ⓓ	□
195	Ⓐ Ⓑ Ⓒ Ⓓ	□
196	Ⓐ Ⓑ Ⓒ Ⓓ	□
197	Ⓐ Ⓑ Ⓒ Ⓓ	□
198	Ⓐ Ⓑ Ⓒ Ⓓ	□
199	Ⓐ Ⓑ Ⓒ Ⓓ	□
200	Ⓐ Ⓑ Ⓒ Ⓓ	□

TOEIC® L&Rテスト
壁越え模試
リーディング

Obunsha